U0568596

企业合规总论

张云霄 等◎著

中国政法大学出版社

2022·北京

声　明　　1. 版权所有，侵权必究。

　　　　　2. 如有缺页、倒装问题，由出版社负责退换。

图书在版编目（ＣＩＰ）数据

企业合规总论/张云霄等著.—北京：中国政法大学出版社，2022.6
ISBN 978-7-5764-0460-9

Ⅰ.①企… Ⅱ.①张… Ⅲ.①企业法－研究－中国 Ⅳ.①D922.291.914

中国版本图书馆 CIP 数据核字(2022)第 095218 号

出 版 者	中国政法大学出版社
地　　址	北京市海淀区西土城路 25 号
邮寄地址	北京 100088 信箱 8034 分箱　邮编 100088
网　　址	http://www.cuplpress.com（网络实名：中国政法大学出版社）
电　　话	010-58908586(编辑部) 58908334(邮购部)
编辑邮箱	zhengfadch@126.com
承　　印	北京中科印刷有限公司
开　　本	720mm×960mm　1/16
印　　张	24.5
字　　数	400 千字
版　　次	2022 年 6 月第 1 版
印　　次	2022 年 6 月第 1 次印刷
定　　价	118.00 元

《企业合规总论》编委会主任：张云霄

《企业合规总论》编委会成员（按照姓氏笔画排列）：

王龙宸　王红举　尤清波　李崇杰

张云霄　宗帅斌　曾启源

王龙宸，辽宁沈阳人，中国刑事警察学院警务硕士，中国政法大学法学硕士，北京盈科（沈阳）律师事务所律师，西安电子科技大学企业合规研究中心特约研究员，辽宁省刑法学会理事，曾任沈阳市公安局浑南分局刑警。主要负责本书第三章的撰写工作。

王红举，河南汝州人，国家一级律师，全国优秀律师，河南省律师协会副会长，河南大鑫律师事务所主任，第一届河南省法官检察官遴选委员会委员，河南科技大学法学院等高校客座教授，洛阳市委等法律顾问。主要负责本书第五章的撰写工作。

尤清波，河南商丘人，广东卓建律师事务所专职律师，西安电子科技大学企业合规研究中心特约研究员，曾供职于郑州市中级人民法院、宇通集团，期间在国家知识产权局挂职锻炼，其承办的案件曾入选最高人民法院十大知识产权指导性案例。主要负责本书第四章的撰写工作。

李崇杰，山东菏泽人，海南大学诉讼法学博士研究生，泰和泰（北京）律师事务所高级合伙人，西安电子科技大学企业合规研究中心特约研究员，中国政法大学刑事辩护研究中心研究员，北京师范大学刑事法律科学研究院特邀研究员。主要负责本书第六章的撰写工作。

张云霄，河南灵宝人，西安电子科技大学企业合规研究中心主任、经济与管理学院客座教授，中国人民公安大学现代侦查技战法研究中心研究员，中国法学会中国反腐败司法研究中心特聘研究员，曾在检察机关和纪检监察机关工作十年，参与《检察官法》《人民检察院组织法》等立法修改工作以及中央巡视巡查工作；代表性著作《监察法学新论》（中国政法大学出版社）、《重析刑事政策问题》（中国社会科学出版社）等，在核心期刊发表学术论文百余篇。主要负责全书策划与文稿统筹工作。

宗帅斌，河南平顶山人，中国人民公安大学侦查学硕士研究生，西安电子科技大学企业合规研究中心研究人员，曾在《中国司法》等学术期刊发表学术论文数篇，主要研究方向为侦查学。主要负责本书第七章的撰写工作。

曾启源，浙江温州人，中国人民公安大学学士，复旦大学硕士，北京大成律师事务所律师，西安电子科技大学企业合规研究中心副主任，曾任上海浦东公安调研部门基层领导职位。主要负责本书第一章、第二章的撰写工作。

前 言
PREFACE

  企业合规是一个既熟悉又陌生的话题,从国际视角来看,一些欧美国家率先开展了企业合规理论研究以及实践,并取得了积极成效;从国内视角来看,我国在银行业也开展了企业合规制度建构与具体实践,但一直发展缓慢且未引起足够重视。随着我国"一带一路"倡议的深入实施以及关于企业合规的国际规则不断完善,近些年来,我国对企业合规的重视程度、研究深度和实践力度不断加强,尤其是国家层面的大力引导和支持,使得我国企业合规工作步入迅速发展的"快车道"。正是基于理论与实践的双重需求,我们才下定决心来深入研究和探索建构有中国特色的企业合规学科理论体系。

  本书注重运用管理学、法学、社会学等多学科思维和知识,对关涉企业合规这一重大课题的一系列基础理论展开全面、系统、立体的学术理论研究。全书主要分为七章内容,其具体包括:企业合规基础概论、企业合规风险论、企业合规发展论、企业合规制度论、企业合规文化论、企业合规组织论和企业合规措施论。

  第一章为企业合规基础概论。主要围绕着企业合规基础概论进行深入研究,科学阐释了企业合规基本概念、企业合规主体、企业合规客体、企业合规目标、企业合规管理与企业法务管理、企业合规管理与企业内部控制等一系列涉及企业合规的重要理论问题,为后续企业合规理论研究奠定初步基础。

  第二章为企业合规风险论。主要聚焦企业合规风险的相关基础问题开展相关研究,逐次深入剖析了企业合规风险的基本概念、基本分类、主要特征以及管理流程四个方面的基础性问题。这不仅有助于企业合规理论体系的完善,也有助于企业合规实践的具体展开。

第三章为企业合规发展论。着重从国际和国内两个视角和两条主线，集中介绍企业合规制度及实践在国际和国内两个场域内各自的发展轨迹与交汇之处，并较为深刻地描述其生成历程的主要特征，从而力图为我国企业合规改革发展提供有益的镜鉴。

第四章为企业合规制度论。主要阐述了企业合规制度论的具体内容，这是企业合规理论研究的核心之所在。从学理上可将企业合规制度大致分为两大部分，即企业合规管理类制度和企业合规保障类制度。其中，企业合规管理类制度主要包括：企业合规方针制度、企业合规政策制度、企业合规计划制度、企业合规手册制度等；企业合规保障类制度主要包括：企业合规举报制度、企业合规处理制度、企业合规考核制度、企业合规评估制度、企业合规审计制度、企业合规信息管理制度等。

第五章为企业合规文化论。企业合规文化与企业合规制度是企业合规的两大支柱，本章重点讨论企业合规文化的基本概念、基本特征以及基本功能等基础性问题，并从观念先行、制度保障、全员参与和内外兼修四个主要方面，对于如何建构起现代化的企业合规文化进行了较为详细论证。

第六章为企业合规组织论。集中研究企业合规组织设置的基本原则、企业专职合规部门的主要模式、企业合规专业人员的职业发展及基本素能、企业合规职责的具体分配等问题，并进一步详细梳理和分析了企业合规部门的内外关系，力争为各类企业建立现代化的企业合规组织提供科学参考。

第七章为企业合规措施论。企业合规措施是企业开展各项合规工作的基本方式和方法。本章主要围绕着企业合规措施的基本概念、主要分类、适用原则以及程序要求等开展相关研究，详细解读企业合规咨询、企业合规审查、企业合规培训、企业合规宣传、企业合规报告、企业合规调查、企业合规尽职调查等一系列企业合规措施。

现代企业合规是一项包容性、时效性、科学性均很强的概念体系。随着中国特色社会主义市场经济的不断发展以及我国司法体制的不断完善，企业合规的理论与实践也必将得以进一步发展，为我国企业的发展壮大、走向国际舞台中心提供强大的支撑力、源动力和软实力。

目录

前　言 ··· 001

第一章　企业合规基础概论 ·· 001
第一节　企业合规概念的基本界定 ·· 001
第二节　企业合规主体 ·· 008
第三节　企业合规客体 ·· 013
第四节　企业合规目标 ·· 017
第五节　企业合规管理与企业法务管理 ··· 021
第六节　企业合规管理与企业内部控制 ··· 025

第二章　企业合规风险论 ··· 029
第一节　企业合规风险的基本概念 ··· 029
第二节　企业合规风险的基本分类 ··· 033
第三节　企业合规风险的主要特征 ··· 039
第四节　企业合规风险的管理流程 ··· 042
第五节　企业合规风险的管理防线 ··· 052

第三章　企业合规发展论 ··· 055
第一节　国际视角下企业合规发展的历程回顾 ··· 055

第二节　我国视角下企业合规发展的历程回顾 …………………… 064

第四章　企业合规制度论 ………………………………………………… 088
　　第一节　企业合规制度的基础理论 …………………………………… 088
　　第二节　企业合规方针制度 …………………………………………… 090
　　第三节　企业合规政策制度 …………………………………………… 094
　　第四节　企业合规计划制度 …………………………………………… 098
　　第五节　企业合规手册制度 …………………………………………… 104
　　第六节　企业合规举报制度 …………………………………………… 109
　　第七节　企业合规处理制度 …………………………………………… 118
　　第八节　企业合规考核制度 …………………………………………… 122
　　第九节　企业合规评估制度 …………………………………………… 128
　　第十节　企业合规审计制度 …………………………………………… 131
　　第十一节　企业合规信息管理制度 …………………………………… 134

第五章　企业合规文化论 ………………………………………………… 141
　　第一节　企业合规文化的基本概念 …………………………………… 141
　　第二节　企业合规文化的基本特征 …………………………………… 148
　　第三节　企业合规文化的基本功能 …………………………………… 152
　　第四节　企业合规文化的建构路径 …………………………………… 154

第六章　企业合规组织论 ………………………………………………… 158
　　第一节　企业合规组织设置的基本原则 ……………………………… 158
　　第二节　企业专职合规部门设置的主要模式 ………………………… 161
　　第三节　企业合规专业人员的职业发展 ……………………………… 165
　　第四节　企业合规专业人员的基本素能 ……………………………… 169
　　第五节　企业合规职责的具体分配 …………………………………… 174
　　第六节　企业合规部门与企业全体员工之间的关系 ………………… 179

第七节	企业合规部门与业务部门之间的关系	182
第八节	企业合规部门与内部纪检监察部门之间的关系	185
第九节	企业合规部门与商业伙伴之间的关系	189

第七章 企业合规措施论 193

第一节	企业合规措施适用的基本原则	193
第二节	企业合规咨询	196
第三节	企业合规审查	201
第四节	企业合规培训	206
第五节	企业合规宣传	212
第六节	企业合规报告	216
第七节	企业合规调查	221
第八节	企业合规尽职调查	227

附 录 235

商业银行合规风险管理指引	235
证券公司合规管理有效性评估指引	241
保险公司合规管理办法	246
证券公司和证券投资基金管理公司合规管理办法	255
合规管理体系指南	264
中央企业合规管理指引（试行）	295
企业境外经营合规管理指引	301
上海市国资委监管企业合规管理指引（试行）	308
关于加强中央企业内部控制体系建设与监督工作的实施意见	315
关于建立涉案企业合规第三方监督评估机制的指导意见（试行）	319
涉案企业合规建设、评估和审查办法（试行）	325
联合国全球契约十项原则	328

合规与银行内部合规部门 ··· 333

经济合作与发展组织跨国企业准则（节选）··················· 343

世界银行集团诚信合规指南（摘要）··························· 353

亚太经合组织企业自愿和有效的合规项目之基本要素········ 357

西门子公司的合规管理要素····································· 363

巴斯夫集团的员工行为准则（摘要）··························· 367

参考文献 ·· 374

第一章
企业合规基础概论

本章主要研究企业合规基础概论,即涉及企业合规的基本概念以及企业合规主体、企业合规客体、企业合规目标、企业合规管理与企业法务管理、企业合规管理与企业内部控制等一系列基础性涉及企业合规的理论问题。

第一节 企业合规概念的基本界定

"概念的统一、定义的清晰、标准的确切是我们进行理论思考和科学研究的基础,尽管社会科学有它一些模糊性特点。"[1]对企业合规基本概念的科学剖析、准确定义,将是我们未来研究和有效建构企业合规制度的前提条件和基础所在。

"合规"两字中的"规"字,从其本义来看,是指画圆的器具即圆规。"规"有作模范、典范的解释,《咏史》记有:"生为百夫雄,死为壮士规。""规"也有作法度、准则的解释,《说文》记有:"规,有法度也。从矢,从见,会意。"[2]

一般认为,"合规"一词源于西方,译自英文"compliance"。该词最早被大量使用应该是在20世纪80年代的会计和金融领域。1985年成立的美国反欺诈财务报告全国委员会,即著名的美国反虚假财务报告委员会下属的发起人委员会(The Committee of Sponsoring Organizations of the Treadway Commission, COSO),在其发布的报告《内部控制——整体框架》(Internal Control—Integrated Framework)中提出,内部控制有助于保证财务报告对法律

---

[1] 杨兴培:"刑法学:诸多名词概念亟待斟酌",载《法治研究》2018年第2期,第63页。
[2] 参见黄胜忠、郭建军主编:《合规管理理论与实务》,知识产权出版社2020年版,第4页。

法规的遵守。因此,把"Compliance"翻译成"合规",意指遵循、遵守或满足特定的要求或者规范标准。

一、当前学术界对于企业合规概念的理解和认知

到底何为"企业合规"之"规"?目前,在学术界和具体实践中存在不同的观点表达,代表性的主要有"两层次说"和"三层次说"。

(一)"两层次说"

有观点认为,企业合规中的"规"的来源可被归纳为两大类:一为法律来源的"规";二为非法律来源的"规"。具体而言:

第一,法律来源的"规",其主要包括:成文法(宪法、法律、行政法规、地方性法规、自治条例、行政规章、国际条例);不成文法(政策、司法解释、司法惯例);法院的裁判。

第二,非法律来源的"规",其主要包括:雇佣合同、买卖合同等;行业和组织标准、准则;自愿性原则和行为守则;组织所签协议产生的义务;商业伦理道德;企业内部规章制度。[1]

(二)"三层次说"

主张"三层次说"的观点认为,"合规"中的"规"主要分为三层面内容:

第一,从遵守法规角度来看,合规就是企业要遵守经营活动所在地的规则性法律,确保企业的经济活动符合"公共利益"。如果企业能按照法律的规范要求行事,企业在投资所在地的经营就有了合法性,企业的经营行为也将受当地的法律法规保护。

第二,从遵守规制角度来看,合规就是企业要遵守内部的规章和制度。不同的企业根据外部环境和内部管理的需要,制定出企业内部的规章和制度,以此来约束企业的商业行为,引导企业的各层级员工按照规制开展经营活动,保证各项行为达到企业规制的要求。

第三,从遵守规范角度来看,合规就是企业在遵守法律法规的同时,还要求员工遵守相应职业操守和道德规范。这对企业的员工行为提出了更高的

---

[1] 参见黄胜忠、郭建军主编:《合规管理理论与实务》,知识产权出版社2020年版,第1~3页。

要求，即要求员工在工作中形成规则意识，做到行为自觉，形成很好的自律。[1]

上述两种观点论述均具有一定的科学性、合理性，即两者均认可企业合规之"规"包括法律规范、企业内部规范以及相关的职业道德规范。但上述两种观点的表达也并非完整无缺，比如，其均未注意到法律规范不仅仅只包括企业所在国的国内法律规范，还应当包括一系列国际法律规定或者规范性文件（如多边条约或者双边条约等）。再比如，其均强调企业应当遵守商业伦理道德规范，但忽视了企业还应当遵守相关的社会公共道德规范等。

二、本书对企业合规概念的理解和界定

笔者认为，合规中的"规"是刚性规范与柔性规范之结合。依据规范制定主体的不同，可将企业合规之"规"概括为四个层面内容：法律之"规"、行业之"规"、内部之"规"以及道德之"规"。法律之"规"是基础，行业之"规"是关键，内部之"规"是核心，道德之"规"是升华。这四个方面之"规"是相辅相成、紧密联系的有机统一体，充分体现了企业他律和企业自律的相互衔接和相互作用。具体而言：

（一）法律之"规"：法律制度规范

企业合规所遵之"规"，首先应为法律之"规"，即法律层面的规范。这是"规"的首要含义和核心要义之一，其主要包含两个层面内容：一是企业所在国的各项国内法律规范；二是相关的国际法律规范。首先，对于企业所在国的国内法律规范，其一般包含着一国完整的法律制度体系。这里既包括由一国中央所统一制定的法律规范，也包括一国拥有立法权的地方所制定的法律规范。其次，相关的国际法律规范则主要包括一系列的双边条约或者多边条约等。

以证券金融企业为例，在我国其所涉及的法律规范主要包括三个层级：[2]

第一，法律层面的规范，其主要包括：《公司法》[3]《证券法》《证券投资基金法》等。《公司法》在规范公司的组织及行为基础上，主要着眼于保障

---

[1] 参见王志乐主编：《企业合规管理操作指南》，中国法制出版社2017年版，第1~2页。
[2] 参见巴曙松主编：《监管与合规通识》，机械工业出版社2020年版，第122~123页。
[3] 《公司法》，即《中华人民共和国公司法》。为表述方便，本书中涉及我国法律文件直接使用简称，省去"中华人民共和国"字样，全书统一，后不赘述。

公司、股东和债权人等利益相关者的合法权益，进而稳定社会经济秩序。《证券法》通过规范证券发行和交易行为，保护投资者合法权益和社会公共利益，维护社会经济秩序。《证券投资基金法》通过规范证券投资基金活动，保护投资人及相关当事人的合法权益，并以此保障证券投资基金以及资本市场的良性发展。

第二，行政法规层面的规范，其主要包括《证券公司监督管理条例》《证券公司风险处置条例》等。《证券公司监督管理条例》的实施有助于规范证券公司行为、防范证券公司风险，同时对客户的合法权益和社会公共利益进行保护，有助于我国证券业的良性发展。《证券公司风险处置条例》有助于控制和化解证券公司风险，进而保障投资者权益及社会公共利益，保障我国证券行业的健康运行。

第三，在部门规章层面的规范，相关文件主要包括：《外商投资证券公司管理办法》《证券公司业务范围审批暂行规定》和《证券公司分类监管规定》等。

除了遵守上述国内法规规范之外，证券金融类企业还应当注意参考并遵守一系列国际法规规范，比如，《联合国全球契约十项原则》《反贪腐伙伴倡议——反贿赂守则》（PACI守则）、《亚太经合组织企业自愿和有效的合规项目之基本要素》等。

(二) 行业之"规"：行业标准规范

企业合规之"规"的第二个层面内容即行业之"规"，其主要是指企业所在行业所制定的一系列行业标准要求以及制度规范。这些行业标准规范体系虽然不是国家法律体系，但其对相关企业依然具有较强的行为约束力、示范引领力以及道德影响力。行业之"规"相对于法律之"规"，其内容更加细致、标准更加明确、要求更加具体。因此，行业之"规"是法律之"规"的重要补充和必要延伸。

例如，环保企业所应遵循的关于环境保护的行业标准规范、采矿企业所应遵循的关于矿产资源开采与保护的行业标准规范、食品药品企业所应遵循的关于食品药品质量与安全方面的行业标准规范等。而在这些大类别的行业之"规"下面还有更为精细的行业规范。以食品药品方面的行业标准规范为例，2021年7月，《生牛乳质量分级》通过全国畜牧业标准化技术委员会审定。该标准由依托中国农业科学院北京畜牧兽医研究所建设的农业农村部奶产品质量安全风险评估实验室（北京）和农业农村部奶及奶制品质量监督检验测试中心（北京）共同编制，是我国首个生牛乳分等分级标准。该行业标准的出台为进一步规范我国生牛乳的生产和经营提供了重要参考和相关依据。

这些行业之"规"往往具有体系庞大复杂、标准明晰具体、更新速度较快等主要特点，需要企业予以重点关注和及时跟进，并尽快修订企业内部的生产或者经营计划以及相关企业合规方案。否则，容易导致企业合规风险的产生。

（三）内部之"规"：企业内部规范

企业合规之"规"的第三个层面主要是指企业自身所制定的用于企业经营和管理等方方面面的内部制度规范。俗话说，"国有国法，家有家规。"内部之"规"充分体现了企业的意思自治，其往往涉及企业战略投资、经营管理、财务管理、人员管理、后勤保障等各个方面。企业内部规范最为典型的就是企业章程，其往往被视为企业的"宪章"。2015 年 12 月 8 日，国务院国有资产监督管理委员会（以下简称"国资委"）正式公布《关于全面推进法治央企建设的意见》，其明确指出："充分发挥章程在公司治理中的统领作用。根据企业行业特点、管理架构等实际，依法完善公司章程，合理配置股东权利义务，明确议事规则和决策机制。突出章程在规范各治理主体权责关系中的基础性作用，依法厘清股东（大）会、董事会、监事会、经理层的职责边界，明确履职程序。依据章程建立健全企业各项基本制度、管理机制和工作体系，细化董事会、经理层工作规则等配套办法。把加强党的领导和完善公司治理统一起来，明确党组织在公司治理结构中的法定地位，将党建工作总体要求纳入公司章程。加强对章程落实情况的监督，坚决纠正与章程不符的规定和行为。高度重视子企业章程制定工作，依法依章程对子企业规范行使股东权，处理好维护出资人权益与尊重子企业经营自主权的关系。充分发挥总法律顾问和法律事务机构在章程制定、执行和监督中的重要作用，确保章程依法制定、依法实施。"

当然，企业内部规范体系不仅仅只有企业章程，还有一系列其他更为具体的规章制度。其中，典型的企业内部规章之一就是员工的行为准则。比如，巴斯夫集团所制定的员工《行为准则》，于 2000 年正式生效，其对巴斯夫集团全球所有员工的行为均具有内部约束力。它梳理总结了重要的法律和公司政策，用以指导巴斯夫集团全体员工与业务伙伴、官员、其他员工和社会交流时的行为。《行为准则》由巴斯夫集团欧洲公司首席合规官和法律部定期审核,以确定是否需要根据法律变更进行修订,以及确保员工达到公司期望的道德与法律高标准。巴斯夫集团欧洲公司执行董事会负责《行为准则》的审批和颁布。基于巴斯夫集团全球标准,该集团各公司结合当地的地方性法规制定了各地区相应的约束员工行为的《行为准则》。2012 年,巴斯夫集团对该《行为准则》进行修订。2013 年起,巴斯夫集团在全球范围内采用同一部《行为准则》,新的《行为准则》正式取代曾在全球范围内实施的 24 部《行为准则》。[1]

内部之"规"是法律之"规"和行业之"规"经过企业内化之后的具体产物,是要求、指引和规范企业及其员工行为活动最直接的依据。对于一个成熟的企业而言,其内部规范往往是科学、明晰、系统、全面的,而且具有很强的可操作性,便于员工的快速理解、掌握与执行。

(四)道德之"规":诚信道德规范

企业合规之"规"的第四个层面主要是指企业及其员工所应遵循的道德之"规",即必须遵守一系列国家和社会公认的诚信道德规范,既包括遵守公共道德、商业伦理道德等(所谓的"公德"),也包括养成良好的个人素质和品德(所谓的"私德")。这也正是企业合规与企业合法两者的显著区别之一。因为企业合规关注的不仅是企业及其员工的守法行为,而且更加关注的是其内心诚信道德的养成。换言之,企业合规关注的不仅是企业及其员工的一系列外在行为,即"看他怎么做",而且更加关注的是企业及其员工的内心思维,即"看他怎么想"。但企业合法则不是,企业合法更多关注和评价的是外在行为,并不关注其内心所想。

因此,从本质上讲,企业合规的道德之"规"是对企业及其员工更高一个层面的要求,更多地体现了一个现代企业所应具备和履行的社会责任。道德之"规"的建设和实践将直接影响到法律之"规"、行业之"规"和内部之"规"的质效。换言之,离开道德之"规"的企业合规概念将是不完整的。正是因为道德之"规"的重要性,世界银行集团于 2010 年 9 月直接将"诚信"的道德规范和"合规"的制度规范结合起来,正式发布《诚信合规指南》,其中明确提道:"职责:创建和维护一种基于信任的包容性组织文化,鼓励道德行为和守法承诺,对不当行为绝不姑息。"(RESPONSIBILITY:

---

[1] 参见王志乐主编:《企业合规管理操作指南》,中国法制出版社 2017 年版,第 113 页。

Create and maintain a trust-based, inclusive organizational culture that encourages ethical conduct, a commitment to compliance with the law and a culture in which Misconduct is not tolerated.）

市场经济条件下，现代化企业不断发展壮大，企业道德规范要求也越来越明晰和重要。比如，宁波方太厨具有限公司（以下简称"方太"）的茅理翔说过："有些人认为创立名牌只要产品质量好，用户满意就够了。我的理解是，品牌的真正含义必须是'产品、厂品、人品'三者的有机结合。'三品合一'是方太品牌的核心思想。"其中，所谓的"人品"就是企业家与员工的人品，特别是企业家的人品。一个具有强烈社会责任感、良好社会公众形象、较高精神境界的企业家，才能带出一支具有强烈敬业精神和创业精神的管理和生产队伍，执着地追求健康、先进、文明的工作和生活方式，为人们生产出质量可靠、性能卓越的产品。而一个不守信誉、弄虚作假的厂长（经理），只能向社会提供假冒伪劣产品。[1]从企业合规的角度来观察，方太所大力倡导和积极实践的"人品"以及"三品合一"，其实就是道德之"规"的典型例证，也充分体现了道德之"规"对于其他之"规"的重要作用和积极影响。

综上所述，企业合规之"规"具有丰富的内涵表达。"四重之规"共同建构起企业合规概念的基石。只有准确理解和全面把握法律之"规"、行业之"规"、内部之"规"以及道德之"规"的具体含义和内在逻辑联系，才能真正为深入研究企业合规理论打下坚实的基础。

正是基于上述阐述与理解，笔者认为，企业合规主要是指为达到包括防控合规风险在内的一系列合规目标，企业按照自身意愿或者监管规定，全流程、全方位地遵循法律之"规"、行业之"规"、内部之"规"以及道德之"规"的各项要求，以充分、有效地实现企业经济价值与社会价值的统一。

这里需要注意的是，应当区别企业合规与企业合规管理这一组概念。企业合规管理实质上是企业合规的重要内容之一，换言之，企业合规管理是企业合规的一个下位概念。按照通说，企业合规管理是一个管理学意义上的概念，其主要是指以有效防控合规风险为主要目的，以企业和员工经营管理行

---

[1] 参见程淑华：《小微企业文化建设研究》，浙江大学出版社2021年版，第14页。

为为对象，开展包括制度执行、风险识别、合规审查、风险应对、责任追究、考核评价、合规培训等有组织、有计划的管理活动。[1]显然，从这一角度来理解，企业合规的范围要比企业合规管理更为广泛。

第二节　企业合规主体

到底何为企业合规主体？这是研究企业合规基本概念的重要问题之一。从字面上理解"主体"，其主要有三层含义：一是事物的主要部分；二是哲学意义上所谓的认识和实践活动的承担者；三是法律意义上依法享有权利和承担义务的自然人、法人或国家。正是基于上述理解，笔者认为，企业合规主体是指承担合规义务、开展合规管理、防范合规风险以及享受合规收益的主要部分。企业合规的主体包括两个层面的含义：一为企业；二为国家。其中，企业是首要主体，国家是补充主体。在企业合规建设中，既应当充分尊重企业的自主精神；也应当重视国家在企业合规建设中的重要作用，两者同向发力、同频共振，才能实现企业合规之目的。

一、企业

在企业合规概念的内涵中，企业才是企业合规的第一主体，或者可称为首要主体。正所谓，"横看成岭侧成峰，远近高低各不同"。虽然，从不同的学科角度可以对企业合规作出不同的解读，但从本质上讲，企业合规就是一种企业内部的自我管理、自我之治、自我塑造。内因是推动事物变革的最主要力量。显然，这种自我管理、自我之治和自我重塑的实施主体首先就是企业本身。2017年12月28日，我国国家统计局正式印发《统计上大中小微型企业划分办法（2017）》（以下简称《划分办法》）的通知。该《划分办法》按照行业门类、大类、中类和组合类别，依据从业人员、营业收入、资产总额

---

[1] 有观点将企业合规管理的概念表述为：企业通过制定合规政策，按照外部法规和企业自身经营目标的要求，统一制定并持续修改内部规范，监督内部行为规范的执行，以实现增强内部控制、对违规行为进行持续监测、识别、预警，及时地对合规管理制度进行修订和完善，达到防范、控制、化解合规风险等一整套管理活动和机制。参见王志乐主编：《企业合规管理操作指南》，中国法制出版社2017年版，第5页。

第一章 企业合规基础概论

等指标或者替代指标,[1]将我国的企业划分为大型、中型、小型、微型等四种类型。

表1-1 统计上大中小微企业划分标准

行业名称	指标名称	计量单位	大型	中型	小型	微型
农、林、牧、渔业	营业收入（Y）	万元	Y≥20 000	500≤Y<20 000	50≤Y<500	Y<50
工业*[2]	从业人员（X）	人	X≥1000	300≤X<1000	20≤X<300	X<20
	营业收入（Y）	万元	Y≥40 000	2000≤Y<40 000	300≤Y<2000	Y<300
建筑业	营业收入（Y）	万元	Y≥80 000	6000≤Y<80 000	300≤Y<6000	Y<300
	资产总额（Z）	万元	Z≥80 000	5000≤Z<80 000	300≤Z<5000	Z<300
批发业	从业人员（X）	人	X≥200	20≤X<200	5≤X<20	X<5
	营业收入（Y）	万元	Y≥40 000	5000≤Y<40 000	1000≤Y<5000	Y<1000
零售业	从业人员（X）	人	X≥300	50≤X<300	10≤X<50	X<10
	营业收入（Y）	万元	Y≥20 000	500≤Y<20 000	100≤Y<500	Y<100

---

[1] 企业划分指标以现行统计制度为准。①从业人员，是指期末从业人员数，没有期末从业人员数的，采用全年平均人员数代替。②营业收入，工业、建筑业、限额以上批发和零售业、限额以上住宿和餐饮业以及其他设置主营业务收入指标的行业，采用主营业务收入；限额以下批发与零售企业采用商品销售额代替；农、林、牧、渔业企业采用营业总收入代替；其他未设置主营业务收入的行业，采用营业收入指标。③资产总额，采用资产总计代替。

[2] 带*的项为行业组合类别，其中，工业包括采矿业、制造业、电力、热力、燃气及水生产和供应业；交通运输业包括道路运输业、水上运输业、航空运输业、管道运输业、多式联运和运输代理业、装卸搬运，不包括铁路运输业；仓储业包括通用仓储、低温仓储、危险品仓储、谷物、棉花等农产品仓储，中药材仓储和其他仓储业。

续表

行业名称	指标名称	计量单位	大型	中型	小型	微型
交通运输业*	从业人员（X）	人	X≥1000	300≤X<1000	20≤X<300	X<20
	营业收入（Y）	万元	Y≥30 000	3000≤Y<30 000	200≤Y<3000	Y<200
仓储业*	从业人员（X）	人	X≥200	100≤X<200	20≤X<100	X<20
	营业收入（Y）	万元	Y≥30 000	1000≤Y<30 000	100≤Y<1000	Y<100
邮政业	从业人员（X）	人	X≥1000	300≤X<1000	20≤X<300	X<20
	营业收入（Y）	万元	Y≥30 000	2000≤Y<30 000	100≤Y<2000	Y<100
住宿业	从业人员（X）	人	X≥300	100≤X<300	10≤X<100	X<10
	营业收入（Y）	万元	Y≥10 000	2000≤Y<10 000	100≤Y<2000	Y<100
餐饮业	从业人员（X）	人	X≥300	100≤X<300	10≤X<100	X<10
	营业收入（Y）	万元	Y≥10 000	2000≤Y<10 000	100≤Y<2000	Y<100

无论是大中型企业，还是小微型企业，均是市场经济中最为活跃的因子，其在市场经济发展过程中扮演着不同的重要角色，发挥着不同的重要作用，均需要合规制度的建设、合规管理的实践、合规文化的培育，也最终受益于合规建设。尤其是以当前合规理论建设和具体实践来分析，我国对于国有企业特别是国有大型企业的合规建设非常重视，但是对于民营企业尤其是小微企业的合规建设研究和实践比较缺乏，这是今后我国应该重点关注的领域之一。

从企业内部的微观视角来看，企业是由一个个具体的人员所组成的，这里包括企业管理层、合规团队以及员工等。一方面，他们是企业合规制度和文化的具体实践者，在企业业务开展中落实各项合规义务，开展合规管理，促成合规目标的实现；另一方面，他们也是企业合规实践的最终受益者，通过企业合规具体实施为企业发展提供有效保障、赢得机遇、增强核心竞争力，最终企业的合规成果也将惠及每位企业员工。

因此，承认企业作为企业合规的"第一主体"地位，才能充分保障企业在市场经济环境下包括经营自由在内的各项自由权利，也才能从根本上有效提升企业自身应对合规风险、开展合规管理的主动意愿和综合能力。换言之，尊重企业的合规主体地位，力促将企业合规真正转变为企业生存和发展的自我需求、内生动力以及价值体现。

二、国家

与此同时，应当清晰地看到，域外企业合规制度的具体生成路径之中均有国家公权力的适时介入、干预和指导。从犯罪学的角度来看，企业合规制度建构充分体现了从"单一的国家治理违法犯罪模式"向"双向的国家和企业共治违法犯罪模式"所发生的重大转变。

一方面，在市场经济环境下，企业是最为活跃的因子，优胜劣汰是最基本的规则之一，获取利润才是企业存在和发展的首要目的。预防和处置违法犯罪问题，并非企业首先所要关注和考虑的内容，但包括企业员工在内的各种犯罪问题势必直接影响全社会的政治、经济、文化、生态等各方面的公共安全和利益。因此，需要国家公权力的适当介入和理性引导，帮助企业完善合规体系建设，促使企业履行各项合规义务，有效地应对各类合规风险，达到企业自身利益与国家和社会利益的有机统一，实现国家经济社会的稳健长远发展。

另一方面，在现代社会发展过程中，企业不仅仅只是单纯的逐利个体，之前利益最大化的经营观念和目标越来越受到挑战。尤其是当整个社会风险加剧的时候，作为社会环境之中生存的企业应当承担起越来越多的社会责任。松下公司创始人松下幸之助指出，企业不能以利益为最终目标，在获得经济利益的同时，必须要兼顾社会利益，生产者不能单纯从社会索取利益，而是要在索取的同时为社会创造更多的财富，只有具有这种使命感的企业才能长存不败，拥有光明的前途。正如有学者所言："这种把企业经济利益与社会责任相统一的现代企业管理的社会综合价值体系是对传统理性管理的单纯利润价值体系的扬弃，是对经济主义管理理念的超越。这是知识经济时代企业管理的高境界追求。如果一个企业不能对资源利用、生态平衡、经济的可持续发展承担责任，如果不能对消费者的直接利益和间接利益承担责任，如果不能对员工的身心健康和全面发展承担责任,如果不能为投资者带来应有的收益,那么,在知识经济时代的市场竞争中,就会被淘汰出局。"[1]企业承担社会责任离不开国家公权力的认可、引导以及支持,其中既包括国家在精神层面的鼓励,也包括国家在物质层面的扶持。这也需要国家公权力介入企业合规体系建设之中,实现合规管理的科学化、规范化和现代化,促使企业依法承担起社会责任。

国家参与企业合规建设主要体现在三个层面:其一,离不开国家立法层面的有效参与,将涉及企业合规的相关内容融入国家法律之中,这不仅体现在行政监管法律方面,而且体现在刑事法律方面,还体现在公司法等法律方面。其二,离不开国家执法层面的积极参与,通过国家行政力量来依法督促企业建立健全合规制度体系。其三,需要国家司法层面的适当参与,对于涉及刑事案件的企业,应当依法对其企业合规制度和实践进行全面、客观、科学的考察与评估,依法适用刑事法律层面的激励机制,继而作出及时、公正的裁判。比如,以我国正在开展的企业合规改革工作为例,2021年2月,最高人民检察院研究起草了《关于建立涉案企业合规第三方监督评估机制的指导意见(试行)》(征求意见稿)。2021年6月3日,最高人民检察院、司法部、财政部、生态环境部等九部门联合印发《关于建立涉案企业合规第三方监督评估机制的指导意见(试行)》。同样是2021年6月3日,最高人民检察院还发布了四起企业合规改革试点典型案例,介绍了四例检察机关对于违规企业的处理情况,体现出我国司法系统积极推动企业合规建设,加强企业合规与依法适用不起诉相结合。对于违法违规企业并非一放了之,而是在对相关企业提出合规整改意见,监督企业建立良好的合规体系,进而依法对涉案企业负责人作出不起诉决定并进行合规考察等后续工作,让涉案企业既为违法犯罪付出代价,又吸取教训建立健全防范再犯的合规制度,维护正常经济秩序。

综上所述,企业合规体现了"自律"与"他律"的有机结合,企业合规主体包含两个层面内容:企业是第一位的,国家是第二位的;企业居于主要地位,国家居于补充地位。两者之间互相结合共同推动企业合规制度建立和

---

[1] 参见任志宏、杨菊兰:《企业文化:管理思维与行为》,清华大学出版社2013年版,第16、17页。

实践发展。

当前，我国企业合规正处于探索与发展的关键时期，更加需要认清企业合规主体的内涵以及内在关系问题，否则的话，很容易违背改革的本意、迷失改革的方向。比如，前段时间，我国东南沿海某县级市的检察机关与当地某律师事务所共同创办了所谓的"企业合规事务所"，甚至要求涉案企业的合规计划建立健全要接受该事务所的指导与监督。这一改革的做法实在匪夷所思，有些哗众取宠的意味。究其根本原因，主要在于该检察机关根本未认识到企业合规的第一主体是企业自身，该检察机关已在企业合规整改和建设中严重越位。这显然违背了企业合规改革试点的初衷。

第三节 企业合规客体

企业合规客体是企业合规的基本要素之一，正确理解和把握企业合规客体的内涵，有助于从基础概念层面上科学认知和准确界定企业合规的基本内容。

一、企业合规客体的基本概念

一般认为，"客体"一词主要是针对"主体"一词而言的。客体往往是客观存在的，并不以人的主观意志为转移；而且客体往往具有高度抽象性和概括性，是对客观现象的一种高度凝练。而对象则往往是具体的人或者物，是可以直接被感知和认识的，对象的外在表现往往是形态各异、多种多样的。主体通过对对象这一媒介施加作用力，来对客体产生影响，进而达成主体的目的。[1]正是基于上述理解，笔者主张将企业合规的客体与对象这组概念予以科学适当的区分。

企业合规的客体主要是指作为企业合规的主体所具体针对和实施作用力的目标物体。企业合规的客体与企业合规的对象两者并非同一个概念，应当从学理上予以比较区分。这有助于科学剖析企业合规的概念内涵。企业合规的客体往往具有高度的概括性，是一种抽象化的产物；而企业合规的对象往往具有明确的指向性，是一种具体化的表达。其中，企业合规的对象主要是

---

[1] 参见张云霄：《重析刑事政策基本问题》，中国社会科学出版社2021年版，第68页。

指企业及其员工在决策判断、生产经营、管理保障等各个环节所关涉的具体行为。比如，企业的决策行为、运营行为、采购行为、对外签订合同行为等。而这些行为关涉企业治理、合同管理、投融资管理、市场交易、合作伙伴、财务税收、知识产权、信息安全、安全环保、产品质量、劳动用工、礼品与商务接待、捐赠与赞助以及国际交往等各个领域。企业合规的主要目的就是要求企业及其员工的行为必须符合相关规定、规范和要求，避免出现合规风险或者违规事件的发生。显然，从这一角度来讲，企业合规对象与企业合规客体是两个迥然不同的概念，不能随意混同。

二、企业合规客体的主要内容

企业合规客体具有"二元性"：一为企业合规义务；二为企业合规风险。合规义务和合规风险是企业合规的"一体两面"。合规义务是基础，是前提；合规风险是主要，是关键。整个企业合规制度的建构其实就是围绕着合规义务和合规风险来展开的。关于企业合规风险后续有专章论述，此处不再赘述。

其中，企业合规客体之一为合规义务。在真正了解"合规义务"概念之前，有必要对"义务""法律义务"等概念作以详细考察和深入分析。

义务来源主要分为：自我来源和他人来源。其中，关于义务来源于自我的观点认为义务来源于个人情感，而这种情感就是我们所认为的道德感，我们的道德观念均来自道德感，其中包括所谓的"义务"。例如，哈奇森认为，由道德感而生的义务观念要求我们仁爱、为利他行为；若以相反方式行为，我们就会对自己感到不快。休谟也认为义务完全来源于人类的情感，而人们的情感则主要或者说就是通过同情心来产生的。

法律义务是设定或者隐含在法律规范中、实现于法律关系中的，主体以相对抑制的作为或者不作为的方式保障权利主体获得利益的一种约束手段。具体而言：其一，作为法学核心范畴的权利和义务是由法律明文规定或者包含在法律逻辑中的，至少可以从法律精神和法律原则中推定出来。因此，国家要求公民承担的义务应当以法律的形式明文规定，对于未规定的事项不应当成为公民的法律义务。其二，任何法律上的义务都是社会上占支配地位的阶级（统治阶级）或集团（统治集团）的意志的体现，是该阶级或集团及其所代表的社会的价值观点和根本利益的体现。其三，权利与义务具有明确的界限，同时，权利与义务互为界限。通常认为，法律义务的构成要件主要是指在法律生活中需要具备哪些要素才能构成一项法律上的义务，而不仅仅停留在单纯的概念分析上。法律义务的构成要件包括三个层面内容：一是应当；二是行为；三是可能施加的法律责任。

而合规义务与法律义务之间存在着一定的关联性，但两者之间具有不同的内涵表达。正是基于上述认知和理解，笔者认为，合规义务主要是指企业所应承担的关于合规方面的一系列责任或者任务的总和。按照我国《合规管理体系指南》（GB/T35770-2017）第 3.5.1 条规定，合规义务的来源宜包括合规要求，并能包含合规承诺。

因此，企业合规义务主要包括两个层面内容：一为合规要求；二为合规承诺。其中，合规要求可被视为初级层面的合规义务，亦可称为基础的合规义务、强制性的合规义务；而合规承诺可被视为高级层面的合规义务，亦可称为高标准的合规义务、自愿性的合规义务。两者之间互为补充、互相促进，共同构成合规义务的完整内容。

（一）合规要求

合规要求又可被称为强制性合规义务，即主要是指外部相关方赋予企业的各项义务要求。我国《合规管理体系指南》规定，合规要求的例子包括：法律和法规；许可、执照或其他形式的授权；监管机构发布的命令、条例或指南；法院判决或行政决定；条约、惯例和协议。从上述可以看出，合规要求的来源主要是涉及法律层面上的各项义务，即行政法律层面所应遵守的义务、民事法律层面所应遵守的义务以及刑事法律层面所应遵守的义务等。企业若未遵守相关的合规要求，则可能会产生合规风险，甚至诱发企业危机。因此，从这个角度而言，企业合规义务与法律义务在外延范围上会产生重叠部分，部分合规义务也即法律义务。

（二）合规承诺

合规承诺又可被称为自愿性合规义务，即企业所公开允诺的自身所要承担的合规义务。申言之，合规承诺主要是指企业在市场中为了获得股东、顾客、供应商等各方面的信赖，对自身生产经营过程和产品品质进行的若干自我要求。合规承诺主要分为两大类：一类是企业对于伦理道德标准的承诺，这里包括职业道德、社会公德、个人私德等；另一类是企业对于自身提供的产品、服务等品质的承诺。比如，联想集团不断推进绿色供应链的建设与实施，支持企业在可持续发展方面的主要合规承诺为：确保环境保护合规、防止污染及降低对环境的影响、努力开发领先的环保产品以及持续改善全球环境表现。[1]

作为一项特殊的合规义务，合规承诺来自企业自我设定的标准，具有高度的自愿性、行业性和特色性。一般而言，合规承诺的标准要比合规要求的标准更为严格、全面和仔细。企业明确做出的合规承诺会影响到外部相关方对该企业的期望，因此对企业有比较强的约束力。国际标准化组织《合规管理体系指南》（2014年）给出了合规承诺的范例：①与社区团体或非政府组织签订的协议；②与公共权力机构和客户签订的协议；③组织要求，如方针和程序；④自愿原则或准则；⑤自愿性标志或环境承诺；⑥组织签署协议产生的义务；⑦相关组织和行业标准。

现代企业尤其是大中型企业愈来愈重视合规承诺的设计和体现，并且通常以企业正式文本形式呈现在社会公众面前。比如，中国石油天然气集团公司董事长在《诚信合规手册》中开篇致辞："我们始终秉承'奉献能源、创造和谐'的企业宗旨，坚持诚实守信、依法合规的价值观，努力为社会创造财富、促进和谐。实践证明，诚信合规是公司发展的基石，是公司有质量有效益可持续发展的坚实保障。继往开来，我们清晰地认识到，公司的卓越声誉和持续发展更加有赖于诚信合规。我们将坚持诚信合规优先于经济利益的理念，让诚信合规涵盖经营管理各领域、业务活动各环节、全体员工各岗位。"再比如，中国东方电气集团有限公司董事长在《诚信合规准则》中开篇致辞："加强合规管理，是贯彻落实全面依法治国重要战略部署的客观要求，是全面推进法治东方电气的重要举措，是国际化进程中提升国际竞争力的必由之路。东方电气始终遵循以创新发展、客户增值、员工成长、环境友好为价值驱动力，坚持诚信公平、依法合规的价值观，将诚信合规理念融入各项经营管理和业务发展活动中，践行企业社会责任和使命。"

因此，合规承诺作为一种特殊类型的合规义务，显然与所谓的法律义务存在着明显的不同。从这个角度来讲，合规义务的范畴要比法律义务的范畴更为宽泛，不仅来自企业外部的约束，而且来自企业自身的设定。此外，标准的法律义务通常是与权利相对应的。但是，在企业合规承诺中，企业自愿作出对本企业产品、服务的保证或者制定相关的内部规定，并没有与之对应

---

[1] 参见黄胜忠、郭建军主编：《合规管理理论与实务》，知识产权出版社2020年版，第64页。

的权利产生。

企业合规义务并非一成不变的,而是会随着企业发展和内外环境的改变而适当调整或者更新。按照我国《合规管理体系指南》第 3.5.2 条规定,企业宜有适当的过程识别新的和变更的法律、法规、准则和其他合规义务,以确保持续合规。企业宜制定程序评价已识别的变更和任何变更的实施对合规义务管理的影响。获取关于法律和其他合规义务变更信息的过程包括:①列入相关监管部门收件人名单;②成为专业团体的会员;③订阅相关信息服务;④参加行业论坛和研讨会;⑤监视监管部门网站;⑥与监管部门会晤;⑦与法律顾问洽商;⑧监视合规义务来源(如监管声明和法院判决)。正如有观点所言:"维护合规义务就是应对企业内部和外部面临的问题、相关方的要求在时间持续过程中发生的变化,主要有政策变化、供求关系、客户偏好等方面的变化。企业想要及时应对这些变化,并确保自己继续赢得市场、监管机构的认可,需要保持多种信息沟通渠道畅通,及时获得有关合规要求变化的信息或者进行新的合规承诺。这种变化可能是增加、减少或者调整合规要求和合规承诺,持续更新合规义务内容清单,形成新的合规义务文件。"[1]

第四节　企业合规目标

企业合规目标是企业合规基本概念的重要构成要素之一。我国 2017 年制定的《合规管理体系指南》对于合规目标的概念进行了界定,即目标要实现的结果。目标可以是战略的、战术的和/或操作层面的;目标能与不同方面(如财务、健康与安全及环境的目标)相关,且能应用于不同层面(如战略层、整个组织、项目、产品和过程);目标能用其他方式表达,如预期成果、目的、操作准则,作为合规项目或使用具有相似含义的其他词汇(如目的、终点或标的);在合规管理体系中,合规目标由组织确定,与合规方针保持一致,以实现特定的结果。

据此,笔者认为,企业合规的目标主要是指企业通过一系列合规体系的建立、合规管理的实践、合规风险的防范和化解等所要追求的一种理想结果或者状态。企业合规的目标既是企业合规存在的价值意义,同时也是指导企

---

[1] 王志乐主编:《企业合规管理操作指南》,中国法制出版社 2017 年版,第 51 页。

业合规实践的行为指引。企业合规的目标主要包括三个层面内容：直接目标、间接目标和长远目标。这三项目标是由近及远、由表及里、层层递进、环环相扣的有机整体。这既涉及企业自身价值的实现，也涉及国家和社会价值的实现。

一、直接目标：有效防范和化解合规风险

企业合规的直接目标是指企业合规首先所要重点关注和解决的问题，即防范和化解合规风险。当前企业合规风险主要分布在反垄断、反不正当竞争、消费者权益保护、招标采购、劳动用工、工程建设、数据信息安全以及海外投资领域等。[1]一方面，企业合规制度的建构和实施均是围绕着合规风险来展开的。换言之，"无风险即无合规"。通过合规实践的深入开展，不断识别、判断、查找、防范以及化解各种合规风险，确保企业自身的"肌体"始终在一种健康的状态下生存和运行。另一方面，健康、向上、积极的企业合规文化能够为企业各层级人员提供明确的合规行为指引，促使其从思想深处牢固树立合规意识、理念和思维，从而最大限度地推动企业合规制度能够真正落到实处。

因此，无论是大型国有企业还是中小微民营企业均应树立"合规风险为本"的合规管理制度体系，注重营造良好的合规文化氛围，切实防范和化解自身的合规风险，不断增强企业自身的"免疫力"。尤其是随着我国"一带一路"倡议的深入实施，我国企业走出国门之时，必将面临一系列新的合规风险，需要承担起新的合规义务。比较典型的例子，在反海外贿赂领域，美国于1997年通过的《反海外腐败法》、英国于2010年通过的《反贿赂法》、法国于2016年通过的《萨宾第二法案》等，均确立了极为广泛的管辖范围，对于在这些国家境外违反上述法律的我国公司，都有可能受到行政监管调查或者被追究刑事责任。甚至在2018年，美国政府制定了针对我国企业的"中国行动计划"（China initiatives），大大加强了对我国企业在反海外贿赂、商业秘密保护、出口管制等领域的执法力度。显然，我国相关企业所面临的被美国

---

[1] 杨斌："新形势下国有企业合规管理体系建设研究"，载《江西师范大学学报（哲学社会科学版）》2020年第4期，第101~102页。

执法机构进行监管调查和刑事侦查的合规风险也随之大大增加。[1]为此，我国企业须具备国际视野和系统思维，不仅应当关注和防范国内的合规风险，而且应当关注和防范国外的合规风险，做好两者统筹，为企业自身发展赢得更多的宝贵机遇，避免因为合规问题而遭受不必要的损失。在此可以借鉴巴斯夫集团的有关做法。从2013年起，巴斯夫集团在全球范围内采用同一部《行为准则》，这一新的《行为准则》取代曾在全球范围内实施的24部《行为准则》。新的《行为准则》主要包括以下内容：人权、劳工和社会标准、环境、健康与安全保护、反托拉斯法、反腐败、礼品与招待、利益冲突、信息保护和内幕交易法、数据隐私保护、进出口、公司及业务伙伴资产保护、禁止洗钱等。[2]这为该公司建构起了一套较为全面、科学、系统的合规管理保护屏障。

二、间接目标：护航企业的可持续性发展

企业合规的间接目标主要是从企业发展的角度来设定的，即护航企业的可持续性发展。任何一家企业在激烈的市场竞争环境中不可能是一帆风顺的，而企业合规越来越成为企业可持续性发展的"护身符"。当企业面临行政监管处罚或者刑事处罚的时候，良好的合规文本和有效的合规实践可以作为企业减轻处罚甚至免除处罚的重要法律依据，从而为企业的后续发展赢得宝贵的机遇。

更进一步讲，企业合规建设已深深影响到企业的内部治理结构建构和完善，事关企业发展的可持续性。我国于2017年制定的《合规管理体系指南》开宗明义地指出，"合规是组织可持续发展的基石"。企业自身通过合规体系的建构、合规组织的建立、合规人员的配置、合规文化的培育以及合规风险的防控等。一方面，可以有效地避免因不合规问题而导致的成本付出，进一步减少企业的各项损失；另一方面，可以有效地改善企业内部治理体系，促进企业内部治理的科学化、规范化建设，逐步形成"合规创造价值""人人都要合规""合规与业务同步"的良好氛围；再一方面，可以有效地树立起企业

---

[1] 参见陈瑞华："论企业合规的中国化问题"，载《法律科学（西北政法大学学报）》2020年第3期，第36页。

[2] 参见王志乐主编：《企业合规管理操作指南》，中国法制出版社2017年版，第115~116页。

良好的合规形象，进一步提升顾客的品牌忠诚度，增加企业品牌的含金量，从而有助于提升企业的核心竞争力，进而促使企业实现可持续发展。

假如企业忽视合规的重要性，即使在日常运营中可能会侥幸躲过一些重大风险，但由于企业合规管理中存在的诸多漏洞而引发的经营危机，其最终还是会受到极其严厉的行政处罚和刑事惩罚，从而严重影响到企业发展的可持续性，甚至导致企业经营的彻底失败。比如，2018年7月15日，国家药品监督管理局（以下简称"药监局"）在官网首页披露通告，根据线索组织对长春长生生物科技有限责任公司（以下简称"长生生物"）开展例行检查，发现该企业冻干人用狂犬病疫苗生产存在造假等严重违反《药品生产质量管理规范》的行为。因此，国家药监局要求吉林药监局收回该公司《药品GMP证书》，并责令其停止狂犬疫苗的生产，责成企业严格落实主体责任，全面排查风险隐患，主动采取控制措施，确保公共用药安全。经过进一步调查，长生生物主要存在八个方面的严重违法问题：①将不同批次的原液进行勾兑配制；②使用过期原液生产部分涉案产品；③更改部分批次涉案产品的生产批号或实际生产日期；④未按规定方法对成品制剂进行效价测定；⑤生产药品使用的离心机变更未按规定备案；⑥销毁生产原始记录，编造虚假的批次生产记录；⑦通过提交虚假资料骗取生物制品批签发合格证；⑧为掩盖违法事实而销毁硬盘等证据。药监局针对长生生物的处罚如下：①没收违法生产的疫苗，没收违法所得18.9亿元，处违法生产、销售货值金额三倍罚款72.1亿元，罚没款共计91亿元；②撤销公司狂犬病疫苗药品批准证明文件、涉案产品生物制品批签发合格证、《药品生产许可证》，罚款1203万元；③对其直接负责的主管人员高某芳等4名当事人给予警告，并分别处以30万元的顶格处罚，同时采取终身市场禁入措施；涉嫌犯罪的，由司法机关依法追究其刑事责任。[1] 2019年11月，该公司以资不抵债、不能清偿到期债务等为由宣告破产。长生生物一案应是未来一定时期内国家相关部门监管药品、医疗器械行业的一个重要标志性事件，也必将对国内药品和医疗器械企业的合规管理产生深远的影响。[2]

---

〔1〕参见姜先良：《企业合规与律师服务》，法律出版社2021年版，第25页。

〔2〕参见中共深圳市委全面依法治市委员会办公室、深圳市司法局、深圳市律师协会编：《民营企业合规与法律风险防控读本》，法律出版社2021年版，第19页。

三、长远目标：实现经济社会的稳定发展

在现代市场经济条件下，企业被视为是最具活力、最为核心的市场经济"细胞"。企业的生存和发展不仅关乎着每个家庭的经济来源和幸福稳定，而且关乎着整个国家就业、财政收入以及社会稳定等方方面面的问题。在我国，无论是国有大型企业，还是中小型民营企业，都是国民经济的重要组成部分，均发挥着各自的重要作用。

正如上文所言，有效的企业合规的建立和实施，有助于防范和化解合规风险，护航企业可持续性发展。这从宏观视角和根本目的来看，还是为了最终实现经济社会的秩序安定和健康发展以及国民的共同福祉，是"利己"与"利他"的统一整体，是企业自身效益与社会整体效益的统一整体。比如，全国中药行业的著名老字号"同仁堂"，始创于1669年（清康熙八年），至今已有三百余年的悠久历史。同仁堂之所以历久不衰、一直处于中国中医药界最强势的品牌地位，其原因可主要概括为四点：其一，诚实守信的经营观；其二，以质取胜的质量观；其三，团结奋进的激励观；其四，继承创新的发展观。在2003年"非典"疫情期间，同仁堂坚持以"养生""济世"为己任，坚持"以义为上""绝不涨价""绝不使用不达标原料"原则，以高质药品竭尽全力保证市场供应，截至2003年5月21日，其解决了近100万人次的用药需求。这不仅赢得了消费者的高度信赖和美誉，也充分实现了企业的社会责任和价值。[1]从企业合规视角来观察，同仁堂的经营理念和思路与企业合规的相关要求高度契合，真正实现了自身利益与国家、社会利益的高度统一，为国家经济社会的稳定发展作出了自己的贡献。

第五节 企业合规管理与企业法务管理

在现代企业制度架构和管理体系中，企业合规管理与企业法务管理是保证企业运营发展的两大支柱，共同助力企业可持续性发展。两者之间存在密切的联系，存在着业务领域的交叉和重叠部分，但两者为不同概念，之间也

---

[1] 参见杨刚、陈国生、王志章主编：《现代企业文化理论与实践》，西安电子科技大学出版社2009年版，第234~237页。

具有显著差别。厘清两者的相同点和差异点，有助于进一步推动企业合规理论的不断完善以及企业合规实践的良好开展。

一、企业合规管理与企业法务管理的相同点

首先，企业合规管理与法务管理为现代企业生存与发展的两大基础性制度，两者之间存在密切关系。我国国资委制定的《关于全面推进法治央企建设的意见》以及各省、自治区、直辖市政府全面推进地方国企法治建设的规定，要求我国中央企业、地方国有企业将"依法合规经营"作为法治建设的重要目标、主要内容和重要手段。比如，国资委《关于全面推进法治央企建设的意见》第一部分（三）规定："……中央企业依法治理能力进一步增强，依法合规经营水平显著提升，依法规范管理能力不断强化，全员法治素质明显提高，企业法治文化更为浓厚，依法治企能力达到国际同行业先进水平，努力成为治理完善、经营合规、管理规范、守法诚信的法治央企。"再比如，《北京市属企业合规管理工作实施方案》明确提出："加强合规管理是贯彻落实全面依法治国战略，推进法治国企建设的应有之义。党的十九大提出要深入贯彻落实全面依法治国战略，建设社会主义法治国家。国有企业作为党和国家事业发展的重要物质基础和政治基础，是建设社会主义法治国家的重要力量，推进法治企业建设就是国有企业落实全面依法治国战略的重要体现。合规管理作为推动法务管理与企业经营管理有效融合的重要抓手和预防企业重大法律纠纷案件发生的有效手段，将全面提升企业法治建设能力和依法治企水平。"

笔者认为，企业合规管理和法务管理的相同之处主要表现为几个方面：

（一）两者追求的长远目标具有相同性

企业合规管理与企业法务管理是现代企业经营发展的两大基石。两者均是在国家法治的视角下重点聚焦企业相关风险问题的识别、防范以及化解等一系列工作，主要目的是从根本上促使企业管理制度体系的不断完善、企业管理实践工作的有效实施，进一步助力企业可持续性发展。因此，从发展的视角来看，两者所追求的长远目标具有相同性。

（二）两者实施的相关对象具有相同性

企业合规管理和法务管理的具体实施对象均包括有关企业法律风险问题。比如，两者均关注企业在运营过程中可能存在或者发生的刑事法律风险问题（商业贿赂风险、数据安全犯罪风险或者知识产权犯罪风险等）。因此，从这

一角度来讲,只有明确企业法律风险的防范和化解在企业合规管理与法务管理工作中的基础性地位,才能为及时有效地解决其他风险打下良好基础并做好支撑性工作。

(三)两者实践的相关要求具有相同性

企业合规管理和法务管理均要求企业全体员工树立现代法治意识和思维,具体而言:一是要求及时关注国家政策、法律法规等的变化或者调整及其对企业合规工作和法务工作的具体影响,从而及时调整工作重点和范围,不断完善工作思路和方法;二是要求将合规管理和法务管理真正嵌入到相关业务工作流程中,不仅是相关制度机制的有机嵌入,而且是深层文化理念的真正植入,从而切实做到同设计、同部署、同实施、同见效,切实促进企业整体管理水平和质效的有效提升。

(四)两者运行的保障机制具有相同性

无论是企业合规管理,还是企业法务管理,两者在实践运行中的保障机制具有诸多相同性。比如,管理信息化系统建设机制、宣传机制、培训机制、文化建设机制等。这些均是保证企业合规管理与法务管理工作正常开展的必要条件与措施。只有不断完善运行的保障机制,才能将企业合规管理与法务管理真正落到实处。

二、企业合规管理与企业法务管理的差异点

虽然企业合规管理与法务管理之间存在着紧密联系,但作为两个不同概念,不能相互混同。其主要存在以下显著区别,具体而言:

(一)两者追求的具体目标不同

企业合规管理所追求的具体目标是积极有效地防范和化解各类企业合规风险,依法保障企业合规经营,促进企业可持续性发展。而企业法务管理主要是企业法务部门人员,以总法律顾问为主导,围绕企业法律风险进行管理,并对企业决策的制定进行参与和支持,[1]其所追求的具体目标之一是依法防范和化解企业法律风险,切实维护企业各项合法权益。显然,从这一角度来讲,企业合规管理所追求的价值目标与法务管理所追求的价值目标之间是包

---

[1] 参见黄胜忠、余凤:"企业法务管理的内涵、发展历程及趋势展望",载《商业时代》2014年第2期,第109~110页。

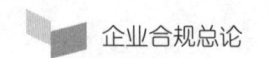

含与被包含的关系。企业合规管理所追求的价值目标更为宏观、广泛和多元。

（二）两者适用的相关依据不同

企业合规管理适用依据包括四个层面内容："法律之规""行业之规""内部之规"和"道德之规"。换言之，企业合规管理适用依据不仅包括各项法律规章制度，而且包括道德层面内容。并且其重点强调全体企业员工对于企业内部规定的严格遵守和良好执行。然而对于企业法务管理而言，其适用依据主要是各项法律法规，即经国家法定程序所制定并颁布的各项规范性法律文件以及相关国际条约等。申言之，法务管理基本上不存在将法律法规内部化的过程，而是直接依据国家法律法规判断企业行为与法律法规的契合度及其相关的法律后果。[1]因此，从这一层面来讲，企业合规管理比企业法务管理所适用的依据更具广泛性和多元性，其不仅是对于"外规"的遵守；而且更加关注"内规"的执行。

（三）两者实施的具体对象不同

企业合规管理实施的具体对象主要是各种各样的合规风险，这里既涉及部分法律风险，也可能涉及财务管理领域的风险、人事管理领域的风险等，因而呈现出多元化的特点。而企业法务管理实施的具体对象则相对单一和集中，即各种企业法律事务，而企业法律风险也是诸多法律事务的一种。因此，从这一角度来分析，两者之间在实施的具体对象方面是不同的，存在着一定程度的差异性。企业合规管理的具体对象涉及的范围更加广泛。

（四）两者工作的运行机制不同

企业合规管理的工作运行机制主要围绕着企业合规工作的开展来进行，其不仅包括大量的实体性事务，而且包括大量的行政管理性事务，因此，呈现出体系化、复杂化的特点。此外，企业合规管理的运行更讲究一种常规化、流程化、标准化、制度化的管理模式，突出合规管理的主动性，即企业合规管理要求企业合规人员及时、积极、主动地依法依规开展各项合规工作，尤其是对于企业合规风险的主动识别、排查和化解，为企业领导层和决策层提供全面、客观、准确的决策素材和依据，进一步为企业实现可持续性发展保驾护航。比如，企业合规管理工作要求建立健全合规举报和调查制度，一旦发现或者接收到违规线索，合规部门及其人员就应当依法依规进行审慎检查

---

[1] 参见黄胜忠、郭建军主编：《合规管理理论与实务》，知识产权出版社2020年版，第21页。

并在达到一定条件后立即启动相应的合规调查程序，从而体现自身工作的主观能动性。相反，企业法务管理的具体运行机制主要以专业性、实务性的法律事务为主，其运行机制相对简单，[1]主要是按照事先预定的流程和标准来具体实施；并且，企业法务管理部门往往被定位为服务部门、支持部门，其具体运行更具被动性特征，主要是应企业领导和各部门的相关法律需求来开展具体工作。显然，其主动性要比企业合规管理弱。

（五）两者人员的素能要求不同

企业合规管理与法务管理的根本属性不同，决定了两者对于人员的素能要求有着不同标准。首先，基于企业合规管理工作的综合性、复杂性、应急性等诸多要求，其不仅要求合规人员应当具备基本的法律知识和技能，而且要求其应当具备相应的管理能力、工作经验；此外，还对合规人员的道德品行、从业经历、心理素质等具有较为严苛的要求。因为企业合规管理的相关人员往往需要作出独立的判断与思考，并能够经受住外界不良因素干扰。相比较而言，企业法务管理工作的性质和内容则相对单一，其更多地强调和要求法务人员应当具备专业的法律知识和能力这一核心素能。

第六节　企业合规管理与企业内部控制

企业合规管理与企业内部控制均为现代化企业所需具备的两大治理体系。两者之间存在着千丝万缕的联系，有着诸多共同之处，存在着一定的交叉领域。比如，我国国资委于2019年10月19日发布的《关于加强中央企业内部控制体系建设与监督工作的实施意见》明确要求，中央企业应充分发挥内部控制体系对企业强基固本作用，建立健全以风险管理为导向、合规管理监督为重点，严格、规范、全面、有效的内控体系，实现"强内控、防风险、促合规"的管控目标。但两者之间并非同一概念，存在着一系列差别。通过分析和把握两者之间的关系，有助于进一步深刻认识关于企业合规概念的实质。

一、企业合规管理与企业内部控制的相同点

企业合规管理与企业内部控制之间存在着诸多的相同之处，具体而言：

---

[1] 参见郭青红：《企业合规管理体系实务指南》（第2版），人民法院出版社2020年版，第375页。

(一) 两者所生成原理的相同性

首先,从两者所生成原理来分析,企业内部控制的产生是由于出现财务舞弊,于是在企业内部形成一种监督制衡机制,逐渐发展成为对企业内部从业务、职能以及管理层的全面风险控制的手段。而企业合规管理则主要是基于内部合规风险的产生与外部监管的要求,从而在企业内部设立的一种对行为进行监管和控制的方式,从单纯的应对监管逐步发展到对职务舞弊、腐败以及商业贿赂等不合规行为的控制。简言之,两者均是随着企业规模的不断增长以及业务的不断发展,简单的企业治理机制已无法满足外部监管的要求,而在内部形成的一种企业治理制度。[1]

(二) 两者所追求目标的一致性

企业合规管理与企业内部控制均强调对相关企业风险的管理、控制与化解,进而为企业可持续发展提供坚实保障。显然,企业风险包括所谓的企业合规风险。因此,从这一角度来讲,两者所追求的目标均包含对企业合规风险的有效管理,具有一致性。

(三) 两者均强调管理的动态性

无论是企业合规管理,还是企业内部控制,两者均强调过程管理的动态性,即应随着企业内外环境的变化,及时予以调整、更新管理或者控制的相关内容。此外,管理动态性还意味着应当保障企业合规管理或者内部控制实现所谓的全流程性,即全面覆盖事前、事中和事后的各个环节或者阶段。

二、企业合规管理与企业内部控制的不同点

企业合规管理与企业内部控制的不同点主要表现在以下几个方面:

(一) 两者概念的具体表达不同

前述已对企业合规管理的概念进行了详细表述,此处不再赘述。而企业内部控制有着特定的概念表达,按照美国审计程序委员会(ASB)《审计准则公告(1972年)》的规定,所谓的内部控制是指在一定的环境下,企业为了提高经营效率、充分有效地获得和使用各种资源,达到既定管理目标,而在企业内部实施的各种制约和调节的组织、计划、程序和方法。我国国资委于2006年6月6日正式发布的《中央企业全面风险管理指引》第6条规定,内

---

[1] 参见黄胜忠、郭建军主编:《合规管理理论与实务》,知识产权出版社2020年版,第23页。

部控制是指"围绕风险管理策略目标，针对企业战略、规划、产品研发、投融资、市场运营、财务、内部审计、法律事务、人力资源、采购、加工制造、销售、物流、质量、安全生产、环境保护等各项业务管理及其重要业务流程，通过执行风险管理基本流程，制定并执行的规章制度、程序和措施"。显然，从概念的具体表达上看，两者并非一个概念，具有本质上的区别。

（二）两者起步的具体时间不同

从世界范围来看，企业内部控制的概念率先提出并得以施行。据学界一般观点，现代企业内部控制产生于20世纪初叶。1936年，美国注册会计师协会在《注册会计师对财务报表的审查》文稿中，首次提出内部控制这一专门术语。内部控制逐步扩展到控制系统，包括组织结构、职务分离、业务程序、处理手续等。而企业合规管理的提出和生成则要晚一些。此外，从国内范围来看，企业内部控制的提出与实践也比企业合规管理提出的要早。比如，1996年《独立审计具体准则第9号——内部控制与审计风险》，首次提出企业内部控制；1999年修订的《会计法》第一次以法律形式对建立健全企业内部控制提出了原则要求。相比而言，企业合规管理则要晚些，通常认为，2006年10月20日，原中国银行业监督管理委员会（以下简称"原银监会"）发布的《商业银行合规风险管理指引》，被视为我国企业合规管理实践的开端。

（三）两者追求的主要目标不同

企业内部控制追求的目标包括经营目标、财务目标与合规目标，即为合理保证企业经营管理合法合规、资产安全、财务报告及相关信息真实完整，提高经营效率和效果，促进企业实现可持续发展战略。显然，相较于企业合规管理而言，企业内部控制所追求的目标更为广泛和多元，其包含合规目标。

（四）两者涵盖的具体范围不同

企业内部控制涵盖全业务流程、全企业范围的整体控制，保证企业内部制度的稳健性、合规性以及有效性等，针对制度的薄弱环节提出合理化的建议，进一步促使企业以合理的成本实现有效的控制，从而达到改善企业经营状况的目的。而企业合规管理则主要是针对企业规章制度、外部法律法规以及道德要求等的执行和遵循情况进行有效的监督和评价，并对相关违规行为进行调查和处理，从而达到合理控制企业合规风险的目的。可见，企业内部控制的涵盖范围要比合规管理更为广泛。

(五) 两者运行的相关机制不同

首先，美国发起人委员会（COSO）《企业内部控制整合框架》和我国《企业内部控制基本规范》均认为，有效的企业内部控制主要包括五方面内容：其一，内部环境，即企业实施内部控制所需要的基础性条件，一般包括治理机构、机构设置及权责分配、内部审计、人力资源政策、企业文化等。其二，风险评估，即企业需要及时识别、系统分析经营活动中与实现内部控制目标相关的各种风险，合理确定风险应对策略。其三，控制活动，即企业根据风险评估结果，采取相应的控制措施，制定并执行内部控制制度，将风险控制在可承受范围之内，其包括不相容职务分离控制、授权审批控制、会计系统控制、财产保护控制、预算控制、运营分析控制、绩效考评控制、重大风险预警机制和突发事件应急处理机制等。其四，信息与沟通，即企业及时、准确地收集、传递与内部控制相关的信息，建立信息管理系统，确保信息在企业内部、企业与外部之间进行有效沟通；建立反舞弊机制，建立举报投诉制度和举报人保护制度。其五，内部监督，企业对内部控制建立与实施情况进行监督检查，评价内部控制的有效性，发现内部控制缺陷，应当及时加以改进。

其次，企业合规管理的运行则相对单一，即企业应当以合规风险的防控为主要目的，通过采用和实施各项合规措施（合规咨询、合规审查、合规调查、合规培训等），以建立健全合规制度和内部控制两大体系，为企业可持续性发展提供坚实有力的现代化合规保障。

第二章
企业合规风险论

企业合规风险是现代各类企业所必须面对的一类重要风险,是企业合规的重要客体之一。对于企业合规风险的有效防控和化解,已成为企业合规工作的重中之重。企业合规风险论主要围绕着企业合规风险基础理论进行集中研究,其主要涉及企业合规风险的基本概念、基本分类、主要特征以及管理流程等一系列基础性理论问题。加强对企业合规风险问题的深入剖析和研究,不仅有助于进一步完善企业合规的理论体系,而且有助于指导企业合规实践的具体开展。

第一节 企业合规风险的基本概念

就目前而言,实务界和学术界对于"企业合规风险"的概念尚未达成统一的认知、理解和阐述,需要加以认真梳理和分析,从而科学把握企业合规风险的基本概念。

一、实务界关于合规风险概念的主要观点分析

合规风险(compliance risk),与合规的概念一样,原本来自金融行业,并主要针对银行机构。巴赛尔银行监管委员会(Basel Committee on Banking Supervision,BCBS)发布的《合规与银行内部合规部门》(Compliance and the compliance function in banks)对"合规风险"的解释为:"银行因未能遵循法律法规、监管要求、规则、自律性组织制定的有关准则,以及适用于银行自身业务活动的行为准则,而可能遭受法律制裁或监管处罚、重大财务损失或声誉损失的风险。"

自 2002 年美国《萨班斯-奥克斯利法案》颁布以来,合规风险的概念已

经从银行延伸到非银行类企业层面的内部控制风险。现在更为广泛的合规风险被定义为,企业在经营过程中因未遵守法律法规、规章制度、职业操守及道德规范而导致的风险。[1]也有观点将企业合规风险的定义表述为,企业在经营过程中没有遵守外部的法律法规或者规章制度及相应职业操守和道德规范时,企业就可能面临着遭受法律制裁或者监管惩罚,从而给企业带来财产损失和企业声誉受损的风险。

此外,我国《企业境外经营合规管理指引》所述"合规风险"主要是指:"企业或其员工因违规行为遭受法律制裁、监管处罚、重大财产损失或声誉损失以及其他负面影响的可能性。"后来,我国各省级政府国有资产监督管理委员会发布的关于合规管理的规范性文件中,也基本参照上述对于"合规风险"概念的解释和定义。比如,《上海市国资委监管企业合规管理指引(试行)》第2条第2款提出:"本指引所称合规风险,是指企业及其员工因不合规行为,引发法律责任、遭受相关处罚、造成经济或声誉损失以及其他负面影响的可能性。"再比如,《河南省省管企业合规管理指引》第2条第3款规定:"本指引所称合规风险,是指省管企业及其员工因不合规行为,引发法律责任、受到相关处罚、造成经济或者声誉损失以及其他负面影响的可能性。"

二、理论界关于合规风险概念的主要观点分析

有学者将企业合规风险的基本概念分为:狭义的合规风险和广义的合规风险。其中,狭义的合规风险是指发生违规事件的风险,而所谓的"违规事件"是指在具体的一个或者一系列活动中,由于企业的行为或者企业代表的行为,导致企业实质性地违反合规义务。从广义的角度来理解,合规风险即发生合规危机的风险,而所谓的"合规危机"是指由于合规义务的改变或者发生违规事件,使企业的持续经营面临不确定性。[2]

还有观点认为,企业合规风险是指企业因未能遵守法律、监管规定、规则、自律性组织制定的有关准则,以及适用于银行自身业务活动的行为准则而可能遭受法律制裁或者监管处罚、重大财务损失或者声誉损失的风险;是

---

[1] 参见中共深圳市委全面依法治市委员会办公室、深圳市司法局、深圳市律师协会编:《民营企业合规与法律风险防控读本》,法律出版社2021年版,第6页。

[2] 参见胡国辉:《企业合规概论》,电子工业出版社2017年版,第39页。

合规义务的不合规发生后的可能性和后果；是企业及其员工不合规行为，引发法律责任、受到相关处罚、造成经济或者声誉损失以及其他负面影响的可能性；是企业或者员工因违规行为遭受法律制裁、监管处罚、重大财产损失或者声誉损失以及其他负面影响的可能性。[1]

三、关于合规风险概念的基本界定

在正确认识和界定合规风险的概念之前，需要先对"风险"一词进行一番解读。"风险"一词的英文为"risk"，本意是指冒险。现代语境下，从不同的角度出发，可对风险进行不同角度的解读。风险既可以是一个正面的概念，也可以是一个负面的概念，一方面与机会、概率、不测事件和随机性相结合，另一方面与危险、损失和破坏相结合。比如，金融风险不一定就是负面概念，可能也是一项正面概念，因为某些金融风险可能带来金融创新发展或者升级。再比如，食品安全风险则为一项负面概念，主要是指各种危害产生不良健康作用的可能性及其强度。

正是基于上述对风险的理解，综合之前对于企业合规概念的研究，笔者主张应当从广义的角度，来具体剖析和理解企业合规风险的基本概念。合规风险主要是指企业及员工在具体运营过程所面临和应当处置的尚未发生或者已经存在的各种对企业生产和发展可能产生不利影响的诸因子的集合。申言之，企业合规风险可具体表达为以下主要内容：

（一）企业源头性合规风险——企业决策的合规风险

企业源头性合规风险也被称为根源性风险，其主要是指企业决策层在具体决策过程中因不合规行为所可能引发的各种合规风险。因为企业决策是企业发展的根本所在，其往往直接关乎着企业发展的战略方向、战略思路、战略布局等，事关企业的生死存亡、兴衰成败。尤其是对于处在初创期和发展期的各类企业而言，其更应当高度重视和积极预防由于企业决策所引发的相关合规风险，切实保障企业决策的合法性、科学性以及有效性。因此，从这一角度来讲，企业合规风险首先蕴涵在企业决策领域，需要企业领导层、决策层的高度重视、审慎分析和科学应对。

---

[1] 参见郭青红：《企业合规管理体系实务指南》（第2版），人民法院出版社2020年版，第92页。

（二）企业重点性合规风险——企业运营的合规风险

企业重点性合规风险主要指企业管理层在具体运营过程中因为不合规行为所可能诱发的相关合规风险。企业合规风险的重点分布域集中在企业运营的方方面面，防范和化解企业合规风险的主战场在企业运营领域。因此，企业重点性合规风险实质上就是企业运营的合规风险。这种合规风险分布在企业运营的全领域、全过程、全时效，需要企业配置和集中优质的合规资源来予以高度重视和积极应对，从而切实保障企业可持续性发展。

（三）企业保障性合规风险——企业保障的合规风险

除了企业决策和运营环节之外，企业的日常管理还离不开各项保障工作和环节的有力支撑。因此，企业合规风险的第三个层次是企业保障性合规风险，也被称为企业保障的合规风险，其主要是指蕴含在企业保障性工作领域内的各种合规风险。比较典型的例子为企业人事管理方面存在的相关合规风险，如企业未按照法律规定与劳动者签订劳动合同，而造成的企业损失。

（四）企业外源性合规风险——企业外部的合规风险

企业生产和发展始终处在社会环境之中，其受到来自各个方面力量的推动或者牵制，面临着种种新问题、新情况和新挑战。因此，所谓的企业外源性合规风险是指企业外部环境对企业可能造成的各种不利因素之集合。这种外源性合规风险往往具有来源广泛的特征，其不仅包括市场环境所引发的相关影响，也可能是业务合作伙伴造成的有关影响。比如，在"一带一路"倡议的指引下，越来越多的企业尤其是大型企业走向国际市场，其非常重视外部环境因素对于企业发展所带来的挑战，积极地应对企业外部的合规风险问题。

四、企业合规风险可能造成的相关损失

企业合规风险的本质是一种不确定性，而这种不确定性具有负面影响力，会对企业发展造成伤害或者阻碍。具体来讲，企业合规风险可能造成的相关损失主要包括：

（一）可能引发相关法律责任

企业合规义务的大多渊源来自法律法规的相关要求。这就涉及各个法律层面内容，不仅是刑事法律层面，而且包括民事法律层面、行政法律层面以及商事法律层面等。因此，企业合规风险可能造成的损失多数集中在法律层面，即可能引发各种各样的法律责任，包括刑事法律责任、民事法律责任或者行政法律责任等。比如，在与业务合作伙伴的商业交往中，企业合规部门由于未实施认真、充分的合规尽职调查措施，没有发现业务合作伙伴的合规问题，而业务合作伙伴则由于债务危机等导致破产，最终导致企业与该业务合作伙伴的合作被突然中止，从而使得企业可能陷入民事纠纷案件中，甚至会承担部分民事责任。再比如，企业在运营中未尽到环保合规义务所引发的相关合规风险，可能会导致企业遭受刑事指控和刑罚的不利结果，继而会对企业的生存和发展造成致命性影响。

（二）可能造成企业经济损失

企业是市场经济中最为活跃的因子，其成立的目的和意义之一就在于实现营利，即实现自身的经济价值。而企业合规风险可能给企业造成的最大损失之一就是给企业造成一定的经济损失甚至是致命的经济损失。尤其是在现代风险社会里，企业将面临内外合规环境的快速变化，这需要企业予以高度重视和科学研判，避免因为不合规行为而造成投资行为失败和相关经济损失。也正是因为合规风险可能会造成企业经济损失，从而触动企业最为敏感的神经之一，才会促使企业重视和不断强化企业合规建设。

（三）可能造成企业软实力损害

一般认为，企业软实力是指企业整合和使用硬实力的能力，是企业发展不可或缺的支撑要素，是最终实现企业运营效能最大化的关键能力，其主要表现为源动力、感召力、规划力、共识力、执行力、管控力六大能力的协调联动。而企业合规风险可能造成企业软实力的损害，比如，因为合规风险导致企业决策能力的下降，或者因为合规风险导致企业商业声誉的损失，或者因为合规风险造成企业外在形象的损害等。对于企业而言，合规风险所造成企业软实力的损害往往具有长期性、不可估量性。一个典型的例子为宝洁公司在与信孚银行的商业交往中，因信孚银行的欺诈行为而导致宝洁公司损失1.57亿美元。宝洁公司起诉信孚银行后，触发信孚银行一系列负面影响，其中最为重要的是信孚银行声誉扫地、市场信誉度越来越低、业绩持续下滑，最终被德意志银行收购。

第二节　企业合规风险的基本分类

研究合规风险的基本概念应注意从学理上对企业合规风险加以分类研究，

从而在更深层上全面理解、准确把握企业合规概念的主要内涵和外延。从学理角度来讲，可依据不同的标准，将企业合规风险作出以下分类，具体而言：

一、依据企业合规风险涉及范围不同进行分类

依据企业合规风险涉及范围不同进行分类，可将合规风险分为全面合规风险和专项合规风险。其中，全面合规风险是指企业在运营过程中所面临的较为系统性的合规风险，其可能涉及企业的生产经营以及管理的各个领域和环节。与全面合规风险相对应的即为全面合规管理。

专项合规风险，也被称为局部合规风险，主要是指企业在生产运营以及管理等局部领域或者环节所隐藏的合规风险。专项合规风险又可以进一步分为专门领域的合规风险与专门项目的合规风险。某个专项合规风险对企业造成的影响可能有限，但多项合规风险的累加会形成叠加效应，在风险爆发时形成星火燎原的态势。[1]与专项合规风险相对应的即为专项合规管理。

比如，作为现代企业所应当承担的社会责任之一，环境保护责任越来越受到企业的重视。针对环境保护中存在的合规风险就属于较为典型的专门领域的合规风险。以联想集团的具体实践为例，环境保护合规是联想集团整体合规工作体系的一大重点。除关注自身的环境表现，联想集团主动提高自身站位，积极打造绿色供应链，从行业高度全面推进绿色设计和绿色制造。自2014年以来，通过引进并优化业务领先的材料《全物质声明解决方案》(Full Material Declaration，FMD) 和 GDX/WPA 系统平台，联想集团大力推动供应链开展全物质信息披露，变革产品有害物质合规模式，提高环境合规验证效率，为产品废弃拆解、逆向供应链、材料再利用等提供依据，实现了有害物质的合规管理。截至2016财年，联想集团所生产的手机和平板类产品全物质信息披露程度达100%，笔记本类达100%，台式机和服务器类达92%。此外，联想集团基于全物质信息披露平台获得的大数据分析，计算机类产品降低有害物质种类使用约1%。[2]诸如此类环保合规既为企业节约了成本、提高了效益，也为企业赢得了良好的社会形象和口碑，有助于增强企业软实力和发展力。

再比如，企业业务、工作均可划分为一个个项目，通过逐个项目的完成

---

[1] 参见胡国辉：《企业合规概论》，电子工业出版社2017年版，第41页。

[2] 参见黄胜忠、郭建军主编：《合规管理理论与实务》，知识产权出版社2020年版，第65页。

实现总体的完成。因此，专门项目的合规风险是企业整体风险的重要组成部分。以中国中铁一局集团有限公司（以下简称"中铁一局"）投资项目的合规管理为例，其针对整个集团公司及其所属各单位在境内实施基础设施投资项目、房地产投资等项目制定了《投资项目合法合规审核指南》。该合规文件有效覆盖了中铁一局投资项目的多个方面，包括对投资环境的审查、项目资料完整性和真实性审查、项目合法合规性审查、项目公司合法合规性审查、融资责任合法合规性审查、对投资回报保障方式的合法合规性审查以及对投资退出机制的审查七个方面的合法合规性审查。[1]

二、依据企业合规风险是否增长变化进行分类

依据企业合规风险是否增长变化进行分类，可将合规风险分为存量的合规风险和增量的合规风险。其中，存量的合规风险主要是指企业在运营过程中已产生的合规风险，此类合规风险往往具有较强的隐蔽性和顽固性，由于各种综合作用的影响，此类风险很难完全消解。

增量的合规风险是指企业在运营过程中由于新业务、新问题的产生而引发的新的合规风险。此类合规风险需要企业加以重视，及时予以防范和化解。

此种分类方法的主要意义在于，积极引导企业高度关注合规风险数量以及种类的变化，从而及时采取有效的合规风险应对举措。企业既要关注存量的合规风险，又要特别重视增量的合规风险，处理好存量的合规风险与增量的合规风险两者关系，保持存量与增量之间的平衡。一方面，应注意防止增量的合规风险演变为存量的合规风险，从而导致企业合规风险的加剧；另一方面，也要不断采取有效的合规措施来积极化解存量的合规风险，防止存量的合规风险在新的环境或者条件中演变为增量的合规风险。

三、依据企业合规风险所处状态不同进行分类

依据企业合规风险所处状态不同进行分类，可以将合规风险分为：静态的合规风险与动态的合规风险。其中，静态的合规风险是指针对企业各个岗位尤其是关键岗位所涉及的合规风险。比如，企业财务岗位极其重要，也是违法违规事件发生的重点领域。因此，对于财务合规风险的识别、处置就显

---

[1] 参见黄胜忠、郭建军主编：《合规管理理论与实务》，知识产权出版社2020年版，第67页。

得尤其重要。

动态的合规风险是指针对企业在整个运营过程中的各个工作流程和步骤所涉及的相关合规风险。此类合规风险的变化性很强，需要企业合规人员予以及时地识别与处置。比如，企业所连续开展的投融资行为，需要予以高度关注可能面临的一系列随时变化的合规风险问题。

通过这种分类方式，可以有效地协助企业合规人员提升合规管理水平，准确识别各类合规风险，逐步构建"纵横交织"的合规管理网络体系。一种是聚焦企业岗位职责来有效防范和化解合规风险；另一种是围绕着企业业务流程的步骤环节来有效防范和化解合规风险，[1]从而保障合规管理的有效性和合规效果的优质性。

四、依据企业合规风险持续时间不同进行分类

依据企业合规风险持续时间不同，可将企业合规风险分为临时性合规风险和常态化合规风险。其中，临时性合规风险是指主要集中或者暴露在某一短暂的时期之内的企业合规风险。针对临时性合规风险而言，企业往往需要采取及时的有针对性的合规管理措施加以防范和化解。临时性合规管理往往具有应急性特征，主要扮演着企业"消防员"的角色。比较典型的例子为企业在并购过程的特定时期内可能诱发的一系列合规风险。

而常态化合规风险是指企业合规风险一般具有较长的持续性和过程性，伴随着企业生长发展的全过程，而并非只于某一个具体时间段里存在或者暴露。与常态化合规风险所对应的就是常态化合规管理。有学者将企业合规的常态化特征概括为以下六个主要方面：其一，以合规管理体系为基础全面地梳理企业的价值链、业务链和控制链；其二，不再片面强调合规专业团队的独立性，而是以平常心对待合规；其三，合规官成为企业管理层的成员或者管理层可以信赖的顾问；其四，企业的规章制度少而精，而且容易被理解；其五，企业员工理解企业的合规目标设定，并自发地保持与企业合规目标一致；其六，当发生合规危机时，监管部门和公众认可该危机为偶发性事件。[2]

之所以采取此种分类方法，是因为这有助于企业合规人员分门别类地制

---

[1] 参见黄胜忠、郭建军主编：《合规管理理论与实务》，知识产权出版社2020年版，第61页。
[2] 胡国辉：《企业合规概论》，电子工业出版社2017年版，第23~24页。

定企业合规管理制度和机制,并采取不同的合规措施来识别和应对不同时间段的合规风险,切实做到未雨绸缪、防患未然,从而有效地提升企业合规管理的科学性、针对性以及可持续性。

五、依据企业合规风险来源渠道不同进行分类

依据合规风险来源渠道不同进行分类,可将合规风险分为内部的合规风险和外部的合规风险。其中,内部的合规风险,也可称为内生性的合规风险,即指合规风险主要来源于企业自身内部的各项运行和管理。在合规实践中,大部分的合规风险均属于内部的合规风险。

而外部的合规风险,也可称为外力性的合规风险,其主要是指合规风险主要来源于企业外部的各种因素综合影响。例如,我国企业在"走出去"的过程中面临着国际形势变化尤其是政治经济形势变化所可能引发的各种合规风险。

采取这种分类方法的主要意义在于,帮助企业合规人员准确识别合规风险的来源渠道,及时发现"合规风险源",继而引导企业合规人员不仅关注企业内部的运营和管理,而且关注企业外部所面临的各种错综复杂的社会环境,进一步开拓企业合规管理的视野,优化企业合规管理的方法,提升企业合规管理的质效,以更好地防范和化解各类合规风险,为企业可持续性发展提供有力保障。

六、依据企业合规风险安全指数不同进行分类

依据企业合规风险安全指数不同对企业合规风险进行分类,可以将其分为高级别合规风险、中级别合规风险和低级别合规风险。其中,高级别合规风险主要是企业合规风险安全指数较高的某种或者某类合规风险,其主要存在于企业的初创期或者高速发展期。这类合规风险主要表现为:一是企业在具体运行中反复出现的某种合规风险或者某类合规风险;二是企业或其员工的行为已经涉嫌违法犯罪后所暴露出来的相关合规风险。

中级别合规风险主要是指企业合规风险安全指数不高的合规风险,其主要存在于企业的重要转型期或者过渡期。这类合规风险主要表现为:一是企业在运行中重点岗位、人员、流程所可能涉及的相关合规风险;二是企业或其员工的行为已经涉嫌轻度违法或者违规后所暴露出来的相关合规风险。

低级别合规风险主要是指企业合规风险安全指数偏低的合规风险,其主要存在于企业的成熟期。低级别合规风险往往意味着企业合规的制度体系比较完善、管理机制比较健全、风险应对比较科学、企业合规文化良好等。

之所以将企业合规风险作出上述分类,主要是可以有效地帮助企业建立和完善合规风险的预警机制,明确合规工作重点,科学识别各类合规风险安全指数,进一步促使企业科学调配各种合规资源,继而及时、有效地应对各类合规风险。此处需要强调的是,各级别合规风险可能存在互相转化的问题,即高级别合规风险在经过科学识别和应对后可以转化为低级别合规风险;低级别合规风险假如未被重视和有效应对亦可转化为中级别合规风险或者高级别合规风险。

七、依据企业合规风险可控程度不同进行分类

依据合规风险可控程度不同,可将合规风险分为三个主要层次:X层合规风险、Y层合规风险、Z层合规风险。具体而言:[1]

所谓的X层合规风险是模糊地带的风险,它存在于企业明确设立的合规目标之外。这个模糊地带向外只有模糊的边界,即企业的合规义务无法完全被界定。X层合规风险不完全可知,很难被预测,而且具有极大的不确定性。企业无法忽视X层合规风险,但也无法对其进行全面和准确的识别、量化或者评估。

Y层合规风险存在于企业已经有意识履行的合规义务与明确设定的合规目标之间。随着企业业务的发展,其内缘和外缘均会扩大,即越来越多的模糊地带会被圈入企业合规目标内,也有越来越多的Y层合规风险进入Z层。

Z层合规风险是在企业有意识地履行合规义务中存在的风险。由于人的认知能力和行为控制能力的局限性,即使在有意识地履行合规义务的过程中,企业也不可能做到百分之百的合规。在各个领域里发生违规事件是概率事件,即不可避免且发生违规事件的可能性主要与企业的规模和业务的复杂程度相关。企业可以努力去防止和控制发生违规事件,但是可能需要支付高额的成本。

---

[1] 参见胡国辉:《企业合规概论》,电子工业出版社2017年版,第41~42页。

第三节　企业合规风险的主要特征

合规风险作为企业风险的一种主要类型，具有自身的生成规律和发展特点。准确理解和科学认知企业合规风险的主要特征，有助于企业及时、全面、系统、准确地建立起完整的合规制度体系，更好地识别、发现和处置各类企业合规风险。合规风险的主要特征集中体现为以下六个方面内容：普遍性、复杂性、隐蔽性、动态性、扩散性和可控性。

一、普遍性

合规风险的普遍性是指企业在建立和运行中总会伴随着各种各样、或多或少的、这样或者那样的合规风险问题。换言之，合规风险普遍存在于企业各项业务行为活动和非业务行为活动之中，是企业不得不面对的。之所以存在着企业合规风险，主要是两项原因所造成的：其一，企业作为市场经济的主体之一，具有天然的"利己"特性且存在着机会主义倾向。其为了追求自身利益主要是经济利益的最大化，往往会铤而走险，进而诱发各种各样的合规风险。其二，由于市场信息的非对称性和经济主体有限理性，企业在作出经济决策时往往缺乏全面性和科学性，进而会产生或者伴随着不同类型的合规风险。[1] 企业合规风险的普遍性是合规风险的首要特征。正是因为合规风险的普遍性，才决定了合规制度和实践存在的必要性。因为根据犯罪学的基础理论可知，作为一种社会现象的犯罪问题是不会自行消灭的，其只能被有效控制，以保障国家和社会秩序的稳定及有效运行。同理，合规风险是与企业相伴而生的，其也不会被完全消灭，而只能被有效地控制在一定范围或者一定程度之内。

因此，针对企业合规风险的普遍性特征：一方面，要求国家应当注意依法使用公权力的手段，从外部加强对企业合规制度建立的硬性要求和适当约束，为企业合规制度的建立当好"指路人"；另一方面，还要求企业自身切实能够承担起相应的社会责任，真正树立起现代合规观念和意识，将合规真正融入企业经营业务之中，不断建立健全合规机制，积极履行合规义务，科学、

---

[1] 参见巴曙松主编：《监管与合规通识》，机械工业出版社2020年版，第8页。

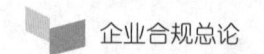

及时、有效防范各类合规风险,促进企业的可持续发展,实现企业经济效益和社会效益的有机统一。

二、复杂性

合规风险复杂性主要是指企业合规风险的具体成因往往是多方面的,并不是单一因素造成的。这既包括内源性的问题,比如企业自身运营问题;也包括外源性问题,比如国家政策调整问题或者业务合作伙伴违规问题等。

因此,针对企业合规风险的复杂性特征,即要求企业应当科学、客观、理性、审慎地对待企业合规风险的成因问题,一方面,企业应当树立正确的企业合规风险观,其应当认识到合规风险的存在具有客观性,并不是所有的合规风险都是可以避免的,比如有些重大外部环境引起的偶发的合规风险往往是难以预见和避免的;另一方面,企业也需要明白,自身通过最大限度地科学采取各项合规措施,进行综合施策,可有效地铲除绝大多数合规风险的生存土壤,尤其是防范重大合规风险的发生,以切实保障企业可持续性发展。

三、隐蔽性

合规风险隐蔽性主要是指企业合规风险往往隐藏于企业经营全领域和全过程,其并不会自行暴露出来,而是需要加以认真地识别、分析和考察。有学者指出,根据对不合规案例事实的统计分析,企业合规风险主要隐藏和分布在以下八项权力的具体运行中:市场客服与销售权、审核权、人事权、采购权、放行权、计量权、财务资金权和拥有关键信息权。[1]当然,企业合规风险还隐藏在企业经营生产的各个环节之中。如果未被及时、有效地识别,则会对企业的生存和发展造成各项损失。

因此,合规风险的隐蔽性要求各类企业必须具备应对合规风险的专业性,即企业应当建立健全一整套科学有效的体制机制,既要有必要的合规机构设置,还要有专业的合规人员配置;既要有科学的合规管理制度,还要有具体的合规措施方法,从而以专业的思维、方法和举措来科学识别、排查和处置各类隐藏在企业各个领域的合规风险,力促将"纸面上的合规"真正转变为"实践上的合规",真正实现合规的有效性。

---

〔1〕 王志乐主编:《企业合规管理操作指南》,中国法制出版社2017年版,第54~55页。

四、动态性

合规风险动态性是指由于企业经营处在一个动态和变化的环境之中，企业所面临的各种各样合规风险会受到外部环境的变化、企业经营业务的变化以及企业生长周期的变化的影响。这就决定了企业合规风险的具体外在表现会呈现出各种差异。在某种程度上讲，动态性是合规风险的最显著特征之一。

因此，合规风险的动态性要求企业不能墨守成规，而应当根据外部环境和政策的变化、企业经营业务的变化以及企业生长周期的变化进行动态性地监测、分析、应对、总结，科学而有效地应对不断变化的各类合规风险。[1]因此，企业合规风险的动态性就决定了企业合规管理也应当是动态的，而非一成不变的。企业合规管理需要随着合规风险的变化而不断地升级或者优化，从而促进企业的长远健康发展。比如，我国《商业银行合规风险管理指引》第18条明确指出："合规管理部门……持续关注法律、规则和准则的最新发展，正确理解法律、规则和准则的规定及其精神，准确把握法律、规则和准则对商业银行经营的影响，及时为高级管理层提供合规建议；……"再比如，《亚太经合组织企业自愿和有效的合规项目之基本要素》指出："随着企业的业务发展和变化，合规项目必修随之发展和变化。企业必须不断地审查、更新和改进自己的合规项目，确保项目的高效率，能够应对企业不断变化的风险状况。"

五、扩散性

合规风险的扩散性也可称之为传导性、传染性，其主要是指合规风险往往会由一个风险点或者风险源迅速传染给其他风险点或者风险源，继而引发企业出现系统性或者全面性的合规风险，甚至导致重大的企业经营危机的发生。最为典型的例子之一，就是美国雷曼兄弟银行破产案。2008年9月15日，成立于1850年的美国第四大投资银行雷曼兄弟银行（Lehman Brothers Bank）宣告破产。其在破产前，曾持有大量的债券和债券衍生品。2008年第一季度、二季度雷曼兄弟银行持有的次级债金额分别为6394亿美元、5167亿美元，占总资产的比重分别为82.4%、80.8%。由于次级抵押贷款违约率大幅上升，雷曼兄弟银行的信用评级下降，其资产出现大幅度减值，并进入到

---

[1] 王志乐主编：《企业合规管理操作指南》，中国法制出版社2017年版，第5页。

一个恶性循环，导致其负债超过6100亿美元，最终因资不抵债而宣告破产。雷曼兄弟银行的轰然倒塌，随即引发了全球金融市场的剧烈动荡，一场全球性的金融风暴越演越烈。[1]

因此，企业合规风险的扩散性决定了企业合规管理应当树立系统思维模式，客观、全面地审视企业合规建设工程。不仅应着眼于某一个环节的合规风险排查与处置工作，还应注重各个合规风险之间的彼此关联以及内在联系，切实做优企业的全面合规管理和专项合规管理工作，形成一套企业合规的闭合管理系统。

六、可控性

合规风险的可控性也可被称为可识别性、可管控性，即指企业在科学合理的操作下，通过对各类合规风险进行精准地识别、预测、评估、处置与防范，从而将其有效地控制在一定范围内，甚至将一些合规风险及时地消灭在萌芽状态，真正有效地为企业的稳健良好运行提供坚实保障。合规风险的普遍性是合规风险可控性的前提和基础。合规风险不可能被完全消灭，只可能被有效地控制。如果被控制得当，那么就有助于企业的可持续发展。反之，则会极大地破坏企业的稳定，甚至造成企业危机。

因此，各种类型的企业均应树立现代化的合规管理思维，积极通过制度建设、组织搭建、培训开展、文化培育、合规风险及危机处置等一些系列措施方法，来积极有效地防范和化解各类合规风险，甚至将合规风险转化为企业发展的宝贵机遇，从而不断增强企业的市场竞争力，进一步促进企业的可持续发展。

第四节　企业合规风险的管理流程

企业合规风险管理是整个企业合规工作的核心和重点，甚至可以说，企业合规工作是围绕着合规风险的一系列处置工作来具体展开和实施的。企业合规风险的管理流程主要分为以下几个步骤内容：

---

[1] 参见巴曙松主编：《监管与合规通识》，机械工业出版社2020年版，第1页。

一、企业合规风险识别

企业合规风险识别是合规风险管理流程的首要程序和基础程序,其主要是指对现实的或者潜在的合规风险进行科学、系统、精准的辨别和认识的过程。合规风险识别的主要目的是发现和完整描述可能影响组织实现目标的风险,避免产生重要的遗漏,为合规风险分析和合规风险评估提供基本信息。

企业合规风险识别的内容一般包括:①所影响的一个或者多个目标;②影响和损失表现;③潜在事件及其具体表现;④合规风险分布区域;⑤合规风险来源;⑥其他相关因素。企业合规风险识别的成果表现为形成合规风险清单列表。

在具体的合规实践中,从企业整体管理与运营的轨迹来分析,应当着重从以下几个主要角度来科学识别企业合规风险(如表2-1)。

表 2-1 企业合规风险识别的主要角度

序号	角度	内容
1	企业主要的经营管理活动	通过对企业主要的经营管理活动(如生产、市场营销、物资采购、对外投资、人力资源管理、财务管理、内部控制等)的梳理,发现每一项活动可能存在的合规风险
2	企业业务领域	通过对不同的业务领域(如研发、生产、采购、销售、物流、建设工程、国际贸易等)的梳理,发现不同业务领域内可能存在的合规风险
3	企业组织机构设置	通过对企业各业务部门/岗位的业务管理范围和工作职责的梳理,发现各机构内可能存在的合规风险
4	利益相关者	通过对企业的利益相关者(如股东、董事、监事、高级管理人员、一般员工、顾客、供应商、债权人、社区、政府等)的梳理,发现与每一个利益相关者相关的合规风险
5	引发合规风险的原因	通过对合规环境、违规等引发合规风险原因的识别,发现企业存在的合规风险
6	合规风险事件后承担的责任	通过对刑事、行政、民事等法律责任的梳理,发现不同责任下企业可能存在的合规风险

续表

序号	角度	内容
7	部门法律领域	通过对不同的法领域（如公司法、合同法、知识产权法、劳动用工法律、财务税收法律等）的梳理，发现不同功能领域内可能存在的合规风险
8	以往的案例	通过对本企业或者本行业的案例的梳理，发现企业存在的合规风险

此外，在具体的合规实践中，还可从企业合规职权的视角来科学、有效地识别企业合规风险，即所谓的"八项职权模型"。具体而言：

第一项职权——审核权。识别是否具有审核权，如决策权、审批权等具有审核性质的核准工作；或者本人作为其更高分管领导，能够直接影响和改变职权的行使，如本人是公司上级集团的部门、公司领导。

第二项职权——市场客服与销售权。识别是否有市场客服与销售权，例如，向客户介绍产品、服务范围、销售政策、价格优惠条件，签订销售合同，售后服务（维修、保养、置换等）以及其他销售性质的业务活动，围绕客户在决策、采购、放行、计量、财务资金和与这些活动密切相关的关键商务信息所实施的活动，或者作为其分管范围，能够直接影响和改变这些活动的行使，例如，市场客服与销售直属分管领导、公司上级集团的部门、公司领导。

第三项职权——人事权。识别是否具有人事方面的实权，如雇佣、招聘、任免、考核、人员奖励与处罚、职称评定、岗位选拔等人事活动，或者本人作为其分管范围，能够直接影响和改变职权的行使，如人事直线分管领导。

第四项职权——采购权。识别是否有采购实权，如有权确定供应商、分包商、租赁商合规名册，确定采购方式、采购策划、采购文件，确定投标人、中标人、分包商、租赁商、合同签订与变更等与采购相关的业务活动，或者本人按其分管范围，能够直接影响和改变职权的行使，如直接分管采购的领导。

第五项职权——放行权。识别是否有物料设备进出放行实权，如质量检测、安全管理、仓储管理、品控管理、物料设备使用管理、技术审核、专业评审、专业认证、监督权、进出门管理等进出、放行、许可、专业技术复核性质的业务，或者本人按其分管范围，能够直接影响和改变职权的行使，如质量、技术、安全直线分管领导。

第六项职权——计量权。识别是否具有工作量、物资计量实权，如货物计数、采购结算、开具验收单、物料领用、消耗计量、工作量计量、分包量计量、容积测量、计时计件等计数计量与业务，或者本人按其分管范围，能够直接影响和改变职权的行使，如物资、设备直线分管领导。

第七项职权——财务资金权。识别是否具有财务资金使用、调配等实权，如收款、付款、费用开支、费用报销、后勤财务管理、津贴福利管理等经手钱财业务，或者本人按其分管范围，能够直接影响和改变职权的行使，如直接分管财务、资金的领导。

第八项职权——拥有关键信息权。拥有关键信息权往往是相关人员在履行前面七项职权中的一项或多项时所伴随产生。注意识别本人是否拥有、知晓、掌握、创造关键商业信息，如公司内部商业秘密、工作策略、工作战略、重要人事安排、重要工作部署、采购分包其他投标人、标底、预算等关键信息。

二、企业合规风险分析

企业合规风险分析主要是指认知和掌握合规风险性质、确定合规风险等级的过程；换言之，即对合规风险发生的可能性及影响程度进行估测、量化和确认的过程。企业合规风险分析的主要目的是确认包括合规风险水平在内的合规风险性质和特征。

在具体的企业合规实践中，根据合规风险分析目的、信息的可用性和可靠性以及资源的可用性等因素综合考量，可进行粗细程度、复杂程度不等的合规风险分析。而合规风险分析技术可以是定性的，也可以是定量的，还可以是定性与定量相结合的，这主要取决于合规风险程度和预期用途等多种因素。一般情况下，首先采用定性分析，以初步评定合规风险等级，揭示主要合规风险。在必要的时候，要进一步进行更具体和定量的企业合规风险分析。在此，主要介绍一例常用的企业合规风险分析方法，具体而言：[1]

（一）企业合规风险可能性分析

企业合规风险可能性是指企业在当前的运营下，合规风险发生概率的大

---

[1] 参见郭青红：《企业合规管理体系实务指南》（第2版），人民法院出版社2020年版，第98~99页。

小或者发生的频繁程度。对合规风险发生可能性的量化分析，可以从以下六个维度进行，每个维度可以进一步细化为若干评分标准，以下示例影响程度分为三个等级，分别赋予1分、3分和5分，表示发生可能性依次加强，得分越高意味风险发生的可能性越大。（如表2-2）

表2-2 企业合规风险可能性分析表

分析维度	得分		
	5	3	1
企业合规制度建设情况	很不完善、需要重新制定	较为完善、需要修改、调整、补充	完善
企业合规制度执行情况	很难得到执行、执行无效	得到部分执行、效果一般	准确、良好执行、效果有效
企业合规文化建设情况	很不完善、需要重新制定	较为完善、需要修改、调整、补充	完善
企业合规文化落实情况	很难得到落实、落实无效	得到部分落实、效果一般	准确、良好落实、效果有效
外部监管执行力度情况	无相关监管规定、监管力度弱	有相关监管规定、违规行为并未及时查处	有严格监管规定、监管到位并依法处罚
违规行为一年内发生的次数	超过3次	2次	1次

（二）企业合规风险影响程度分析

企业合规风险影响程度主要是指合规风险对企业的经营管理和业务发展所产生影响的大小。对于企业合规风险影响程度进行分析应主要考虑以下重点因素：①合规风险影响后果的类型，其主要包括财产类的损失和非财产类的损失（如商誉损失、企业形象损失、知识产权损失）等；②合规风险的严重程度，其包括各项损失的大小、影响范围以及持续时间、社会反响等。

对企业合规风险影响程度的量化分析，可以从六个维度进行，每个维度可进一步细化为若干评分标准，以下示例影响程度分为四个等级，分别赋予0分、1分、5分和9分，得分越高意味着风险影响程度越大。（如表2-3）

表2-3　企业合规风险影响程度分析表

分析维度	得分			
	9	5	1	0
财产损失大小	很大	一般	较小	无
非财产损失大小	很大	一般	较小	无
损失影响范围	较广（如全国范围内甚至国际影响）	中等（全省或者市范围内）	较小（本市范围内或者企业内部）	无
损失影响持续时间	1年以上	1年	1年以内	无
利益相关者的反应	反应强烈	反应较强	反应一般	无
社会公众的反应	反应强烈	反应较强	反应一般	无

综上而言，在对企业合规风险可能性及其影响程度分析的基础上，编制企业合规风险分析表（如表2-4）。

表2-4　企业合规风险分析表

基础信息区					发生的可能性			影响程度			
合规风险代码	合规风险名称	合规风险描述	合规风险产生原因	合规风险等级	高5	中3	低1	大9	中5	小1	无0

三、企业合规风险评估

企业合规风险评估主要是指企业在合规风险识别和分析的基础上，主要对合规风险发生的概率、损失程度及影响，结合其他因素进行全面考虑，评估发生合规风险的可能性及危害程度。

（一）企业合规风险评估的主要作用

企业合规风险评估的主要作用包括：①认识风险及其对目标的潜在影响；

②为企业决策者提供相关信息；③增进对合规风险的理解，以利于合规风险应对策略的正确选择；④识别哪些是导致风险的主要因素，以及系统和组织的薄弱环节；⑤沟通合规风险和不确定性；⑥有助于建立优先顺序；⑦帮助确定合规风险是否可以接受；⑧有助于通过事后调查进行事故预防；⑨选择风险应对的不同方式；⑩满足相关监管要求。

（二）企业合规风险评估的基本分类

在具体的合规实践中，根据企业合规风险评估的时效要求不同，可将企业合规风险评估分为日常性合规风险评估和特殊性合规风险评估。

1. 日常性合规风险评估

日常性合规风险评估主要是指企业相关部门（主要是专职合规部门）按照企业规定或者惯例，所开展的常规性的合规风险评估。在开展日常性合规风险评估过程中，企业应当具体问题具体分析，有所侧重。

2. 特殊性合规风险评估

特殊性合规风险评估主要是指企业根据某些特殊情形而需要随时启动的合规风险评估。例如，当行业内发生严重的违规事件时，即使本企业没有涉身其中，企业也应当敏感、果断地采取结构化的手段审视相同或者类似的违规事件发生在本企业的可能性。

（三）企业合规风险评估的通用方法

在具体合规实践中，企业合规评估方法相对较多，但最为常用的方法为"QUIZ 合规风险评估法"。[1] 具体而言：

1. 问卷调查（Q-Questionnaire）

问卷调查是一种效率比较高、成本比较低的合规风险评估工具。问卷调查的有效性往往取决于调查问卷设计的科学性和调查问卷答案的质量性。其中，企业合规负责人应当亲自设计调查问卷的内容，[2] 必要时可邀请企业法律事务部门、内部控制部门、内部审计部门等参与到调查问卷的设计中来。而业务部门负责人主要负责认真回答调查问卷中的各项内容，而不能随意将完成调查问卷的责任转交给不具备资质的人员，亦不能将其他人的意见作为

---

[1] 参见胡国辉：《企业合规概论》，电子工业出版社2017年版，第43~53页。

[2] 企业合规负责人在设计调查问卷时应当考虑以下因素：问题之间的逻辑性与协调性；问题的明确程度，是否存在歧义；问卷的形式问题，是否简明易懂；问卷的长度是否适当等等。

对答案不负责任的借口。

2. 初步评估（U-Upfront assessment）

调查问卷被收回后，企业合规负责人应第一时间对所有问卷的答案进行检查，发现遗漏选项和模糊答案时应及时与相关业务部门负责人核实原因并补充完善。企业合规负责人应重点关注以下内容：①业务部门负责人共同关心或者担心的问题；②业务部门负责人之间观点有冲突或者分歧的问题；③一个业务部门负责人指向其他业务部门负责人的问题；④在过去的审计或者调查中已经确认的问题。

3. 访谈（I-Interview）

访谈一般分为两种方式：圆桌访谈和深度访谈。其一，圆桌访谈主要指企业合规负责人作为主持人，主动召集三名以上被访谈人，在不设限制条件的基础上就一个或者多个合规议题进行充分互动和讨论。此种访谈适用于团队业务内容复杂、合规风险脉络尚不清晰的情况，其主要目的是收集合规信息。其二，深度访谈主要是指企业合规负责人作为主持人，针对特定的人员开展有针对性的专项谈话。在深度访谈中，主持人应当有意识地启发和引导被访谈人，并注意掌握访谈的进度，确保达成访谈目的。深度访谈的主要目的包括：①收集有价值的合规资讯；②全面把握被访谈人对合规议题的真实看法；③深入了解企业合规文化建设情况；④找准企业合规风险分布点；⑤讨论下一步合规工作的完善建议等。

4. 聚焦重点领域

经过前面的步骤后，企业合规负责人对企业内存在高级合规风险的领域已经有了直观的认识，在此基础上应当对重点领域加以特殊的关注。所谓的重点领域是指企业现状与合规目标差距大而且可能需要投入比较多企业资源进行弥补的领域，以及在过去发生过合规危机尚未形成有效应对措施的领域。在聚焦重点领域过程中，其包括进行深度的数据收集、更广泛的访谈和跨部门的讨论会等。

（四）企业合规风险评估的结果报告

企业合规风险评估的成果通常表现为企业合规风险评估报告，其为一份非常重要的企业内部文件，也是会被经常性地使用和引用的文件。其一，在内容层面上，企业合规风险报告应当力求中立、避免感情色彩，其至少包括如下主要内容：①简要总结风险评估过程；②高合规风险业务活动总结；

③中合规风险业务活动总结；④已经采取的合规措施有效性总结；⑤差值合规风险总结等。其中，合规风险评估报告中的关键部分是关于合规风险等级和已采取的合规措施有效性等级的评估，这是基于评估过程由合规负责人和业务部门负责人或者相关人员而作出的主观判断，如果双方在同一问题上不能达成一致意见，一般应以合规负责人的意见为准，但可用注解的形式表明业务部门负责人或者相关人员的立场。其二，在形式层面上，企业合规报告可采用多种形式，包括一般报告中常见的平铺直叙的形式，也可以采用表格等比较灵活的形式。此外，报告可以按照整个企业合规风险分布的形式组织，也可以以业务部门为单位组织。

此外，按照通常的企业治理规则和要求，合规负责人应当在形成合规风险评估报告后报送企业管理层，由企业管理层对合规风险评估报告进行验收。经过管理层验收合格的企业合规风险评估报告是拟定企业合规风险应对的基本依据和主要参考。[1]

四、企业合规风险应对

企业合规风险应对是企业合规管理的最终一环，其主要是指企业根据合规风险评估的结果和建议，来制定和实施具体的合规风险应对方案和计划。

（一）企业合规风险应对的考量因素

企业合规风险应对的考量因素包括：①资源配置情况，即企业内部的相关机构设置、人员、设备和经费配备能够满足合规风险应对需要；②职责权限，即是否明确与合规风险应对相关的职责和权限；③过程监控，即是否要求对持续性业务管理活动进行定期或者不定期的监督和控制、证据资料保留、信息沟通和预警；④奖惩机制，即对企业相关人员在合规风险应对工作中的绩效是否设立了明确的奖惩机制；⑤执行者能力要求，即与合规风险应对相关的内部执行者（专职人员）是否有明确的合规资质与能力要求；⑥部门内部审查，即业务部门对于自身内部的合规风险是否进行了严格审查和把关；⑦专业合规审查，即合规部门等是否能够对专业性合规问题进行审查或者提供专业合规意见；⑧合规风险意识，即企业相关人员对于合规风险的存在、可能造成的后果以及如何开展合规风险应对等问题是否有充分的认识和理解。

---

[1] 参见胡国辉：《企业合规概论》，电子工业出版社2017年版，第53、55页。

(二) 企业合规风险应对的相关举措

企业合规风险应对路径主要包括：①决定停止或者退出可能导致风险的活动以规避风险；②消除具有负面影响的风险源；③消除风险事件发生的可能性；④减低风险事件发生的可能后果。具体而言，企业合规风险的应对须坚持"分类处置、对症下药"的基本原则，在具体合规实践中，针对不同的合规风险类型采取不同的举措。（如表2-5）

表2-5 企业合规风险应对的通常具体举措

序号	类型	内容
1	资源配置类	设立或者调整与合规风险应对相关的机构、人员，补充经费或者风险准备金等
2	制度、流程类	制定或者完善与合规风险应对相关的制度、流程
3	标准、规范类	针对特定合规风险，编写合规管理标准、规范等
4	技术手段类	利用技术手段规避、降低或者转移某些合规风险
5	信息类	针对某些合规风险事件发布预警信息
6	活动类	开展某些专项活动，规避、降低或者转移某些合规风险
7	培训类	开展合规培训与宣传，提高企业员工的合规意识与合规风险管理技能

企业合规风险应对体现为以下反复优化的过程：①制定和选择合规风险应对方案计划；②组织和实施合规风险应对方案计划；③科学评价应对过程和结果的有效性；④确定剩余合规风险是否在容忍和接受的范围内；⑤如果不能接受剩余合规风险，则采取进一步应对方案和措施。

五、企业合规风险管理优化

企业合规风险管理是一项动态和持续的管理过程，并非一蹴而就、一劳永逸。随着企业面临的内部环境和外部环境的不断变化，企业合规风险管理工作必须与时俱进、因时而变，不断开展持续性的优化升级。比如，我国《企业境外经营合规管理指引》第28条规定："企业应根据合规审计和体系评价情况，进入合规风险再识别和合规制度再制定的持续改进阶段，保障合规管理体系全环节的稳健运行。企业应积极配合监管机构的监督检查，并根据监管要求及时改进合规管理体系,提高合规管理水平。"

此外,按照我国《合规管理体系指南》第3.6条规定,发生以下情形,宜对合规风险进行周期性再评估:①新的或改变的活动、产品或服务;②组织结构或战略改变;③重大的外部变化,例如金融经济环境、市场条件、债务和客户关系;④合规义务改变;⑤不合规。

企业通过周期性的、持续性的合规风险管理,循环往复,环环相扣,促使合规管理的各个环节形成有效的闭环体系,并不断改进和提升合规管理水平,有效防控和应对合规风险,确保企业可持续性发展。

第五节 企业合规风险的管理防线

当前我国企业合规改革正在推进过程中,形成了一些初步经验做法,取得了良好效果。其中,一项较为典型的做法就是建立健全企业合规风险管理三道防线,从源头抓起,体现合规全员性,且将合规与业务予以真正融合。

具体而言:其一,明确企业各职能部门和业务部门作为第一道防线的合规主体地位,它们应主动进行日常合规管控,开展合规审查,负有直接和第一位的合规责任。其二,明确企业合规管理部门和合规岗位作为第二道防线的职责,即突出企业合规这一主责主业,全力支持、组织、协调、监督各部门开展合规管理各项工作,在企业内部营造良好的合规文化氛围。其三,明确企业审计部门、内部纪检监察部门作为第三道防线的职责,即对企业的合规管理情况进行独立审计或者开展纪检监察。

比如,《江苏省省属企业合规管理指引(试行)》第16条规定:"科学有效确立合规风险控制的三道防线,业务部门是防范合规风险的第一道防线,业务人员及其负责人应当承担首要合规责任;合规管理(牵头)部门是防范合规风险的第二道防线,同时也是合规管理体系建设的责任单位;内部审计和纪检监察部门是防范合规风险的第三道防线,负责合规审计和监督企业整体风险防控。"

此外,《山东省省属企业合规管理指引》也作出了较为详细的规定,其第15条规定:"省属企业可以建立三道防线的合规管理框架,确保三道防线各司其职、协调配合,有效参与合规管理,形成合规管理的合力。"其第16条规定:"省属企业各业务部门履行合规管理的第一道防线职责。主动进行日常合规管控，负责业务范围内合规自查，向合规管理牵头部门提供合规风险信息，配合合规管理牵头部门开展合规风险监测和评估。"其第 17 条规定："合规管理牵头部门按照第十二条职责，履行合规管理第二道防线职责，向企业各部门业务活动提供合规支持，组织、协调、监督各部门开展合规管理各项工作；对重要规章制度制定、重大事项决策、重要合同签订、重大项目运营等经营管理行为进行合规审查。"其第 18 条规定："内部审计部门履行合规管理的第三道防线职责，定期对公司的合规管理情况开展审计。"

还有《陕西省省属企业合规管理指引（试行）》第 16 条规定："省属企业应当建立三道防线的合规管理框架，确保三道防线各司其职、协调配合，有效参与合规管理，形成合规管理的合力。省属企业各业务部门履行合规管理的第一道防线职责，负责日常合规管控、合规自查，向合规管理牵头部门提供合规风险信息，配合合规管理牵头部门开展合规风险监测和评估。合规管理牵头部门履行合规管理第二道防线职责，向企业各部门业务活动提供合规支持，组织、协调、监督各部门开展合规管理各项工作；对重要规章制度制定、重大事项决策、重要合同签订、重大项目运营等经营管理行为进行合规审查。内部审计和纪检监察部门履行合规管理第三道防线职责，负责合规审计和内部监督。"

我国探索建立的企业合规风险管理三道防线主要具有以下三层重要的理论和实践意义，具体而言：

第一，不少企业认为合规工作只是合规专职部门的职责，企业职能部门和业务部门只是配合与支持合规专职部门的合规管理工作。合规风险管理三道防线理论有利于纠正这一误解。按照现代大合规的理念，确立各业务部门和职能部门的企业合规责任主体地位，促使企业合规工作真正落地见效，切实推动企业全员合规，从而更好地实现企业合规目的。

第二，企业合规专职部门并不是对企业合规工作进行大包大揽，而是必须聚焦主责主业，即支持、组织、协调、监督各部门开展合规管理工作。在现代企业合规理念的指引下，企业合规专职部门成为与企业财务、内控、人力资源、法务、内部审计等同一层级的新的横向企业内设部门，有利于充分整合、调动企业内部的各种合规资源，继而有效地促进企业合规管理的进一步升级和优化。

第三，不少企业往往将企业合规管理与内部审计、纪检监察的地位和职责相混淆，设立所谓的合规审计部，其主要忽视了企业合规专职部门与内部审计部门等各自职权运行的独立性问题。合规风险管理三道防线理论将合规专职部门和内部审计部门、纪检监察部门等分置于合规风险防范的第二道防线和第三道防线，从而既明确了各自之间的相互联系和协作，又明确了各自独立的地位和相应职责，有助于切实保障企业合规管理的有效性。

第三章
企业合规发展论

从世界范围内来审视,企业合规早已不是一个新名词,其经历了一个较为漫长的发展过程,而且形成了较为成熟和规范的实践体系。相比而言,我国企业合规改革还处在发展阶段,需要认真、科学地借鉴国际的经验做法,立足我国国情,紧密结合我国经济制度和法律制度,实现企业合规改革的创新型发展。企业合规发展论主要是从国际和国内两个视角来深度剖析企业合规的实际运行轨迹和主要特征,并力图为我国企业改革发展提供有益的镜鉴。

第一节 国际视角下企业合规发展的历程回顾

从国际视角来看,企业合规发展经历较为漫长的过程,并在一些发达国家内取得了较为显著的实施成效,逐步发展为国际共识。尤其是处在全球化和大数据时代的当今社会,大合规理念受到广泛认可,企业合规已成为现代企业可持续发展的重要基石。

一、美国推动企业合规的发展历程

根据学界通说,20世纪30年代,美国金融行业最早提出了"合规"(compliance)一词,并将合规作为一项选择性的监管举措广泛应用于美国银行业的风险监管实践。为确保银行系统的稳健运行,美国政府对银行业进行了较为严格的监管。在政府监管过程中,合规监管一度成为美国政府对银行业实施监管的核心内容,即美国政府监管银行是否执行了监管部门制定的法律法规和规章制度。

(一)《反海外腐败法》的制定与实施

美国于1977年制定的《反海外腐败法》(Foreign Corrupt Practices Act,

FCPA）成为推动企业合规制度建构的直接动力。FCPA 主要有三个显著特点：其一，FCPA"管得宽"；其二，FCPA"罚得狠"；其三，FCPA"简单粗暴"。[1]

第一，"管得宽"体现在 FCPA 不仅管辖美国国内主体（包括注册在美国的商业组织、美国公民、美国国民、具有美国永居身份的人）、在美上市公司（包括在美国上市的外国公司），以及在美国领土范围内实施贿赂的任何其他主体；除此之外，美国执法机构认为，任何外国主体，都有可能因代理理论、帮助、教唆理论等受到 FCPA 指控。此外，受到 FCPA 管辖的企业还可能因下属企业的违法行为而违反 FCPA，这是为什么美国公司、在美上市公司坚持要求海外子公司开展合规的重要原因，并且在很多案件中，母公司与海外子公司（虽然不直接受 FCPA 管辖）一起与执法机关达成和解。近年来，FCPA 执法机关一直在扩大 FCPA 的管辖范围。

第二，"罚得狠"主要体现在 FCPA 对企业的罚款未规定上限。以跨国公司为例，其动辄被罚数亿美元，且尚不包括企业为应对 FCPA 调查而花费的巨额律师费和审计费等。近年来，这种"罚得狠"还体现在美国政府联合他国政府对涉案企业开展共同执法，分享执法成果，涉案企业为和解多国政府执法，需要支付更高的和解金额。2020 年初，法国空客公司支付 39 亿美元与英、美、法三国就其行贿及出口管制问题达成和解，其中 FCPA 和解金额达到 20.9 亿美元。除了罚款，涉案企业在与执法机关达成和解后，还要花费巨额成本进行持续性的合规整改、聘用合规监督员以及向相关执法机关定期汇报整改结果等。近年来，企业违反 FCPA 所付出的代价越来越大，成本越来越高。2008 年西门子案之前，企业为解决 FCPA 问题而支付的平均和解金额仅为 800 万美元，而此后，该平均和解金额已远超 1 亿美元，2019 年，单个公司案件平均和解金额约为 2.07 亿美元。为避免违反 FCPA，企业需要花费大量人力和物力主动开展合规工作，并将合规要求辐射至集团范围内部及集团业务所在地下属公司。

第三，FCPA 执法"简单粗暴"体现为只要签署和解协议，执法机关就不会继续追查，企业基本都选择支付罚金与执法机关和解。

---

[1] 参见尹云霞、李晓霞："中国企业合规的动力及实现路径"，载《中国法律评论》2020 年第 3 期，第 161~162 页。

第三章 企业合规发展论

(二)《联邦组织量刑指南》的发布与实施

在企业合规的发展过程中，1991年美国《联邦组织量刑指南》被称为"企业合规发展的分水岭"。为解决个人量刑与组织量刑的差异，美国联邦量刑委员会在1987年美国《联邦量刑指南》的基础上颁布了《联邦组织量刑指南》，正式引入了"企业合规"，其所指的企业合规计划主要是指"用于预防、发现和制止企业违法犯罪行为的内控机制。"《联邦组织量刑指南》为鼓励企业构建并实施合规计划提供了有效的刑事法律激励机制，将企业合规规定为影响法官是否决定对犯罪企业减免罚金和适用缓刑的法定要素。此外，《联邦组织量刑指南》正式确立了"有效的"企业合规计划（企业合规有效性）的七项最低标准（合规黄金标准七条），[1]即①企业应建立合规政策和标准；②企业应指定高层人员监督企业的合规政策与标准；③企业不得聘用在尽职调查期间了解到具有犯罪前科记录的高管；④向所有员工有效普及企业的合规政策和标准，如进行培训；⑤采取合理措施，以实现企业标准下的合规，例如利用监测、审计系统来监测员工的犯罪行为，建立违规举报制度，让员工举报可能的违规行为；⑥通过适当的惩戒机制，严格贯彻执行合规标准；⑦发现犯罪后，采取必要的合理措施来应对犯罪行为，并预防类似行为发生，如修改完善合规计划。此外，2004年又增加了"企业应对合规风险进行周期性评估"，这一条标准也被称为"合规黄金标准第八条"。这八条标准主要包括17个要求：①通过尽职调查进行预防并监测不合规行为，以及提升企业的伦理与合规文化；②合理设计、实施和执行合规方案，确保总体有效；③建立标准、政策和程序来预防和监测犯罪行为；④企业治理机构应该有合规知识；⑤企业治理机构要对合规进行监督，能够接收合规方案执行的报告；⑥企业高级管理人员要有合规领导力；⑦指定高级管理人员承担合规管理责任；⑧指定高级管理人员对合规方案运行进行日常监督；⑨周期性对合规方案（计划）效果向治理机构汇报；⑩指定高级管理人员要有充足的资源和适当的授权且能够直接向治理机构汇报；⑪对组织内实权人员进行合规背景调查；⑫对合规方案进行培训和沟通；⑬对不当行为进行监督和审计，对合规方案进行评价，公开举报渠道；⑭促进、执行激励和处分机制；⑮对不当行为及时回应；⑯周期性地进行合规风险评估；⑰对企业合规方案（计划）进行

---

[1] 万方："企业合规刑事化的发展及启示"，载《中国刑事法杂志》2019年第2期，第51页。

持续提升。

(三)《内部控制整合框架》的发布与实施

1992年,美国著名的全美反舞弊性财务报告委员会发起组织发布了《内部控制整合框架》,该框架主要将合规目标、经营目标、信息目标一起作为企业内部控制的三大目标,着重强调企业应当遵守相关的法律法规和内部规章制度,[1]强力督促企业进一步完善了内部治理体系框架和具体内容。

(四)《企业合规方案评估》的发布与实施

2017年,美国司法部正式发布《企业合规方案评估》,这被视为美国司法部对40年来推进企业制定有效的反海外腐败合规方案的经验总结,也是被美国司法部门证明了的一套有效的评价指标。《企业合规方案评估》结合美国执法与合规监管的实践,体现了美国司法部对企业合规的监管要求,代表了美国政府的利益与立场,对美国企业或者在美国有经营活动的外国企业建立合规管理体系具有硬性要求。

《企业合规方案评估》于2019年4月进行了第一次更新,于2020年6月进行了第二次更新。从两次修改情况来看,该方案的整体结构保持不变,而主要对几个评价指标作了更加详细的解释与完善,使企业建立的合规方案更具针对性、指导性。值得注意的是,该方案指出,由于必须在刑事调查的特定背景下对企业的合规方案进行评价,美国司法部门并未使用任何严格死板的格式来评估企业合规方案的有效性。其主要参考《企业合规方案评估》文件和相关指标,结合每一个企业面临的合规风险状况和降低合规风险所制定的解决方案,进行具体和详细的评估。换言之,执法部门在进行方案有效性评估时,应当结合企业的实际执行情况进行评估。特别是假如企业根据实际情况制定合规管理方案(计划)并开展合规管理活动,可能还不能完全阻止一些低风险领域的违规行为,但执法部门仍可肯定该方案的质量和有效性。

从结构体系来看,《企业合规方案评估》主要包括三个方面:第一个方面是评估企业的合规方案是否有着良好的设计,评估企业在风险评估、政策和流程、培训沟通、举报机制、第三方管理、兼并与收购等方面是否有相应的合规管理要求;第二个方面是评估企业的合规方案是否被企业良好地执行,包括给予充足的资源和权力让合规方案得到有效执行;第三个方面是评估企

---

[1] 黄胜忠、郭建军主编:《合规管理理论与实务》,知识产权出版社2020年版,第11页。

业合规方案在业务开展中是否收到良好的效果，主要评估企业对合规方案持续监测、改进和更新，以及对不当行为进行调查、分析根本原因和采取补救措施等。整个评价指标可以参考的问题有 160 多个，当然，针对每个问题的评估，还可以进一步评价，直到相关问题能够反映出企业做了实际的努力。应当看到，企业合规管理因企业所处的环境、行业特点、组织结构、组织氛围、内部管理与控制等因素的差异，在评估时不能完全局限于相关问题和指标。

从内容来看，《企业合规方案评估》主要包括以下十个方面：①企业开展合规管理工作是否基于风险管理的方法论；②企业是否基于评估的合规风险状况进行了合理而有差别的资源配置；③在授权与管理上，合规管理负责人是否可以向董事会进行独立汇报；④合规管理责任是否整合进入其他部门的职责之中；⑤企业合规管理工作在实践中是否有工作标准并可以测量；⑥企业是否对不同人员开展了有针对性的合规培训；⑦企业是否针对高合规风险业务领域制定了专门合规制度或者政策；⑧企业是否对合规风险实施了内部控制，并进行了持续监控；⑨对合规疑虑的报告和合规举报机制是否健全且有效果；⑩企业合规方案在实施过程中是否能够被评估。

（五）其他专项合规治理的具体实践

在其他专项合规工作方面，美国行政机关也采取了诸多力量予以积极实践。例如，在贸易合规管理领域（如经济制裁、出口管制），美国商务部正式发布《出口管制合规管理指南：有效合规方案的要素》，其主要包括：管理层承诺、风险评估、出口授权、记录保存、培训、审计、出口违法和补救、创建和维护出口管制手册八个主要方面。此外，美国财政部海外资产控制办公室（OFAC）于 2019 年发布《美国财政部海外资产控制办公室（OFAC）合规承诺框架》，其包括五项基本的且必要的合规内容：①管理层承诺；②风险评估；③内部控制；④测试及审计；⑤培训。

还比如，美国司法部反垄断司于 2019 年首次发布《反垄断刑事调查中的企业合规方案评估》，其主要目的在于协助反垄断司在调查反垄断指控和量刑阶段评估企业的反垄断合规方案是否有效，并为反垄断合规人员和公众提供更大的透明度。其主要包括两部分内容：第一部分是关于在起诉阶段评估企业的反垄断合规方案；第二部分涉及量刑时将企业合规方案的有效性纳入考量因素。其设置了以下九项评价指标，具体包括：①企业的合规方案是否得到全面有效的设计和执行；②企业的高级管理人员是否以身作则来支持合规文化的创建；③合规管理负责人及其他部门的合规管理职责分配；④企业是否进行了反垄断合规评估；⑤企业是否将反垄断合规政策和规定等向员工进行培训与沟通；⑥企业是否对本企业反垄断合规管理进行了周期性审查、监测和审计；⑦企业内部的反垄断合规举报机制是否畅通、有效；⑧企业内部是否制定了针对反垄断违法违规的激励措施和纪律处分措施；⑨评价企业发现不当行为后采取补救措施响应情况。

二、相关国际组织推动企业合规的发展历程

从世界范围内来看，相关国际组织在推动企业合规发展方面起到积极作用，使得企业合规逐步成为国际社会的共识之一。

（一）经济与合作组织的明确示范和促进

2010年2月，经济与合作组织（OECD）理事会正式通过《内控、道德与合规的良好做法指引》，作为实施OECD理事会通过的《关于进一步打击国际商业交往中贿赂外国官员的建议》的工具。该指引是现在唯一一个注重在政府间层级进行反腐败指引的文件，致力于帮助各种规模的企业降低其正当商业行为、远离海外腐败的合规风险。

该指引的内容主要包括十二个重点，以确保公司内控道德和合规项目的有效性，预防以及调查海外贿赂问题。比如，要求制定明确的企业合规政策来禁止海外贿赂，包括在礼物、娱乐、政治捐赠、好处费等方面的规定；要求企业自身管理要起到主导和协调作用；要求制定针对所有员工的合规执行体系；要求建立处理违法的纪律处分程序；要求公司建立完善的金融和财务体系来确保财务账户记录及其他相关记录的公正性和准确性；要求建立相关交流和培训机制；要求建立完善的举报体系，并保护举报人的利益和安全；要求规制和公司有合作关系的其他商业伙伴的相关行为。

2011年5月底，OECD又推出了修订版的《跨国企业准则》，此次最重要的修改就是强化供应链合规管理。

（二）世界银行集团的积极倡导和推动

世界银行集团发布的《诚信合规指南》对企业建立诚信与合规管理提出了明确规定，要求企业把开展诚信与合规管理的努力和职责纳入日常运营中。其所规定的合规管理要求包括九个方面：对不当行为明确禁止；对管理层、

员工、合规部门分配合规责任；从风险评估与审查着手启动合规方案；制定针对雇员尽职调查、限制公职人员安排、礼品与款待以及娱乐与差旅报销、政治捐赠、慈善捐助和赞助、便利费、记录、欺诈、共谋和胁迫行为的内部政策；开展业务合作伙伴合规管理，[1]包括对尽职调查、正式与非正式告知己方的诚信合规承诺、让对方做出诚信合规承诺、恰当的文本记录、薪酬费用适当、开展监督；完善内部控制系统，在财务、合同责任和决策过程加强控制；建立报告渠道，明确报告的责任，提供咨询与建议，设置内部举报与热线，通过审查定期认证；对不当行为进行补救，建立调查流程，采取回应行动；开展联合行动，推广诚信合规方案。

按照世界银行集团的要求，当企业参与世界银行集团项目时，如果被发现存在腐败、共谋、胁迫、欺诈、妨碍调查五种行为时，世界银行集团将把相关企业及其关联实体纳入"黑名单"进行相应的制裁。企业要从"黑名单"中被移除，就需要制定合格的诚信合规方案，以证明企业做出了对不当行为自我纠正的付出和努力；并需要按照世界银行集团诚信合规办公室的要求来接受其委托方的评审。

世界银行集团要求企业在诚信合规方案中至少应该包括以下合适的措施：①努力预防不当行为发生；②能够发现可能发生的不当行为；③允许对涉嫌不当行为进行调查；④对证据充分的不当行为进行救济。世界银行集团诚信合规办公室与各方合作共同监督企业实施以《诚信合规指南》为基准的诚信合规方案，并根据《诚信合规指南》的相关要求对企业开展合规管理工作进行认真、全面地审查。在具体审查时，会根据企业规模、行业特征、地理位置，以及由此所面临的特定的风险，审查企业是否根据这些风险配置资源并量身定制了合规政策和管控措施。

世界银行集团诚信合规办公室为审查企业诚信合规方案的有效性而采取其他的步骤和流程考虑的因素包括：其一，企业的合规职能如何发展，不仅在总部层面，而且在工作现场；其二，企业在作诚信合规背景尽职调查时，是否会明确拒绝雇佣有诚信合规问题但可能带来商业机会的潜在员工或者聘

---

[1] 此处所讲的业务合作伙伴包括第三方，如代理商、顾问和其他中介，代表、分销商、承包商、分包商和供应商，财团、合资伙伴以及与其有业务关系或与之合作以获取订单的其他第二方；许可证或者其他法律服务，如销售代表、海关代理、律师和顾问。

请潜在业务合作伙伴；其三，保存的决策记录和流程；其四，使用报告机制来寻求诚信建议及报告诚信疑虑，这些机制在公司内部发挥作用时，可以增加员工对报告机制的信任，员工可以秘密地报告并且不用担心遭到报复，以及企业会对不当行为采取适当的行动；其五，企业采取相关行动，不仅在调查和纪律处分方面，还包括其他补救措施，如在特定程序中提出多个问题并将实践中的经验教训纳入培训，阐明或者修订诚信合规方案；其六，企业采取创新方法在内部（例如，道德日活动，竞赛、内部网络中讨论合规问题）和外部（例如，业务合作伙伴诚信承诺和培训，集体行动举措）传播诚信合规信息；其七，当诚信合规办公室准备确定受制裁的企业是否符合其解除制裁条件时，希望看到该企业已根据其风险而配置资源，并符合诚信准则原则，还有实施的可靠记录，诚信合规办公室还将寻求企业保证在释放后继续推进诚信合规方案，例如，通过管理层的承诺和制定前瞻性的行动计划。[1]

（三）亚太经合组织的重要表态和支持

2014年11月11日，第22届亚太经合组织领导人非正式会议正式发布《亚太经合组织企业自愿和有效的合规项目之基本要素》，其提出了企业合规项目的11个基本要素，即开展合规风险评估；管理层的全力支持和参与；制定和遵守书面的公司行为准则；建立合规管理组织架构；提供反腐败培训、教育讲座和持续指导；开展基于风险和详尽记录的尽职调查；审计和内部会计控制；合规机制和报告要求；激励；惩处；定期审查和测试。

（四）国际标准化组织的明确规范和指引

2014年，国际标准化组织正式发布《ISO19600合规管理体系指南（2014）》。[2]这是第一次以国际标准化组织指南的形式规定了企业合规体系的主要构成内容，其在导言部分提出："基业长青的组织需要保持一种诚信和合规的文化，要考虑利益相关者的期望。因此，诚信与合规不仅是组织成功

---

[1] 参见郭凌晨、丁继华、王志乐主编：《合规：企业合规管理体系有效性评估》，企业管理出版社2021年版，第13~14页。

[2] 需要指出的是，制定像这样的国际标准要用近三年的时间，且这期间涉及国际和国内层面的诸多会议。提出这个问题是因为标准设定的最基本前提是作出一致性的决策。因此，这代表了全球上百位合规专家的一致观点。尽管有时候，某些标准并不完美，对某些标准的内容大家并不认同，但记住一点非常重要，那就是标准代表了当时大家一致认同的最佳实践。参见王志乐主编：《企业合规管理操作指南》，中国法制出版社2017年版，第27~28页。

且可持续的基础，更重要的是提供了这样的机会。"该指南适用于各种类型的组织，为在组织内部建立、发展、实施、评估、保持和提升有效的合规管理体系提供指引，其适用程度取决于组织的规模、结构、性质和复杂程度。《ISO19600合规管理体系指南（2014）》的主题领域涵盖了以下内容：①了解合规管理体系的范围和背景；②预知关键定义；③考察组织领导阶层发挥的决定性作用；④了解合规义务的起源；⑤将合规用作控制风险的工具；⑥如何订立合规目标；⑦运用培训增强合规意识，并在员工中建立强大的合规文化；⑧如何制定有效的沟通交流制度并建立文档；⑨通过建立以管理为主导的控制标准，实现合规管理体系的组织所有权；⑩如何实现对合规框架有效性的最佳监控；⑪采取何种必要措施，保证合规计划的持续改进。

  2021年4月13日，国际标准化组织基于该指南修订的新的合规管理体系标准《ISO37301合规管理体系标准（2021）》正式发布实施，从推荐性标准变为可认证性标准。《ISO37301合规管理体系标准（2021）》包括合规管理目标、合规管理原则、合规管理领导力、治理与文化、企业及其环境。其中，合规管理目标包括廉洁诚信、合规文化、管理一致性、良好声誉、企业价值观和伦理道德等。合规管理原则包括诚信、良好治理、比例原则、透明性、可靠性及可持续性六个原则。在合规管理领导力、治理与文化建设方面，包括建立、发展、执行、管理、评估和提升六个环节。在企业及其环境方面，应当考虑到企业所处的法律、社会、文化、数字化、金融、结构、环境、利益相关方等因素。《ISO37301合规管理体系标准（2021）》符合持续改进原则，即计划、实施、检查、行动的循环。其一，在计划阶段，企业各级管理层要进行合规承诺，根据企业业务与组织结构决定合规政策的范围，指定管理角色和分配职责，明确合规义务与合规风险；其二，在实施阶段，企业各级管理者要给予支持，员工要有胜任能力和合规意识，对合规进行沟通和培训，把合规要求与业务运营结合，开展内部控制和制定程序，管理合规工作文档；其三，在检查阶段，企业要开展内部审计，进行管理层评审，实施监控和测评，报告合规疑虑，根据调查流程进行调查；其四，在行动阶段，应针对不合规问题持续改进与提升合规管理工作。

第二节　我国视角下企业合规发展的历程回顾

整体而言，我国企业合规理论和实践发展相对较晚，但发展速度较快，且呈现出鲜明的中国特色和模式。通过认真梳理、分析我国企业合规发展的实际轨迹，有助于从历史角度更好地审视我国企业合规理论的不足和实践问题，从而为科学地完善我国企业合规理论体系和实践规范打下坚实基础。

一、我国企业合规的起步萌芽阶段

2006年10月20日，原银监会发布了《商业银行合规风险管理指引》。这被视为我国规范合规管理实践开展的第一个规范性文件。该文件共5章31条，主要分为总则、董事会、监事会和高级管理层的合规管理职责、合规管理部门职责、合规风险监管和附则五个部分。其主要对中资商业银行、外资独资银行、中外合资银行和外国银行分行的合规风险管理强制性适用；并要求在我国境内设立的政策性银行、金融资产管理公司、城市信用合作社、农村信用合作社、信托投资公司、企业集团财务公司、金融租赁公司、汽车金融公司、货币经纪公司、邮政储蓄机构以及经银监会批准设立的其他金融机构参照本指引执行。

原保监会于2007年发布《保险公司合规管理指引》（已失效）明确提出，保险公司及其员工和营销员的保险经营管理行为应当符合法律法规、监管机构规定、行业自律规则、公司内部管理制度以及诚实守信的道德准则。该文件成为指导保险公司及其员工开展合规工作的主要依据。

证监会发布的《证券公司合规管理试行规定》（已失效）于2008年8月1日正式施行，其明确指出，证券公司及其工作人员的经营管理和执业行为符合法律、法规、规章及其他规范性文件、行业规范和自律规则、公司内部规章制度，以及行业公认并普遍遵守的职业道德和行为准则。其注重强调培育合规文化、防范合规风险的重要性，要求证券公司应当树立合规经营、全员合规、合规从高层做起的理念。

2008年5月22日，财政部、证监会、审计署、原银监会、原保监会五部门共同发布《企业内部控制基本规范》。2010年4月15日，上述五部门又发布了《企业内部控制应用指引》《企业内部控制评价指引》和《企业内部控制审计指引》。这些规范性文件从不同侧面涉及企业合规管理的相关要求，但规定内容较为分散和模糊。

2012年2月10日，中国证券业协会正式发布《证券公司合规管理有效性评估指引》，其明确提出，应当以合规风险为导向，覆盖合规管理各环节，重点关注可能影响合规目标实现的关键业务及管理活动，客观揭示合规管理状况。合规管理有效性评估分为全面合规评估和专项评估，应当由董事会、监事会或者董事会授权管理层组织评估小组或者委托外部专业机构进行。在评估内容方面，《证券公司合规管理有效性评估指引》规定应当主要从合规管理环境、合规管理职责履行情况、经营管理制度与机制的建设及运行状况等方面进行评估。其一，合规管理环境评估关注公司高层是否重视合规管理、合规文化建设是否到位、合规管理制度是否健全、合规管理的履职保障是否充分等；其二，合规管理职责履行情况评估须重点关注合规咨询、合规审查、合规检查、合规监测、合规培训、合规报告、监管沟通与配合、信息隔离墙管理、反洗钱等合规管理职能是否有效履行；其三，经营者管理制度与机制建设情况评估应重点关注各项经营管理制度和操作流程是否健全，是否与外部法律、法规和准则相一致，能否根据外部法律、法规和准则的变化及时修订、完善；其四，运行状况评估应关注是否能够严格执行经验管理制度和操作流程，是否能够及时发现并纠正有章不遵循、违规操作等问题。除此之外，《证券公司合规管理有效性评估指引》设置合规问责制度，即企业合规管理有效性评估结果纳入公司管理层、各部门和分支机构及其工作人员的绩效考核范围；对合规管理有效性评估中发现的违法、违规行为，企业应当及时对责任人采取问责措施。

2012年4月9日，商务部等七部委正式印发《中国境外企业文化建设若干意见》，其第5条提出："坚持合法合规。严格遵守驻在国和地区的法律法规，是境外企业文化建设的重要内容。境外企业要认真研究和熟悉当地的地方性法规，做到依法求生存，依法求发展。严格履行合同规定，主动依法纳税，自觉保护劳工合法权利，认真执行环境法规，确保国际化经营合法、合规。坚持公平竞争，坚决抵制商业贿赂，严格禁止向当地公职人员、国际组织官员和关联企业相关人员行贿，不得借助围标、串标等违法手段谋取商业利益。"

总体来看，这一时期我国企业合规处于起步萌芽阶段，其改革试点工作主要集中在包括银行业、保险业、证券业在内的部分重要而敏感的金融领域。这为我国后续的企业合规改革试点进行了具有开创性的试验，并积累了一定的经验做法，应当值得肯定。但这一时期对于企业合规的理论认知仍然比较模糊，企业合规制度体系并不完善。

二、我国企业合规的积极探索阶段

从 2015 年开始，我国企业合规正式进入了全面探索阶段，以国资委为主导力量的中央企业合规改革工作开始全面发力，企业合规建设在各种类型企业内逐步开始实施。

2015 年 12 月 8 日，国资委发布《关于全面推进法治央企建设的意见》，其中提到的总体目标为："到 2020 年，中央企业依法治理能力进一步增强，依法合规经营水平显著提升，依法规范管理能力不断强化，全员法治素质明显提高，企业法治文化更加浓厚，依法治企能力达到国际同行业先进水平，努力成为治理完善、经营合规、管理规范、守法诚信的法治央企。"

紧接着，2016 年 1 月，国资委确定了中国石油、中国移动、中国中铁、招商局集团、东方电气集团五家企业作为试点单位，为央企合规管理工作探索经验。2016 年 4 月 18 日，国资委正式印发《关于在部分中央企业开展合规管理体系建设试点工作的通知》，决定将中国石油、中国移动、东方电气、招商局集团、中国中铁五家企业列为合规管理体系建设试点单位。五家央企开展合规管理体系以及合规实践的共同特点包括：①集团总部和优选下属公司先行试点；②积极培育合规文化；③同步开展诚信合规体系与全面合规管理体系建设；④积极组建合规组织，大力培养合规管理队伍；⑤探索制定与实施合规管理制度与流程；⑥关注重点领域合规管理，将合规管理融入业务；⑦探索建立合规管理信息系统。

以下内容是对试点单位相关情况的简要介绍。

（一）中国石油天然气集团有限公司

1. 集团简介

中国石油天然气集团有限公司（以下简称"中国石油"）是 1998 年 7 月在原中国石油天然气总公司基础上组建的特大型石油石化企业集团，2017 年 12 月完成公司制改制。

中国石油是国有独资企业，是产炼运销储贸一体化的综合性国际能源公司。集团 2017 年营业收入 20 000 余亿元人民币，营业利润 577 余亿元人民币，在世界 50 家大石油公司综合排名中位居第三，在《财富》杂志全球 500 强排名中位居第四。

中国石油发行的美国存托证券、H 股及 A 股于 2000 年 4 月 6 日、2000 年 4 月 7 日及 2007 年 11 月 5 日分别在纽约证券交易所、香港联合交易所及上海证券交易所挂牌上市。

中国石油是超大型的跨国企业集团，下设数家全资子公司、合营公司（拥有 50% 股权）以及参股的联营公司（拥有股权小于 50%）。

中国石油的业务相对比较集中，主要业务包括国内外石油天然气勘探开发、炼油化工、油气销售、管道运输、国际贸易、工程技术服务、工程建设、装备制造、金融服务、新能源开发等。

2. 合规管理试点

中国石油实际上自 2014 年就开始安排部署合规管理。2016 年被国资委确定为央企合规管理试点单位后，中国石油通过几年的实施推进，确立了合规管理的战略定位和合规高于经济利益的价值导向，初步建立了分工负责、齐抓共管的组织架构和预防为主、惩防并举的制度机制，逐步强化了管业务必须管合规的合规管理责任，全员合规意识普遍增强，合规文化氛围更加浓厚。

中国石油强调，重点要做到坚持"管业务必须管合规"的原则，落实好业务部门的主体责任，发挥法律部门组织推动大合规的综合管理职能，以及内控、审计、纪检监察部门的监督检查作用，建立起法律、业务、监督部门联系制度和协作机制，定期沟通情况、共享信息，形成管理合力。

中国石油根据建设合规管理体系试点总结的经验，以及参与的国资委《中央企业合规管理指引（试行）》的制定工作，为中央企业推进合规管理贡献了自身实践总结。

3. 领导的合规承诺

集团董事长在《诚信合规手册》中开篇致辞：

我们始终秉持"奉献能源、创造和谐"的企业宗旨，坚持诚实守信、依法合规的价值观，努力为社会创造财富、促进和谐。实践证明，诚信合规是公司发展的基石，是公司有质量有效益可持续发展的坚实保障。

继往开来，我们清晰地认识到，公司的卓越声誉和持续发展更加有赖于

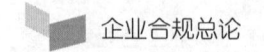

诚信合规。我们将坚持诚信合规优于经济利益的理念，让诚信合规涵盖经营管理各领域、业务活动各环节、全体员工各岗位。

4. 合规理念

（1）诚信合规是公司发展的基石，是公司有质量、有效益、可持续发展的坚实保障。

（2）公司的卓越声誉和持续发展更加有赖于诚信合规。

（3）诚信合规优先于经济利益。

（4）全面诚信合规：诚信合规涵盖经营管理各领域、业务活动各环节、全体员工各岗位。

（5）管业务必须管合规。

5. 合规价值观

（1）守法合规。"守法合规是我们行为的底线。我们在开展业务时，要遵守所有适用的法律法规和规章制度，恪守职业道德。即使为了公司利益，也不能违法违规行事。"

（2）诚信做事。"诚信是我们行为的前提，没有诚信，一切将被否定。我们要始终坚持诚信至上、诚信为本，传承、弘扬中华民族诚实守信的传统美德和中国石油的优良作风，当老实人、说老实话、办老实事，言必行、行必果，不欺上瞒下、不弄虚作假。"

6. 合规组织

中国石油的合规组织包括董事会、监事会、公司管理层、法律事务部、各职能部门、各分公司、各子公司。

7. 合规管理制度与流程

（1）《诚信合规手册》。

（2）《合规管理办法》。

（3）搭建合规管理信息平台，实现合规事项申报、审查、评价、档案管理网上运行。

8. 搭建合规管理信息平台

中国石油搭建合规管理信息平台，实现合规事项申报、审查、评价、档案管理网上运行。

9. 合规文化

（1）签署遵守诚信合规手册《承诺书》。

(2) 建设综合素质较高的合规管理专业团队。

(3) 开展多种多样的合规宣传与培训。

(4) 参与我国国资委《中央企业合规管理指引（试行）》的制定工作。

(二) 中国移动通讯集团有限公司

1. 集团简介

中国移动通讯集团有限公司（以下简称"中国移动"）是于 2000 年组建成立的中央企业。2008 年 5 月，中国铁通集团有限公司整体并入中国移动。2017 年 12 月，中国移动进行公司制改制，企业类型由全民所有制企业变更为国有独资公司，并更名为"中国移动通讯集团有限公司"。

中国移动目前是全球网络规模最大、客户数量最多、盈利能力和品牌价值领先、市值排名位居前列的电信运营企业，注册资本 3000 亿人民币，资产规模近 1.7 万亿元人民币，员工总数近 50 万人。中国移动连续 18 年入选《财富》世界 500 强企业，2018 年列第 53 位；连续 14 年在国资委经营业绩考核中获 A 级。

中国移动于 2016 年名列财富世界 500 强企业第 45 名，2017 年第 47 名，2018 年第 53 名。

中国移动全资拥有中国移动（香港）集团有限公司，由其控股的中国移动有限公司在国内 31 个省（自治区、直辖市）和香港设立全资子公司，并在香港和纽约上市。

中国移动的业务集中，主要经营移动语音、数据、宽带、IP 电话和多媒体业务，并具有计算机互联网国际联网单位经营权和国际出入口经营权。

2. 合规管理试点

2016 年，中国移动启动"合规护航计划"，集团公司董事长发布合规倡议，提出"严守法纪、崇尚规则、践行承诺、尚德修身"的合规精神和理念。基于"合规护航计划"，集团详细制定了具体的实施纲要，从组织、制度、流程、文化等四方面确定 20 项举措、42 项关键任务，明确了职责，分解了任务。

首先是修改公司章程，明确董事会审计和风险管理委员会的合规职责，具体包括指导公司合规管理体系的建设和有效运行，对依法合规经营及其执行情况进行定期检查和评估等。

其次是明确总法律顾问合规职责，明确法律部门是合规管理的牵头部门，财务、人力、内审、党群、纪检是合规管理的配合部门，建立工作流程和机制，设置合规管理专岗。

此外，完善合规考核评价机制，建立合规管理督导报告机制。集团公司将定期检查、发布合规管理报告等方式，对各单位合规管理体系运行情况、合规管理的有效性进行督导评估。

3. 合规倡议

中国移动于 2016 年 11 月 29 日发出《合规倡议书》，其主要内容如下：

贯彻中央全面依法治国战略和关于深化国有企业改革的部署，落实国资委法治央企建设要求，全面推进"法治移动"建设、深入实施"合规护航计划"，提升依法治企能力和合规管理能力，有效保障公司依法治理、合规经营、规范管理。

弘扬法治文化，锻造法治思维，强化合规意识，凝聚担当精神和创业激情，以"成为数字化创新的全球领先运营商"战略愿景为己任，全力实施"大连接"战略，助力公司迈入可持续发展新阶段。

牢固树立"合规人人有责"的价值观念，内化于心，外化于行，做到严守法纪，尊崇规则，践行承诺，尚德修身。遵守宪法法律、国家政策，遵循商业规范、行业准则，恪守规章制度、契约承诺，推崇社会公德、商业道德，做依法合规的自觉尊崇者、模范践行者和坚定捍卫者！

4. 合规管理重点领域

（1）八个合规管理重点领域。中国移动在反垄断、反不正当竞争、消费者权益保护、信息安全、招标采购、工程建设、商业合作伙伴管理等八个重点领域全面推行合规管理。

（2）商业合作伙伴合规管理。2016 年，中国移动开始对客户、供应商、承办商、销售商和中介服务机构等合作伙伴进行合规管理试点，并通过尽职调查、资质审核、履约把控、合规评估、合规承诺、负面清单管理等方式，加强对商业伙伴诚信合规情况的督导审查，传导给中国移动合规要求，共建诚信合规商业环境。

（3）合规管理融入业务。合规管理还有一个重要特点就是合规管理必须融入业务。中国移动通过建立健全合规审查、合规事件处理、巡查、举报、问责流程，使得合规工作不仅与经营活动有机融合，还能动态更新、全程把控。

5. 合规管理制度

（1）制定《中国移动合规管理办法》。建立合规审查、报告、培训、考核、激励、问责的闭环管理；各单位按照集团公司统一要求，纷纷制定合规管理办法、配套规定和专项指引，全集团"1+N"的合规管理制度体系逐步形成。

（2）制定《市场竞争合规指南》。

（3）制定《反商业贿赂合规指南》。

（4）制定《行政执法配合合规指南》。

（5）制定《信息安全合规指南》。

中国移动还建立了信息安全合规管理工作平台。

（三）中国东方电气集团有限公司

1. 集团简介

中国东方电气集团有限公司（以下简称"东方电气"）是国资委监管企业，是全球最大的发电设备制造和电站工程总承包企业集团之一，发电设备产量累计超过5亿千瓦，已连续14年发电设备产量位居世界前列。

东方电气集团起步于20世纪50年代末期。集团在重视传统能源高效清洁利用的同时，践行"创新、协调、绿色、开放、共享"的发展理念，大力发展新能源和可再生能源产业，拥有"水电、火电、核电、气电、风电、太阳能"六电并举的研制能力，可批量研制1000兆瓦等级水轮发电机组、1350兆瓦等级超临界火电机组、1000兆瓦至1750兆瓦等级核电机组、重型燃气轮机设备、直驱和双馈全系列风力发电机组、高效太阳能电站设备、氢能客车、大型环保及水处理设备、电力电子与控制系统、新能源电池及储能系统、智能装备等产品。

东方电气大力拓展海外市场，积极参与"一带一路"建设，大型装备产品和服务出口到近80个国家和地区，创造了中国发电设备出口历史上若干个第一，连续24年入选ENR全球250家最大国际工程承包商之列。

东方电气旗下的东方电气股份有限公司，分别在上海证券交易所和香港联合交易所上市。

东方电气是超大型的跨国企业集团，业务涉及发电、装备制造、工程与贸易、金融、物流等。

2. 合规管理试点

按照国资委的部署安排，东方电气确定了两家试点企业（即东方轮机厂、集团财务公司），积极推进试点工作。

东方电气总法律顾问带领法律事务部、审计部等相关人员多方调研，结合实际，制定试点工作方案，建立统一标准，初步形成组织有力、流程规范、运行有效的合规管理体系框架。

3. 领导的合规承诺

公司董事长在《诚信合规准则》中开篇致辞：

加强合规管理，是贯彻落实全面依法治国重要战略部署的客观要求，是全面推进法治东方电气的重要举措，是国际化进程中提升国际竞争力的必由之路。东方电气始终遵循以创新发展、客户增值、员工成长、环境友好为价值驱动力，坚持诚信公平、依法合规的价值观，将诚信合规理念融入各项经营管理和业务发展过程中，践行企业社会责任和使命。

4. 合规理念

东方电气始终遵循以合规发展、客户增值、员工成长、环境友好为价值驱动力，坚持诚信公平、合规经营的价值观，将诚信合规理念融入各项经营管理和业务活动中，守法合规，践行中央企业社会责任和使命。

合规是公司经营发展重要组成部分，公司将不断完善合规管理体系，提高合规管理体系运行效率和有效性，切实防范风险。

5. 合规管理制度

公司合规组织包括董事会，战略、投资及风险管理委员会，公司管理层，总法律顾问，以及合规归口管理部门（法务审计部）、专项部门（纪检监察部门）和直接责任部门（公司各部门和所属企业）。

6. 合规管理制度

（1）《诚信合规准则》。《诚信合规准则》于2017年3月经集团董事长签批发布，作为公司管理制度体系的核心涵盖了公司和员工处理内部事务与对外交易往来的基本行为规范和规则，是公司每一位员工必须遵守的合规基本准则，及对外展示公司诚信合规理念的重要载体。

(2)《合规管理办法》。《合规管理办法》通过组织机构和流程设计，建立合规管理机制，开展合规风险监测、合规检查、合规考核以及合规培训与合规文化建设等，预防、识别、评估、报告和应对合规风险的行为。

(3) 具体合规要求和规范。对重要的合规问题进行补充规定，如商业伙伴合规管理、举报与内部调查等，与内部经营者管理流程相契合。

7. 合规文化

东方电气将合规文化作为公司合规管理体系的一部分加以规定，要求倡导和培育良好的合规文化，努力培育公司全员的合规意识，并将合规文化建设作为企业文化建设的重要组成部分。

全员贯彻合规文化，树立合规价值观，通过不定期组织全面培训与专业培训、自我学习与有效测试相结合的方式，强调合规理念，引导全体员工从"要我合规"变为"我要合规"，将合规风险防患于未然。

(四) 招商局集团有限公司

1. 集团简介

招商局集团有限公司（以下简称"招商局集团"）是国务院国资委直接管理的国有企业，总部设于香港，亦被列为香港四大中资企业之一。2007年，招商局集团实现营业收入5844亿元，利润总额1271亿元。招商局集团成为八家连续14年荣获国务院国资委经营业绩考核A级的央企之一和连续四个任期"业绩优秀企业"。2018年发布的《财富》世界500强榜单中，招商局集团首次申请即入围，以146年的历史创造了世界500强中国企业的基业长青纪录。

招商局集团是一家业务多元的大型综合企业集团。目前，其业务主要集中于综合交通（包括交通基建产业、航运业、综合物流业务等）、特色金融（包括银行、证券、基金、保险、不良资产管理、融资租赁等领域）、城市与园区综合开发三大核心产业。

招商局集团是国家"一带一路"倡议的重要参与者和推动者。招商局集团加快国际化发展步伐，在全球20个国家和地区拥有53个港口，已初步形成较为完善的海外港口、物流、金融和园区网络。

2. 合规试点

2016年6月，招商局集团启动合规管理试点。招商局集团审议通过《招商局集团有限公司合规管理体系建设试点工作方案》，确定了合规试点项目工作目标。集团总部和招商蛇口等四家下属公司（招商蛇口、招商港口、招商证券及招商海通），在合规体系方案设计、组织体系、制度体系、人才队伍建设，以及合规文化培育和宣传等方面，从合规管理组织体系、制度体系、合规风险管控机制和合规文化建设机制四大支柱着手，进行了大量有益探索，积累了很多宝贵经验。

2016年9月，招商局集团对采购管理、投资管理、"三重一大"决策程序及重要商业伙伴四个领域开展专项合规检查，四家试点企业亦围绕各自重点业务领域及重要商业合作伙伴开展专项合规检查，防范重点领域的合规风险。

招商局集团及四家下属合规试点企业均设立了合规工作领导机构，确定了合规工作机构，设置了合规专职岗位，逐步建立合规专业队伍。同时，招商局集团努力探索建立合规风险识别机制，使有限的资源聚焦于重点合规领域和合规风险。内部巡查和合规检查相结合，加强合规、风控、审计、监察各相关部门联动与协同，探索建立长效协同机制。

招商局集团还全面启动了199项规章制度的清理修订工作。招商蛇口完成123项规章制度修订，招商港口完成38项规章制度修订，招商证券完成95项规章制度修订，交进公司完成7项规章制度修订。

2017年，增加招商工业、招商海通、招商资本、招商漳州四家试点企业。

2018年，新增招商轮船、招商公路、中外运股份、招商交科院、招商租赁、招商财务六家试点企业。

3. 合规管理制度

（1）《招商局集团合规管理办法（试行）》于2016年9月1日发布施行。

（2）招商蛇口《合规管理办法（试行）》于2016年10月27日发布施行。

（3）招商港口《合规管理办法（试行）》于2016年12月2日发布施行。

（4）招商证券于2016年10月7日对2009年的《合规管理制度》进行了修订。

（5）交进公司《合规管理办法（试行）》于2016年8月24日发布施行。

4. 合规文化

(1) 企业精神：爱国、自强、开拓、诚信。

(2) 合规理念：合规从高层做起、全员主动合规、合规创造价值。

(3) 合规宣传培训：集团及集团下属四家试点企业利用微信公众号、会议视频、平面媒体等多种方式进行合规宣传与培训。

(五) 中国铁路工程集团有限公司

1. 集团介绍

中国铁路工程集团有限公司（以下简称"中国中铁"）是集勘察设计、施工安装、工业制造、房地产开发、资源矿产、金融投资和其他业务于一体的特大型企业集团，总部设在北京。作为全球最大建筑工程承包商之一，中国中铁连续13年进入世界500强。2018年在《财富》世界500强企业中排名第56位，在中国企业500强中排名第13位。

2007年9月12日，中国铁路工程总公司独家发起设立中国中铁股份有限公司，并于2007年12月3日和12月7日，分别在上海证券交易所和香港联合交易所上市。2017年12月，由全民所有制企业改制为国有独资公司，更名为"中国铁路工程集团有限公司"。

2. 合规管理试点

2016年7月，中国中铁印发《中国中铁股份有限公司合规管理体系建设实施方案》，明确了合规管理体系建设的近期、中期和远期目标；进一步完善了组织架构，构建合规管理组织体系，明确规定二、三级公司在工作推介层面，建立总经理负责，总法律顾问牵头组织，合规综合管理部门、专门管理部门、参与管理部门组成的"三位一体"组织架构模式。

中国中铁总法律顾问带领法律合规部门及相关业务骨干编写完成《中央企业合规管理研究及中国中铁合规管理探索》，制定试点工作实施方案，构建"大合规"管理体系，健全合规风险管控机制。

3. 合规组织

全系统法律事务部统一更名为法律合规部，更名后法律合规部统称"法规部"，为合规综合管理部门；董事（监事）会办公室、战略规划、干部（人力资源）、安全生产、审计、监察等部门为合规专项管理部门；所有业务部门都是合规参与管理部门。

4. 合规管理制度

（1）制定《诚信合规管理办法（试行）》。

（2）制定《合规管理办法》。

（3）制定《合规准则》。

5. 合规文化

坚持诚实守信、至诚至信的基本价值理念，保持爱岗敬业、尽职尽责的基本工作作风；以人为本、平等公正、团结协作、开放包容，追求企业与员工、与股东、与社会的共同发展、和谐共赢。

三、我国企业合规的全面发展阶段

从 2018 年开始，我国企业合规建设进入全面发展阶段，逐步在全国范围开始实施，且以检察力量为代表的国家司法机关开始正式介入进来。具体而言：

（一）各级政府部门大力推动并规范国有企业合规建设

在上述企业合规改革试点经验的基础上，2018 年 11 月 2 日，国资委正式发布《中央企业合规管理指引（试行）》，其运用了企业大合规理念来指导和规范企业合规管理，要求合规管理覆盖企业各业务领域、各部门、各级子企业和全体员工，贯穿决策、执行、监督等各个环节。其强调建立全面合规管理体系，对合规管理体系的各构成要素进行了全面规定，具体而言：合规组织、合规制度、合规风险管理、合规审查、合规管理评估、合规考核评价、合规培训、违规举报、调查和问责、合规报告、合规管理信息系统、企业合规文化、重点合规领域等。

此后，我国多数省级政府国资委和部分市级国资委陆续发布关于企业合规管理的规范性文件。比如，2018 年 12 月 28 日，北京市国资委正式印发《市管企业合规管理工作实施方案》，在市管企业探索开展合规管理体系建设，拟分步骤实施、分阶段推进市管企业合规管理工作，并选定首旅集团、北控集团、建工集团、北汽集团、京东方五家企业开展首批合规管理工作试点。

以北汽集团为例，早在 2014 年底，北汽集团就开始启动合规管理体系建设工作，经过多年的探索与实践，北汽集团成为北京市第一家全集团范围内建立合规管理体系的市属国有企业。作为北京市属国有企业合规管理体系建设五家试点单位之一，从 2018 年年底开始，北汽集团以试点工作为契机，正式开启从合规管理体系 1.0 向合规管理体系 2.0 蝶变跃升之路，健全完善"3个1""3个3""2个10""8+N"的合规管理体系。具体而言：

第一，"3个1"主要包括一个中心，即集团公司合规管理中心；一个模式，即以直接管理和派出管理为主、以报备管理为辅的合规管理模式；一个规划，即集团法律与合规管理的"十三五"规划。

第二，"3个3"主要包括："三位一体"的合规管理组织架构，即不仅完善了党委会、董事会、监事会及经营层的合规职责，还健全完善合规管理综合部门、合规专项部门、合规参与部门职责及协同联动机制；有效合规风险防控的"三道防线"，即业务部门是防控合规风险的第一道防线（业务人员及其负责人应当承担首要合规责任），法律与合规部门是防控合规风险的第二道防线（即合规管理体系建设的责任单位），内部审计和纪检监察部门是防控合规风险的第三道防线（监督企业整体风险防控措施的有效性）；全面覆盖的"三个层次"，即一级企业牵头优先健全完善，给二级企业示范、支持、指导，二级企业再健全完善，之后再覆盖到三级以下企业。

第三，"2个10"包括：十大合规管理运行机制及"十统一"的合规管理支撑手段。其中，十大合规管理运行机制包括：合规联席会议机制、合规风险识别和评估机制、合规审查和强制咨询机制、合规风险反馈机制、合规风险嵌入机制、合规举报和调查机制、合规考核评价机制、合规宣传培训机制、合规管理信息化建设机制、合规风险和应对机制。此外，"十统一"的合规管理支撑手段包括：统一的法律与合规文化；统一的法律与合规管理规划与计划；统一的合规管理模式；统一的合规人才引进和培养；统一的合规管理职能和职责；统一的合规制度、流程、指引、表单、模版；统一的合规管理信息化系统；统一的合规专业研究小组；统一的合规宣传与培训；统一的合规外部资源管理。

第四，"8+N"则指北汽集团需要重点关注的合规领域，其具体包括八大领域，即市场交易、劳动用工、财务税收、数据与信息保护、安全环保、产品与服务质量、知识产权、境外经营，其中市场交易领域进一步细分为：反垄断、反不正当竞争、反商业贿赂、公司资产使用及交易安全、规范招投标；境外经营领域进一步细分为：市场准入、国家安全审查、贸易管制、国际制裁清单、劳动用工、外汇管理与反洗钱、税务合规、反商业贿赂等。

此外，以《四川省省属企业合规管理指引（试行）》为例，对照《中央企业合规管理指引（试行）》的相关内容，其主要有五处创新内容：其一，在"合规管理原则"中，增加了以企业价值观为导向、风险穿透、有效落地三大原则。其二，在"合规管理职责"部分，增加了党委会的合规管理职责，即发挥把方向、管大局、保落实的重要作用，全面领导、统筹推进合规管理工作；推动科学立规、严格执规、自觉守规、严惩违规；研究合规管理负责人人选、合规管理（牵头）部门设置；对董事会、监事会、高级管理人员的合规经营管理情况进行监督；对合规管理的重大事项研究提出意见；按照权限研究或决定对有关违规人员的处理事项等六项职责。其三，在"合规管理重点"部分，针对重点领域增强了对公司治理、合同管理、信息安全的管理，并增强了对新入职人员的管理。其四，在"合规管理运行"部门，增加了关于建立合规管理举报机制的内容，即畅通举报渠道，保障企业员工和利益相关方有关权利、有途径举报违法违规行为。其五，在"合规管理保障"部分，增加了关于合规容错机制内容，即把企业是否依法合规作为免责认定的重要依据。经综合评估，在认定企业合规管理体系有效建立并运行的情形下，因个别员工或利益相关方的不当行为导致发生违规风险的，省国资委可依据相关规定和程序，酌情从轻、减轻或者免除对企业和相关领导的处罚。省属企业可参照建立合规容错机制、严格规范执行。（如表3-1、表3-2）

表3-1 全国部分省级国资委发布的企业合规管理的规范性文件

	主体	名称	时间
1	上海市国资委	《上海市国资委监管企业合规管理指引（试行）》	2018年12月28日
2	重庆市国资委	《重庆市市属国有企业合规管理指引（试行）》	2019年11月1日
3	江苏省国资委	《省属企业合规管理指引（试行）》	2019年11月6日
4	山东省国资委	《省属企业合规管理指引》	2019年12月13日

续表

	主体	名称	时间
5	广东省国资委	《广东省省属企业合规管理指引（试行）》	2020年3月3日
6	陕西省国资委	《陕西省省属企业合规管理指引（试行）》	2020年4月9日
7	山西省国资委	《山西省省属企业合规管理指引（试行）》	2020年7月14日
8	贵州省国资委	《贵州省国资委监管企业合规经营管理指引》	2020年12月29日
9	天津市国资委	《天津市国资委监管企业合规管理指引（试行）》	2020年12月30日
10	四川省国资委	《四川省省属企业合规管理指引（试行）》	2020年12月30日
11	湖北省国资委	《省出资企业合规管理指引（试行）》	2021年2月7日
12	云南省国资委	《云南省省属企业合规管理指引（试行）》	2021年6月15日
13	河南省国资委	《河南省省管企业合规管理指引》	2021年11月23日
14	安徽省国资委	《安徽省省属企业合规管理指引（试行）》	2021年11月25日
15	北京市国资委	《北京市管企业合规管理指引（试行）》	2021年12月

表3-2 全国部分设区市级国资委发布的企业合规管理的规范性文件

	主体	名称	时间
1	江苏省盐城市国资委	《盐城市市属企业合规管理指引（试行）》	2020年5月14日

续表

	主体	名称	时间
2	广东省梅州市国资委	《梅州市市属企业合规管理指引（试行）》	2021年1月21日
3	山东省青岛市国资委	《青岛市国资委监管企业合规管理指引（试行）》	2020年9月4日
4	江苏省苏州市国资委	《苏州市市属国有企业合规管理指引（试行）》	2020年11月2日
5	广东省广州市国资委	《广州市市属企业合规管理指引（试行）》	2020年12月1日
6	江苏省徐州市国资委	《徐州市市属企业合规管理指引（试行）》	2020年12月8日
7	四川省成都市国资委	《成都市属国有企业合规管理指引》	2020年12月31日
8	山东省威海市国资委	《威海市市属国有企业合规管理指引》	2021年3月29日
9	湖北省襄阳市国资委	《襄阳市国资委出资企业合规管理指引（试行）》	2021年4月30日
10	辽宁省大连市国资委	《大连市国资委监管企业合规管理指引（试行）》	2021年5月28日
11	湖北省宜昌市国资委	《宜昌市国资委出资企业合规管理指引（试行）》	2021年6月
12	福建省福州市国资委	《所出资企业合规管理指引（试行）》	2021年7月29日
13	云南省普洱市国资委	《普洱市市属企业合规管理指引（试行）》	2021年8月26日
14	云南省玉溪市国资委	《玉溪市市属企业合规管理指引（试行）》	2021年8月30日
15	广东省佛山市国资委	《佛山市市属国有企业合规管理指引（试行）》	2021年9月3日
16	广东省揭阳市国资委	《揭阳市市属企业合规管理指引（试行）》	2021年9月3日

续表

	主体	名称	时间
17	广东省韶关市国资委	《韶关市市属企业合规管理指引（试行）》	2021年10月29日
18	四川省攀枝花市国资委	《攀枝花市国资委监管企业合规管理指引（试行）》	2021年11月
19	河北省石家庄市国资委	《石家庄市国资委监管企业合规管理指引（试行）》	2021年12月16日
20	安徽省宿州市国资委	《宿州市市属企业合规管理指引（试行）》	2021年12月30日

（二）各级检察机关开始重视并积极推动企业合规改革

2020年3月起，最高人民检察院在上海浦东与金山，江苏张家港、山东郯城、广东深圳南山和宝安等六家基层检察机关开展企业合规改革第一期试点工作。

2020年11月，最高人民检察院成立"企业合规问题研究指导工作组"，以期统筹推进企业合规问题的理论研究和实务指导，确保相关工作严格依法、稳妥有序。紧接着，2020年12月，张军检察长主持召开企业合规试点工作座谈会，听取了前期试点单位的工作情况汇报以及专家学者、企业代表的意见建议，对下一步依法有序开展试点工作作出了部署要求。

2021年4月8日，最高人民检察院下发《关于开展企业合规改革试点工作方案》（以下简称《工作方案》），启动第二期企业合规改革试点工作，试点范围较第一期有所扩大，涉及北京、辽宁、上海、江苏、浙江、福建、山东、湖北、湖南、广东十个省市。第二期企业合规改革试点工作在明确进一步扩大改革试点范围的同时，特别强调在"有序"和"规范"上狠下功夫。《工作方案》要求，开展企业合规改革试点要与依法适用认罪认罚从宽制度和检察建议、依法清理"挂案"、依法适用不起诉结合起来。对涉案企业，在依法贯彻相关检察政策的同时，督促企业建立合规制度，履行合规承诺；提出企业合规建设意见和建议，包括整改方向和意见，并促进"挂案"清理工作，依法平等保护企业合法权益；对符合刑事诉讼法规定的不起诉案件，做到应听证尽听证。此外，《工作方案》明确，各试点单位应当结合本地实际，探索建立企业合规第三方监管机制。通过第三方监管，监督、促进企业践行合规承诺。检察机关要定期检查合规建设情况，并根据案件具体情况依法作出相应处理。

2021年6月3日，最高人民检察院等九部门联合《关于建立涉案企业合规第三方监督评估机制的指导意见（试行）》，推进企业合规改革试点工作中建立健全涉案企业合规第三方监督评估机制。同日，最高人民检察院发布首批共四起企业合规改革试点典型案例。紧接着，2021年11月22日，最高人民检察院等联合发布《〈关于建立涉案企业合规第三方监督评估机制的指导意见（试行）〉实施细则》和《涉案企业合规第三方监督评估机制专业人员选任管理办法（试行）》，进一步规范和保障企业合规改革试点工作的顺利开展。2021年12月8日，最高人民检察院第二批共六件企业合规典型案例，积极推进第三方监督评估机制的适用。

当前，我国检察机关参与企业合规改革工作主要体现为对涉案企业开展合规监管，在具体的司法实践主要包括三种模式：[1]

1. 检察机关自行监管模式

检察机关自行监管模式主要是指由各级检察机关自己完成对涉案企业的合规考察。例如，青岛市人民检察院充分发挥检察建议在参与社会治理中的积极作用，自行开展合规监管。具体而言：其一，了解与考察企业，即检察官与企业负责人开展多次沟通，并前往企业考察，建议企业继续经营发展；其二，向企业提出检察建议，建议企业建立相关风控部门，完善业务审批机制，堵塞系统漏洞，更改系统设置，加强法制培训；其三，向企业公开送达检察建议，要求涉案企业认真整改、合规经营。涉案企业将根据检察建议进行有针对性地整改，完善企业内部控制，规范合规做好相关业务。

2. 委托行政机关监管模式

委托行政机关监管模式主要是指检察机关主要委托相关行政主管部门负责对涉案企业合规建设情况进行考察。以宁波市人民检察院的做法为例，2020年9月，宁波市人民检察院探索建立涉案企业刑事合规考察制度，出台《关于建立涉罪企业合规考察制度的意见》。在制度设计上，主要将合规考察的范围限定为直接责任人员依法应当判处3年有期徒刑以下刑罚的企业轻微

---

[1] 参见马明亮："论企业合规监管制度——以独立监管人为视角"，载《中国刑事法杂志》2021年第1期，第136~138页。

犯罪案件。在合规考察上，主要委托相关行政主管机关对企业的合规计划或者合规改造情况进行监管。在结果处理上，将合规监管结论和合规建设情况作为处理案件的主要依据。对于涉案企业在合规考察期内按照合规计划或者合规监管要求来完善企业治理结构、健全企业合规制度、规范企业经营行为的，一般作出不起诉处理决定。

3. 委托独立监管人协助模式

委托独立监管人协助模式主要是指检察机关委托独立监管人对涉案企业的合规改造情况开展监管。在具体的实践中，根据独立监管人产生的途径、费用支付方式以及检察官与独立监管人的关系等，可细分为：一是检察机关携领型，即检察院支付监管费用，目的是防止监管人受资本驱动进而导致监管不中立，深圳市南山区人民检察院就采取此范式；二是监管人独立监督、检察机关听取意见型，即犯罪嫌疑企业通过委托独立监管人的方式，来对企业的合规计划执行情况进行必要的独立调查，协助企业进行合规改造，并针对企业合规情况出具书面报告，以作为检察机关对涉案企业进行司法处理的重要参考。

四、我国企业合规改革的发展轨迹分析

通过对我国企业合规改革发展的实践历程进行系统梳理和深入剖析，可以清晰地发现具有以下显著特征：

（一）行政和检察两大力量共同推动

总体来看，我国企业合规改革的主要动因并非来源于企业自身内部的主动为之，而是来源于国家公权力机关的积极主导和强力推进。换言之，我国企业合规改革更多呈现出"外源性改革"的特征，而非所谓"内生性改革"的特征。之所以呈现出这一重要特征，是由于我国国家经济体制、市场经济环境、相关法律制度、企业发展历史及综合实力等诸多因素综合作用而成的。在国家力量推动企业合规改革过程中，主要围着两大主线来展开，具体而言：

1. 以行政力量为代表对企业合规改革的大力推动

以行政力量来推动企业合规改革的主要目的是通过以行政力量和行政方式来积极引导各企业注重现代化合规制度和合规文化的建设，以有效增强企业防范合规风险的能力以及自身综合竞争实力。以行政力量对企业合规改革的推进可分为两大主要内容：其一，以中央和地方各级人民政府国资委为代表的行政机关对于企业合规改革实践的大力推进。各级政府国资委主要通过

制定和实施关于企业合规管理的规范性文件,来积极推动相关国有企业率先开展企业合规工作实践。其二,以特定行业监管机关为代表的行政机关对于企业合规改革实践的大力推进。其中,最为典型的就是我国金融行业监管机关所推动实施的企业合规改革实践。比如,原银监会于 2006 年 10 月 20 日发布的《商业银行合规风险管理指引》、原保监会于 2016 年 12 月 30 日发布的《保险公司合规管理办法》、证监会于 2017 年 6 月 6 日发布的《证券公司和证券投资基金管理公司合规管理办法》(2020 年修正)等。

以行政力量为代表的公权力机关能够以行政方式来迅速调配各种资源,强力推进企业合规改革尤其是国有企业领域的合规改革,促使其尽快建立和完善企业合规组织架构、制度体系以及运行机制等。但在具体的合规实践中,应坚持原则性和灵活性相结合来积极推动企业合规改革;注意针对不同企业的不同情况和问题采取不同的合规要求,避免出现"一刀切"的问题。

2. 以检察力量为主导对企业合规改革的大力推动

在我国企业合规改革实践中,检察机关尤其是最高人民检察院立足职能、主动作为、积极参与、有序创新,发挥着越来越重要的作用,引领着企业合规改革不断走向深入,有力地保障和推动了企业合规改革进程发展。

以检察力量为主导所实施的企业合规改革有着特定的内涵表达,其主要是指检察机关对于办理的涉企刑事案件,在依法作出不批准逮捕、不起诉决定或者根据认罪认罚从宽制度提出轻缓量刑建议等的同时,针对企业涉嫌具体犯罪,结合办案实际,督促涉案企业作出合规承诺并积极整改落实,促进企业合规守法经营,减少和预防企业犯罪,实现司法办案政治效果、法律效果、社会效果的有机统一。在我国现行法律制度框架和体系内,涉案企业合规从宽主要有两种情形:一是在具有有效的企业合规管理体系的情况下,企业涉嫌犯罪的,可以以合规有效性为由,证明单位无主观过错,主张免除单位刑事责任,只追究直接责任人员的刑事责任;二是在企业没有合规管理体系或者合规管理体系不健全的情况下,企业涉嫌轻微犯罪的,可以承诺实行或者改进合规体系,请求公安司法机关从轻或者减轻处罚,其合规体系经科学评估后被证明是有效的,可以得到从轻或者减轻处罚。

以检察力量为主导对企业合规改革的推进主要体现在两大方面:一是通过制定规范性文件,将检察职能发挥与企业合规改革试点有机结合,来积极推动涉案企业合规改革的进程;二是通过发布关于企业合规改革试点工作中的典型案例，采取"以点带面""以案促改"的主要方式，来有序引导检察机关积极参与到企业合规改革工作中来。

（二）中央和地方两个层面协同发力

我国企业合规改革试点工作呈现出"以上率下、自下而上、上下联动"的显著特征。首先，国家中央层面对于企业合规改革试点工作的高度重视、科学筹划和统一部署，其发挥着战略方向性和指引性的重要功能，主要起到表率性和示范性作用。比如，2016年4月18日，国资委正式印发《关于在部分中央企业开展合规管理体系建设试点工作的通知》，组织中国石油、中国移动、东方电气、招商局集团、中国中铁五家中央企业，[1] 率先开展企业合规改革试点工作，以期借鉴国内外合规管理的先进经验，为企业在参与国际市场竞争以及"一带一路"建设过程中加强企业合规管理提供良好示范。中央层面的大力推动和良好示范，有助于为地方层面开展企业合规改革工作提供明确思路和实践模版。

我国地方层面也充分发挥主观能动性，结合地方实际情况，陆续开展了一系列企业合规改革试点工作，呈现出"多点开花"的现象。比如，东部地区的上海市、广东省、江苏省、山东省；中部地区的湖北省、河南省、安徽省；西部地区的陕西省、四川省、贵州省、云南省、重庆市等。此外，2021年10月20日，浙江省人民检察院联合浙江省国资委等正式印发《关于建立涉案企业合规第三方监督评估机制工作的意见（试行）》；2021年12月31日，山东省人民检察院联合山东省国资委等正式印发《关于建立涉案企业合规第三方监督评估机制的实施意见（试行）》。上述两份规范性文件均涉及企业合规改革与检察改革共同推进的系列工作，是推动企业合规改革走向实质化的又一关键探索。

综上所述，中央和地方在本轮企业合规改革过程中注重发挥各自的主观能动性，在具体实践过程中实现了彼此的双向互动和交流，有助于推动企业合规的理念和文化在全国范围内广泛传播和发展。

（三）理论与实践两者之间的相辅相成

在我国企业合规建设全面发展阶段，学术界对于企业合规的相关研究越

---

[1] 五家央企都是国务院国资委直接管理的大型跨国企业集团。中国石油、东方电气、招商局集团、中国中铁均跨行经营，除了主营业务外，还从事国际贸易、金融、物流等业务。中国中铁还投资发展房地产开发业务。中国移动则更加集中于移动通讯业务，集团公司对子公司更趋于紧密型管理。

来越重视，其主要从管理学、法学等多学科视角来审视和研究企业合规理论与实务问题，形成了一批较为高质量的学术研究成果。比如，胡国辉著的《企业合规概论》（电子工业出版社2017年版）、王志乐主编的《企业合规管理操作指南》（中国法制出版社2017年版）、郭青红著的《企业合规管理体系实务指南》（人民法院出版社2020年版）、黄胜忠和郭建军主编的《合规管理理论与实务》（知识产权出版社2020年版）、郭凌晨等主编的《合规：企业合规管理体系有效性评估》（企业管理出版社2021年版）、陈瑞华著的《企业合规基本理论》（第2版）（法律出版社2021年版）等。这些不断创新的学术成果为我国企业合规实践的开展打开了与世界相连互通的门户，提供了有力的学术依据和理论支撑。需要指出的是，当前关于企业合规理论研究出现了一个比较特殊的现象，就是管理学界和法学界分别在各自领域内开展研究。两者研究侧重点不同，管理学界主要是从企业管理的角度来研究企业合规问题，主要是涉及企业合规的内在建设问题，重点突出企业在合规管理中的主体地位和重要作用；而法学界主要是从刑事法学和检察改革的角度来研究企业合规问题，特别是涉罪企业合规改革的相关问题，重点突出检察机关在涉罪企业合规改革中的重要功能。但比较遗憾的是，当前这两大领域的研究缺乏必要的沟通和交流，包括学术规范语言在内的诸多问题并未在一个平台开展有效对话，这一问题应引起相关研究者的高度重视和认真反思。

与此同时，每个国家都具有自身独特的国情，我国也不例外。在我国，从宏观角度来讲，社会主义市场经济有着自身的运行规律，其区别于资本主义市场经济，而且国有经济是整个国民经济的主导力量；从微观角度来讲，我国国有企业特别是中央管理企业，在关系国家安全和国民经济命脉的主要行业和关键领域占据支配地位，是国民经济的重要支柱。这些特殊的国情和经济条件决定了我国企业合规改革工作不可能完全照搬照抄国外的经验做法来进行，而应当紧密结合中国实际来积极探索、科学推进和具体展开，并从中不断汲取中国智慧和中国力量，最终形成企业合规改革的中国方案。比如，我国国有独资企业和国有控股企业股权转让的合规要求之一为国有股权转让应履行出资人审批程序。因为按照相关规定，应由国有资产监督管理机构决定出资企业的国有股权转让（另有规定的除外）。交易双方在股权转让过程中，应注意履行必要的程序，及时制止因程序不合规而造成的股价波动等不良后果。申言之，企业合规改革理论与实践必须紧密结合，才能真正发挥出实际"生产力",达成改革目的,而非"理论的只看理论""实践的只顾实践""理论与实践相脱节"。

此处需要强调的是,当前学术界和实务界须冷静、客观地看待我国企业合规改革的运行与发展轨迹。与国外的合规实践相比,我国企业合规改革目前最大困境之一在于缺乏强有力的立法保障和法律支撑。虽然我国行政力量和检察力量在大力推进和积极引导企业合规改革工作,但是在现有法律制度体系和框架内,很难有实质性的突破与改变。具体而言:一是由于缺乏法律的认可尤其是刑事法律层面关于企业合规的激励措施,使得大多数企业合规仅仅停留在企业内部治理层面上,这对于以营利为目的的企业而言,需要付出高额成本的企业合规管理工作往往会成为"装点门面"的摆设,[1]难以真正发挥企业合规管理的有效性。二是关系到涉罪企业合规改革的相关问题,缺乏国家刑事法律层面的明确规范,比如,我国检察机关正在推进的企业合规不起诉制度改革就缺乏有力的法治支撑。因此,未来我国企业合规改革需要尽快启动相关国家立法程序,对我国《公司法》《刑法》《刑事诉讼法》等相关法律进行系统地调整和完善,增加涉及企业合规制度的相关法律条款,从而切实为企业合规改革提供明确的法律依据和重要支撑。

---

[1] 参见李勇:"检察视角下中国刑事合规之构建",载《国家检察官学院学报》2020年第4期,第101页。

第四章 企业合规制度论

从学理上讲，企业合规制度是研究企业合规基础理论的重点；从实践上讲，企业合规制度是企业合规工作开展的主要依据，是体现企业合规管理有效性的主要标志之一。本章企业合规制度论主要研究企业合规制度的基本概念、主要内容以及适用规范等。

第一节　企业合规制度的基础理论

企业合规制度主要是指企业依法依规制定并实施的，主要以正式文本形式存在的，用于企业合规工作开展的各项规范和要求的总称。

一、企业合规制度的主要内容

企业合规制度主要可分为两大类内容：一是企业合规管理类制度；二是企业合规保障类制度。

（一）企业合规管理类制度

其中，企业合规管理类制度是整个企业合规制度的核心和重点，其主要是指企业依法依规制定和实施的关于日常性的用于合规管理的规范和要求的总称。企业合规管理类制度主要包括：企业合规方针、企业合规政策、企业合规手册、企业合规计划等。

（二）企业合规保障类制度

企业合规保障类制度主要是指企业依法依规制定和实施的关于保障性的用于保障合规工作实施的规范和要求的总称，其主要包括：企业合规举报制度、企业合规处理制度、企业合规考核制度、企业合规评估制度、企业合规审计制度、企业合规信息管理制度等。

二、企业合规制度的主要特征

企业合规制度是企业合规大厦的基石，是保障企业合规工作顺利开展的基本依据和有力支撑。与其他企业制度相比，企业合规制度主要特征表现为：制定的严肃性、体系的一致性和效力的普遍性。

（一）制定的严肃性

企业合规制度的首要特点体现为制定的严肃性，即企业合规制度的制定应当经过企业内部严苛的程序流程，最后由企业最高决策层正式对外发布。之所以强调这一特征，是因为企业合规工作的极端重要性，其不仅仅涉及企业自治管理等一系列问题，而且直接与企业涉案后所面临的行政处罚或者刑罚相联系。这就决定了企业合规制度不是企业随意制定的，而需要予以高度重视与严肃对待。

（二）体系的一致性

所谓体系的一致性主要是指，各项企业合规制度应当成体系排列，从而具有内在的一致性。企业合规制度并不是一个单项，而是一个体系（系统），其涉及企业运营和管理等各个领域。因此，企业合规制度有着一定的层级划分，按照制度层级的不同会涉及由高到低、由总到分的排序问题。这就需要各个企业合规制度之间必须保持内在的一致性，避免出现规定混乱或者重复等问题。

（三）效力的普遍性

效力的普遍性是指企业合规制度对于企业各层级内部人员以及相关的第三方成员等在适用上具有普遍的约束力。正如有学者所言："制度建设从来不应该以建设制度为目标。制度建设的目标是弥补共识的缺失，约束人们的行为，通过约束形成习惯并进一步影响人们的意识，最终在新的层面形成共识。"[1]所有相关人员因为企业合规制度这一共识而达成认知和思维的一致，并照章而行。在企业合规制度面前，所有的适用人员不存在所谓的"特权"问题，而是一律平等。这样能够最大限度地保障企业合规制度的权威性和统一性。尤其是企业高层更应当以身作则，率先垂范，严格遵守和执行各项企业合规制度，为企业合规文化的建设营造良好氛围。

---

[1] 胡国辉：《企业合规概论》，电子工业出版社2017年版，第123页。

第二节　企业合规方针制度

"方针"一词的本义是作为指导工作的准则和要求。具体到企业合规领域，企业合规方针是企业合规工作的重要载体之一，是引领企业合规深入持续发展的全局性描述和纲领性文件，是企业合规管理工作的有效性体现，是企业合规文化建设的基础性保障，亦是企业合规形象展示的示范性标志。越来越多的企业开始意识到建立、完善以及展示企业合规方针对于企业可持续性发展的战略价值和长远意义。

一、企业合规方针的基本概念

按照国际标准化组织《ISO19600 合规管理体系指南（2014）》，合规方针的英文为"Compliance Policy"。我国《合规管理体系指南》第2.8条指出：方针是由最高管理者正式发布的组织的宗旨和方向。此外，其还明确，治理结构和最高管理者（最好与员工协商）宜建立合规方针：适合于组织目的；为设定合规目标提供框架；包括满足适用要求的承诺；包括持续改进合规管理体系的承诺。

有观点提出，所谓的企业合规方针是企业合规管理的基本方针和指导思想，是企业最高管理者正式发布的企业合规承诺、宗旨和方向，其表明了企业股东、董事会和企业领导对企业合规的决心、支持和期望，是企业核心价值观的重要内容，是鼓励企业人人合规、建立企业合规文化的纲领，是企业的合规宣言。[1]

笔者认为，企业合规方针主要是指企业依法依规制定并实施的用于表达合规愿景、展示合规愿景、指导合规工作的具有宏观性的、战略性的、指导性的、规范性的相关宣誓性表述。企业合规方针的主体是企业，其发布者是企业最高领导层和决策层，其在企业内部具有最高效力，是制定企业合规制度的基础性依据，其范围适用于全体员工。

比如，西门子公司总裁兼首席执行官在西门子《商业行为准则》的前言

---

[1] 参见郭青红：《企业合规管理体系实务指南》（第2版），人民法院出版社2020年版，第65页。

中就曾宣示："我们在2018年8月公布'愿景2020'战略赋予西门子各业务部更大的经营自由度和灵活性。然而，更多的自由意味着更多的责任。而在一个关键的方面，西门子既不会妥协，也不会改变，那就是坚守法律规定和践行高道德标准的商业行为。无论在哪里开展业务，西门子始终是清廉业务的代名词。这一点是永远不可能妥协的。"西门子公司中国官网发布的《商业行为准则》在前言中用醒目的字体宣示，"只有清廉的业务才是西门子的业务""西门子的合规体系，以管理层职责为核心，打造诚信与透明的企业文化。我们以负责任的态度开展各项业务，严格遵守中国的各项法律法规以及西门子的《商业行为准则》。公司决不姑息任何违法和不道德的行为，以一整套约束性的规章制度，要求所有的员工遵纪守法，诚信守德。"

再比如，东方电气在《诚信合规准则》宣示合规方针："加强合规管理，是贯彻落实全面依法治国重要战略部署的客观要求，是全面推进法治东方电气的重要举措，是国际化进程中提升国际竞争力的必由之路。东方电气始终遵循以创新发展、客户增值、员工成长、环境友好为价值驱动力，坚持诚信公平、依法合规的价值观，将诚信合规理念融入各项经营管理和业务发展活动中，践行企业社会责任和使命。"

此处需要注意的是，笔者认为，企业合规方针与企业合规政策是两个不同的概念，其内涵表达有着显著区别，不宜将两者混淆。企业合规方针是企业合规政策制定的依据和基础，企业合规政策是企业合规方针展开的实践和阐释。关于企业合规政策的具体阐述笔者将在下一节予以论述。

二、企业合规方针的主要特征

笔者认为，一项现代化的科学的企业合规方针是企业合规工作的总指引，其主要包含以下七项主要特征：效力权威性、思想谋略性、宏观引领性、高度概括性、适用配套性、相对稳定性以及对外宣誓性。

（一）效力权威性

效力权威性主要是指企业合规方针的制定必须经过企业最高领导层、决策层的同意与批准，以保证企业合规方针的正确适用和严肃实施。企业合规方针是企业最高管理层站在企业全局高度和战略角度来看待企业合规发展所做的规范性表述，其适用于全体企业员工，不存在适用对象的特殊性问题。无论是企业领导层、决策层，还是管理层、执行层，均需要遵守企业合规方针的基本要求。因此，从这一角度而言，企业合规方针的效力权威性是其首要特征，是开展企业合规工作的基础保障，企业合规方针也被称为企业合规的"小宪法"。

（二）思想谋略性

思想谋略性主要是指企业合规方针在具体内容的设计和制定方面体现了企业最高领导层和全体员工对于企业合规工作的理性思考和谋划，是企业合规理念和思维的具体化表现。一项现代化的科学的企业合规方针集中体现了企业最高领导层对于合规建设和发展的智慧。企业合规方针的制定需要考虑到方方面面，具体来讲：①国际、区域或本地的特定义务；②组织的战略、目标和价值观；③组织的结构和治理框架；④与不合规有关的风险性质和等级；⑤其他内部方针、标准和准则等。因此，企业合规思想谋略性是企业合规方针的本质特征。

（三）宏观引领性

宏观引领性是企业合规方针的核心特征，其主要是指合规方针的内容设定和实践价值集中体现为对企业合规建设和发展的全局性引导和支撑。相较于企业合规政策、企业合规手册等相对具体的企业合规载体而言，企业合规方针往往是企业最高领导层代表企业对于合规工作的整体性规划、展望性承诺和原则性规定，也是制定其他具体的企业合规制度的总依据。其并不关注企业合规方面的具体工作领域、微观环节程序或者某些重点人员。

（四）高度概括性

高度概括性是宏观引领性的进一步延伸，其主要是指企业合规方针在内容设定和表述方面往往具有高度的凝练性，是对企业合规工作的各项原则性规定，一般不详细地展开阐述或者说明。企业合规方针的定位则主要聚焦规范企业内部交往、企业和外部交往中最基本的原则，集中体现企业的价值观设定和优先级排序。[1]比如，我国《合规管理体系指南》规定，合规方针宜明确：合规管理体系的范围；与组织规模、性质、复杂性和运行环境有关的体系运用与体系环境；合规与其他职能，如治理、风险、审计和法务的结合程度；合规融入运行方针、程序、过程的程度；合规团队的独立和自治程度；管理和报告合规事项的责任；管理内部和外部利益相关方关系的原则；所要

---

[1] 胡国辉：《企业合规概论》，电子工业出版社2017年版，第120页。

第四章　企业合规制度论

求的行为和问责的标准；不合规的后果。

（五）适用配套性

企业合规方针的宏观引领性和高度概括性决定了其适用配套性。所谓的适用配套性是指企业合规方针在适用过程中，需要其他具体的合规制度规范作为相应的配套文件来加以综合实施。我国《合规管理体系指南》明确指出，合规方针不宜是孤立的文件，宜由其他文件支持，包括运行方针、程序和过程。企业合规方针所设定的合规目标、原则、愿景等，均需要具体的合规制度和机制来予以具体完成。比如，企业合规方针中规定全体员工应当保持职务的廉洁性，不得从事可能影响公务的任何违规行为。而对于这一原则性规定，则需要相应的合规制度予以实现。就以企业礼品招待制度而言，其应当明确礼品招待制度适用的业务活动范围、约束的具体对象范围、礼品与招待相关的基本原则与可能存在的违规行为及后果等。[1]

（六）相对稳定性

相对稳定性主要是指企业合规方针一经制定并公开实施后，其往往不会轻易发生变化或者调整，而是在一种稳定的状态下运行。相对稳定的企业合规方针有助于企业深入、持续、有效地开展企业合规工作，有助于进一步培育和壮大企业合规文化，不断营造良好的企业合规氛围。但需要注意的是，强调企业合规方针的相对稳定性并不意味着其永远不会发生变化或者调整。当企业发生重大经营性变革或者遇到新情况、新问题时，企业合规方针应当及时调整或者完善。比如，新的监管法律法规或者国家政策予以公布实施，相关企业的合规方针就需要及时关注并尽快修改，防止出现合规工作的滞后影响到合规管理的有效性。

（七）对外宣誓性

对外宣誓性主要是指企业合规方针对外体现为开展合规工作的决心、信心和能力等综合形象。一般而言，企业合规方针并不涉及企业秘密或者具体

---

[1] 以礼品招待中的白名单和黑名单为例。黑名单是在礼品和招待中禁止出现的内容。企业一般禁止使用现金或者现金等价物作为礼物，也禁止使用珠宝首饰等贵重物品作为礼物，无论其现金价值多少。在招待中提供给成人娱乐等可能招致批判的做法也是不妥当的。而白名单一般是比较妥当的礼品和招待内容，如带有本企业标识的产品模型、文具、宣传品，本企业公开举办的活动等。当然，白名单并不意味着绝对允许，仍然要与其他控制结合使用。参见胡国辉：《企业合规概论》，电子工业出版社2017年版，第134页。

经营情况，其往往需要对外公开，以使得监管机关和社会公众能够直接、清晰地知晓企业开展合规工作的力度和总体情况，从而有助于进一步提升企业合规的良好形象以及竞争"软实力"。在具体的实践中，越是具有诚意的企业合规方针展示与宣传，越是能够赢得社会公众的信赖与认可，也越能促进企业可持续性发展。

第三节　企业合规政策制度

随着大合规时代的到来，越来越多的企业开始重视本企业合规政策的谋划、制定与修改、完善，以体现对企业合规工作的高度重视和积极参与。

一、企业合规政策的基本概念

在解读企业合规政策这一概念之前，有必要对"政策"相关概念作出阐述和界定。在古汉语中，"政者，正也"，其本意是"规范、控制"；而"策，谋术也"，其本意是"计谋、谋略"，将两词合起来为"规范的计谋"。在现代汉语中，政策一词的含义比较多元，有广义的政策概念、狭义的政策概念以及最狭义的政策概念。其中，最狭义的政策概念就是指公共政策，其主要是指公共权力机关经由政治过程所选择和制定的为解决公共问题、达成公共目标的一系列政策的总称，以实现公共利益的需要，其作用是规范和指导有关机构、团体和个人的行为，其表达形式包括国家法律法规、行政规定或者命令、国家领导人口头或者书面的指示和政府规划等。

显然，笔者所讲的企业合规政策与公共政策不是一个概念。因为企业合规政策的制定主体是企业自身，是企业内部合规工作规范，本质上是企业私权自治范畴，这与监管机关或者行业协会发布的所谓"政策性规范文件"有着本质区别。

企业合规政策是企业合规制度和合规文化得以真正实现的重要载体之一。笔者认为，企业合规政策主要是指企业为落实合规方针、推进合规工作，依法依规对企业合规建设和发展所作的原则性部署、战略性规划以及规范标准。

此外，需要注意的是，在正确理解合规政策时，还应当注意区分企业合规方针和企业合规政策的关系问题，具体而言，合规方针和合规政策并非同一概念，合规方针比合规政策更为宏观，合规政策的制定与实施需要合规方针为依据，合规政策是合规方针的具体化。

二、企业合规政策的基本分类

从学理上讲，可按照不同的标准对企业合规政策进行不同分类，具体而言：

（一）依照企业合规政策的效力层级不同进行分类

依照企业合规政策的效力层级不同，可将企业合规政策分为：总部的合规政策和分支机构的合规政策。其中，总部的合规政策是指企业合规总部层面统一制定的合规政策，其效力层级最高，因而其效力范围最广，能够辐射到总部下面的各分支机构。分支机构的合规政策是指企业总部下属的各分支机构所制定的在其自身范围内具有效力的合规政策。

分支机构的合规政策应当符合总部的合规政策原则和精神，当两者发生冲突的时候，分支机构的合规政策则自然无效。

（二）依照合规政策的具体内容不同进行分类

依照企业合规政策的具体内容不同为标准，可将企业合规政策分为：全面性的合规政策和专项性的合规政策。其中，全面性的合规政策主要是指企业对于整个合规工作的全面性规范和要求；而专项性的合规政策是指企业对于某一重点领域或者项目所制定的专门性规范和要求。每个企业都有自身的业务特征和运营规律，所关注的要点和重点均有差别，因而需要坚持一般性与特殊性相结合的原则，对症下药，视情况而定。以中国交通建设股份有限公司的反商业贿赂政策为例，其主要内容为：其一，员工应充分认识到公司在商业上的成功应基于市场竞争力、业绩及产品质量、服务质量和技术质量。在任何情况下，员工不得在任何经营活动中，通过任何形式的贿赂等腐败行为或其他性质相同的不当行为获取商业成功。其二，不得出于影响商业行为或者决策、取得不正当利益或者干扰独立判断等目的，提供、许诺、授权、给予、接受任何形式的贿赂、商业或者财产性利益、现金支出或者有价馈赠。也不允许员工通过亲属或者其他委托人开展上述行为。其三，不得为了获取或者维持商业机会或者其他利益，提供、承诺或者给予金钱、服务、礼物或者其他有价值的物品（包括招待）。也不允许通过亲属或者其他委托人开展上述行为。其四，不得因为将公司业务给予某个人或者组织，而收受来自承包商、供应商给予的金钱、服务、礼物或者其他有价值的物品（包括招待）。也不允许通过亲属或者其他委托人开展上述行为。其五，在与政府或者其附属机构开展业务时，特别是在寻求政府批准、特许、准入或者相关审批的情况下，员工应遵循公司的道德标准、合规政策和要求。其六，在特定的社会习俗及文化下，员工可以在商务活动中交换象征性的礼物、非现金礼节性纪念品或者提供友好的接待。但如果是出于影响商业决策的目的，则不得给予、提供、接受相关的礼物、纪念品、招待（包括金钱、贷款、邀请和付款或者报销）或者其他任何形式的特殊待遇。也不允许通过亲属或者其他委托人发生上述行为。

三、企业合规政策的主要特征

一项现代化的科学的企业合规政策具有如下主要特征：效力权威性、体系全面性、适度具体性、一定时效性和对外公开性。

（一）效力权威性

效力权威性主要是指企业合规政策的制定是由企业最高领导层、决策层的同意与批准，并得到全体员工的认可与遵守，从而保证企业合规政策的正确适用和严肃实施，最终达成企业合规的价值目标。与企业合规方针一样，企业合规政策集中体现了企业自身对于合规工作的鲜明态度、长远眼光和相关举措，其适用于全体员工，不存在适用对象的特殊性问题。只有全体员工认真贯彻落实企业合规政策，才能确保企业合规工作始终在正确的轨道上稳步前进。换言之，任何违反企业合规政策要求的员工，均应受到处理。因此，效力权威性被视为企业合规政策的首要特征。

（二）体系全面性

体系全面性主要是指企业合规政策在整个逻辑体系设计方面应当是清晰和完整的，其基本涵盖了关于企业合规的关键领域、主要流程、重点岗位和人员等。企业合规政策不仅涉及企业合规的实体性内容，也包括企业合规的程序性规范。这也是企业合规管理有效性的重要标志之一。比如，原保监会发布的《保险公司合规管理办法》第25条第2款提出："合规政策是保险公司进行合规管理的纲领性文件，应当包括以下内容：（一）公司进行合规管理的目标和基本原则；（二）公司倡导的合规文化；（三）董事会、高级管理人员的合规责任；（四）公司合规管理框架和报告路线；（五）合规管理部门的地位和职责；（六）公司识别和管理合规风险的主要程序。"

(三) 适度具体性

适度具体性主要是指企业合规政策在内容表述方面既不像合规方针一样高度概括，也不像合规手册那样过于具体，而是介于两者之间的一种规范表述。企业合规政策是对企业合规方针的具体阐述和落实，而不仅仅只有宣誓的功效；与此同时，企业合规政策是对企业合规手册的上层指导和要求，而不能过于追求细节。因此，企业合规政策在具体表述上应当把握好"度"，真正起到"承上启下"的功效。换言之，作为纲领性文件的企业合规政策既要讲目标、讲原则、讲框架、讲思路；也要讲路径、讲要求、讲举措、讲方法。以《中信银行股份有限公司合规政策》为例，其主要包括"总则""合规理念和合规文化""合规风险管理框架及职责""合规部门地位及合规风险报告路线""合规部门与其他部门的关系""合规资源配置""合规问责与合规考核""附则"，且每一部分均作了较为明确的原则性规定，并没有特别具体的微观表述。

(四) 一定时效性

一定时效性主要是指企业合规政策并非一成不变，其会随着企业内外合规环境的变化而作出适度调整。一方面，国家法律法规以及市场环境等往往处在不断的发展与变化中，这就要求企业及时主动地予以关注和研究新形势、新问题、新要求，并调整合规政策的相关内容。另一方面，企业自身内部随着经营发展的变化也会不断产生新情况、新风险、新需求，这也要求企业及时加以分析和应对，并调整合规政策的相关内容。这也是企业合规政策与企业合规方针的重要区别之一，即企业合规政策往往具有一定的生命周期，其稳定性要比企业合规方针差。但需要注意的是，企业合规政策也不应当随意变动，其调整应当经过严肃的企业内部程序规范加以认可，以免造成合规政策理解和适用的混乱，从而最终对企业合规管理工作造成严重的负面影响。

(五) 对外公开性

对外公开性主要是指除了某些特殊情况之外，企业合规政策的全部内容一般应当向监管机关以及社会公众等予以公示，以便接受相关监督。与企业合规方针一样，通过正式对外公开企业合规政策，有助于进一步展示企业开展合规工作的决心、勇气和能力，有助于进一步提升企业合规外在形象和综合竞争力，有助于进一步倒逼企业不断提升自身合规管理的整体水平，从而有效地促进企业可持续性发展。

第四节　企业合规计划制度

企业合规计划是企业合规工作的重要载体之一，是现代企业合规管理工作的重要组成部分。笔者认为，企业合规计划主要是指企业为了实现自身合规目的，依法依规对各项合规工作所进行的科学规划。有观点指出，企业合规计划是指涉罪企业为有效防控合规风险，以企业和企业内部人员的经营行为、职务行为为调整对象，以此开展的包括制度制定、风险识别、合规审查、风险应对、责任追究、考核评价以及合规培训等在内的各项管理活动。笔者认为，上述观点存在两个主要问题：其一，企业合规计划的主体不仅仅是所谓的"涉罪企业"，这显然缩限了合规计划的主体。企业合规计划是所有企业开展合规工作的主要载体之一，是体现合规管理有效性的重要标准之一，并不是只对涉罪企业而言。其二，企业合规计划的内容不仅仅是上述观点所讲的各项管理活动，这显然限缩了企业合规计划的内容。企业合规计划是一种合规工作的总体性谋划、安排和部署，其不仅是简单的防范和化解企业合规风险，而且包括企业合规文化建设、企业合规队伍建设等一系列综合合规工作。

一、企业合规计划的基本分类

对于企业合规计划进行科学分类，有助于进一步正确把握和深入理解企业合规计划的概念本质。从学理上讲，按照不同的标准，可将企业合规计划作出如下分类：

（一）依据企业合规计划的内容范围不同进行分类

依据企业合规计划的内容范围不同进行分类，可将合规计划分为全面性企业合规计划和专项性企业合规计划。

1. 全面性企业合规计划

全面性企业合规计划主要是指企业依法依规对企业合规工作所作出的全方位设计与规划。全面的合规计划首先应当设定具体可行的合规目标。按照我国《合规管理体系指南》第 5.2 条规定："组织宜在相关部门和各层级建立合规目标。合规目标宜：a) 与合规方针一致；b) 可以测量（如可行）；c) 考虑适用的合规要求；d) 予以监视；e) 充分沟通；f) 适当时，更新和/或修订。组织策划如何实现合规目标时，宜确定：——做什么；——需要什么资源；——谁负责；——何时完成；——结果如何评价，如：根据已识别的合规关键绩效措施和结果。组织宜保留关于合规目标和实现合规目标所策划的措施的文件信息。"

在具体合规实践中，全面的企业合规计划的关键点就在于成体系性，其主要包括以下内容：①企业合规组织建设计划；②企业合规管理队伍培养与建设计划；③企业合规风险防范的重点及计划；④企业合规制度与流程制定、修改与补充计划；⑤企业合规文化建设计划；⑥企业合规管理绩效指标及考核评价计划；⑦企业合规宣传培训计划；⑧企业合规信息管理工作计划；⑨企业合规管理评估计划；⑩企业集团对各个分支机构的合规管理与考核计划等。

2. 专项性企业合规计划

专项性企业合规计划主要是指企业依法依规针对某类合规风险、某项合规问题或者某个职能部门而开展的相关设计和规划。专项性企业合规计划又可进一步分为：针对某一合规风险的专项合规计划和针对某一职能部门的专项合规计划。相比较全面性企业合规计划而言，专项性企业合规计划更加微观和具体，是全面性企业合规计划的重要组成部分。

（二）依据企业合规计划的作用时效不同进行分类

依据企业合规计划的作用时效不同进行分类，可将企业合规计划分为年度性企业合规计划和临时性企业合规计划。

1. 年度性企业合规计划

年度性企业合规计划主要是指企业对一整年内企业合规工作的总体设计和规划。在具体合规实践中，大多数企业均需要制定自身的年度企业合规计划。比如，我国《企业境外经营合规管理指引》第11条第（三）部分第2项规定："制定企业的合规管理制度和年度合规管理计划，并推动其贯彻落实。"越来越多的行业协会组织要求企业应当积极建立和完善年度企业合规计划，并视为证明合规管理有效性的重要参考标准之一。

2. 临时性企业合规计划

临时性企业合规计划主要是指企业对某一特定领域或者按照监管机关的要求指令，而制定的具有一定周期性的合规计划。比如，在我国当前企业合规试点改革中，检察机关在审查涉企犯罪刑事案件时，向涉罪企业制发《企业合规权利义务告知书》，向企业告知其具有申请企业合规的权利义务，以及相关的注意事项。涉罪企业在向检察机关申请企业合规的同时出具企业合规承诺书，经检察机关同意后，涉罪企业所制定的合规计划。此种合规计划是较为典型的临时企业合规计划。

（三）依据企业合规计划的适用目的不同进行分类

依据企业合规计划的适用目的不同进行分类，可将企业合规计划大致分为常规性企业合规计划和监管性企业合规计划。

1. 常规性企业合规计划

常规性企业合规计划是指企业主要是为了加强日常合规管理，而对企业合规工作进行的相关设计、规划与安排。比如，上述所讲的年度企业合规计划就是一种典型的常规性企业合规计划。常规性企业合规计划是企业主动制定的，是证明企业自身合规有效性的重要标志之一。

2. 监管性企业合规计划

监管性企业合规计划主要是指企业为了应对行政或者司法监管活动、减轻对于企业的相关处罚，而制定或者修改的相关合规计划。监管性企业合规计划往往具备被动性的特征，是企业应监管机关或者司法机关的要求而为之。以美国企业合规计划的实践为例，美国联邦委员会于1991年向国会提交《联邦量刑指南》修正案，要求企业具备"合理设计、实施和执行的良好的合规计划，以使该项目在预防和侦查犯罪行为方面普遍有效。"同时规定，这样的合规计划应具备以下七类要素：①建立预防和侦查犯罪行为的标准和流程。②主管部门了解合规管理的内容和运作，并对合规管理的实施和有效性进行合理监督；指派责任人全面负责合规管理；指派合规经理负责合规管理的运营且该业务负责人应定期向上级报告合规管理运营的有效性；企业应向这些个人提供足够的资源、适当的权力，并使得他们能够接触相关部门或最高管理层。③与有效道德和合规计划一致。④组织全员教育与培训。⑤审查、监控与定期评价。⑥具备激励与纪律处分机制。⑦具有违规应对、预防，及合理管理的改进机制。此外，2019年4月，美国司法部刑事部门发布《公司合规计划评价》，其要求检察官在决定是否对企业提起公诉时，需要从三个方面考虑合规计划的有效性：一是"公司的合规计划是否设计良好"，[1]二是"这个计划

---

[1] 检察官需要从以下六个方面来审查公司合规计划是否设计良好：一是风险评估机制；二是有效的政策和程序；三是良好的培训和沟通机制；四是匿名报告机制和调查机制；五是第三方管理机制；六是并购合规管控。参见陈瑞华："有效合规计划的基本标准——美国司法部《公司合规计划评价》简介"，载《中国律师》2019年第9期。

是否得到了认真、真诚的执行";三是"公司的合规计划是否运行良好"。

二、企业合规计划的主要特征

企业合规计划作为一项重要的企业合规工作的载体,其具有自身特色所在。认真研究企业合规计划的主要特征,有助于从深层次上更好地理解和把握企业合规计划概念的内涵本质。具体而言,企业合规计划的主要特征集中表现为以下七个方面内容:鲜明的问题导向性、清晰的工作目标性、完整的内容体系性、明确的责任分工性、普遍的效力约束性、适度的变通灵活性以及适用的切实有效性。

(一)鲜明的问题导向性

鲜明的问题导向性是企业合规计划的首要特征,其是指企业合规计划的制定和实施主要是围绕着某一类或者某一项合规问题而展开的。无论合规目标的制定,还是合规措施的实施,均是围绕着解决具体的企业合规问题来展开的。因此,企业必须要对企业合规工作进行全面梳理和科学审视;并在此基础上,再对下一步合规工作进行认真思考和理性规划。比如,对于涉罪企业而言,其按照监管机关或者司法机关的要求所制定的企业合规计划书,就主要着眼于企业的刑事犯罪问题进行具体的设计和实施。

(二)清晰的工作目标性

清晰的工作目标性是指无论何种类型的企业合规计划的具体内容均应当规定清楚明了的合规工作目标,以便有效地指引企业合规工作顺利开展。只有确立清晰的合规工作目标,才会从根本上积极引导全体员工在各自职责范围内认真遵守和践行企业合规计划。以年度合规计划为例,其应当"明确未来 12 个月的序时工作目标,可能包括:招聘更多的合规雇员、制定合规培训计划、制定新政策和流程、修订存量政策和流程、加入某行业协会、开展必要的检查、将某些手工合规环节自动化,根据其他部门的要求、监管关注重点、企业最近发生的内部或者监管处罚、企业经营变化等确定上述事项的优先级。"[1]

(三)完整的内容体系性

完整的内容体系性主要指企业合规计划在内容表达方面是完整的、成体

---

[1] 参见[英]安妮·米尔斯、彼得·海恩斯:《金融合规要义:如何成为卓越的合规官》(第 2 版),高洋等译,中国金融出版社 2019 年版,第 152 页。

系化的。一个科学的现代化企业合规计划是紧紧围绕企业合规风险的防范和控制来具体表达的,其在内容方面至少包括三大要素:一是事前的科学预防机制,即企业合规计划应当明确"怎样科学预防企业合规风险",从而最大限度地避免发生合规问题;二是事中的及时处置机制,即企业合规计划应当明确"怎样及时处置企业合规问题",从而最大限度地挽回企业经济损失及保护企业合法利益;[1]三是事后的有效补救机制,即企业合规计划应当明确"怎样有效补救企业合规管理制度的相关漏洞,进一步为企业可持续性发展保驾护航。

(四) 明确的责任分工性

明确的责任分工性是指企业合规计划无论是在制定环节还是实施环节均应当具有明确的责任人员、完成时间以及相关标准。这也是切实保证企业合规计划得以顺利实施并具备有效性的基础所在。若企业合规计划缺乏明确的责任分工性,往往导致企业合规计划缺乏可操作性,甚至出现合规实践的盲目性、随意性和滞后性,最终严重影响企业合规管理的有效性。

(五) 普遍的效力约束性

普遍的效力约束性主要是指企业合规计划的效力范围一般应当覆盖企业全体员工。在企业合规计划的实施过程中,企业的任何一名员工均应当认真遵守企业合规计划的各项要求和标准。非经特定程序,不得随意更改企业合规计划的设定内容,更不得随意突破企业合规计划的范围限制,从而真正做到"合规计划面前无特权"。尤其是企业高管应当率先做出郑重的合规承诺,并积极推进企业合规计划的有效落实,切实发挥"领头雁"的重要表率作用,促使全体员工认真执行企业合规计划的各项规定和要求。只有确保企业合规计划的普遍适用约束性,才能从根本上保障企业合规计划得以有效地贯彻实施。反过来,企业合规计划的有效实施又能进一步促进企业合规文化的培育和发展以及企业全体员工对于合规理念的认同和执行。

---

[1] 有学者认为,整个合规计划最重要的是对任何发现的不合规行为作出处理。如果合规计划的运作不能对不合规行为进行充分的惩罚,合规计划将不被信赖,也不太可能培育出企业良好的合规文化;果断而持续地惩戒不合规行为应当是企业对合规计划的承诺。对于严重的不合规行为,解聘和辞退是最常见的惩戒措施,应当尽快适用。对于较为轻微的不合规行为,可以进行警告并记录在案,这样能够强调对长期不合规行为的影响。对于更严重和涉嫌违法犯罪的不合规行为,公司应将调查工作移交有关机关,并与之充分合作,当然,这可能让员工面临罚款或者判处刑罚。参见黄胜忠、郭建军主编:《合规管理理论与实务》,知识产权出版社2020年版,第88页。

（六）适度的变通灵活性

适度的变通灵活性主要是指企业合规计划在制定时应当保留一些必要的调整性内容，不宜规定得过于具体；其在实施时则应注意根据合规环境等因素的变化适当调整，而不能完全机械地进行操作。正所谓"计划赶不上变化"，只有坚持发展的眼光和辩证的思维来看待企业合规计划，才能真正做到在坚持原则性的前提下，实现企业合规计划的灵活变通，以便有效地应对来自各种不确定因素带来的种种合规挑战。换言之，适度的变动灵活性的根本要求就是要将企业合规计划用"活"，真正实现企业合规目标，并力促企业可持续性发展。比如，世界银行集团《诚信合规指南》第3条规定："……高管人员应采用系统的方法监督合规计划，定期检查合规计划在预防、发现、调查和应对各种不当行为方面的适用性、充分性和有效性；同时也应考虑合规领域的相关变化，以及国际和行业标准的演变。如发现合规计划存在缺陷，公司应采取合理措施避免此类缺陷进一步发生，这些措施包括对合规计划做出必要的修改。"此外，我国《合规管理体系指南》第7.1条规定："……组织宜控制计划变更，并重新评审计划外变更的后果，必要时采取措施缓解任何不利影响。"此处需要强调的是，对于合规计划的修改或者完善应当依法依规进行，应经过企业决策层或者监管机关、司法机关的许可后而为之。

（七）适用的切实有效性

适用的切实有效性主要是指企业合规计划在具体实践中应当真正发挥作用，确实能够促进企业合规制度的建设、企业合规文化的营造、企业合规工作的开展等。适用的切实有效性可被视为企业合规计划的"生命特征"，是企业合规计划制度存在的价值。以监管性企业合规计划为例，当前我国企业合规改革试点过程中，按照最高人民检察院的相关要求以及地方的相关改革试点经验，检察机关应当对涉罪企业的合规计划有效性进行科学评估。具体而言，当前，检察机关主要是从以下几个方面来审慎分析涉罪企业合规计划的有效性情况：一是重点审查涉罪企业对行为性质的认知；二是重点审查涉罪企业对犯罪原因的分析和态度；三是重点审查涉罪企业所制定的合规方案；四是重点审查涉罪企业的合规文化培育；五是重点审查涉罪企业的各项合规措施落实情况等。再以常规性企业合规计划为例，西门子公司通过企业合规计划的有力推动和持续影响，其合规工作取得积极成效，呈现以下重要的变化：①管理层以身作则，并负责业务部门的合规；②合规官与西门子员工和管理层展开密切合作；③将公司的合规制度规定融入单一框架进行集中管理；④通过流程和工具将合规要求全面融入业务流程；⑤定期评估公司层面和业务部门层面的合规风险；⑥展开打击腐败和违反公平竞争原则行为的合作；⑦将业务部门的合规风险审查权利归还业务部门；⑧各环节的合规审批职能得到加强，实现集中统一。[1]

第五节　企业合规手册制度

企业合规手册是企业合规工作的重要载体之一，是企业合规内容的具体表达和展开，是企业开展合规工作的重要依据，也是体现企业合规管理有效性的重要标志之一。

一、企业合规手册的基本概念

企业合规手册主要是指企业为了强化自身合规管理，将涉及企业合规工作的全部内容和具体要求汇编成册并在一定范围内予以公布实施的一系列行为规范的总称。

在我国也有规范性文件将其称之为"合规行为准则"，比如，我国《企业境外经营合规管理指引》第13条规定："合规行为准则是最重要、最基本的合规制度，是其他合规制度的基础和依据，适用于所有境外经营相关部门和员工，以及代表企业从事境外经营活动的第三方。合规行为准则应规定境外经营活动中必须遵守的基本原则和标准，包括但不限于企业核心价值观、合规目标、合规的内涵、行为准则的适用范围和地位、企业及员工适用的合规行事标准、违规的应对方式和后果等。"还有东方电气于2017年3月经集团董事长签批并正式发布《诚信合规准则》，其涵盖了公司和员工处理内部事务与对外交易交往的基本行为规范和规则，是公司每一位员工必须遵守的合规基本准则，及对外展示公司诚信合规理念的重要载体。

但笔者认为，企业合规手册与企业合规行为准则两者之间有着一定的区别，企业合规手册所涵盖的工作范围和内容要比企业合规行为准则更宽泛、更具体，而且企业合规手册的称谓更加正式。因此，本书采用企业合规手册

---

[1] 参见姜先良：《企业合规与律师服务》，法律出版社2021年版，第145页。

这一称谓。比如,丸红株式会社是日本具有代表性的大型综合商社,自1858年创立以来,已有160多年的历史,其社训是"正、新、和",其中"正"是指"公正、明朗,如果遇到正义和追求利益只能二者择一时,要毫不犹豫坚守正义"。基于这一标准,丸红株式会社制定发布《合规手册》,作为丸红株式会社全体员工在执行日常业务中必须遵守的行动标准,并且每年都要求全体员工以及日本国内的成员公司的各社长就遵守《合规手册》进行宣誓。截至2018年,《合规手册》已更新至第15版,同时也被翻译成英文并在网上公示。[1]

二、企业合规手册的主要特征

作为企业开展合规工作重要载体的企业合规手册具有自身鲜明特征。具体而言,一项现代化企业合规手册的主要特征包括以下三方面内容:体系的全面性、操作的实用性和适度的公开性。

(一)体系的全面性

企业合规手册的首要特征体现为体系的全面性,其主要是指企业合规手册的框架内容应当涉及企业合规工作的各个人员、各项领域、各种岗位等。因为作为指导整个企业开展合规实践工作指引的企业合规手册,其面向的是包括企业领导层、管理层等在内的全体员工,其关注的是企业经营发展的全部过程。这就决定了企业合规手册在制定的时候必须全面、系统地考虑到企业合规工作的方方面面,切实做到合规管理的"全覆盖"。一个完整的、科学的企业合规手册主要围绕着"什么是合规""为什么要合规""怎样做到合规"以及"不合规的后果怎样"这四个主要问题展开逻辑描述。具体而言,其通常包括以下内容:①简要描述合规的定义及重要性;②简要描述企业的合规职能;③概述企业合规管理体系的主要内容;④详细描述与本企业有关的合规要求;⑤上述这些合规要求对员工的影响;⑥企业中的哪些员工需要遵守上述要求;⑦如果违规将受到什么处罚;⑧如何获取进一步的信息或者指导。

(二)操作的实用性

企业合规手册的第二项主要特征体现为操作的实用性,即企业合规手册的具体条款设计应当紧密结合企业经营实际情况,在形式上做到逻辑清晰、

---

[1] 参见黄胜忠、郭建军主编:《合规管理理论与实务》,知识产权出版社2020年版,第148页。

简明扼要；在内容上做到用词准确、通俗易懂，从而便于实践执行，避免出现理解歧义或者实施困难。在企业合规实践中，有的企业还在企业合规手册中加入所谓的"合规流程导图"，以便企业员工可以按照此图来高效地开展合规工作。因此，企业合规手册被视为企业全体员工参与合规工作、开展合规实践的"工具书""案头卷"。操作的实用性是企业合规手册的核心特征，也是其区别于企业合规政策的关键所在。以《中国建设银行股份有限公司员工合规手册（试行）》为例，明确了全体员工的十项合规要求，即"员工行为合规的原则性要求""维护职业操守""与客户的关系""避免不当销售行为""反洗钱""避免利益冲突""禁止内幕交易行为""关联交易管理""举报违规""与监管机构和外部审计的关系"。其"反洗钱"部分规定："建行员工必须遵守国家《反洗钱法》等相关法规和中国人民银行、建行关于反洗钱的各项规定，履行法定的反洗钱职责，及时报告大额和可疑交易。下列事项，建行员工必须自觉遵守：（一）接受本行或行外单位提供的反洗钱业务知识培训，了解、熟悉本行或本岗位反洗钱工作的相关要求。（二）遵循'了解你的客户'（KYC）原则，对不能正确确认客户身份的业务，拒绝办理并向有关领导或部门报告。（三）对符合大额交易识别标准和报告范围的业务，都要自觉履行报告义务。报告之前无需先行确认该项业务是否为洗钱行为。任何员工无权阻碍或干扰其他员工依法履行报告的职责。（四）建行员工对上报的大额或可疑交易业务报告必须保密，除法律有明确规定外，不允许向任何第三人及客户本人透露。"

（三）适度的公开性

企业合规手册的第三项主要特征体现为适度的公开性，其主要是指企业合规手册应当在一定范围内向有关群体予以公布。一般而言，首先，企业合规手册的全部内容（除涉密部分外）应当向企业内部全体员工予以公开，并通过合规培训、合规宣传等合规措施来积极引导和教育全体员工予以深入实践。其次，对于特定企业而言，其企业合规手册的全部内容应当依法依规向监管机关公开并备案，以充分体现企业自身合规管理工作的有效性。最后，为了树立良好的外部合规形象、提升企业综合竞争力，企业还可考虑向社会公众公开企业合规手册的主要内容（除涉密内容外）。随着企业合规理念的普及和合规工作的深入，越来越多的企业开始制作并正式对外发布企业合规手册。比如，2021年3月24日，中国长江三峡集团有限公司（以下简称"三峡集团")在公司官网正式发布《中国长江三峡集团有限公司合规手册》(以下简称《三峡合规手册》)。该手册主要从合规行为准则、公司与员工、公司治理与经营、公司与社会、咨询与投资五个方面明确了三峡集团及其员工在生产经营、市场行为、商务往来、商业道德、社会责任等方面的基本要求和规范,规定了三峡集团合规经营的总体纲领以及对员工和利益相关方的合规期望。三峡集团要求全体员工应恪守《三峡合规手册》各项规范,依法合规履行岗位职责,公平对待同事、客户、供应商、承办商及其他商业合作伙伴;三峡集团要求全体员工谨记,任何违反《三峡合规手册》的行为均属严重事件,均可能对全集团和其他同事造成破坏性影响,损害公司声誉。为此,全体员工在开展工作的过程中,都必须严格遵守《三峡合规手册》的各项规定。这向外界充分展示了公司合规经营的战略决心、具体举措和良好形象,有助于深入推进企业合规的各项建设。

三、企业合规手册的主要内容

企业合规手册的主要内容应当涵盖企业合规工作的基本规范和要求,努力做到面面俱到、清晰可行。在此,结合企业合规实践,就企业合规手册关于员工行为准则的主要内容作出以下罗列(如表4-1):[1]

表4-1 企业合规手册中关于企业员工行为准则的部分列举

多样性	多样性是指企业允许员工存在个体上的差异,如性别、年龄、教育背景、职业经历、个性特征等。并非所有的企业都接受多样性,有些企业对某些方面的多样性有所保留。在接受多样性的企业中,选聘员工的基本原则是候选人的能力与目标岗位的要求之间匹配。 多样性与认可企业精神和团队合作并不冲突。在接受多样性的企业里,存在个体差异的员工仍然被要求服从企业共同的理念并与其他员工团结协作。
机会平等、反对歧视	企业为员工提供平等的工作机会和在企业内获得发展的机会。任何人不会因为性别、年龄、宗教信仰、民族、种族、肤色、国籍、肢体障碍、婚姻状况、怀孕与否、性取向等受到歧视。性取向在国内仍是个敏感话题。法律上也没有明确禁止性取向歧视,但对于跨国公司企业而言,忽视这个问题可能在企业国家陷入违法局面或者道德困境。

---

[1] 参见胡国辉:《企业合规概论》,电子工业出版社2017年版,第127~128页。

续表

反对性骚扰	性骚扰是工作场所时常出现的问题。员工对与性相关的话题包容的程度不同，被一部分员工认为只是开玩笑的做法在另外一部分员工看来已构成性骚扰。企业无法在有限的篇章里对什么样的行为构成性骚扰以及如何应对做出清晰的阐述，企业可以做到的是明确反对性骚扰的立场，并为员工提供报告性骚扰和获得帮助的途径。
反商业贿赂	企业应当明确何为商业贿赂及对此行为坚决反对的严正立场，并且应当阐明企业和本企业员工在与政府官员交往中的基本原则，防止违规行为发生。
反商业垄断	企业应当明确何为商业垄断及对此行为坚决反对的严正立场，并且明确横向的与竞争对手关系以及纵向的与上下游合作伙伴关系。
反威胁、暴力、武器、酒精饮料	企业需要表明对与工作相关的这些方面的明确立场和严格规定。例如，企业是否允许在办公场所内存储酒精饮料，员工在工作中是否允许饮用含酒精饮料，员工在企业组织的娱乐或者庆祝活动中饮用含酒精饮料的基本原则。
环境和资源保护	企业应当明确企业员工在生产和经营过程中所应当履行的环境和资源保护的责任和义务，并且规定相应的奖惩机制等，避免违反环保行为的发生。
推销活动	企业需要明确在什么情况下允许员工或者相关方进入企业的办公场所或者使用企业的信息网络进行推销活动，包括推销相关方的商品或者服务、募集捐款和进行政治或者宗教宣传。
员工的兼职和投资活动	企业需要明确是否允许员工从事兼职活动；如果允许，员工是否需要取得企业的同意和如何取得企业的同意，以及在兼职活动中如何避免与在企业的本职工作发生利益冲突。企业还需要明确员工在投资于其他企业或者事业时如何避免与在本企业的本职工作发生利益冲突。
员工担任其他企业的董事、顾问或者承担类似职责	企业应当明确是否员工担任其他企业的董事、顾问等角色；如果允许，员工是否需要取得企业的同意和如何取得企业的同意，以及在承担这项职责时如何避免与在企业的本职工作发生利益冲突。
礼品招待	企业需要明确企业的礼品招待制度，确立员工在赠送礼品或者收受礼品的基本原则，并且制定专项制度加以管理，尤其是要明确规定所赠送或者收受礼品的具体价值，防止违规。
财务报告	企业需要明确保证企业财务报告的真实、准确和完整，防止出现财务造假的行为发生。

续表

保密规定	保密信息包括企业自身的商业秘密，也包括企业拥有的员工、客户、合作伙伴和其他相关方需要保密的信息。企业需要明确对这些信息采取保密规定和保密措施。企业一般会要求员工签署保密协议，在协议中对保密信息的定义和范围作出约定，并规定员工的保密义务。
企业信息安全	企业需要明确员工在信息安全方面对企业承担的基本责任和企业对员工的基本要求。比如，企业应当明确不允许员工之间分享进入某些信息系统的密码和权限。此外，企业需要明确是否允许员工使用自己的信息设备处理工作相关事务。考虑到知识产权问题，大多数企业禁止员工在用于工作相关事务的信息设备上自行安装计算机软件。
慈善捐助	企业应当明确开展慈善捐助的基本规范，包括审批程序、金额或者物品的价值以及相应的手续等，防止腐败行为的发生。
对外宣传	企业应当明确什么情况下员工可以代表企业对外发布观点或者接受媒体采访；此外，还应当明确员工在使用自媒体发表关于企业意见时需要遵守的基本原则。
举报、调查和处理	企业应当明确鼓励员工依法依规开展举报工作，倡导实名举报，并提供明确举报渠道；此外，企业还应当明确内部调查的基本原则、程序和措施等，并且应当明确处理的基本依据和相应的救济途径等。

第六节 企业合规举报制度

企业合规举报制度是一项非常重要的企业合规管理制度。通过科学顺畅的合规举报，有助于协助企业合规部门、领导层以及监管机关等及时有效发现各类企业合规风险或者不合规行为，从而进一步提升企业合规管理效率、堵塞企业合规管理漏洞、完善企业合规制度体系，更好地护航企业可持续性发展。

一、企业合规举报的基本分类

对于企业合规举报进行分类研究，有助于深层次地把握企业合规举报的基本概念，有助于进一步指导企业合规举报制度的建立健全与具体运营。具体而言：

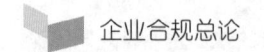

（一）依据企业合规举报的方式不同进行分类

依据企业合规举报的方式不同，可将企业合规举报分为匿名的合规举报和实名的合规举报。

1. 匿名的合规举报

匿名的合规举报主要是指企业员工或者相关者以不署名的、相对秘密的方式，向企业合规部门、企业领导或者监管机关等针对企业合规问题进行的有关检举、揭发、控告等监督行为。在合规实践中，由于举报者往往出于个人安全及其他因素的综合考虑，更倾向于匿名的合规举报方式。比如，BP公司（英国石油公司）为了保证其公司内部的合规举报机制的有效运行，专门设立了保密帮助专线，员工可匿名致电，允许员工就合规、道德规范或者行为守则方面的任何疑虑秘密地举报。同时，BP公司还拒绝容忍任何对于举报员工的报复行为。[1]

2. 实名的合规举报

实名的合规举报主要是指企业员工或者相关者以具体的、公开的署名方式，向企业合规部门、企业领导或者监管机关针对企业合规问题进行的有关检举、揭发、控告等监督行为。在具体的实践中，企业比较鼓励采取实名的合规举报。因为相较于匿名的合规举报，实名的合规举报的可信度、可查性往往要更强些。此外，实名的合规举报还需要做好答复举报人的专项工作。

（二）依据企业合规举报的范围不同进行分类

依据企业合规举报的范围不同进行分类，可将企业合规举报分为对内的合规举报和对外的合规举报。

1. 对内的合规举报

对内的合规举报是指企业员工或者相关者向企业内部合规部门、合规管理层和决策层所进行的有关检举、揭发和控告等监督行为。对内的合规举报所涉及的问题主要局限于企业内部合规管理层面，一般不涉及外部监管层面。

2. 对外的合规举报

对外的合规举报是指企业员工或者相关者向有关监管机关或者司法机关等进行的有关检举、揭发和控告等监督行为。相较于对内的合规举报而言，对外的合规举报所涉及的问题往往比较严重，其已不是简单的企业内部管理

---

[1] 参见王志乐主编：《合规：企业的首要责任》，中国经济出版社2010年版，第161~162页。

问题，而是涉及国家法律问题。换言之，对外的合规举报意味着以监管机关为代表的公权力机关已经介入进来了。

（三）依据企业合规举报的频率不同进行分类

依据企业合规举报的频率不同，可将企业合规举报分为单次的合规举报和多次的合规举报。

1. 单次的合规举报

单次的合规举报主要是指企业员工或者相关者向企业合规部门、企业领导或者监管机关等就某一合规问题而进行一次性的检举、揭发和控告等监督行为。在具体的实践中，单次的合规举报比较常见。

2. 多次的合规举报

多次的合规举报主要是指企业员工或者相关者向企业合规部门、企业领导或者监管机关等就某一合规问题而进行多次的检举、揭发和控告等监督行为。对于多次的合规举报应当予以辩证地看待，一方面，可能说明举报者所反映的合规问题属实且较为突出，应当引起高度重视；另一方面，不排除恶意举报的问题，应该予以认真研判，以免误导正常的企业合规管理工作。

（四）依据企业合规举报的目的不同进行分类

依据企业合规举报的目的不同进行分类，可将企业合规举报分为善意的合规举报和恶意的合规举报。

1. 善意的合规举报

善意的合规举报，也被称为诚信的合规举报，其主要是指企业员工或者相关者以积极的、健康的心态和目的向企业合规部门、企业领导或者监管机关等就相关企业合规问题所进行的检举、揭发或者控告等。在具体的实践中，企业大力倡导善意的合规举报，并且对善意的合规举报可能存在的"错告"也予以最大限度的包容。比如，我国《商业银行合规风险管理指引》第 17 条规定："商业银行应建立诚信举报制度，鼓励员工举报违法、违反职业操守或可疑行为，并充分保护举报人。"

2. 恶意的合规举报

恶意的合规举报是指企业员工或者相关者出于不正当、非正常的心态和目的向企业合规部门、企业领导或者监管机关等就相关企业合规问题所进行的检举、揭发或者控告等。显然，恶意的合规举报是需要予以坚决反对的。恶意举报往往是出于嫉妒、私人恩怨或者其他不良动机。在具体的合规实践中，有经验的合规专业人员可以从很多迹象判断出恶意举报。[1]

(五)依据企业合规举报的主体不同进行分类

依据企业合规举报的主体不同进行分类，可将企业合规举报分为企业员工的合规举报、合作伙伴的合规举报以及社会公众的合规举报等。

1. 企业员工的合规举报

企业员工的合规举报是指企业员工依法依规向企业合规部门、企业领导以及监管机关等反映关于企业合规相关问题。企业员工的合规举报往往是最为直接、最为有效的合规举报方式，在具体的合规实践中最为常见。

2. 合作伙伴的合规举报

合作伙伴的合规举报是指与企业有着合规关系的单位、个人等依法依规向企业部门、企业领导以及监管机关等反映企业合规相关问题。

3. 社会公众的合规举报

社会公众的合规举报是指社会公众出于公共利益的考量而依法依规向企业合规部门、企业领导以及监管机关等反映企业合规相关问题。比如，社会公众就企业环境污染的有关问题，向企业或者生态环境机关进行反映并要求予以解决问题。

二、企业合规举报的基本功能

合规举报的基本功能主要是指企业合规举报本身所具备的具体功效和作用。具体来讲，合规举报的基本功能主要包括：预警功能、导向功能、保障功能以及警示功能。我们依然以 BP 公司所建立的合规举报机制为例，其有一套面向所有员工开放的基于互联网络的实时违规举报系统。通过该系统员工能够随时报告违规事件，管理者可以及时发现和处理紧张事件，避免不良影响的扩大化，发挥了合规举报预警功能；根据各种违规行为制定并研究违规报告以指导未来的企业合规工作，发挥了合规举报的导向功能；通过对各种违规行为的预防和处理，减少违规行为对企业造成的不良影响，保障公司朝自身目标健康发展，实现了合规举报的保障功能；对于违规员工的处理又能够影响到公司内部员工的未来行为选择，对员工的行为起到了警示作用。

---

[1] 胡国辉：《企业合规概论》，电子工业出版社 2017 年版，第 175 页。

（一）预警功能

预警功能是企业合规举报的首要功能，其主要是指一项科学的合规举报制度的建立和实施，可以有效地发现企业合规风险或者违规行为之所在，从而引起企业高层或者有关监管机关的重视，继而为合规问题的解决提供相关的线索或者依据。预警功能使得企业合规举报犹如企业合规发展过程中的"红绿灯"，及时提醒企业领导层需要对企业合规问题保持着时刻关注和高度重视。

（二）导向功能

导向功能是企业合规举报的重要功能之一，其主要是指科学的企业合规举报的实施能够对全体员工甚至社会公众的行为起到一种鲜明的积极的指引功效，从而在企业内部传播"人人须合规""不合规须受处罚"的重要理念。[1]因此，从这一角度来讲，合规举报的导向功能作用力往往具有双重性能，这不仅仅体现在具体行为层面的外在指引，而且体现在理念思维层面的内在引导。

（三）保障功能

保障功能主要是指科学的企业合规举报的实施往往能够有效发挥对企业及其全体员工履职行为的检查和督促之功效，从而为各项企业合规管理工作的具体开展提供必要的有力支撑。

（四）警示功能

警示功能主要是指科学的企业合规举报的实施能够有效地发挥对企业及其全体员工的警戒和告示之功效。合规举报工作的有效开展可以促使企业全体员工从思想深处清晰地理解企业合规的重要意义与违规行为的严重危害等，继而有助于在企业内部形成"不敢违规""不想违规""不愿违规"的企业合规文化氛围。

三、企业合规举报制度的主要内容

在大合规时代，越来越多的企业开始高度重视并积极完善自身的合规举报制度，以进一步提升自身合规管理水平和综合竞争力。巴塞尔银行监管委员会《合规与银行内部合规部门》第9.3条要求，银行对于受到上级指示或

---

[1] 参见黄胜忠、郭建军主编：《合规管理理论与实务》，知识产权出版社2020年版，第139页。

压力却不愿违反合规计划的个人，或有意检举公司内部违规行为的个人，为其提供沟通渠道（包括秘密渠道）及保护。此外，原银监会的《商业银行合规风险管理指引》第17条规定："商业银行应建立诚信举报制度，鼓励员工举报违法、违反职业操守或可疑行为，并充分保护举报人。"还有国家发展和改革委员会等部委制定的《企业境外经营合规管理指引》第20条第1款规定："企业应根据自身特点和实际情况建立和完善合规信息举报体系。员工、客户和第三方均有权进行举报和投诉，企业应充分保护举报人。"

概言之，笔者认为，一项科学的、完整的、有效的企业合规举报制度包括以下七项主要内容：企业合规举报范围机制、企业合规举报渠道机制、企业合规举报初核机制、企业合规举报保护机制、企业合规举报奖励机制、企业合规举报答复机制以及企业合规举报信息管理机制。

（一）企业合规举报范围机制

企业合规举报范围机制主要是指企业应当明确接受合规的主要内容。在具体的合规实践中，企业合规举报的基本内容主要有：①可能发生在企业内部或者针对企业的欺诈行为；②企业人员可能参与的行贿、受贿、索贿行为；③可能发生的财务作假行为；④可能发生的滥用职权或者严重失职等给企业造成的各种损失；⑤可能发生的歧视行为；⑥可能发生的性骚扰行为；⑦可能发生的用工安全行为；⑧可能发生的打击报复举报人行为；⑨可能发生的管理层所参与的任何违规行为等。此外，企业还应当排除不属于合规举报范围的事项，比如，应当排除消费者对产品或者服务不满而进行的投诉；应当注意排除员工对薪资、晋升、业绩考核结果、培训机会分配等问题的争议等。[1]

（二）企业合规举报渠道机制

企业合规举报渠道机制主要是指企业或者监管机关等为了保障合规举报工作的顺利开展而搭建的各种反映合规问题的途径和方式方法的总称。企业合规举报渠道机制的建立健全是及时、有效地开展举报合规工作的基本前提。在具体的合规实践中，随着现代通信技术的不断发展，可将企业合规举报渠道大致分为线下合规举报渠道和线上合规举报渠道两类：其一，线下合规举报渠道主要是指在特定物理空间内设置举报工具。比如，在企业办公场所设

---

[1] 参见胡国辉：《企业合规概论》，电子工业出版社2017年版，第171页。

立举报箱。对此,应充分考虑和理解举报人员的安全防范心理,举报箱设立的地点,在保证相关区域符合安全规定的前提下,应避免电子探头监控。也可考虑设置实名举报箱和匿名举报箱。其二,线上合规举报渠道主要是指利用现代通讯技术、互联网技术等来实施合规举报。比如,设立举报电话(或者录音电话)、传真、电子邮箱等。对于电话和传真,应与相关运营商协商,尽量研究技术手段,屏蔽来电显示等可以暴露举报人信息的内容,以减少匿名举报人的担心。

在此,以蔚来公司的相关合规举报实践为例,其制定的《道德与合规举报政策及程序》第 5.2 条明确规定:"公司设有下列四种正式举报渠道:a)公开讨论。鼓励员工直接向其直属经理提出问题,或者若员工有理由认为其经理卷入其中或存在利益冲突,则向上一级管理层、当地人力资源部('HR')、公司的法务部和合规部提出问题。第三方可直接联系公司的相应业务经理、人力资源部、法务部或者合规部。收到举报的经理/人力资源部工作人员/法务部工作人员/合规部工作人员必须通过公开意见录入表进行记录,并将该表提交给委员会,该委员会运行着一个集中事件管理数据库。b)在线举报。员工和第三方可通过访问公司官网 www.nio.com("隐私与法律"部分),填写举报网页上的举报表(支持匿名举报)。c)电子邮件。员工和第三方可以通过公司的公共邮箱 compliance@ nio.com 进行匿名举报。d)道德帮助热线。员工和第三方还可通过拨打下列免费电话,通过公司的道德帮助热线匿名举报。该热线由一名独立供应商使用当地语言提供服务,该热线 365 天×24 小时开放:中国(GIS):400-999-4530、美国:855-229-9304、英国(ITFS):0808-234-7387、德国(ITFS)0800-180-0042。"

(三)企业合规举报初核机制

企业合规举报初核机制主要是指企业、监管机关等对于接收到举报线索材料进行初步核实,以作出相应处理结果的规范要求。企业合规举报初核机制是企业合规举报制度体系的重要组成部分,其直接决定着企业合规举报的后续处理程序和结论,也有助于提高企业合规管理工作的整体质效。

一般来讲,企业合规举报初核之后,应当对合规举报线索材料进行分别处理:其一,对于可查性较强且具备可查条件的合规举报线索材料,应当依规层报主管领导后,及时启动合规调查工作;其二,对于不具有可查性的合规举报线索材料,应当依规层报主管领导后,作出直接终结的处理决定;其三，对于具有一定可查性的但可查条件不成熟的合规举报线索材料，应当依规层报主管领导后，作出暂存待查的处理决定，待可查条件成熟后，再启动调查程序工作。

（四）企业合规举报保护机制

企业合规举报保护机制主要是企业、监管机关等采取相应措施和方法等对举报人以及相关人员等进行保护，以免受到非法打击报复或者陷入其他不利境地。尤其是对于实名举报人的保护显得更为必要和重要。通过企业合规举报保护机制的建立健全可以有效地激发企业员工依法依规开展合规举报工作的热情和积极性，也有助于从根源上进一步消除其进行合规举报工作的后顾之忧。

企业合规举报保护机制主要包括以下三方面内容：其一，对于举报人及亲属的人身保护，即注意保护其合法的人身权利免遭侵害，可以与公安机关等及时联系进行有效保护。其二，对于举报人及亲属的职业保护，即注意保护其正当职业权利免遭侵害，可以通过调离原工作岗位或者工作地区、安排职务升迁等方式进行有效保护。其三，对于举报人及亲属的名誉保护，即注意保护其合法的名誉权利免遭侵害，可以采取诸如在一定范围内澄清事实真相等方式加以有效保护。再以蔚来公司制定的《道德与合规举报政策及程序》为例，其第9.1条明确规定："公司重视公司员工和第三方商业伙伴为保护公司及公司声誉表现出的诚信、正直和努力。公司不容许管理层或者任何他人或其他实体直接或间接打击报复善意举报道德或合规问题、已知或潜在不当行为或者协助审查或调查的任何人士。打击报复包括但不限于：骚扰、恐吓、胁迫、对工作时间或计划作出不利调整、降职、调岗、暂停或者解雇提起申请或举报人。"

此外，笔者建议，可以考虑建立企业合规举报的分级保护机制，即针对举报人和举报事项的具体情况，可有针对性地采取不同等级的保护措施，从一级保护到二级保护再到三级保护，不断升级保护措施和方法。这既可以使得合规举报工作更具针对性，而且可以科学地配置合规举报保护资源。

（五）企业合规举报奖励机制

企业合规举报奖励机制主要是指企业或者监管机关等对于符合条件的举报者予以的精神层面、物质层面的激励与支持。在具体的合规实践中，企业合规举报激励机制一般分为精神层面的激励机制和物质层面的激励机制。之所以应当设立合规举报奖励机制,是因为有效的举报信息会使得企业避免、减少或者追回部分经济损失,或者避免、挽回了企业的信誉损失,维护了企业在市场上的美誉度,保障了企业在市场竞争中的份额,或者保护、增加了企业的交易机会等;[1]此外,必要的合规举报奖励还可以激发企业员工以及第三方等对于合规举报工作的内心认可和积极支持。

以京东集团的举报奖励机制为例,京东集团内部制定了《京东集团举报人保护和奖励制度》,其设立每年高达1000万元的反腐败奖励专项基金,对于举报违规行为并查实的举报人或者举报单位进行高额奖励。同时,京东集团还正式上线反腐败网站"廉洁京东",该网站将连同"廉洁京东"微信公众号,一起面向社会公众开放,实时同步京东集团内部反腐败工作动态,鼓励公司内部员工、供应商及合作伙伴积极举报腐败行为,共同打造诚信的商业环境。比如,对于个人举报,提供有关腐败行为的信息经调查属实的情况,京东集团将根据提供线索的有效性、案件性质及严重程度给予举报人5000元人民币至1000万元人民币不等的现金奖励。此外,对于合作单位举报,提供有关腐败行为的信息经调查属实的,给予个人奖励5000元人民币至1000万元人民币不等的现金奖励;或者结合举报单位需求给予举报单位相应广告、促销等资源类奖励。

(六) 企业合规举报答复机制

企业合规举报答复机制主要是指企业、监管机关对于举报人及相关人员在经过线索初查或者深入调查之后对于举报线索办理情况的回答和解释工作的总称。此项内容主要是针对实名的合规举报来设计的。完善的企业合规举报答复机制有助于提升合规举报工作质效,有助于消除相关人员彼此的误解,也有助于促进企业合规文化的进一步发展。

对于实名的合规举报,应当制定科学的合规举报答复机制。一是对查证属实的,应当依法依规答复举报人,保证其知情权和监督权,鼓励其继续关注和支持合规举报工作。二是对于查证不属实的,应当依法依规答复举报人,并及时对其进行耐心解释和说理,尽最大努力争取其对企业合规工作的配合与支持。

---

[1] 参见王志乐主编:《企业合规管理操作指南》,中国法制出版社2017年版,第171页。

（七）企业合规举报信息管理机制

企业合规举报信息管理机制主要是指企业、监管机关等采取相应措施和方式对举报人以及举报事项等一系列举报信息进行登记、研判、筛选、保存等工作的总称。尤其是在大合规时代和互联网时代，企业合规举报信息管理工作显得尤为重要，其是有效提升企业合规工作质效的一项重要途径和手段。

具体而言，一是应当加强企业合规举报信息的收集工作，即依法依规通过各种渠道收集相关的合规举报信息；二是应当加强企业合规举报信息的整理工作，即依法依规对收集到的信息进行分门别类地梳理，尤其是对于实名举报的信息予以特别关注；三是应当加强企业合规举报信息的研判工作，即依法依规对于收集的信息进行初步研究和判断，主要是从是否具备调查的条件方面进行综合审视；四是应当加强企业合规举报信息的保存工作，即依法依规对所有的合规举报信息进行完整地保护，体现合规举报工作的保密性、留痕性和可追溯性。

此处，需要强调的是，对于负责企业举报信息管理工作的部门或者岗位人员，应确保其工作的保密性和独立性，对上级主管部门或者领导垂直负责，业绩考核、职级升迁和工资待遇等由上级部门和领导决定，尽量脱离本级的不当干预。

第七节　企业合规处理制度

企业合规处理主要是指企业或者监管机关等依法依规对于经调查属实的相关合规问题和违规人员等所进行的相应处置。企业合规处理的结果关乎着企业合规工作的有效性、权威性，是企业合规制度体系中的重要组成部分。

一、企业合规处理的基本原则

企业合规处理的基本原则是指企业合规处理所应当坚持的基本规范和要求指引，其主要包括以下六方面内容：客观性原则、独立性原则、合法性原则、公正性原则、比例性原则和教育性原则。

（一）客观性原则

企业合规处理的客观性原则主要是指企业合规处理的过程和结果应当以客观事实和证据为基本依据，而不能以自我的主观意识和价值判断为标准。

客观性原则被视为企业合规处理的"生命线",是保障企业合规处理工作正常进行的基石。如果违背客观性原则,将导致企业合规处理的不正当性,造成企业合规工作无法正常开展。

(二)独立性原则

企业合规处理的独立性原则主要是指企业合规处理应当秉持独立的原则和基本态度,排除非正常的因素干扰。独立性原则是企业开展合规处理工作的基本要求,也是维护合规处理权威性的基本保障。国资委《中央企业合规管理指引(试行)》第4条第4项的规定:"客观独立。严格依照法律法规等规定对企业和员工行为进行客观评价和处理。合规管理牵头部门独立履行职责,不受其他部门和人员的干涉。"

(三)合法性原则

企业合规处理的合法性原则主要是指企业合规处理不仅应当依据企业内部规定来进行,而且要符合法律规定的相关要求,避免出现合规处理自身的违法问题,否则的话,极易发生新的合规风险或合规问题。比如,违规者因为严重违反内部政策要求(如收受回扣、利用职权将业务机会转给家族公司)而被解雇,但之后劳动仲裁要求企业恢复与违规者的劳动关系。这可能是多种原因导致的,可能与内部政策建立的程序相关,与违规认定的证据相关,也可能是违规行为达不到劳动法中关于解除劳动关系的标准,以及对于规定和证据的不同解读。这就提示企业在开展合规处理工作时应当关注相关法律标准实施,以免因为内部处理而引起新的合规风险或者违规事件,从而增加企业的运营成本甚至造成企业声誉的损害。

(四)公正性原则

企业合规处理的公正性原则主要是指企业合规处理应当坚持公平正义的价值导向,其中既包括程序层面的公正,也包括实体层面的公正。其中,程序层面的公正是指企业合规处理的基本流程和规范应当符合公正性的要求,保障相关人员正当的申诉和监督权利等;实体层面的公正是指企业合规处理的结果应当体现公正性的价值,不应区别对待或者歧视性对待。正如有观点指出,企业必须以一致的方式执行纪律处分结果。也就是说,如果一名级别低的员工因为员工报销中的不当行为受到警告处分,那么高级经理因为同样或者类似的不当行为也应受到警告处分。当员工发现在纪律处分时出现区别或者歧视性对待,这对于维持有效合规损害极大。此外,对于纪律处分执行

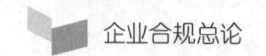

一致还表现在在当地的地方性法规允许条件下,员工在一个国家违反企业规定应当与另一国家的员工违反同样的企业规定而受到类似的纪律处分。[1]

(五) 比例性原则

企业合规处理的比例性原则主要是指企业合规处理的严厉程度当与违规人员的违规行为严重性质以及后果等相匹配,努力做到"当严则严、当宽则宽、严宽有度"。其一,企业内部对企业违规的处理方式大致包括:训诫、口头或者书面警告、降级、降职、调职、最终警告、扣减薪金、解雇等。企业在开展合规处理工作时,应当注意坚持比例性原则,根据企业实际情况以及违规人员的综合表现等各个因素,从而科学合理地适用合规处理的自由裁量权,真正做到罚当其罚,防止出现处理结果"畸轻畸重"的问题。其二,行政监管机关对于企业违规的处理方式包括:出具警示函、责令定期报告、责令改正、监管谈话、责令参加培训、行政罚款、认为不适当人选等行政监管措施。监管机关对于企业违规行为的处理也应当坚持比例性原则,比如,《证券公司和证券投资基金管理公司合规管理办法》第36条明确指出:"证券基金经营机构通过有效的合规管理,主动发现违法违规行为或合规风险隐患,积极妥善处理,落实责任追究,完善内部控制制度和业务流程并及时向中国证监会或其派出机构报告的,依法从轻、减轻处理;情节轻微并及时纠正违法违规行为或避免合规风险,没有造成危害后果的,不予追究责任。对于证券基金经营机构的违法违规行为,合规负责人已经按照本办法的规定尽职履行审查、监督、检查和报告职责的,不予追究责任。"

(六) 教育性原则

企业合规处理的教育性原则是指企业合规处理应当具有一定的人文关怀,坚持教导、指引和纠正的目标价值,来认真和妥善地对待相关违规者,能挽救的尽量挽救,能帮助的尽量帮助,而不是将惩罚作为企业合规处理的最终目的。教育性原则充分体现了企业合规处理"柔"和"宽"的一面。从长远角度和宏观视角来审视,坚持企业合规处理的教育性原则,有助于最大限度地教育和引导员工从内心深处培养现代化合规意识和理念,有助于推动企业合规工作的长远发展和企业可持续性发展。

---

[1] 参见王志乐主编:《企业合规管理操作指南》,中国法制出版社2017年版,第177页。

二、企业合规处理制度的主要内容

企业合规处理制度主要包括以下三项主要内容：一是针对违规人员的处理制度；二是针对违规事项的处理制度；三是针对管理问题的处理制度。具体而言：

（一）针对违规人员的处理制度

针对违规人员的处理制度可分为两个层面内容：其一，对于违规的企业员工的处理制度，即企业应当严格按照企业内部的纪律处分规定依法依规对违规的企业员工的处理制度。其中最为典型的为合规问责制度，[1]即企业依据违规事实的性质及严重程度、相关人员具体岗位职责等认定和追究问责对象的合规责任，并对其处以企业内部的纪律处分或者其他相应的惩戒等处罚。其二，对于违规的外部人员的处理制度，即企业虽然对违规的外部人员（比如供应商的员工或者中介组织的员工等）并无直接的处分权，但企业可把调查结论通报相关组织或者单位，由其按照自身内部制度作出相应的处理，并将处理结果通报给企业。比如，企业可考虑建立"黑名单"制度，即对于企业和行业内的重大违规从业人员列入禁止从业的警示名单中。企业可与其他企业共同建立"黑名单"，对相关的重大不合规行为进行及时、准确的记录，推动相关行业治理进一步良性发展和完善。

（二）针对违规事项的处理制度

针对违规事项的处理制度可分为两个层面内容：其一，对内的处理制度，即企业对于涉嫌违规的相关项目或者交易及时作出暂停实施或者终止实施的措施；其二，对外的处理制度，即企业在经过合规调查之后发现相关违规行为已经涉嫌违法并可能导致被监管机构或者司法机关处罚的，其应当依法依

---

[1] 企业合规问责的重点内容主要包括：①因违反相关法律法规、规则和规章制度所导致的违规事件以及给企业造成重大损失的事件；②发现违规事件或者违规操作隐瞒不上报或者未主动避免违规事件发生，以及事件发生后未采取积极措施纠正行为，降低违规事件所带来的后果；③不报、迟报、谎报、漏报突发和按规定上报的重大违规事件的行为；④企业各级管理人员和合规监督人员故意或者过失导致未充分尽责，以致问题未被发现，处罚未被进行，未提出整改意见的行为；⑤各业务部门的相关人员不履行或者未能正确有效履行应负的法定职责的行为。参见黄胜忠、郭建军主编：《合规管理理论与实务》，知识产权出版社2020年版，第143页。

规及时、主动地向相关部门报告以争取得到谅解或者减轻处罚。[1]

（三）针对管理问题的处理制度

企业对于自身管理制度问题的处理，这其实是企业管理自我完善的体现，即企业针对调查中发现的管理缺点和漏洞，应当责成相关部门采取措施加以弥补，具体包括：调整管理策略、制定新的制度、设置流程控制、进行培训和教育、启用新的管理工具等。应当注意的是，很多企业在发现管理缺陷和漏洞后有矫枉过正的倾向，即不顾管理成本地增加管理复杂度，这种做法也是不可取的。正确的做法是从有效性出发，采取适度的措施。合规专职部门应当按照补救措施实施方案中规定的时限进行处理实施的进展情况，并及时提醒责任部门和责任人员及时完成其承担的任务。处理整改结束后，应当按照一定的周期检查其执行的有效性，这种检查可以由审计部门列入审计计划，也可以由合规部门纳入合规内部控制的范围。[2]

第八节　企业合规考核制度

企业合规考核主要是指企业对于企业内部相关合规人员和合规工作的考察、评价和总结。合规考核制度是企业合规保障制度的重要组成部分。特别是对于长效的企业合规制度还未形成、企业合规文化尚不成熟的一些企业，通过合规考核制度的建立健全来全面提升企业合规执行力显得尤为重要。尤其是在大合规时代，企业应当紧密结合企业的发展价值观，将合规考核纳入企业绩效管理体系中去，有效协调业务拓展与合规管理的关系，帮助员工建立正确的业务发展目标。[3]

比如，我国《中央企业合规管理指引（试行）》第23条要求中央企业加

---

[1] 例如，针对价格垄断行为，早在2010年12月国家发展和改革委员会发布的《反价格垄断行政执法程序规定》（已于2019年废止）第14条规定，"经营者主动向政府价格主管部门报告达成价格垄断协议的有关情况并提供重要证据的，政府价格主管部门可以酌情减轻或者免除对该经营者的处罚。第一个主动报告达成价格垄断协议的有关情况并提供重要证据的，可以免除处罚；第二个主动报告达成价格垄断协议的有关情况并提供重要证据的，可以按照不低于50%的幅度减轻处罚；其他主动报告达成价格垄断协议的有关情况并提供重要证据的，可以按照不高于50%的幅度减轻处罚。重要证据是指对政府价格主管部门认定价格垄断协议具有关键作用的证据。"

[2] 参见胡国辉：《企业合规概论》，电子工业出版社2017年版，第187~188页。

[3] 参见王志乐主编：《企业合规管理操作指南》，中国法制出版社2017年版，第168页。

强合规考核评价,把合规经营管理情况纳入对各部门和所属企业负责人的年度综合考核,细化评价指标。要求对所属单位和员工合规职责履行情况进行评价,并将结果作为员工考核、干部任用、评先选优等工作的重要依据。再比如,我国《企业境外经营合规管理指引》第18条之规定:"合规考核应全面覆盖企业的各项管理工作。合规考核结果应作为企业绩效考核的重要依据,与评优评先、职务任免、职务晋升以及薪酬待遇等挂钩。境外经营相关部门和境外分支机构可以制定单独的合规绩效考核机制,也可将合规考核标准融入到总体的绩效管理体系中。考核内容包括但不限于按时参加合规培训,严格执行合规管理制度,积极支持和配合合规管理机构工作,及时汇报合规风险等。"

从管理学视角来审视,一个有效的、完整的企业绩效管理体系不仅对员工的业务能力和成绩进行考核,而且对员工在业务中的合规执行情况也应该进行考量,并占据一定的考核比重。业务业绩考核当然是非常重要的,但合规考核属于"一篇否决",一旦合规性不达标,个人业绩再好也将被否定。[1]此外,从合规监管的视角来看,企业合规考核直接涉及企业合规管理的有效性问题。

一、企业合规考核的基本分类

研究企业合规考核的基本分类能够从深层次上更好地理解和把握企业合规考核概念的主要内涵,有助于进一步分析企业合规考核的规范要求。从学理上,可将企业合规考核进行以下分类:

(一)依据企业合规考核的时间不同进行分类

依据企业合规考核的时间不同进行分类,可将企业合规考核分为定期性合规考核和不定期合规考核。

1. 定期性合规考核

定期性合规考核主要是指企业依规在固定时间阶段或者节点来对企业内部相关合规人员和合规工作进行的考察、评价和总结。根据企业实际运行情况、合规管理需要等综合因素考量,定期性合规考核可进一步分为年度合规

---

[1] 比如,有的企业的合规考核内容包括:①是否按时完成或者参加所有的合规培训;②是否严格执行企业合规制度和流程等;③有无违反合规的行为和事件;④是否积极支持和配合上级领导和合规部门的工作;⑤是否及时汇报违规行为或者合规风险。参见王志乐主编:《企业合规管理操作指南》,中国法制出版社2017年版,第168页。

考核、季度合规考核以及月度合规考核。在具体的合规实践中，定期性合规考核适用频率比较高。比如，《亚太经合组织企业自愿和有效的合规项目之基本要素》规定：“企业高级管理人员应当监督项目，定期审查项目的适当性、充分性和有效性，并根据需要进行适当的改进。企业应当审查和测试内控机制，识别最优方法和新的风险领域。审查结果应当定期报告给审计委员会或者董事会（或者同机构，根据企业规模大小）。”

2. 不定期合规考核

不定期合规考核主要是指企业依规根据实际情况，采取不定时的方式来对企业内部相关合规人员和合规工作进行的考察、评价和总结。不定期合规考核主要是针对企业的一些突发合规问题进行的检查和评价工作。由于合规考核存在着不确定性，在具体的合规实践中，往往使用频率较低。

（二）依据企业合规考核的内容不同进行分类

依据企业合规考核的内容不同进行分类，可将合规考核分为全面性合规考核和专项性合规考核。

1. 全面性合规考核

全面性合规考核主要是指企业对于企业自身全部的合规工作进行考察、评价和总结。全面性合规考核涉及企业合规工作的方方面面、各个环节，其往往呈现出系统性、完整性的主要特点，是综合评判整个企业合规工作成效的"试验剂"。在具体的合规实践中，年度合规考核往往就是一种典型的全面性合规考核。

2. 专项性合规考核

专项性合规考核主要是指企业对于若干专项合规工作或者合规项目所进行的考察、评价和总结。专项性合规考核主要涉及企业合规工作的某个方面、某个部门或者某个领域，其往往呈现出聚焦性、专门性的主要特点。在具体的合规实践中，不同的企业往往会针对企业运行实际和企业合规风险状况，来具体制定和实施专项性合规考核。比如，针对财务合规专项工作进行的单独考核等。专项性合规考核的适用频率往往较高。

（三）依据企业合规考核的主体不同进行分类

依据企业合规考核的主体不同进行分类，可将企业合规考核分为董事会（企业合规委员会）主持的合规考核、合规专职部门组织的合规考核、业务部门内部组织的合规考核以及下属企业或者分支机构组织的合规考核。其中，董事会（企业合规委员会）主持的合规考核主要是指董事会或者下设的合规委员会对管理层的合规履行情况或者重大专项合规情况或者按照监管机关要求而组织开展的合规考核。合规专职部门组织的合规考核主要是指企业合规专职部门对整个企业内部（一般除了领导层和管理层之外）员工或者项目合规状况所开展的考核。业务部门内部组织的合规考核是指企业业务部门内部对合规工作以及员工个人合规工作实施的考察和评价。

二、企业合规考核的主要内容

企业合规考核坚持"共同但带有区别"的基本原则，其主要内容理应按照不同的层级进行，具体而言：

（一）针对管理层的合规考核内容

针对管理层的合规考核主要是指企业领导层（或者称为决策层）针对管理层所开展的合规工作和实施的合规项目而进行考察和评价。针对管理层的合规考核主要就企业合规管理层的合规工作开展检查、分析以及评判。此项合规考核更加注重考核管理层的宏观层面的合规管理能力与水平。比如，在具体的实践中，针对管理层的合规考核可重点考虑以下内容：①是否与合规团队合规并提供支持以及鼓励员工效仿；②是否将合规义务纳入其责任领域内的现有商务实践和程序；③是否认真审慎地审查外包业务承担方来确保其重视合规义务；④是否精准识别并传达、沟通经营中的合规风险；⑤是否与合规团队协调行动以确保纠正措施能够落实；⑥是否积极参与合规相关事件和事项的管理和解决；⑦是否对其管理范围内的员工进行合规指导和培训。[1]

（二）针对执行层的合规考核

针对执行层的合规考核是指企业管理层对于企业内部执行层的人员所从事的合规工作或者开展的合规项目而进行的考察和评价。针对执行层的合规

---

[1] 作为一个领域的管理者，应承担着鼓励教导、辅导、监督员工，促进其管理领域或者部门员工行为合规的职责：首先，应鼓励员工关注合规问题，从思想上树立合规理念，对合规管理引起足够的重视，发动集体的力量去识别日常工作中的合规风险点，努力探索防控方案；其次，帮助员工认识自身合规义务，指导他们满足培训和能力的要求；最后，确保将合规纳入岗位职责并将合规绩效评价纳入员工绩效评价，如KPI指标、目标和晋升标准等，从考评的角度督促员工遵守合规要求。参见王志乐主编：《企业合规管理操作指南》，中国法制出版社2017年版，第153页。

考核主要是从企业合规执行角度进行微观化的审视。其又可具体分为：一是对企业专职合规部门的考核，其主要包括：①企业合规管理体系的建设及运行情况；②专职合规工作的履职情况；③合规人员的合规素能（合规理念、意识以及合规知识、能力与水平等）；④企业合规文化建设情况；⑤企业各项合规计划的执行情况；⑥对企业其他部门、下属企业的合规工作协调、支持与管控情况等。二是对业务部门、分支机构及其负责人的合规考核，其主要包括：①企业合规管理体系在本部门的实际运行情况；②本部门履行合规管理职责的实际情况；③本部门开展企业合规文化建设情况；④本部门负责人的个人合规素能（合规理念、意识以及合规知识、能力与水平等）；⑤本部门对于企业专职合规部门的支持与配合情况；⑥本部门所发生的违规事件及其后续整改情况等。

（三）针对企业员工的合规考核内容

针对企业员工的合规考核内容主要包括：①员工的基本合规意识、知识和能力；②员工参加企业合规培训和宣传的情况；③员工遵守和履行合规管理义务的情况；④员工对于业务部门和合规部门的支持与配合情况；⑤员工对于企业合规工作的贡献情况；⑥自身是否具有违规行为及其整改情况等。

（四）针对下属企业或者分支机构的合规考核内容

针对下属企业或者分支机构的合规考核内容主要包括：①下属企业或者分支机构履行总部合规管理体系的情况；②下属企业或者分支机构自行开展合规工作情况及其有效性；③下属企业或者分支机构违规行为或者事件及其整改情况；④下属企业或者分支机构负责人以及重要部门负责人的个人合规素能情况等；⑤下属企业或者分支机构配合监管机关情况等。

三、企业合规考核的基本功能

企业合规考核实质上是企业对于合规管理的自我透视、检查和评价。企业合规考核的根本目的在于通过发现和解决合规问题，以有效地促进合规制度体系的不断完善、合规文化体系的不断健全、合规具体实践的不断发展。概括来说，企业合规考核的四项基本功能包括检查功能、评价功能、奖惩功能与引导功能。

（一）检查功能

企业合规考核的首要和基础功能在于检查功能，即通过合规考核来及时、

第四章　企业合规制度论

有效地发现企业合规人员和合规工作中存在的各项合规风险或者合规问题，精准找出日常企业合规管理中的"病灶"，为后续的评价和改进工作提供科学依据。

（二）评价功能

企业合规考核的评价功能是指企业通过一些合规考核内容和流程来对企业合规人员及其所实施的合规行为和合规成果进行科学地研究和评判。从这一角度来讲，企业合规考核的评价功能本质上是对企业合规工作的重新审视。通过给出企业合规人员的科学评价，可以直观有效地反映企业合规工作的"成绩单"，甚至是企业合规发展进程的"晴雨表"。

（三）奖惩功能

企业合规考核的奖惩功能是指企业通过一系列合规考核内容和流程，来对企业员工的合规工作或者合规行为进行奖励或者惩戒。奖惩功能是评价功能的进一步延伸，一方面，对于企业各级遵守合规规范的行为，应通过适当的激励机制予以鼓励和积极扶持，促使合规方针、合规计划等在企业内部得以全面推广，[1]比如，将奖励结果与员工的绩效考核、评先评优、职务晋升等进行有机结合；另一方面，对于有不当行为或者有其他违反合规规范的个人，包括高级官员和董事等各级人员，应给予适当惩戒。[2]比如，对于在合规考核中发现的不合规行为以及责任人员，应当依法依规启动合规问责程序，认真严肃予以合规问责，切实保障企业合规实践的有效性、严肃性。

（四）引导功能

企业合规考核的奖惩功能的进一步延伸即为引导功能，其主要是指企业合规考核应当发挥好"指挥棒"的功效，通过合规考核的开展，引导全体员工不断深入地实践企业合规的各项规范要求，帮助企业全体员工清晰地知晓什么是合规，什么不是合规，以及如何在日常工作开展合规，从而不断凝聚起全体员工关于企业合规发展的共识。

---

[1]《亚太经合组织企业自愿和有效的合规项目之基本要素》规定："企业应当确保在公司的各个层面提供合规激励，鼓励和积极支持员工遵守和维护反腐败（包括贿赂）项目。可以通过不同方式在多个层面提供激励：聘用认同企业价值的员工，为维护项目的员工升职和加薪，承认满足培训要求和认证，包括绩效评估，以及向为合规工作作出贡献的人员提供其他形式的承认和奖励。"

[2]《亚太经合组织企业自愿和有效的合规项目之基本要素》规定："企业应当确保各级员工都明白，违反合规政策、程序和反腐败法规会受到轻重不等的纪律处罚。如果按照相关法律的规定，可能会内部通报纪律处分，甚至可能被解除劳动合同。"

四、企业合规考核的主要流程

企业合规考核需要遵循一套科学、完整的流程，具体来讲，其主要包括：

(一) 企业合规考核的准备工作

企业在开展合规考核前应当做好相应的准备工作，制作企业合规考核方案，其主要包括合规考核的依据、目标、组成人员、考核范围、基本方法以及应急预案等。

(二) 企业合规考核的实施工作

企业合规考核组成人员应当按照合规考核方案开展合规考核，注意收集和汇总与被考核对象有关的合规信息，并对所收集到的合规信息进行科学分析与评价。

(三) 企业合规考核的终结工作

在合规考核实施结束后，应当及时编制合规考核评价报告，其主要包括：①考核依据，包括相关的合规义务、合规管理制度与流程、绩效指标等；②考核主体；③考核对象；④考核期限；⑤考核评价流程和方法；⑥考核评价结果；⑦揭示重大不合规和新出现的合规问题，提出应对整改建议；⑧报告优秀的合规管理实践案例以及经营做法，提出激励措施建议等。

第九节　企业合规评估制度

企业合规评估主要是指企业根据相关要求，依法对企业合规体系的制定、运行以及效果的有效性所开展的分析和评判的行为。企业合规评估的主要目的在于判定企业合规活动是否真实、合法，企业合规体系的运行是否科学、有效，以及重点发现企业在合规实践中所存在的主要问题及提出整改建议等。

一、企业合规评估的主要内容

企业合规评估的对象具有特定性，即企业合规体系的有效性。而企业合规体系的有效性可分为绝对有效和相对有效。其中，绝对有效是指企业合规体系达成了其根本意义，即建立和维护企业运营所需的良性秩序。相对有效是指企业实现合规目标的程度。[1]具体而言：

（一）针对企业合规体系制定的有效性开展评估

所谓合规体系制定的有效性主要是指企业为实现合规目标所必需的合规体系都应存在且设计适当，从而能够为合规目标的实现提供科学、合理的保证。对于企业合规体系制定有效性的评估主要是从静态角度来审视的，具体而言：其一，合规制度体系的设计是否切实做到以合规管理的基本规律和原理为前提，以国内外相关法律法规以及规范性文件为依据；是否编制了适合企业合规实践需求的结构严谨、流程清晰、职责明确、协调统一的合规体系规范；是否对企业合规工作内容和程序提出了明确要求并规范了权利和责任；是否建立了员工的合规行为准则和衡量、审查、考核工作成效的标准。其二，企业合规体系的制定是否涵盖了所有关键的业务与环节，对企业领导层、管理层、执行层以及员工具有普遍的约束力。其三，企业合规体系的设计是否与企业自身的经营特点、业务模式以及合规风险管理要求相匹配，是否针对企业重要部门、重要业务以及重要岗位进行了有效关注，是否确定了清晰的合规措施并制定了相关标准。

（二）针对企业合规体系运行的有效性开展评估

企业合规体系运行的有效性是指企业在合规制度体系制定有效性的前提下，企业合规工作能够按照既定的要求和规范得以正确地执行，进而达到企业合规目的。针对企业合规体系有效性开展评估主要从以下四个方面考虑：其一，企业高层进行明确的合规承诺并积极带头实施和支持企业合规工作开展；其二，企业合规人员是否具备必要的合规权限和能力；其三，企业合规考核的落实情况；其四，企业与外部监管机构的沟通是否流畅等。

（三）针对企业合规实践效果的有效性开展评估

企业合规实践效果的有效性主要是指企业合规体系的制定和运行得以有效实现，从而导致企业合规实践效果达到预期目的。针对企业合规实践效果的有效性开展评估主要包括：其一，是否能够有效地发现不合规行为或者违规问题；其二，针对不合规行为或者违规问题是否开展了及时、适当的补救和整改措施；其三，是否对企业合规体系的薄弱环节进行了科学、有效的完善；其四，是否对企业不合规行为或者违规问题及其整个处理过程进行了客

---

[1] 参见胡国辉：《企业合规概论》，电子工业出版社2017年版，第195页。

观、完整的记录。

二、企业合规评估的基本程序

企业合规评估是一项系统性强、专业性强、独立性强的系统工作，须遵循一定的程序要求，具体而言：

（一）企业合规评估的准备工作

企业合规评估的准备工作包括：①成立合格的合规评估组。企业可以聘请第三方或者自行组织开展合规管理有效性评估，无论采取哪种方式均应当成立合规评估组，并明确负责人。此外，企业还应确保组内成员具备开展独立合规评估的职权和能力，必要的时候，可以对组内成员开展必要的合规培训。②制定完善的合规评估实施方案，明确合规评估的目的、范围、内容、分工、进程和要求、关键过程时间节点等内容。

（二）企业合规评估的实施工作

在企业合规评估实施过程中，企业可综合采用文档收集和审查、调查问卷、实地查看、个人访谈等手段深入挖掘各种合规信息，并对其进行全面对比和科学分析，客观、准确、系统地反映企业合规有效性状况。（如表4-2）

表4-2 企业合规评估实施工作常用的方法

编号	具体方法	方法描述
1	文档查阅	评估人员对纸质、电子或者存储于其他介质的记录、文档或者文件进行审阅，以确认合规制度体系及其被执行情况的有效性问题。
2	问卷调查	评估人员通过设计并发放调查问卷的方式，在较大范围内获取评估对象对企业合规管理工作的理解、意识和期望等。
3	互动式研讨	评估人员通过组织研讨，针对部分待讨论或者不确定的风险和风险评估结果进行深度讨论，刺激并鼓励评估对象畅所欲言，以发现潜在的失效模式及其相关危险、风险、决策标准及处理方法等。
4	实地观察	评估人员通过在现场察看正在进行的活动或实施的程序来判断合规体系运行的有效性问题。

续表

编号	具体方法	方法描述
5	穿行测试/随机抽样	评估人员为验证合规政策、规范和合规内部控制的执行一致性,采取穿行测试/随时抽样来理解实际合规管理流程的运作方式。
6	数据分析	评估人员使用现代化数据分析工具,通过预先设计的合规风险指标,对财务或者交易数据进行分析,以识别异常趋势或者存在潜在合规风险的数据。
7	重新计算	评估人员对记录或者文件中的数据计算的准确性进行复核。该方法适用于各类型的计算复核,例如检查对第三方的付款金额与合同约定条款是否一致,人员奖级计算是否按照规定进行。
8	询问/访谈	评估人员以书面或者口头的方式,向被检查方询问或者通过访谈获取与合规检查相关的信息。该方法通常用于(但不限于):①非样本测试的合规检查;②获取未被书面记录的信息或者陈述;③就潜在的或者未经证实的信息,获得被询问人的进一步确认;④获得被询问人对特定事项的解释或者陈述。
9	外部信息获取	评估人员通过公开信息查询、外部访谈、外部走访、调研等方式,从公司外部获取与检查内容相关的信息、证据或者相关人员的陈述,以在合规检查中获得更全面的信息。

(三)企业合规评估的收尾工作

企业合规评估的结果应以合规评估报告的形式予以呈现。合规评估报告的基本内容包括:①合规评估的具体目的;②合规评估的具体范围和实施方法及说明;③企业合规体系的内容及其运行情况;④合规评估中发现的重要合规风险或者合规问题等;⑤相关的改进建议;⑥提出的合规问责建议等。

第十节 企业合规审计制度

企业合规审计是企业合规制度体系的重要组成部分,其根本目的在于充分保障企业依法合规、安全、稳健、可持续经营。建立健全企业合规审计制度已成为越来越多企业加强企业合规力度的必然选择和重要内容。

一、企业合规审计的基本概念

在了解企业合规审计基本概念之前,有必要对关于审计的相关概念加以梳理和认知。按照《中国内部审计准则》第 2 条之规定,内部审计是一种独立、客观的确认和咨询活动,它通过运用系统、规范的方法,审查和评价组织的业务活动、内部控制和风险管理的适当性和有效性,以促进组织完善治理、增加价值和实现目标。此外,按照《中央企业内部审计管理暂行办法》第 3 条规定,企业内部审计是指企业内部审计机构依据国家有关法律法规、财务会计制度和企业内部管理规定,对本企业及子企业(单位)财务收支、财务预算、财务决算、资产质量、经营绩效,以及建设项目或者有关经济活动的真实性、合法性和效益性进行监督和评价工作。

正是基于上述理解,笔者认为,企业合规审计主要是指企业内部审计部门依法依规对作为企业内部控制核心内容的企业合规管理工作的适当性和有效性进行的独立审计。

二、企业合规审计的基本分类

从学理的角度,依据不同的标准可将企业合规审计作出以下分类研究,具体而言:

(一)依据企业合规审计的具体内容不同进行分类

依据企业合规审计的具体内容不同进行分类,可将其分为全面合规审计和专项合规审计。其中,全面合规审计主要是指企业内部审计部门依法依规对企业整体合规管理体系的建立和运行的适当性、有效性进行的全方位审计。专项合规审计主要指企业内部审计部门依法依规对企业专项合规领域或者某一合规项目所进行的单独性审计。比如,企业内部审计部门对于企业反商业贿赂的合规体系与运行所进行的专项审计。

(二)依据企业合规审计的周期频率不同进行分类

依据企业合规审计的周期频率不同进行分类,可将其分为定期性合规审计、临时性合规审计和后续性合规审计。其中,定期性合规审计是指企业内部审计部门依法依规地在固定时限内对企业合规体系与运营的适当性、有效性开展审计。临时性合规审计主要是指企业内部审计部门依法依规对某一突发合规风险(合规事件),或者按照监管机关的指示,或者按照企业领导决定,所开展的合规审计。后续性合规审计是指企业内部合规审计部门依法依规对被审计部门或者单位的纠正或者改进效果进行的审计工作。

三、企业合规审计的主要内容

企业合规审计的本质是第三方对于企业合规实践的审视和检查,其主要包括以下两个方面:

(一)审计合规管理的适当性

企业合规审计首先要对合规管理的适用性进行认真审视和检查。所谓合规管理的适当性包括合规规范的适用性、兼顾成本和效率、可操作性和持续适用。

(二)审计合规管理的有效性

企业合规审计要对合规管理的有效性进行认真审视和检查。所谓合规管理的有效性主要是指企业回购管理体系得到有效运行,合规风险得到有效防范和应对,企业经营管理的稳健和安全性得到有效保障。

四、企业合规审计的主要程序

企业合规审计应当按照程序正义的原则和要求,依法依规进行,具体而言:

(一)企业合规审计的准备工作

企业合规审计的准备工作主要包括两方面内容:一是人员的准备,需要选配具有资质的人员组成审计小组;二是方案的准备,需要编制审计方案,明确审计目的、流程与措施、重点与难点等,并报管理层审核与批准。

(二)企业合规审计的实施工作

企业合规审计应当严格按照审计方案执行。在具体的合规审计中,可以综合采用以下审计方法:①访谈法;②问卷调查法;③专题讨论法;④穿行测试法;⑤实地查验法;⑥抽样检测法;⑦比价分析法等。

(三)企业合规审计的终结工作

企业合规审计的实施结束后,应当按照审计中发现的问题和相关证据,对合规管理缺陷进行认定。按照合规管理缺陷的性质和影响程度,可分为重大缺陷、重要缺陷和一般缺陷。①重大缺陷主要是指一个或者多个合规管理缺陷的组合可能导致企业严重偏离企业合规管理目标;②重要缺陷是指一个或者多个合规管理缺陷的组合,其严重程度和影响低于重大缺陷,但仍有可能导致企业偏离合规管理目标;③一般缺陷是指除重大缺陷、重要缺陷之外的其他缺陷。

在此基础上，企业内部审计部门应当编制合规审计报告，其主要内容为：①审计目标；②依据；③范围；④程序与方法；⑤内部控制缺陷认定及整改情况；⑥内部控制设计和运行有效性的审计结论、意见、建议等。

内部审计部门应当向企业管理层报告合规审计结果。一般情况下，全面合规审计报告应当报送企业最高管理层。包含重大缺陷认定的专项合规报告在报送企业管理层的同时，也应当报送董事会或者最高管理层。

第十一节 企业合规信息管理制度

在大合规时代和大数据时代，企业合规信息越来越成为一项极其重要的企业战略性资源。运用现代科技尤其是互联网技术来对企业合规信息进行科学、有效地管理以及适用，可以最大限度地节约企业合规资源，并能够为企业领导层和决策者开展的合规决策提供准确的依据，从而有助于进一步提升企业合规品质，更好地促进企业可持续性发展。比如，我国《中央企业合规管理指引（试行）》第24条明确规定："强化合规管理信息化建设，通过信息化手段优化管理流程，记录和保存相关信息。运用大数据等工具，加强对经营管理行为依法合规情况的实时在线监控和风险分析，实现信息集成与共享。"此外，原保监会制定的《保险公司合规管理办法》第33条规定："保险公司应当建立有效的信息系统，确保在合规管理工作中能够及时、准确获取有关公司业务、财务、资金运用、机构管理等合规管理工作所需的信息。"

一、企业合规信息管理的基本原则

企业合规信息管理的六项基本原则包括全面性原则、合法性原则、真实性原则、及时性原则、分级性原则和留痕性原则。

（一）全面性原则

企业合规信息管理的全面性原则是一项基础性原则，其主要是指企业合规部门或者其他主管部门应当注意从各个方面、各个角度、各个阶段来系统地收集、整理涉及本企业的合规信息，避免出现合规信息尤其是重要的合规信息遗漏问题。既应当收集企业合规的正面信息，也应当注意收集企业合规的负面信息。具体而言，企业合规信息管理的全面性原则包含两个方面内容：其一，企业合规信息所涉内容的全面性。实践证明，越是全面的合规信息，越是能够反映企业合规工作的全貌，也越能够有效地协助企业领导层和决策者以及合规负责人等作出科学的企业合规方案以及企业发展战略决策。比如，美国某在华跨国公司设计并建设一个内部大数据信息中心，将本公司的财务、审计、采购、销售等大数据信息进行汇总并加以分析，从而及时、清晰地发现企业合规风险。该公司一个典型的合规案例为，从一个市场人员单独的审批记录看不出任何问题，但是将这个市场人员的各方面的审批体现在统一的大数据体系时，反而发现了相关的舞弊线索。[1]其二，企业合规信息管理过程的全面性，即企业合规信息管理应当形成一个完整的科学的闭环系统，从最开始的收集到整理再到研判以至最后的发布和利用等各个环节，均应当有着明确的规定和规范依据，避免出现合规信息管理过程的任何漏洞，以切实保障合规信息管理的安全性、规范性和高效性，促进企业合规工作的稳步健康发展。

（二）合法性原则

企业合规信息管理的合法性原则主要是指企业合规部门或者其他部门对于企业合规信息管理应当按照国家法律法规的要求来具体实施。具体而言：其一，企业在收集、整理、分析和利用合规信息时，应当符合国家法律法规的基本要求，坚持法律的原则底线，坚决杜绝任何违法的操作。尤其是在收集和利用涉及合作伙伴或者其他第三方的合规信息时，更应当依法开展工作，避免出现违法获取企业合规信息的问题，以真正实现过程的合法性与内容的合法性之统一。其二，合法性原则还要求合规信息管理必须满足法律、法规及监管规定要求披露或报告的内容。如上市公司必须披露的内部控制自我评价报告、企业关联交易及管理情况报告、金融企业反洗钱及反恐融资管理情况的报告以及其他一系列例行报告和专项报告。[2]

（三）真实性原则

企业合规信息管理的真实性原则主要是指企业合规信息所涉及的任何信

---

[1] 参见郭凌晨、丁继华、王志乐主编：《合规：企业合规管理体系有效性评估》，企业管理出版社2021年版，第44页。

[2] 参见王志乐主编：《企业合规管理操作指南》，中国法制出版社2017年版，第179页。

息必须是客观存在的,而不是随意捏造的,坚决杜绝一切虚假的合规信息。真实性是企业合规信息管理工作的"生命线"。因为一旦出现虚假合规信息的不当介入,就会给整个企业合规工作带来重大的负面影响,为企业合规工作决策带来重大干扰,甚至引发企业经营困难或者经营危机。为此,必须加强对企业合规信息的审核力度,完善企业合规信息的流转机制,最大限度地确保合规信息的真实性。

(四)及时性原则

企业合规信息管理的及时性原则主要是指企业合规部门或者其他主管部门应当切实根据企业内外情况的变化,而不断地更新和完善相关的企业合规信息。这是因为企业本身就始终处于一种发展变化之中,并且其所处的各种外部环境尤其是市场经济环境也处于不断变化的状态,甚至会遇到所谓的经济金融危机等严重负面影响。这就迫切需要企业合规部门等及时关注和分析各种内外因素的变化,并据此及时更新本企业的合规信息,该修改的修改,该补充的补充,该去除的去除,该整合的整合,从而真正做到与时俱进,不断为企业可持续性发展提供源源不断的合规信息资源保障。

(五)分级性原则

企业合规信息管理的分级性原则主要是指企业合规部门或者其他主管部门应当注意对合规信息按照重要程度和敏感程度的不同加以分门别类地整理。越是合规成熟的企业,越重视对企业合规信息的分级处理,以便保障企业合规信息管理工作更具针对性和有效性,从而最大限度地节约企业合规成本,进一步提升企业合规质效。比如,在具体的合规实践中,企业可考虑建立《合规信息清单》来对企业合规信息范围进行有效管理,进行重要性排序,优先保证重要的合规信息。比如,一般较大的规模、较多人参与、较为正式、较为重要、易发生争议、涉及经济利益和人身安全等方面,需要更详细、更高质量的合规信息。[1]

(六)留痕性原则

企业合规信息管理的留痕性原则主要是指企业合规信息管理的各个阶段、各个环节、各个方面均应准确记录,不能随意删除或者修改。合规信息管理的基本流程分为创建、使用、保存、更新、销毁等几个基本阶段,细分又有

---

[1] 参见王志乐主编:《企业合规管理操作指南》,中国法制出版社2017年版,第180页。

发起、拟制、审核、意见征询、批准、发布、归档、实施、修订与更新、废止、销毁等不同环节。根据留痕性原则的要求，每个阶段和环节都应当及时录入现代化的合规信息管理系统，以充分保证整个企业合规信息管理工作体系的顺畅流转和有效实施。这是充分证明企业合规管理有效性的重要依据之一。此外，需要强调的是，对于已经过期或者作废的合规信息，其往往仍具有追溯既往和参考借鉴的价值，应当按照规定归档保存，以供备查。

二、企业合规信息管理制度的主要内容

一项现代的、科学的、完备的、成熟的企业合规信息管理制度直接影响企业合规管理水平和质效，其主要包括以下几个方面内容：

（一）企业合规信息管理的平台机制

企业合规信息管理的平台机制主要是指企业合规信息管理工作运行所需的相关有效载体。在互联网与大数据时代，企业合规信息管理的平台建设必须依靠办公自动化系统（OA 系统）来提供强有力的支撑。具体而言：建立和运行企业合规信息管理系统，就是要通过 OA 系统，实现企业合规管理的自动化和智能化，为企业领导层、管理层、管理部门、各智能部门以及各业务部门提供一个统一的企业合规工作平台，实现各部门之间的合规信息的集成与共享。完善的企业合规信息管理系统的主要作用包括：其一，有助于企业实现合规管理的自动化和智能化，进一步提升企业合规工作质效，节约合规成本；其二，有助于增强企业合规管理工作过程的透明度和可视化水平，提高企业领导对合规工作的管控能力；其三，进一步促使企业合规管理权责明晰、流程清晰，防止相互推诿，提高企业各层级的合规管理执行力；其四，进一步促进企业合规管理工作的体系化、专业化和规范化，防止人为干预；其五，有效提供企业合规风险评估的技术方法，协助企业合规风险的日常监测和预警，进一步助力企业提升合规风险管理能力；其六，进一步提升企业合规管理的主动性，加强企业各层级合规组织之间纵向和横向的协调与联系；其七，进一步方便企业集团对分（子）公司的远程合规管理的指导、支持和监督。[1]

---

〔1〕 参见郭青红：《企业合规管理体系实务指南》（第 2 版），人民法院出版社 2020 年版，第 198~199 页。

比如，中国石油早在2015年前就开始积极探索建立合规管理信息平台系统，系统中合规管理业务主要分为预防与控制、监督与问责两部分。预防与控制中又包括了合规培训、合规登记、合规评价、合规审查、合规档案和合规风险评估与预警六大版块。监督与问责中则包含了责任追究、举报与调查和检查监督三部分。（如表4-3）

表4-3　中国石油合规信息平台系统功能

系统功能	板块名称	具体功能
业务功能	合规培训	自我培训、上级对下级培训、线下培训信息、培训教材等
	合规登记	合规登记、登记情况查询
	合规评价	合规评价、合规综合评价、合规评价发布、综合评价发布
	业务资料	法律法规库、资料库、诚信合规手册、法律和资料维护
	合规风险评估与预警	合规风险评估上传
	责任追究	责任追究信息
	举报	举报信息
	检查监督	检查监督情况
其他功能	业务辅助	个人首页、统计报表、机构业务统计
	系统维护	直属关系维护、机构维护、AD同步、角色维护、用户维护、系统通知等

在中国石油的合规管理信息平台中主要有六种系统角色存在，分别是普通用户、关键岗位员工、部门领导、综合评价被评人、合规管理人员和合规部门主管。各种角色的用户范围和功能范围如表4-4所示。针对此系统，中国石油制作了相应的讲解教程，并对其中的使用步骤进行详细介绍。此外，公司作出了详细的系统实施阶段安排，合规管理信息平台按步骤在各地的公司进行运用。

表 4-4 中国石油合规信息平台角色设定

角色	用户范围	功能范围			
普通用户	集团公司除关键岗位员工外的所有员工	合规培训、登记补充有关法律和资料库	--	--	--
关键岗位员工	集团公司关键岗位、涉及法律风险的员工	合规培训、登记补充有关法律和资料库	合规评价	--	--
部门领导	各级部门领导同时也是关键岗位员工角色	合规培训、登记补充有关法律和资料库	合规评价	--	--
综合评价被评人	各级单位领导班子同时也是部门领导角色	合规培训、登记补充有关法律和资料库	合规评价	综合评价（被评价人）	--
合规管理人员	负责具体合规业务的专业人员	合规培训、登记补充有关法律和资料库	合规评价	综合评价（评价）	合规风险评估、档案、责任追究、统计报表等
合规部门主管	负责合规业务的主管领导、总法律顾问	合规培训、登记补充有关法律和资料库	合规评价	综合评价（审核）	合规风险评估、档案、责任追究、统计报表等

（二）企业合规信息管理的流转机制

企业合规信息管理的流转机制是企业合规信息管理的核心之处，其主要是指企业合规信息从收集、整理、研判、审核、使用、发布等各个阶段的规范总和。具体而言：其一，规范企业合规信息的收集程序，即企业应当明确企业合规信息收集的主体、程序以及具体范围等。其二，规范企业合规信息的整理程序，即企业应当制定明确的企业合规录入规范，统一合规信息的录入时间、录入栏目、录入格式以及录入程序等。其三，规范企业合规信息的研判程序，即企业应当制定科学、合理的企业合规信息研究和判断标准，按照"去伪存真""去粗取精"的基本要求，及时剔除无用信息等。其四，规范企业合规信息的审核程序，即重要的合规信息在使用或者发布前必须经过合规专业人员的审核并签署审核意见；此外，所有合规信息应当定期进行全面的合规检视，发现合规问题及时纠正修改，清理未经审核不适宜归档的非

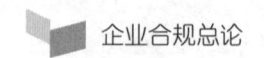

正式信息。其五，规范企业合规信息的发布程序，即对外发布的合规信息仍需要经过企业合规负责人或者企业领导层的审查和批准。此外，若发现已发布的合规信息存在问题，应当及时启动所谓的"脱敏"机制，立即予以删除并做好相关的解释和处置工作，最大限度地消除不良影响。

三、企业合规信息管理的保密机制

企业合规信息管理的保密机制主要是指企业合规信息在具体流转过程中应当符合相关涉密管理规定，甚至有的敏感的合规信息还需要在一定的秘密环境中运行，防止因合规信息泄露而引发其他相关问题甚至诱发企业经营危机等。企业合规信息在获取、传递、保存、使用等流转过程往往存在着损毁灭失、差错篡改、违规使用和泄露窃取等风险，为了保持合规信息的可用性、完整性、保密性和安全性，必须建立必要的合规信息管理的保密机制，在具体的合规实践中可考虑采用如下措施：①涉密岗位员工签订附加保密协议，并同意企业必要时可以对其采取特定的行为监测措施；②建立合规信息密级划分标准并在显著位置添加统一标识；③企业合规信息分发、使用和保存严格对应授权指定人群；④建立职责分离、系统隔离、财务隔离、"跨墙"管理等配套信息隔离制度；⑤强化信息系统、通信设备及办公自动化信息设备、设施管理；⑥强化合规信息、业务连续性计划及灾备恢复管理力度；⑦强化合规信息安全保密职责落实、监测检查和问责考核力度。[1]

四、企业合规信息管理的时效机制

企业合规信息管理的时效机制主要是指企业对于各类合规信息的保存期限的具体规范。针对不同种类的合规信息，根据合规信息的价值大小、企业发展的实际情况以及外部监管的具体要求等各个因素进行综合考虑，来具体设定企业合规信息的时效。笔者建议，一般可将企业合规信息管理的时效大致分为三个档次：五年、十年和长久。在企业合规信息达到相应的上限标准后，企业合规部门应及时提请合规负责人同意后，依法依规予以清除。

---

〔1〕 参见王志乐主编：《企业合规管理操作指南》，中国法制出版社2017年版，第182页。

第五章
企业合规文化论

从我国企业合规具体实践来看，关于企业合规文化建设的相关问题一直备受关注。随着现代企业理念和制度不断发展，企业合规文化的作用越来越重要、功能越来越多元、地位越来越凸显。正如美国著名经济学家彼得斯和沃特曼所论："在经营成功的企业里，居于第一位的并不是严格的规章制度或利润指标，更不是计算机或任何一种管理工具、方法、手段，而是企业文化。"企业合规文化正是企业文化的重要组成部分。一个成熟的企业合规体系不仅表现为企业合规制度的建立和完善，而且表现为企业合规文化的形成和发展。比如，我国《中央企业合规管理指引（试行）》第 27 条明确规定："积极培育合规文化，通过制定发放合规手册、签订合规承诺书等方式，强化全员安全、质量、诚信和廉洁等意识，树立依法合规、守法诚信的价值观，筑牢合规经营的思想基础。"我国《企业境外经营合规管理指引》第八章专门规定"合规文化建设"。其第 29 条"合规文化培育"规定："企业应将合规文化作为企业文化建设的重要内容。企业决策层和高级管理层应确立企业合规理念，注重身体力行。企业应践行依法合规、诚信经营的价值观，不断增强员工的合规意识和行为自觉，营造依规办事、按章操作的文化氛围。"此外，其第 30 条"合规文化推广"规定："企业应将合规作为企业经营理念和社会责任的重要内容，并将合规文化传递至利益相关方。企业应树立积极正面的合规形象，促进行业合规文化发展，营造和谐健康的境外经营环境。"

第一节 企业合规文化的基本概念

企业合规文化属于企业合规基本概念的重要内容之一。与企业合规制度相比，企业合规文化具有根本性、长远性和深层次性的特征。企业合规文化的有效性将不断促使企业由"要我合规"的被动外在动力逐步转变为"我要合规"的主动内在需求。尤其是随着现代市场经济的发展,企业合规文化愈来愈成为企业软实力、综合竞争力的重要载体和表现形式之一。对于我国"走出去"的国有大型企业以及各类民营企业而言,在世界经济舞台上树立和展示积极、良好的合规文化无疑具有重要意义。

一、当前我国企业合规文化概念认知的梳理

我国《合规管理体系指南》将"合规文化"的基本概念定义为,贯穿整个组织的价值观、道德规范和信念,与组织的结构和控制系统相互作用,产生有利于合规成果的行为准则。这一观点实质上是从狭义的角度来理解和界定企业合规文化的,将合规文化的内涵主要表达为企业内在精神层面领域以及外在行为层面领域的内容,是所谓的"知与行的统一",但应当认识到此并非企业合规文化概念内涵的全部内容。

我国《商业银行合规风险管理指引》第6条规定:"商业银行应加强合规文化建设,并将合规文化建设融入企业文化建设全过程。合规是商业银行所有员工的共同责任,并应从商业银行高层做起。董事会和高级管理层应确定合规的基调,确立全员主动合规、合规创造价值等合规理念,在全行推行诚信与正直的职业操守和价值观念,提高全体员工的合规意识,促进商业银行自身合规与外部监管的有效互动。"再比如,我国《保险公司合规管理办法》第4条规定:"保险公司应当倡导和培育良好的合规文化,努力培育公司全体保险从业人员的合规意识,并将合规文化建设作为公司文化建设的一个重要组成部分。保险公司董事会和高级管理人员应当在公司倡导诚实守信的道德准则和价值观念,推行主动合规、合规创造价值等合规理念,促进保险公司内部合规管理与外部监管的有效互动。"还比如,我国《证券公司和证券投资基金管理公司合规管理办法》第4条明确指出:"证券基金经营机构应当树立全员合规、合规从管理层做起、合规创造价值、合规是公司生存基础的理念,倡导和推进合规文化建设,培育全体工作人员合规意识,提升合规管理人员职业荣誉感和专业化、职业化水平。"

上述规范性文件所列的这些观点实质上均是从最狭义的角度来审视"企业合规文化"的主要内涵,将企业合规文化直接等同于合规理念、职业操守、价值观念等。这样的认知和解读并不全面,因为企业合规文化是一个复杂且成熟的完整体系，并不仅仅包括思想理念层面和价值判断层面的相关内容。

二、企业合规文化概念的重新界定

企业合规文化这一基本概念实质上是企业合规和企业文化这两个概念的重叠之处。换言之，企业合规文化是企业合规的下位概念；同时也是企业文化的下位概念。企业合规文化属于企业文化的重要范畴，是影响企业文化发展的重要因子。在真正理解清楚企业合规文化基本概念之前，有必要先对企业文化进行一番解读。

（一）企业文化的基本概念和主要内涵

根据学界的通说，企业文化概念最早出现于美国，是美国的一些管理学家总结日本管理经验之后提出来的。20世纪80年代初，日本经济持续多年的高速增长引起全世界的瞩目。日本企业开始大量进入美国市场，抢走了美国企业在本土的市场份额。为了迎接日本企业的挑战，美国企业界开始研究日本企业的管理方式，而企业文化理论就是此项研究的一项重大成果。

最早提出企业文化概念的学者是美国的管理学家威廉·大内。他于1981年出版了《Z理论——美国企业界怎样迎接日本的挑战》。该书明确提出，日本企业成功的关键因素是它们独特的企业文化。这一观念引起了管理学界的广泛重视，从而吸引了更多的学者和企业家从事关于企业文化的研究。在随后的两年时间里，美国学术界又连续出版三本企业文化的专著，连同威廉·大内的著作一起构成了所谓的"企业文化新潮四重奏"。其中，巴斯克和艾索恩于1981年合著的《日本的管理艺术》、特伦斯·迪尔与阿伦·肯尼迪于1981年合著出版的《西方企业文化》、汤姆·彼得斯和罗伯特·沃特曼于1982年合著出版的《追求卓越》。

从目前研究成果来看，学术界对于企业文化的主要内涵认知和表述仍然比较多元，并未完全得出一致结论。其中代表性的主要观点有两种："企业文化三层次结构理论""企业文化四层次结构理论"。具体而言：

1. 企业文化三层次结构理论

以埃德加·沙因为代表的学者们认为，企业文化是一个群体在解决其外部适应和内部整合问题过程中习得的一系列共享深层次假设的集合，他们在群体中运行良好、有效，因此被群体传授给他们的新成员，并作为解决类似问题时感知、思考和情感体验的正确方式。具体而言，企业文化包括三个层面内容：表层的物质文化、第二层的制度文化和最底层的隐形假设（即核心价值观）。

我国部分学者持"三层次结构理论"，但在具体理解和表述方面略微有些差异。比如，程淑华将其概括为以下三方面内容：其一，表层的企业文化，这是企业文化的外显部分，指的是那些视之有形、闻之有声、触之有觉的文化形象。这些表层的企业文化能给人留下第一印象，使人从中窥察或者感觉到企业职工的精神风貌与职业道德状况，是企业文化的重要组成部分。其二，深层的企业文化，其是企业文化的核心，是企业的灵魂，即主要指渗透在企业职工心灵之中的意识形态，包括理想信念、道德规范、价值取向、经营思想等，即共同持有的价值观。其三，中层的企业文化，主要是介于表层与深层之间的企业文化，主要体现在企业的规章制度、组织机构、企业内部和外部的人际交往行为等方面。[1]

2. 企业文化四层次结构理论

企业文化四层次结构理论认为，企业文化的主要内容从内到外延伸包括四个层面：物质层、行为层、制度层和精神层。其一，物质层，即物质文化，俗称"企业硬文化"，包括企业工作环境、产品和服务、品牌形象等对外形象方面的内容；其二，行为层，即行为文化，主要为企业和员工的思考和行为模式；其三，制度层，即制度文化，其主要包括领导体制、人际关系以及各项规章制度和纪律等；其四，精神层，俗称"企业软文化"，是企业文化的核心，其主要包括价值观念、企业的群体意识、职工素质和优良传统等。[2]

笔者认为，"三层次结构理论"和"四层次结构理论"有诸多相似之处。其一，两者均是从广义的角度来理解企业文化的主要内涵，而非仅从狭义的角度来理解。其二，两者在具体内容的表述方面有着一些共同之处。比如，两者均认可企业文化的核心在于企业价值观等内在精神层面；再比如，两者均注重企业文化的一系列外在表现，诸如产品形象、行为表现、制度建设等各个方面。但从实质上来讲，两者对于企业文化研究的视角存在着显著差异。"三层次结构理论"实质上主要站在企业外部的视角来看待企业文化的主要内

---

[1] 参见程淑华：《小微企业文化建设研究》，浙江大学出版社2021年版，第10页。
[2] 参见王旭东、孙科柳：《企业文化落地：路径、方法与标杆实践》，电子工业出版社2020年版，第15页。

容，而"四层次结构理论"实质上是站在企业内部的视角来审视企业文化的主要内容。相较于"三层次结构理论"而言，"四层次结构理论"对于企业文化主要内涵的解析更为具体、丰富和科学，能够全面、清晰、准确地表达清楚企业文化的主要内涵。

以我国华为公司的企业文化建设为例，结合"四层次结构理论"加以简要分析。其一，在理念层面上，华为公司确定了"以客户为中心、以奋斗者为本"的核心价值观，并明确了奋斗文化的内涵。其二，在制度层面上，以人力资源管理政策为例，华为公司对奋斗者进行了很好的界定。华为公司将员工区分为普通劳动者和奋斗者，两者的区分标准在于员工是否愿意与公司签订包含"我自愿申请成为公司的奋斗者、自愿放弃带薪年休假、自愿放弃非指令性加班费""自愿接受公司调遣、派驻海外"等内容的奋斗者协议。普通劳动者在华为公司获得的回报较少，而且很可能会被边缘化，而对于签署了奋斗者协议的员工，华为公司在奋斗的机会、薪酬待遇及升迁机会上都会给予倾斜。此外，华为公司还将奋斗者分为一般奋斗者和卓有成效的奋斗者，两者在升迁机会、工资、奖金、股票等激励措施上也会显示出差异。其三，在行为层面上，华为公司制定了奋斗者的行为规范和"军规"，划定了奋斗者的行为红线，对奋斗者的行为进行约束。其四，在物质层面上，华为公司通过编写书籍《以奋斗者为本》、借助合适的机会发放艰苦奋斗奖等措施，广泛传播华为文化，提升华为文化的影响力。华为公司还在内部设置了许多奖项，如华为奋斗奖、持续奋斗奖、人均效益改善突出团队奖、优秀产品拓展团队奖、优秀交付拓展团队奖等近百个奖项，激发更多员工成为奋斗者。[1]

（二）企业合规文化的基本概念和主要内涵

结合企业文化概念，笔者主张应当从广义的视角来审视和解读企业合规文化的基本概念。企业合规文化可分为四个层面内容：物质层面内容、制度层面内容、行为层面内容以及精神层面内容。这四个层面内容相互协调和补充，共同完整地表达了企业合规文化的主要内涵。具体而言：

1. 企业合规文化的物质层面内容

企业合规文化的物质层面内容主要是指企业合规文化能够展示在外而被

---

[1] 王旭东、孙科柳：《企业文化落地：路径、方法与标杆实践》，电子工业出版社2020年版，第15页。

企业员工及社会公众所直觉感知的一系列物质表达。比如，张贴企业合规宣传海报、拍摄企业合规宣传视频、发放企业合规宣传资料、打造企业合规形象大使等。企业合规文化的物质层面内容代表着企业合规形象，被视为企业合规文化的"外衣"，是社会公众直接了解企业合规文化建设的有效载体和纽带。越是成熟的企业，越是注重对企业合规文化的物质层面内容的丰富。当然，一个企业拥有物质层面内容并不意味着就有完整意义上的企业合规文化。

2. 企业合规文化的制度层面内容

企业合规文化的制度层面内容是指企业合规文化在企业合规制度中的具体规定和相关阐释。随着企业合规建设的深入发展，越来越多的企业开始重视企业合规文化建设，并在本企业的合规制度中加以明确规定。以美国沃尔玛公司为例，由山姆·沃尔顿所缔造的以物美价廉、优质服务著称于天下的沃尔玛于2002年登上了世界500强第一的宝座。这也是零售业第一次超越汽车、能源等高利润行业而登上《财富》榜首，堪称奇迹。沃尔玛之所以成功，其中之一就是包括合规文化在内的企业文化的有效建立。山姆·沃尔顿为公司制定了三条座右铭："顾客是上帝""尊重每一个员工""每天追求卓越"。[1]这既展示整个沃尔玛企业文化的精华所在，其实也是沃尔玛企业合规文化的生动体现。

（三）企业合规文化的行为层面内容

企业合规文化的行为层面是指企业合规文化在企业员工行为模式和实践中的具体作用和相关表现。企业合规文化的行为层面内容是企业合规和企业合规文化有效性的集中体现。只有将企业合规文化落实到包括管理层内在的每位员工的行为规范上面，才足以证明企业合规文化真正起到了实实在在的作用。

（四）企业合规文化的精神层面内容

企业合规文化的精神层面是企业合规文化概念的内核，其主要包含以下四方面内容：一为企业合规愿景；二为企业合规价值观；三为企业合规意识；四为企业合规思维。具体而言：

1. 企业合规愿景

通俗意义上讲，所谓的"愿景"就是所向往的前景。它是一种意愿的表

---

[1] 任志宏、杨菊兰：《企业文化：管理思维与行为》，清华大学出版社2013年版，第35页。

达,其概括了未来目标、使命及核心价值,是哲学中最核心的内容,是最终希望实现的图景。对个人来说,愿景就是个人在脑海中所持有的意象或者景象。对于一个组织来说,愿景必须是共同的,是组织成员所共同持有的意象或者景象。具体到企业而言,企业愿景是指一种描述组织目的、使命和未来理想状态的概况性的图景。比如,20世纪50年代初,当索尼还是一家未发展壮大的企业时,它宣称的目标是"成为最知名的企业,改变日本产品在世界上的劣质形象。"索尼所宣称的目标就是企业愿景的集中体现。[1]进一步讲,企业合规愿景就是指企业描述自身合规发展目标和未来理想状态的概括性愿望。企业合规愿景是企业合规文化的精神层面的根基,是指引企业合规文化发展的"导航灯"。

2. 企业合规价值观

所谓的企业合规价值观,主要是指企业尤其是企业管理层对于一系列企业合规建设等所持的最基本的内心认识和主要态度。正所谓,"理念决定思路"。企业及其管理层的合规价值观是合规文化的首要部分和最基本内容,是直接主导和影响企业合规文化发展的关键因子。只有企业管理层从内心深处,高度自觉地认同企业合规的存在和发展的重要价值和实践意义,才会在行动上真正地去支持本企业的合规建设。因此,在某种程度上,企业合规价值观是整个企业合规文化培育与发展的动力之源。

3. 企业合规意识

企业合规意识是指企业全体员工所共同秉持的对于企业合规制度与实践的内心自觉反映。正如前文所述,企业员工既是企业合规建设的实践者,也是企业合规成果的受益者,是推动企业合规发展的重要力量。从这个角度来讲,企业及其员工的合规意识是合规文化的主体部分,其决定了合规文化的最终落实效果。因此,企业合规意识是企业合规精神层面中最主要的内容。在一个拥有成熟的合规文化的企业里,企业合规意识是每位企业员工的文化"DNA"。

4. 企业合规思维

作为企业合规文化重要组成部分的合规思维主要是指企业管理层、业务部门、员工以及合规专业团队在面对合规问题以及处理具体事务时的具体的

---

[1] 参见杨刚、陈国生、土志章主编:《现代企业文化理论与实践》,西安电子科技大学出版社2009年版,第23~24页。

合规思考方式。企业合规思维被视为企业合规精神层面关键部分，是从合规意识外化为合规行为的"桥梁"。因此，从这一角度而言，企业合规思维被视为企业合规文化得以有效落实的重要保障，贯穿于企业合规实践过程的始终。

第二节 企业合规文化的基本特征

企业合规文化作为企业文化的重要组成部分，既与其他企业文化有着共同之处，也存在自己独特的运行规律，体现出鲜明特色。概括起来，企业合规文化的基本特征表现为以下四项主要内容：发展性与稳定性的统一、共同性与多元性的统一、独自性与融合性的统一、外表性与深层性的统一。

一、发展性与稳定性的统一

企业合规文化的发展性是指合规文化是随着企业的建立和发展而产生和发展的，并非突然发生或者一蹴而就的，合规文化的建设应当遵循企业逐步成长与发展的基本规律，一般不会出现所谓的"跳跃式"发展。企业的成长与发展具有一定的规律性和周期性，其需要经历成立期、发展期、成熟期等不同的发展阶段和时期。换言之，并非一个企业成立之初就存在所谓的"合规文化"。企业合规文化必须历经漫长的发展过程才得以有效建立和深层发展。合规文化犹如根植在企业土壤里的种子，需要经历生根、发芽、成熟之后，才会结果。一般而言，企业合规文化建设由三个阶段组成：服从阶段、认同阶段和内化阶段。[1]在不同阶段，合规文化也会呈现出不同的阶段性。一般而言，越是成熟的企业，越是具有强大的合规文化底蕴和丰富的合规文化内涵。企业合规国际标准暨我国国家标准《合规管理体系指南》第6.3.2.3条详细列明了支持合规文化发展的因素，具体梳理如下：①合规价值观：企业应有清晰的价值观系列；②合规从管理层做起：管理层积极实施和遵守价值观；③平等原则：不论职位，处理相似措施时保持一致；④身体力行：合规管理人员在监视、辅导和指导合规管理过程中以身作则；⑤员工聘

---

[1] 第一阶段是服从阶段，即在合规文化培育初期，通过制度流程的管理使得企业部门及人员被动地理解和接受企业合规文化内容；第二阶段是认同阶段，即企业员工认可企业合规文化价值，并开始变为主动地开展合规文化实践；第三阶段是内化阶段，即企业员工真正认可合规文化，并用合规文化来自觉地指导自己的行为实践。

用前合规尽职调查；对潜在员工进行适当的就业前评估；⑥培训：持续进行合规培训（包括更新培训内容），在入职培训或者新员工训练中强调合规和企业价值观；⑦沟通：持续就合规问题进行沟通（包括公开和适当的沟通）；⑧合规考核与评价：考核建立绩效考核体系，考虑对合规行为的评估，并将合规表现与工资挂钩，以实现合规关键绩效措施和结果；⑨激励：对合规管理业绩和结构予以明确认可；⑩问责：对故意或因疏忽而违反合规义务的情况给予及时和适当的惩罚；⑪协同联动：在组织战略和个人角色之间建立清晰的联系，反映出合规是实现企业合规结果所必不可少的。

此外，合规文化的稳定性主要是指企业合规文化在形成之后将会保持一定的稳固状态，尤其是合规文化的精神内涵基本不会轻易发生变化或者重大调整。这是由于当企业发展进入成熟稳定期之后，企业的模式、业务、战略、人员等均会固定下来，导致企业合规文化也会随之处于定型状态，从而呈现出高度稳定性的特征。美国司法部和证券交易委员会曾于2012年指出："一个公司具有健康的合规文化的标准是：组织是否明确鼓励合法合规的道德行为；管理层是否能够真正地认同道德伦理要求，从而创造一个适当的企业文化；管理层是否通过制定实施并遵守适当的行为规范来支持公司的企业文化等。"此外，西门子公司在该公司管理层的合规承诺引领下，逐步达成合规实践的共识，并形成了一套稳定的合规文化体系内涵：其一，弘扬"主人翁文化"处于西门子公司合规工作重点的核心位置，是诚信文化的基石，让员工都做出负责任的行为；其二，合规被视为复杂的挑战和持续的变革；其三，面对多元化的经营环境，西门子公司要求业务活动不仅要遵守多国家的法律制度，而且要以多元化政治、经济和文化框架为准，这些框架不是静态的，而是处于一种不断变化的状态；其四，合规决定着西门子公司业务活动的要求，对外重塑西门子公司的社会形象，对内也影响着员工的日常工作体验。[1]

因此，从某种程度上讲，合规文化的稳定性可以被视为企业发展历史沉淀结果的具体表现之一。当然，这种稳定性并非绝对的，而是随着企业变革的产生，合规文化也会随之发生一定改变或者部分调整。总之，企业合规文化首先呈现出发展性与稳定性相统一的主要特征。

---

〔1〕 姜先良：《企业合规与律师服务》，法律出版社2021年版，第145页。

二、共同性与多元性的统一

企业合规文化的共同性是指不论何种类型、何种规模、何种行业的企业均应具备现代合规文化的共同之处和普遍要求,比如,合规创造价值、人人合规、合规是发展的底线等一系列合规文化理念。企业合规文化的共同性是各个企业、不同行业之间开展企业合规文化交流与互鉴的基础和前提,是合规文化发展的最基本元素。

而企业合规文化的多元性是指每个企业的合规文化并非完全一致,其会随着企业运营的实际不同和客观因素的综合作用而呈现出各自鲜明的特点。这种多元性不仅表现在合规文化的物质层和行为层,而且表现在合规文化的制度层和精神层,从而使得合规文化的外在表现和直观感受给人留下丰富多彩的印象。比如,与其他行业和企业相比,对于影视娱乐行业和企业而言,其往往对从业人员的道德合规要求较高,尤其是一些明星等公众人物的个人素质、公共形象非常重要。这体现在合规文化的个性方面,就需要着力强化影视娱乐行业的道德合规文化建设。比如,在制度文化层面,可考虑在签订合同时强调相关人员的具体责任。笔者曾草拟的合同就明确约定:"甲方应确保在甲方或甲方委托的第三方与本片的主创人员签订的聘用协议中明确约定:如本片主创人员(包括导演、编剧、监制、演员等)有触犯刑法、治安管理处罚条例、违背公共道德造成不良影响或其他法律、法规、政策或相关行政主管机关通知、决定及命令,或政治立场不明确等情形,而给本片投资方造成损失的(包括但不限于更换主创人员、造成拍摄超支超期、影响本片商务植入或宣传发行、导致本片无法按时上映或上映后停映等),相关主创人员应赔偿因此给本片投资方造成的全部损失。甲方保证可以根据其与主创人员签署的相关聘用协议,要求相关主创人员赔偿给本片投资方造成的经济、名誉等损失,并不得怠于向相关主创人员进行追偿。"

因此,从这一角度来讲,企业合规文化不仅具有共同性特征,而且表现出多元性特征,是共同性与多元性的辩证统一。

三、独自性与融合性的统一

企业合规文化的独自性是指合规文化的生成具有自身独特的路径选择,体现着自身的价值和意义。与其他企业文化相比,合规文化的建设和发展道

第五章　企业合规文化论

路往往更为复杂和曲折，也更具所谓的"技术含量"，其不仅是表面的口号性宣誓，而且具有各种详尽的内在规范要求。此外，合规文化和合规制度紧密相连、相互融通，两者共同组成了"企业合规大厦"的"支柱"。这均决定了企业合规文化具有相对的独自性特征。

但企业合规文化的独自性并不代表其完全独立于整个企业合规的实践。恰恰相反，合规文化只有在企业的具体运行中才会保持旺盛的生命力和强大的驱动力。合规文化的融合性主要是指合规文化并非横空出世的，其不仅会受到企业内部环境的各种影响，而且会受到来自企业外部环境的种种制约，[1]以至于合规文化与企业内外部环境往往会产生高度的融合。

因此，在一定程度上讲，企业合规文化是企业内外部环境共同作用和影响的真实写照，其蕴涵着独自性与融合性相统一的显著特征。

四、外表性与深层性的统一

企业合规文化的外表性是指合规文化能够被外界所直接感知和了解的相关内容。越是成熟的企业就越注重合规文化外表性问题，其总是不断地向外界展示本企业合规文化建设的良好形象和种种成果，以求赢得社会公众对企业的信赖和尊重。美国学者哈里森·特莱斯和贾尼斯·拜耳在《工作组织中的文化》一书中提出企业组织文化的形式包括象征、语言、叙事和实践。其中象征可以分为物件、环境和代表人物。物件主要指的是徽标、旗帜、印章和证书等。环境包括物理环境、装饰、办公室的布局、制服等。语言包括标语、口号、手势、歌曲、笑话等。而叙事包括故事、传奇等。实践包括所谓的仪式、禁忌、典礼等。例如，美国耐克公司推出最重要的技术创新产品气垫鞋后，起初使用了体育明星代言的方式，但效果并不理想，没有对公司收入产生巨大影响。在推出气垫鞋十年后，耐克公司改变了营销策略，不再强调气垫鞋在技术上多么先进，也不再强调有多么专业，而是把耐克鞋塑造成

---

[1]　企业环境主要分为外部环境和内部环境。其一，外部环境具体分为宏观环境和微观环境。宏观环境是指能影响某一特定社会中一切企业的一般环境，对企业的影响比较间接，主要包括政治法律环境、社会文化环境、自然环境、技术环境、经济环境。微观环境是指能更直接影响某个企业的具体环境，主要是产业环境和市场环境。其二，内部环境是指小微企业内部的物质、文化环境的总和，包括企业资源、企业能力、企业文化等因素，是组织内部的一种共享价值体系。参见程淑华：《小微企业文化建设研究》，浙江大学出版社2021年版，第73~77页。

一种个人拼搏精神。而这种精神则有效地借助文化故事的载体来表达：它的口号是"Just Do It"（想做就做）。广告里的人面对的是某种严苛的挑战，例如艰苦的场地、作为弱势群体受到社会歧视，他们凭借个人拼搏精神克服了这些障碍，最终赢得胜利。耐克公司通过上述企业精神的具体外化，从而成功地满足了消费者对这种个人拼搏精神的渴求。[1]其实，上述企业文化理论研究内容和文化实践经验对于合规文化而言同样适用。合规文化的外表性需要通过各种外在的形式和载体予以形象地表达出来。比如，企业可以通过本企业合规文化形象大使的塑造和展示，以便使得全体员工和社会公众更加近距离和感性地了解企业合规文化的内涵。

而企业合规文化的深层性是指合规文化本身所具有的独特内核。合规文化是在长期经营活动中逐步形成的共同价值观、共同行为准则、共同价值取向。越是成熟的企业就越具有丰富而饱满的合规文化精神内涵，同时，这种精神内涵会散发出源源不断的前进动能，为企业合规具体实践和长远发展提供有效支撑和强大保障。"我们应培养这样的理念：要建设的合规文化应当是具有生命的，而不是一个毫无生命力的框架。所谓具有生命是指我们的合规文化不应仅停留在员工守则、领导讲话和培训课程里的相关理论，还应渗透在企业的各种日常活动中，包括业务管理、运营管理和人事管理等，实实在在地影响着企业每一位员工的操作原则和日常管理决策。"[2]

因此，企业合规文化正是外表性与深层性相统一、相协调的整体。若一个企业只有所谓的合规口号、合规宣言、合规形象，这并不能代表该企业就具有真正意义上的合规文化。在判断一个企业合规文化是否真正建立之时，就主要看它是否真正有效地做到了"形神兼备""形神一体"。

第三节 企业合规文化的基本功能

企业合规文化的功能是企业合规文化存在和发展的价值所在，企业合规文化的功能是指企业合规文化在企业运行过程尤其是企业合规实践中所能发挥的具体功效和价值。通过对企业合规文化的功能进行深入研究和理性分析，

---

[1] 参见张勉：《企业文化简论》，清华大学出版社2019年版，第47页。
[2] 黄胜忠、郭建军主编：《合规管理理论与实务》，知识产权出版社2020年版，第136页。

有助于进一步促进企业合规理论的发展和企业合规实践的开展。

概括起来,企业合规文化的基本功能主要包括五个方面内容:凝聚功能、导向功能、激励功能、互动功能和辐射功能。

一、凝聚功能

企业合规文化的凝聚功能,也被称为整合功能,其主要指企业合规文化对于各方力量和资源在企业合规建设方面所具有的强力的黏合和统一作用。作为企业文化重要组成部分的合规文化,是一种正面的积极的健康的符合企业可持续发展的文化样式,其能够有效地将每位企业管理层和员工的不同思想统一起来,逐步达成企业合规建设的普遍共识,并在企业内部营造浓厚的合规氛围,从而促进企业合规建设的不断深入发展。尤其对于新员工而言,合规文化所具有的强大凝聚功能往往能够促使其尽快融入企业合规的具体实践中来,充分了解企业合规的各项内容并发挥积极作用。

二、导向功能

企业合规文化的导向功能主要是指合规文化对于企业发展、员工思维和行动所能够发挥的有效指引作用。具体而言,其一,企业合规文化对于企业及员工在价值观等精神层面的鲜明导向功能,使其能够充分认识到企业合规建设的重要意义和价值所在,从根本上有效地引导企业及员工树立起现代合规理念与意识,真正实现由"要我合规"变为"我要合规",主动履行相关的合规义务;其二,企业合规文化对于企业及员工在业务模式选择和具体行为活动等行为层面的导向功能,即通过科学的企业合规流程操作来有效地引导和规范企业及员工的各项行为,有效地防范和化解合规风险,进而促进企业的可持续发展。

三、激励功能

企业合规文化的激励功能是指合规文化对企业内部员工和社会公众的合规行为的肯定和褒奖之功效。一方面,合规文化能够鼓舞员工振奋精神、增强信心,营造"合规光荣、违规可耻"的合规氛围,不断激发企业全体员工参与企业合规建设的积极性、主动性和创造性;另一方面,合规文化能够激发社会公众参与企业合规建设的热情度,以鼓励更多的社会公众了解合规、关注合规、参与合规和支持合规。

四、互动功能

企业合规文化的互动功能主要是指合规文化能够有效地促进各项合规资源在企业内部以及企业外部之间的双向融通和彼此交流。具体而言，一是合规文化能够促进企业内部互动，即合规文化可以有效地促进企业内部各分支机构、各部门以及员工之间在同一合规平台和话语体系下实现良好沟通、交流与协作，从而更好地实现各项合规资源在企业内部的科学配置；二是合规文化能够促进企业对外互动，即合规文化能够有效地协调企业与社会之间的关系，使得企业发展与整个社会的发展方向和要求相一致，并从社会中获得企业发展所需要的各种资源，从而为企业发展服务。同时，整个社会也会成为企业合规的最终受益者。

五、辐射功能

企业合规文化的辐射功能是其重要的辅助功能之一，其主要是指企业合规文化具有不断地向外传播、输出和扩散的作用和能量。这具体表现在企业内部之间、各个企业之间、企业与社会之间均具有感染和辐射之效能。企业合规文化的辐射功能促进了各项企业合规信息之间的不断交流和贡献，从而起到了互相影响、互相学习和互相借鉴的良好作用，不断推动自身企业合规文化的发展与建设，最终实现合规建设由"点"到"面"的不断展开和深入发展。

第四节 企业合规文化的建构路径

正如前文所述，作为企业文化重要组成部分的企业合规文化，其形成和发展必然经历一个较为漫长且复杂的过程，并非一蹴而就的，也并非一成不变的。建构现代化的企业合规文化体系和氛围需要各种主客观因素共同作用来予以达成。具体来讲，现代化企业合规文化的建构路径主要包括以下层面：

一、观念先行：企业高层领导的高度重视

企业管理层处于企业整体人员组织架构层级的顶端，是企业设立、发展

和成熟的"领军人物""灵魂人物""核心人物";同时也是企业合规和合规文化的积极发起者、大力倡导者和率先实践者。巴赛尔银行监管委员会于2005年4月29日制定的《合规与银行合规部门》明确指出:"合规应从高层做起。当企业文化强调诚信与正直的准则并由董事会和高级管理层作出表率时,合规才最为有效。"正如有学者所论:"董事会或者类似的企业最高管理层在决定机构的合规方向上起到关键作用。当董事会确认企业需要合规时,这种确认本身已向企业的所有人发出明确且强有力的声音,并为业务和员工的行为指引了清晰的方向。董事会这种确认和态度可以在企业的价值观和员工行为准则之中反映出来。"[1]

因此,从这一角度来讲,企业高层领导的高度重视是企业合规文化建设的前导和基础。他们在企业合规文化建设过程中往往发挥着关键的示范作用、引领动力和"头雁效应"。比如,原保监会制定的《保险公司合规管理办法》第4条第2款明确指出:"保险公司董事会和高级管理人员应当在公司倡导诚实守信的道德准则和价值观念,推行主动合规、合规创造价值等合规理念,促进保险公司内部合规管理与外部监管的有效互动。"

二、制度保障:企业合规文化的制度完善

企业合规文化若想获得长远发展,必然需要企业制度的刚性支持、有力保障。否则,很难形成真正意义上的现代化的成熟的企业合规文化。实践表明,越是成熟的企业越是注重从各项企业制度层面上来为企业合规文化建设和发展来保驾护航。因此,企业合规文化建设应被有效地纳入企业发展战略规划和具体制度之中,以"看得见"的方式实现落地、生根、开花和结果。

第一,从宏观战略层面上予以明确企业合规文化发展的重要意义,从而引起全体员工和社会公众的共鸣和支持。可以说,企业战略层面的明示就是合规文化建设和发展的"宣言书"。比如,中国石油董事长在《诚信合规手册》中开篇致辞:"我们始终秉持'奉献能源、创造和谐'的企业宗旨,坚持诚实守信、依法合规的价值观,努力为社会创造财富、促进和谐。实践证明,诚信合规是企业发展的基石,是公司有质量有效益可持续发展的坚实保障。继往开来,我们清晰地认识到,公司的卓越声誉和持续发展更加有赖于

---

[1] 参见王志乐主编:《企业合规管理操作指南》,中国法制出版社2017年版,第160页。

诚信合规。我们将坚持诚信合规优先于经济利益的理念，让诚信合规涵盖经营管理各领域、业务活动各环节、全体员工各岗位。"第二，从微观操作层面上予以明确企业合规文化建设的实施细则，从而切实保障企业合规文化建设真正做到有规可循、有章可遵。具体来讲：一是切实明确企业合规文化建设的发展目标，做到短期目标与长远目标相结合，科学谋划企业合规文化的发展之路；二是切实明确企业内部各层级人员在合规文化建设中的主要职责，尤其是高级管理人员、内部合规部门的具体人员，切实抓住企业合规文化建设的"牛鼻子"，真正做到"以点带线""以线成面"；三是切实明确企业合规文化建设的保障措施，主要包括人员保障、财物保障、场地保障等，从而有效地解决企业合规文化建设的各项后顾之忧；四是切实明确企业合规文化建设的奖惩措施，既要注意奖励合规文化建设的先进部门和个人，又要注意落实对合规文化建设不力的人员必要的惩罚，从而推动企业合规文化建设成果的真正落实；五是切实明确企业合规文化建设的检查和反馈措施，即定期地对企业合规文化建设成果进行系统性的审视和检查，并针对突出问题向有关责任人员进行及时反馈、督促整改，达到"回头看"的良好效果。

三、全员参与：企业全体员工的有效参与

全体企业员工是企业的主体部分，是企业发展的生力军。从本质上讲，企业合规文化是企业全员文化，而非企业领导人个人文化。正如有论者所言："合规文化，人人有责。企业作为一个组织，是由个人所组成的。因此，合规文化的基本单元是个人的自觉性。"[1]从这一角度来讲，全体企业员工既是合规文化的努力实践者，也是合规文化的最终受益者。只有全体企业员工积极参与到企业合规文化建设和发展的过程中来，企业合规文化才会如参天大树一般根基深厚、枝繁叶茂。比如，原保监会制定的《保险公司合规管理办法》第 4 条第 1 款明确指出："保险公司应当倡导和培育良好的合规文化，努力培育公司全体保险从业人员的合规意识，并将合规文化建设作为公司文化建设的一个重要组成部分。"再比如，证监会制定的《证券公司和证券投资基金管理公司合规管理办法》第 4 条明确提出："证券基金经营机构应当树立全员合规、合规从管理层做起、合规创造价值、合规是公司生存基础的理念，倡导

---

〔1〕 黄胜忠、郭建军主编：《合规管理理论与实务》，知识产权出版社 2020 年版，第 135 页。

和推进合规文化建设,培育全体工作人员合规意识,提升合规管理人员职业荣誉感和专业化、职业化水平。"

因此,企业必须动员全体员工参与到企业合规文化建设中来。其一,按照系统性、针对性、专业性、实用性和多样性的基本原则,既注重对老员工进行合规文化的持续性培训;又注重对新进员工进行合规文化的初始培训,不断统一和强化全体员工的合规文化理念、思维和意识,不断规范全体员工的合规文化行为模式。其二,可考虑从企业内部精心挑选一批形象好、素质高、自我要求严格的企业合规形象大使,作为展示企业合规文化建设成果的宣传者,切实做到"以身边人教育身边人、以身边事指引身边事",不断优化企业合规文化建设的成效。

四、内外兼修:各层合规文化的全面统筹

正如前文分析,企业合规文化是一个有机的统一整体,其主要包含了物质层面、制度层面、行为层面以及精神层面四方面内容。在企业合规文化建设过程中,若缺少上述任何一层面内容,都将是不完整的。企业合规文化建设需要内外兼修,不仅要求以"看不见"的方式根植于全体员工内心深处,而且要求以"看得见"的方式展示在全体员工和社会公众面前。

为此,企业合规文化建设应重点从以下四个方面努力:其一,加强企业合规文化物质层面的建设,即通过各种物质载体的形式积极宣传企业合规文化的精神内涵和系列成果,比如张贴合规宣传海报、制作合规宣传故事视频等;其二,加强企业合规文化制度层面的建设,通过企业合规制度的形式不断固化企业合规文化建设的各项经验,比如,专门制定企业合规文化建设的内部规范性文件以及考核标准要求等;其三,加强企业合规行为层面的建设,通过不断地指引和规范企业员工的合规行为来充分体现企业合规文化建设的具体成效;其四,加强企业合规文化精神层面的建设,通过不断挖掘企业合规文化精神层面的精髓所在,丰富企业合规文化的体系内容,从而全面推动企业合规文化的大建设和大发展。

第六章 企业合规组织论

企业合规组织主要是指企业在本企业内部建立的开展合规工作所应具备的一系列结构、部门和人员的总称,该组织要在企业内部全面、有效地明确合规工作内容,完善合规运行机制,加强合规风险识别、分析、评估和处置,培育合规文化等一系列合规工作。企业合规组织作为企业合规运行的具体载体,其设置科学与否已经成为衡量企业合规科学性和有效性的重要外在评价标准之一。企业合规组织论主要是研究合规组织设置的基本原则、合规部门建立的主要模式、企业内部合规职责的具体分配等一系列基础理论。

第一节 企业合规组织设置的基本原则

企业合规组织设置的基本原则主要是指企业在设置合规部门、划分企业合规职权时所应遵循的基本理念和准则,其主要包括以下五方面内容:科学性原则、独立性原则、适当性原则、责任性原则与协调性原则。

一、科学性原则

科学性原则是指企业在设立合规组织时应遵循企业合规运行的基本规律,切实结合企业合规管理的实际需要和情况,从而科学地制定合规机构的设置方案。具体而言:首先,企业应当根据法律法规的具体要求,重点参考各项合规管理规范性文件的相关内容,建立符合行业标准和企业标准的内部合规组织。其次,企业在建立合规机构时应充分考虑本企业的实际情况、业务模式、地域范围等企业经营因素,在确保企业能够正常运行的基础上建立一套符合科学的合规组织体系。再次,企业应注重分析本企业运营过程中可能出现的合规风险、企业内部的高危环节或职位,针对相应的环节、部门、人员,建构起能够满足本企业合规需要、发挥合规管理作用的合规组织。例如，中兴公司开展的专项合规计划就包括在企业中建立由总裁直接领导的合规管理委员会，在合规管理委员会的领导下，各业务单位、合规专业部门与合规稽查部各司其职，协调配合，构成中兴公司合规风险管理的三道防线，这样的组织制度设置遵循了科学性原则的基本要求，结合了中兴公司自身的实际情况，建立能够有效运行的组织制度，使中兴公司的合规计划成了业内合规制度的标杆。[1]因此，从这一角度来讲，科学性原则是企业合规组织设立的首要原则。

二、独立性原则

独立性原则主要是指企业在设置合规组织时，应保证合规组织的信息传达路径是独立的、垂直的，这样的组织设置才能保证当违规行为发生时合规管理组织能够排除部门、组织内部的各项干扰，迅速、及时地将合规情况传递到企业合规管理最高层。

因此，独立性原则是企业合规组织设立的核心原则。只有将合规管理委员会置于独立地位，使其直接向董事会负责，不受其他管理部门的掣肘，才能发挥有效的合规监管作用。同时，独立性原则还要求合规组织在设置时应被授予充足的权力，合规管理工作涉及政策规范的制定，对部门、人员的监督、管理和问责，如果没有足够的权威，合规组织的工作必然难以开展。最后，合规组织的设置应保证其具有充足的合规资源，包括人员、经费、设备等物质资源，使其无须受制于其他部门，充分保证其独立地位。当然，需要强调的是，企业合规组织设立所要求的独立性是相对独立，而非绝对独立，其应当在企业管理最高层的领导下依法依规开展具体的合规工作。

三、适当性原则

合规组织在设置时要遵循适当性原则，即要求合规组织的建立不能过于繁杂或简单，过于繁杂则会增加企业负担，导致额外的经营成本，甚至造成物质、人力资源的浪费；过于简单则会导致企业合规工作无法有效开展，造成企业合规风险剧增。

---

[1] 参见陈瑞华：《企业合规基本理论》（第2版），法律出版社2021版，第154页。

企业合规总论

因此，企业在设置合规组织时应充分考虑企业的自身情况，确保合规组织架构与本企业实际情况相一致，进而尽可能实现各项合规资源的最优化配置。如自身规模较大、合规风险较高的企业，应考虑建立全面、完善的合规管理体系，从决策层、管理层、执行层一一着手，设置完善的合规组织架构。对于规模较小，合规风险较低的企业，则考虑针对重点部门或职位，由法务、审计等部门承担合规职责。

四、责任性原则

责任性原则是指企业合规组织的设置应当以保证合规责任体系的有效落实为目标之一，明确合规组织内部成员的各项责任内容。合规组织的设置不仅包括合规权力的划分，还应包含合规风险的承担、相应责任义务的履行。以西门子公司为例，其早在2007年初就开始建立以"防范、监察、应对"为责任框架的合规组织体系。其一，"防范模块"的组织职责主要为合规风险管理、政策和流程、培训和沟通、建议和支持、与人事流程相结合、联合行动等；其二，"监察模块"的组织结构职责包括"Tell Us"举报平台和督察官、合规控制、监督与合规审查、合规审计、合规调查等；其三，"应对模块"的组织结构职责主要为不当行为的后果、整治、全球案例追踪等。[1]

责任性原则也是我国国资委颁布的《中央企业合规管理指引（试行）》所规定的一项基本合规管理原则。其一，责任性原则要求合规组织设置时应确立企业的合规责任人，并建立全员合规责任制，明确管理人员和员工的合规责任，以此进行督促落实；其二，责任性原则要求企业在组织设置时应明确各组织的合规风险与合规责任，建立违规问责制度和违规责任范围，一旦出现不合规行为，要以合规责任为依据进行问责；其三，责任性原则要求在组织设置时应注意开展对各组成部门的合规考核，加强对重点部门、人员的合规监督管理。

五、协调性原则

协调性原则主要是指企业合规组织的设置应当实现上下级之间的纵向协调一致和同层级之间的横向协调一致，从而形成一个内部循环畅通、运转科

---

[1] 参见王志乐主编：《企业合规管理操作指南》，中国法制出版社2017年版，第154页。

学高效的有机整体。

具体而言，协调性原则主要包含两方面的具体要求：其一，企业设置合规组织时应确保纵向的合规管理组织形成明确的上下级隶属关系，一个下级机构只能接受一个上级机构的命令或指挥，以便实现企业合规制度运行的统一行动、统一命令；其二，在横向的部门间关系上，同一层级的合规管理机构要同相关部门，如审计、内控、纪检监察等部门保持统一协调的关系，以实现企业合规制度与企业业务运行的有效联动。统一的合规管理体系能够为企业建立起宏观、完整的合规组织框架，并就企业合规管理的基础、共性问题进行管控。[1]此处，仍以西门子公司合规组织架构为例，其建立起来了三层级的合规组织，第一层为最高层，即法律与合规事务委员会，其设置在西门子公司最高执行委员会内，其主要职责是合规制度的制定和决策事宜；第二层为首席合规官，首席合规官向西门子公司法律总顾问汇报工作，领导其他合规官的工作以及负责西门子公司总部合规办公室的日常工作；第三层为集团和区域合规官，即在各个集团和80多个地区公司中，西门子公司均任命了各自的集团合规官或者区域合规官，其在其他合规员工的协助下来具体负责各自领域内的合规计划执行事宜，并向首席合规官汇报工作。[2]

第二节 企业专职合规部门设置的主要模式

企业专职合规部门主要是指企业中专门从事一系列日常合规管理工作的内设组织机构。从狭义上讲，企业合规部门就是指企业专职合规部门。企业专职合规部门的主责主业为聚焦和推动整个企业范围内全面合规工作的开展。在当前我国企业合规改革中，有地方称之为合规综合部门，有地方称之为合规管理综合部门，还有地方称之为合规牵头部门、合规牵头管理部门等，其均指的是企业内部的专职合规部门。

企业专职合规部门设置得科学与否直接关系到企业合规工作质效以及企业可持续性发展等重大问题。企业专职合规部门在设置时应当考量的主要因

---

〔1〕 刘相文等：《中国企业全面合规体系建设实务指南》，中国人民大学出版社2019年版，第74页。

〔2〕 参见王志乐主编：《企业合规管理操作指南》，中国法制出版社2017年版，第154页。

素包括内外两个层面内容：其一，内部层面的考量因素。内因是主因，从根本上决定着事物的发展方向。在企业专职合规部门设置中，首先应当考量以下具体的内部因素：一是企业合规风险高低程度问题；二是企业的实际规模以及管理结构；三是企业发展所处的基本阶段情况；四是企业的业务种类、范围以及领域；五是企业的总体运营成本和财务情况等。这些均是影响企业专职合规部门设置模式的重要考量因素。其二，外部层面的考量因素。外部层面的考量因素对企业专职合规部门的设置也具有很大影响。外部层面的考量因素主要包括：一是企业所面临的外部市场经济环境；二是企业所面临的政治环境以及国家政策；三是监管机关以及行业协会的相关要求等。以涉案企业的合规组织设置为例，其必须按照监管机关或者司法机关的要求来改造或者重设。

为了保证企业专职合规部门的独立性和合规工作的有效性，无论设置何种类型模式，均应注意以下内容：①确保专职合规部门有效地、实际地参与到企业合规中来，顺利履行合规职责；②确保专职合规部门能够有条件地、独立地开展合规管理工作；③确保专职合规部门与其他内设部门之间关系的正常化运行；④确保合规成本在可控的范围内等。[1]

在具体合规实践中，企业专职合规部门设置主要包括以下四种主要模式：独立设置模式、复合设置模式、简约设置模式和外聘设置模式。具体而言：

一、独立设置模式

独立设置模式是指在企业内部单独成立合规部，这是主流的企业专职合规部门设置模式。合规部是企业的内部部门之一，与其他内部部门并列。这种设置模式体现了合规部门在企业内部的地位，其最大优点在于有助于最大限度地保障企业合规管理工作的独立性，避免来自企业其他部门的不当因素干扰。

在最早建立合规体系的跨国公司中，此种专职合规部门的最高负责人一般使用首席合规官的头衔，其中高级成员则使用合规官的头衔。其中，首席合规官汇报合规工作的路线主要有三种：①首席合规官直接汇报给董事会或

---

〔1〕 参见郭青红：《企业合规管理体系实务指南》（第2版），人民法院出版社2020年版，第225页。

者董事会的专门委员会,如合规委员会、审计委员会等。这种汇报路线是最为理想的汇报路线,一般适用于大型企业,其十分强调合规部的独立性,有助于排除合规部在工作中受到来自管理层或者其他部门及员工的不当干扰。但缺点是合规部对于企业业务情况往往并不熟悉。②首席合规官汇报给企业管理层的最高负责人,如总裁或者首席执行官。这种安排使首席合规官被视为企业管理层成员,能够了解到企业日常经营的实际情况和未来发展方向,并及时给出相关的合规建议。但这种汇报路线往往降低了合规部的工作独立性,容易受到其他不当因素干扰。③首席合规官汇报给分管企业运营的管理层成员,如副总经理或者副总裁。这种汇报路线有助于合规部和其他业务部门之间的沟通交流,但也大大降低了合规部的级别和地位,不利于保持合规部的独立性。因此,在具体实践中,这种汇报路线往往很少被使用。

二、复合设置模式

复合设置模式主要是指企业合规部门与其他内设部门合并设置。其中,最为常见的就是合规与法律部。合规与法律部主要是指企业不单独设立专门的合规部,而是将合规部和法律部合二为一,形成法律合规部(也被称为合规与法律部等)或者将企业合规管理职责归入法律部,下设合规分部或者合规团队。企业总法律顾问往往兼任合规负责人(首席合规官)。

这种设置模式对于刚开始建立专职合规部门的企业或者中型企业来讲,不失为一种务实可行的制度安排。因为合规义务大量渊源于法律规定,且企业法务管理与合规管理具有一定的相容性,于是法律事务部成为承担该职责的首选;此外,接受过专业法律培训的员工对合规义务更容易理解,而且在合规记录和文书制作方面有比较好的经验。

但这种模式也存在一些突出问题:企业合规工作往往被视为一项子功能,其在企业中的地位往往会受到各方面挑战,而且也无法充分有效地保障合规工作开展所需的独立性。此外,这会导致企业的合规管理工作在实施过程中过于强调防范风险而在为企业积极创造价值方面缺乏应有的活力。

从当前我国企业合规改革的试点来看,监管机关对于此种模式的设置持较为肯定的态度。以《江苏省省属企业合规管理指引(试行)》为例,其第11条规定:"企业应当明确合规管理负责人。合规管理负责人由总法律顾问或者企业相关负责人(与合规管理职责不相冲突)担任,为公司高级管理人员。……"其第 12 条规定："企业可以设立合规管理部门，也可以明确由法律事务机构或其他部门（与合规管理职能不相冲突）为合规管理牵头部门，组织、协调和监督合规管理工作，为其他部门提供合规管理支持。……"比如，《湖北省省出资企业合规管理指引（试行）》第 12 条规定："省出资企业法律事务机构为合规管理综合部门，组织、协调和监督合规管理工作，为其他部门提供合规支持，……"再比如，《四川省省属企业合规管理指引（试行）》第 12 条也提出："法律事务机构或其他相关机构为合规管理牵头部门，组织、协调和监督合规管理工作，为其他部门合规工作赋能并提供合规支持。……"

当然，复合设置模式不仅仅是合规与法律部门之间的有机合并，还有企业将合规与审计部门进行有机合并，或者将合规与内控部门予以有机合并等，这具体视企业自身实际情况来具体确定。

三、简约设置模式

所谓的简约设置模式主要是指企业在内部只设立合规小组或者合规专员，来具体承担企业日常合规管理工作任务。这种设置模式往往适用于企业规模较小（主要是小微企业）、企业合规风险低等情形。采用这种模式能够有效地减轻企业总体负担，并且开展合规管理工作时具有较大的灵活性。但这种模式使得合规工作效果不尽理想甚至成为一种摆设。

四、外聘设置模式

所谓的外聘设置模式主要是指企业依法委托具有合规管理资质的团队和人员来具体承担企业合规管理工作。企业在选用外聘设置模式时，对外聘机构或者人员的选择需要重点考量以下方面内容：服务资质、服务费用、个人能力以及社会市场信誉和公信力等，从而审慎作出选择决定。

采用这种设置模式的优势表现为：一是中立性较强，外聘合规团队不参与企业内部的职业机会竞争或者内部利益团体之间的争斗，更容易给出客观、中立的第三方意见。二是专业性较强，外聘合规团队一般会为多家企业服务，会遇到不同的情况和问题，从而积累大量且丰富的合规管理经验，有助于推动企业合规问题的解决以及合规工作的开展。此外，外聘专业合规团队会系统性地关注法律法规以及市场情况变化，从而为企业提供最新的合规资讯、合规工具以及合规方法等，其所作出的合规报告等合规结论也更容易被相关监管机构接受。

但这种模式的主要问题也是显而易见的,主要包括:其一,作为企业外聘人员,其往往对企业的相关情况尤其是具体业务情况并不十分了解,所提出的合规方案也往往流于形式;其二,有可能存在所谓的"模式化"问题,导致提供的合规服务个性化不足,甚至会出现千篇一律的问题;其三,可能存在被外聘机构"绑架"的情况,即外聘机构由于自身质量问题,无法为企业提供有效合规管理,反而以各种理由来要挟或者阻碍企业发展。[1]因此,企业在选择外聘设置模式来建设专职合规部门时,应当高度重视并加以认真筛选,以真正选择出负责任而且有效果的外聘合规组织或者团队。

综合来看,四种基本模式各有特点,需要不同企业结合自身发展情况,着重分析企业内外层面的相关因素,综合考量企业的合规目标、市场环境、公司规模、经营成本、发展战略等,科学选择切合企业自身情况的专职合规部门设置模式,真正助力企业合规建设和可持续发展。

第三节 企业合规专业人员的职业发展

企业合规专业人员是专门从事企业合规工作的职业人才,是企业合规建设和发展的中坚力量。"企业合规师"作为一种新职业在我国出现,标志着我国企业合规不断朝着职业化、正规化方向发展。一般而言,结合国际惯例和国外经验,企业合规专业人员的职业发展主要分为四个层次:合规助理(Compliance Assistant)、合规专员(Compliance Specialist)、合规顾问(Compliance Consultant)和合规官(Compliance Officer)。

一、合规助理

合规助理处于企业合规专业人员"金字塔"层级架构的最底层。合规助理并无独立履行企业合规职权的能力和资格,而是主要扮演着"辅助人"的角色,其主要从事关于企业合规方面一般的事务性工作,比如,对于合规数

---

[1] 比如,由于合规服务自身特点,外聘合规团队或者人员有机会掌握到企业的机密信息,包括企业过去发生的违规事件的信息,企业应当注意外聘人员以此为由来要挟企业并谋取不正当利益,可考虑事先签署合作保密协议或者保密条款等,以约束外聘人员的行为。参见胡国辉:《企业合规概论》,电子工业出版社2017年版,第86页。

据的收集和统计、对于合规信息的汇总和梳理等。具体而言，合规助理的主要职责为协助合规专员等合规专业人员，按照既定的合规流程不折不扣地执行企业合规方针、制度以及各项具体规定。

对于合规助理的任职资格而言，往往要求比较低，主要从适格的新员工中选拔。但这并不意味着对合规助理任职条件的虚无和宽泛，其作为合规专业人员应当具备最基本的素能要求。

二、合规专员

相较于合规助理而言，合规专员处于企业合规专业人员"金字塔"层级架构的中间部位，其主要扮演着企业合规"执行人"的角色。一般而言，合规专员具有相对独立履行企业合规工作的职权，其可以在一定的职责范围内采取相应的合规措施，来完成相应的企业合规任务。企业合规专员往往被配置在企业内部业务部门或者企业分支机构，来具体负责某一领域或者项目的企业合规工作。例如，西门子公司早在2007年就建立了强大的合规团队，其在全球拥有650名全职合规专员。

此外，在具体的实践中，根据企业规模大小、管理需要、授权大小等综合因素，合规专员又可以进一步分为合规专员和高级合规专员。高级合规专员比一般的合规专员在任职资格方面要求更严、所拥有的合规职权更大，其可以完成一些更复杂的企业合规任务，包括在更多的合规工作领域具备专业知识和经验。[1]

三、合规顾问

合规顾问在企业合规专业人员"金字塔"层级架构中处于次顶层，其主要扮演企业合规"参谋者"的角色。相较于合规专员而言，合规顾问的工作自主性和能动性往往更大。在具体的实践中，合规顾问又可以分为两个层次：合规顾问和高级合规顾问。

相较于一般的合规顾问，高级合规顾问承担的企业合规职责更多，其主要体现在：其一，高级合规顾问需要有能力根据合规理念和企业制度的内在宗旨作出判断，尤其是在法律法规和企业制度没有明确规定的情况下；其二，

---

[1] 胡国辉：《企业合规概论》，电子工业出版社2017年版，第78页。

高级合规顾问应当有能力就复杂的、信息不充分的情况向内部员工和外部相关方提供合规咨询意见;其三,高级合规顾问还应当能够主动发现企业现有合规管理体系中的缺陷和不足,并提出相应的改进意见;其四,高级合规顾问还应当在合规沟通、合规培训以及应对合规突发事件方面有着较高的素能。[1]

从合规顾问职位开始,企业合规岗位应当进入职业序列,即担任合规顾问、高级合规顾问甚至合规官的合规专业人员,应当从具有初级合规工作经验的人员中遴选和逐步晋升,避免合规工作经验缺乏、对合规工作缺乏深刻理解的人员担任合规顾问。

四、合规官

在一些欧美国家,合规官也被称为合规总监,其往往处于企业合规专业人员"金字塔"层级架构的最顶端,是企业合规实践的核心人物,其主要扮演着企业合规"领导者"和"负责人"的角色,具有"神经中枢"的重要功能,在具体的企业合规任务中享有较大的决策权。合规官往往获得企业最高层的授权,对整个企业合规制度体系建设、合规文化氛围营造以及合规具体运行有着极大的自治性和灵活性。合规官不仅应当发挥参谋的作用,而且更要发挥引领、监督等重要作用。因此,从某种程度上讲,合规官的素能往往决定着企业合规的具体成效和水平,是企业合规有效性的重要衡量标准之一。

一般来讲,合规官的核心职责主要包括:①对公司进行全面的了解;②梳理适用于公司的法律法规和监管要求,并分析对公司的影响;③基于法律法规和监管要求,明确落实的标准;④根据上述标准和要求,结合合规部门和业务部门的现状,在公司范围内明确可行的落实措施,当然,仅仅可行还是不够的,这些落实措施还应当能够促进经营发展;⑤记录上述落实措施,包括起草手册、政策、流程、监控程序、工作计划、表格、简表、公告、内部网站等,这些文档和它的内容构成了合规管理的基础;⑥组织开展培训,确保所有员工了解相关合规要求,知晓落实合规要求的方法以及不落实的后果;⑦进行合规检查,确保合规要求持续落实;⑧对不合规的情况和其他识别出来的问题进行纠正;⑨针对日常经营中出现的合规问题,提供合规咨询;⑩持续跟踪监管动态,以确保公司制度和程序能持续更新,并及时告知业务

---

[1] 参见胡国辉:《企业合规概论》,电子工业出版社2017年版,第78页。

部门；⑪与监管部门保持联系，确保能持续了解最新监管要求；⑫落实一些特定监管规则的报告要求；⑬识别和计量合规风险，评估特定风险发生的可能性及其影响，掌握风险的含义及应对措施；⑭向高管层进行报告，使他们了解在当前监管环境下公司的合规现状。[1]

在具体实践中，合规官进一步可细分为合规官和首席合规官。其中，首席合规官一般为企业管理层成员，可能会兼任其他职务，甚至可能由企业的首席执行官（CEO）等最高管理层成员担任。例如，西门子公司所建立的全球性的合规组织由首席合规官进行领导，其在各个集团和地区公司中都已经任命了各自的集团合规官或者地区合规官。这些人员主要负责各自责任区域内的合规计划执行事宜，并向首席合规官汇报工作。[2]再例如，我国《企业境外经营合规管理指引》第11条第（二）部分"合规负责人"规定："企业可结合实际任命专职的首席合规官，也可由法律事务负责人或者风险防控负责人等担任合规负责人。首席合规官或合规负责人是企业合规管理工作具体实施的负责人和日常监督者，不应分管与合规管理相冲突的部门。首席合规官或合规负责人一般应履行以下合规职责：1. 贯彻执行企业决策层对合规管理工作的各项要求，全面负责企业的合规管理工作。2. 协调合规管理与企业各项业务之间的关系，监督合规管理执行情况，及时解决合规管理中出现的重大问题。3. 领导合规管理部门，加强合规管理队伍建设，做好人员选聘培养，监督合规管理部门认真有效地开展工作。"

此外，合规官和首席合规官作为最高级别的企业合规专业人员在任职方面往往有着严格的条件标准。比如，证监会《证券公司和证券投资基金管理公司合规管理办法》第18条对合规负责人的任职要求如下，且应当经中国证监会相关派出机构认可后方可任职："合规负责人应当通晓相关法律法规和准则，诚实守信，熟悉证券、基金业务，具有胜任合规管理工作需要的专业知识和技能，并具备下列任职条件：（一）从事证券、基金工作10年以上，并且通过中国证券业协会或中国证券投资基金协会组织的合规管理人员胜任能力考试；或者从事证券、基金工作5年以上，并且通过法律职业资格考试；或者在证券监管机

---

[1] [英] 安妮·米尔斯、彼得·海恩斯：《金融合规要义：如何成为卓越的合规官》（第2版），高洋等译，中国金融出版社2019年版，第25~26页。

[2] 参见王志乐主编：《企业合规管理操作指南》，中国法制出版社2017年版，第154页。

构、证券基金业自律组织任职5年以上；（二）最近3年未被金融监管机构实施行政处罚或采取重大行政监管措施；（三）中国证监会规定的其他条件。"

同时应注意到，首席合规官、合规官作为企业合规负责人，其能否真正发挥在整个企业合规体制中的核心作用并有效地履行职责，在很大程度上取决于其能否取得独立的地位和充分的履职保障。这也是衡量企业合规管理有效性的重要指标之一。[1]以巴塞尔银行监管委员会发布的《合规与银行内部合规部门》为例，其明确提出："独立性的概念包含四个相关要素：第一，合规部门应在银行内部享有正式地位；第二，应由一名集团合规官或合规负责人全面负责协调银行的合规风险管理；第三，在合规部门职员特别是合规负责人的职位安排上，应避免他们的合规职责与其所承担的其他职责产生利益冲突；第四，合规部门职员为履行职责，应能够获取必需的信息并能接触到相关人员。"

最后，需要强调的是，上述所列的企业合规专业人员演进线路具有一般性，尤其是适用于大中型企业以及跨国公司等的合规管理工作。对于小微企业而言，应当坚持具体问题具体分析，切实本着务实、高效、经济等基本原则，在保证合规工作质效的前提下，科学配置企业合规专业人员，尽量减少企业合规专业人员的层级架构和数量。

第四节　企业合规专业人员的基本素能

近年来，越来越多的企业开始了解并重视企业合规工作，对合规专业人员的需求大幅增加，企业合规建设和发展开始了职业化的加速进程。为积极有效适应大合规时代的要求，2021年3月18日，人力资源和社会保障部等向社会正式发布了18个新职业信息，正式确立了企业合规师的职业地位。[2]这充分说明了国家对于企业合规制度建设和实践的高度肯定和重视，也标志着我国企业合规发展迈上了一个新台阶。企业合规作为一项专业要求较强、复

---

〔1〕　例如，在我国，银行业监督管理委员会的合规文件规定，合规负责人不得分管业务条线。证券监督管理委员会的合规文件规定，合规负责人不得兼任负责经营管理的职务，不得兼任与合规管理职责相冲突的职务，不得分管与合规管理职责相冲突的部门。参见黄胜忠、郭建军主编：《合规管理理论与实务》，知识产权出版社2020年版，第95页。

〔2〕　企业合规师项目致力于帮助企业管理者掌握具备企业合规相关法规、合规管理、内部控制、全面风险管理、内部审计、内部合规运营管理、合规管理体系构建、合规评价与结果运用、业务领域合规管理的综合案例分析、合规管理人才培养与文化建设等方面的专业胜任能力。

杂程度较高、涵盖领域较广的管理工作,其对包括企业合规师在内的企业合规专业人员有着较高的标准要求。换言之,企业合规专业人员的任职有着必要的门槛条件。

笔者认为,概括而言,企业合规专业人员应当具备以下四项基本素能:一是道德素养;二是业务素能;三是专业素能;四是综合素能。

一、基础条件:道德素养

企业合规专业人员的首要素能体现为个人的道德素养方面,即要求企业合规专业人员必须具备诚信精神、公平感和正义感。换言之,企业合规人员首先应当体现为一个所谓"道德完美无瑕的人"。尤其是对于企业合规负责人而言,对其道德素养的标准要求往往最为严苛。因为合规与道德本身就是一对"孪生兄弟"。企业合规义务渊源不仅包括法律法规等书面渊源,而且包括道德等非书面渊源。企业合规工作内容也不限于制定制度并监督制度的执行,而且涉及大量的基于诚信、公平和正义所作出的主观判断。企业合规专业人员在坚持诚信、公平和正义等方面应当成为全体企业员工的表率,充分发挥其自身道德模范和引领的重要作用,赢得企业全体员工的信赖与尊重。比如,安妮·米尔斯和彼得·海恩斯合著的《金融合规要义:如何成为卓越的合规官》(第2版)中提到卓越合规官(全球最佳合规官)应当"具备素质之一就是'自信',即当其面临强制威胁,要求合规官歪曲规则而满足他们的目的时,合规官不能屈从"。[1]但企业合规专业人员对诚信、公平和正义有着深刻的理解和全面的思考,仅有嫉恶如仇、慷慨激昂的态势和精神是远远不够的,而是应当具备一定的智慧和能力来全面、客观、系统地分析企业合规风险和合规问题并加以理性研究、权衡。[2]

因此,从这一角度来讲,所谓"德才兼备、以德为先",道德素养是企业合规专业人员必须具备的基础素能,是其他素能的前提条件。

二、重点条件:业务素能

企业合规专业人员的第二项基本素能体现在自身的业务素能方面,即企

---

[1] [英]安妮·米尔斯、彼得·海恩斯:《金融合规要义:如何成为卓越的合规官》(第2版),高洋等译,中国金融出版社2019年版,第26页。

[2] 参见胡国辉:《企业合规概论》,电子工业出版社2017年版,第73~74页。

业合规专业人员应当认真、仔细地了解和掌握企业的业务模式、业务内容、业务范围、业务流程、业务术语等，并养成良好的业务素质和能力，甚至成为企业业务工作的"行家里手"。因为企业合规人员从事的合规工作实践必须以企业业务工作实践作为基础和依托，换言之，"无业务，不合规"。只有对企业业务工作开展情况进行紧密跟踪、科学分析和及时预判，才能从本源上解决企业合规风险等各种问题，进而切实提升企业合规管理效果和水平。若企业合规专业人员对自身所服务的企业业务工作毫无知晓或者一知半解，则很难开展富有成效的企业合规管理工作。

以从事影视娱乐行业的企业为例，该方面的企业合规专业人员必须掌握影视娱乐行业的从业规则、业务模式、业务术语以及与影视娱乐业相关的国家政策和法律法规等知识，这样方能为该行业的企业提供一系列合格的企业合规产品。再以药品和医疗器械相关企业为例，合规专业人员至少对以下行业知识要有较为深入的了解和掌握：①与药品和医疗器械行业相关的法律法规及部门规章、新法新规的实施或者修订后对本企业在研发、注册、生产、经营、销售及投资等方面所产生的影响，据此及时调整企业的经营发展战略；②与药品、医疗器械出口企业相关的国际规则、企业产品出口所在国的法律管制要求、国际条约规定及相关质量认证标准等，如美国食品和药品管理局（Food And Drug Administration，FDA）和欧盟质量管理规范（GMP）认证标准等，使企业的生产经营行为符合出口所在国的管理要求；③本企业的章程、规章制度、管理规范及业务流程等；④行政监管部门如食药监管部门、卫生健康行政部门等在官网上发布的与药品、医疗器械企业合规管理有关的行政监管规范性文件、认证标准及政策资讯等，如药品生产GMP、药品经营质量管理规范（Good Supply Practice，GSP）及药物临床试验质量管理规范（GCP）等认证标准。[1]

三、核心条件：专业素能

企业合规专业人员的核心素能集中体现在自身的专业素能，也可称之为合规素能。这要求企业合规专业人员必须熟练掌握关于企业合规的一系列基本

---

[1] 参见中共深圳市委全面依法治市委员会办公室、深圳市司法局、深圳市律师协会编：《民营企业合规与法律风险防控读本》，法律出版社2021年版，第23~24页。

原理、国家政策、法律法规以及实践技能等。具体而言,企业合规专业人员的专业素能主要分为两大类:一是企业合规理论素能;二是企业合规实践素能。

(一)企业合规理论素能

理论是实践的先导,企业合规专业人员只有真正了解并掌握企业合规的基本理论知识,方能为企业合规实践的顺利开展提供正确的导向、明确的指引以及坚实的支撑。企业合规专业人员必须了解企业合规的主要起源和发展历程、企业合规的主要价值和重要意义、企业合规的域外经验和国内现状、企业合规的国际标准和国际条约、企业合规的国家政策和法律法规、企业合规的制度框架和实施细则等。只有具备较为深厚的企业合规理论素养,才能在具体的合规工作中做到心中有底、心中有数。

(二)企业合规实践素能

企业合规实践素能主要是指企业合规专业人员在开展具体的合规实践过程中所应当具备的各种素质和能力。企业合规实践素能的高低直接关乎着企业合规工作的实效和水平,因而在合规素能体系中占据着重要地位。具体来讲,企业合规实践素能主要包括:收集和分析合规风险等信息的能力、统计和分析合规数据的能力、开展合规培训和宣传的能力、开展合规咨询和在合规咨询中控场的能力、开展合规调查的能力、起草合规报告的能力、提出合规问题解决方案的能力、营造企业合规文化的能力以及自我学习和提升合规专业的能力等。比如,有论者针对企业环保合规风险问题,提出了"六合一"的环保合规体系,即作一次尽职调查、建一个环境风险库、整理一个责任体系、构建一个防控体系、培养一支专业队伍、形成一个管理方案,从而构筑起一张全面系统的生态环保风险综合防护网,最大限度地防控企业生态环保风险。[1]

---

[1] 以企业环保尽职调查为例,其主要包括:第一项内容是企业环保管理的情况;第二项内容是企业环保因素状况;第三项内容是企业环保制度落实情况;第四项内容是企业污染防治设施运行状况;第五项内容是企业环境违法情况;第六项内容是与企业有关的环保要求;第七项内容是其他有关因素,主要包括周边环境状况、历史遗留问题、上下游供应链的情况等,也要根据企业的情况随时关注和确定其他可能与目标企业有关或者可能引起环保风险的情况。参见中共深圳市委全面依法治市委员会办公室、深圳市司法局、深圳市律师协会编:《民营企业合规与法律风险防控读本》,法律出版社2021年版,第69页。

四、保障条件：综合素能

企业合规专业人员还必须具备一定的综合素能，以便科学、有效地应对企业合规工作出现各种突发状况，更好地推进企业合规实践工作。这种综合素能被视为企业合规专业人员的保障素能，其主要包含两方面内容：一是心理素能；二是非心理素能。

（一）心理素能

企业合规专业人员必须具备良好的心理素能，这种素能要求企业合规专业人员在合规工作中始终保持健康、积极、客观、冷静的心态以及自我正确评价的能力。之所以需要强调企业合规专业人员的心理素能，主要基于以下三点原因：一是企业合规工作的效果往往是隐形的、间接的，因为它更多地体现为企业内外良性的秩序和避免违规事件的发生，即使运动式的合规推进工作固然可以被人们关注，并取得一定的效果，但更多的工作是平日里的积累。为此，合规专业人员需要在很少得到正面确认的情况下相信自己工作的价值，并保持工作热情。二是合规专业人员在工作中可能会遇到一些舞弊、欺诈、贿赂等负面的案例和信息，为此，需要合规专业人员注意心态的及时调整。三是在诸多企业合规工作刚刚起步的企业中，许多员工对于企业合规工作有着不同程度的误解甚至是消极抵触的心态，[1]这也会给合规专业人员的工作带来不必要的困难和挫败感，也需要其以平常心去面对。[2]因此，企业在任命或者挑选合规专业人员时，应当注意加入必要的心理测试环节和内容，以便对合规专业人员的心理素能有较为清晰地了解和掌握。

（二）非心理素能

企业合规专业人员的非心理素能主要是指除了心理素能之外的其他必备素能之总称。主要包括以下三方面：其一，拥有一定的社会工作阅历，即企业合规专业人员应当具备一定的工作经历，尤其是在财务岗位、行政岗位或

---

〔1〕 企业业务部门不配合常采用的方式包括："（1）告诉你，你什么都不懂；（2）告诉你，你弄错了一些关键点；（3）抱怨合规部门提供的服务太差，根本不值；（4）威胁向你的领导投诉你的态度；（5）提醒你的工资是他们赚来的；（6）大喊大叫；（7）侮辱你。"参见［英］安妮·米尔斯、彼得·海恩斯：《金融合规要义：如何成为卓越的合规官》（第2版），高洋等译，中国金融出版社2019年版，第117页。

〔2〕 胡国辉：《企业合规概论》，电子工业出版社2017年版，第75页。

者管理岗位等得以历练和沉淀；其二，具备清晰的逻辑思维能力，即企业合规专业人员能够科学而迅速地从纷乱复杂的现象中抓住主要矛盾和矛盾的主要方面，并及时提供解决问题的主要方法和整体思路；其三，具备一定的沟通协调技能，即企业合规专业人员应当具备善于与不同的对象进行良好的沟通和协调的能力，并且确保这种沟通和协调是良性的、有效的。

第五节 企业合规职责的具体分配

在大合规时代，全员合规已经得到广泛认可。申言之，在任何一个企业内部，人人都是企业合规发展的重要参与者、建设者，也是企业合规成果的见证者、受益者。

一、企业决策层的合规职责

企业决策层是整个企业运营的"总神经""总指挥"，是影响企业合规运行的最关键因素。其合规职责主要包括三个层面内容：一是统筹职责，即统筹整个企业合规工作的顺利开展；二是决策职责，即决定企业合规中各种重大事项，比如决定重要人事任免工作；三是处置职责，即依法依规对于违规人员作出最终处理决定。

我国《合规管理体系指南》第4.3.3条规定："治理机构和最高管理者宜：a）根据4.2建立合规方针。b）确保维护对合规的承诺，并确保恰当处理不合规和不合规行为。c）将合规职责列入最高管理者职位描述……"

此外，笔者在本书中重点选取了上海、四川、河南三地关于企业合规工作规范性文件的相关规定，进一步阐释企业决策层的合规职责。（如表6-1）

表6-1 我国部分地区规范性文件中企业合规决策层的合规职责

文件	统筹职责	决策职责	处置职责
《上海市国资委监管企业合规管理指引（试行）》	统筹协调企业合规管理、违规追责和容错免责工作。	（1）批准企业合规管理战略规划、基本制度及年度报告；（2）决定合规管理负责人的任免；（3）决定合规管理牵头部门的设置和职能；（4）研究决定合规管理有关重大事项。	

续表

文件	统筹职责	决策职责	处置职责
《四川省省属企业合规管理指引（试行）》	建立健全总法律顾问制度，推动建立和完善合规管理体系建设，监控合规管理体系有效运行。	（1）批准企业合规管理战略规划、基本制度、年度报告；（2）决定合规管理负责人的任免；（3）决定合规管理牵头部门的设置和职能；（4）研究决定合规管理有关重大事项。	（1）研究决定重大合规事件调查、处理；（2）按照权限研究或决定有关违规人员的处理事项。
《河南省省管企业合规管理指引》	推动完善合规管理体系，统筹协调企业合规管理、违规追责和容错免责工作。	（1）批准企业合规管理战略规划、基本制度和年度报告；（2）决定合规管理负责人的任免；（3）决定合规管理牵头部门的设置和职能；（4）研究决定合规管理有关重大事项。	

二、企业合规部门的合规职责

企业合规部门也即企业专职合规部门，是企业合规运行的"中枢神经"，承担着企业大部分的常规性的合规工作任务。归纳起来，企业合规部门的合规职责主要为以下四个层面内容：一是调研、参谋职责，即企业合规部门应注意关注企业合规内外环境因素的变化，结合企业合规实际，及时提出相关合规工作建议和对策等，为企业领导层的合规决策服务；二是执行、实施职责，这也是其职责之核心所在，即企业合规部门应聚焦和围绕企业合规主责主业，开展一系列合规工作，采取一系列合规措施，尤其是加强对企业合规风险的识别、预警以及应对等合规管理工作，以及开展合规举报和调查工作等；三是检查、督导职责，即企业合规部门应充分发挥对其他业务部门以及下属企业或者分支机构开展合规工作的检查、考核以及监督的功效；四是支持、保障职责，即企业合规部门应当为企业内部业务部门或者其他职能部门合规工作提供相应的支持和保障。

我国《合规管理体系指南》第4.3.4条规定："……合规团队宜与管理层合作，负责以下事宜：a）在相关资源的支持下识别合规义务，并将那些合规义务转化为可执行的方针、程序和过程；b）将合规义务融入现有的方针、程序和过程；c）为员工提供或组织持续培训，以确保所有相关员工得到定期培训；d）促进合规职责列入职务描述和员工绩效管理过程；e）设定适当的合规报告和文件化体系；f）制定和实施信息管理过程，如通过热线、举报系统和其他机制进行的投诉和/或反馈；g）建立合规绩效指标，监视和测量合规绩效；h）分析绩效以识别需要采取的纠正措施；i）识别合规风险，并管理与第三方有关的合规风险，如供应商、分销商、咨询顾问和承包商；j）确保按计划定期对合规管理体系进行评审；k）确保合规管理体系的建立、实施和维护能得到适当的专业建议；l）使员工可以得到与合规相关的程序和参考资料的资源；m）对合规相关事宜向组织提供客观建议……"

此处，笔者重点选取了上海、四川、河南在企业合规改革试点中所发布的规范性文件中关于企业合规部门合规职责的相关规定。（如表6-2）

表6-2 我国部分地区规范性文件中企业合规决策层的合规职责

文件	调研、参谋职责	执行、实施职责	检查、督导职责	支持、保障职责
《上海市国资委监管企业合规管理指引（试行）》	研究起草合规管理计划、基本制度和具体制度规定。	（1）持续关注法律法规等规制变化，组织开展合规风险识别与预警，参与企业重大事项合规审查和风险应对；（2）受理合规管理职责范围内的举报，组织或参与对举报事件的调查，并提出处理建议。	（1）组织开展合规检查与考核，对制度和流程进行合规性评价，督促整改和持续改进；（2）指导所属单位的合规管理工作。	组织或协助业务部门、人力资源部门开展合规培训。
《四川省省属企业合规管理指引（试行）》	研究起草合规管理工作计划、基本制度和具体制度。	（1）牵头组织合规管理体系建设，持续优化、完善合规管理体系；（2）持续关注法律法规等规则变化，组织开展合规风险识别和预警，参与企业重大事项合规审查和风险应对；（3）受理职责范围内的违规	（1）组织或参与合规检查与考核，对制度和流程进行合规评价，督促有效整改、持续改进；（2）组织、协调、监督合规管理有关会议决定事项落实	（1）组织或协助相关业务部门开展合规培训，加强合规宣传，培育合规文化；（2）提供合规咨询和支持，指导各部门和所属企业合规管理工作。

续表

文件	调研、参谋职责	执行、实施职责	检查、督导职责	支持、保障职责
		举报，组织或参与对违规事件的调查，并提出处理建议；(4) 负责合规委员会日常工作。		
《河南省省管企业合规管理指引》	研究起草合规管理计划、基本制度和具体制度规定。	(1) 持续关注法律法规等规制变化，组织开展合规风险识别与预警，参与企业重大事项合规审查和风险应对；(2) 受理职责范围内的举报，组织或参与对举报事件的调查，并提出处理建议。	(1) 组织开展合规检查与考核评估，对制度和流程进行合规性评价，督促违规整改和持续改进；(2) 指导企业各部门、各级子公司和分支机构的合规管理工作。	组织或协助业务部门、人力资源部门开展合规培训。

三、企业管理层的合规职责

企业管理层是企业合规实施成功与否的"关键少数"，发挥着承上启下的重要价值作用，其合规职责主要包括三个方面内容：一是部分决定权，即企业管理层在自身职责范围内决定除重大合规事项外的一般性合规事项；二是日常管理权，即企业管理层在自身职责范围内从事大量的常规性合规管理事务；三是部分处理权，即企业管理层在自身职责范围拥有对于相关违规人员的处理权或者建议处理权。

我国《合规管理体系指南》第4.3.5条规定："管理层宜负责其职责范围内的合规。这包括：a) 与合规团队合作并支持合规团队，鼓励员工也这样做；b) 个人遵守并被看到遵守方针、程序、过程并参加和支持合规培训活动；c) 在运行中识别和沟通合规风险；d) 积极承担并鼓励指导、辅导和监督员工以促进合规行为；e) 鼓励员工提出其所关注的合规问题；f) 积极参与合规相关事件和问题的管理和解决；g) 提高员工履行合规义务的意识，并

· 177 ·

指导员工满足培训和能力要求；h) 确保合规列入职位描述；i) 将合规绩效纳入员工绩效考核（如：关键绩效指标、目标和晋升准则）；j) 将合规义务纳入他们职责范围内的现有业务实践和程序；k) 与合规团队协力，确保一旦确定需要纠正措施，则予以实施；l) 对外包业务进行监督，确保它们考虑合规义务。"

此外，我国部分地区的企业合规改革试点中的规范性文件也对企业合规管理层的合规管理职责加以规定。（如表6-3）

表6-3 我国部分地区规范性文件中企业合规管理层的合规职责

文件	部分决定	日常管理	部分处理
《上海市国资委监管企业合规管理指引(试行)》	（1）批准合规管理具体制度规定；（2）批准合规管理计划，采取措施确保合规制度得到有效执行。	（1）根据董事会决定，建立健全合规管理组织架构；（2）明确合规管理流程，确保合规要求融入业务领域；（3）及时制止并采取措施纠正不合规的经营行为。	
《四川省省属企业合规管理指引（试行）》	（1）批准合规管理具体制度；（2）审核合规管理年度报告；（3）批准合规管理计划，采取措施确保合规管理制度得到有效执行。	（1）根据董事会决定，建立健全合规管理组织架构；（2）拟订合规管理牵头部门设置方案；（3）明确合规管理流程，确保合规要求融入业务领域；（4）及时制止并纠正不合规的经营行为。	按照权限对违规人员进行责任追究或提出处理建议。
《河南省省管企业合规管理指引》	（1）批准合规管理具体制度规定；（2）批准合规管理计划，采取措施确保合规管理制度得到有效执行。	（1）根据董事会决定，建立健全合规管理组织架构；（2）明确合规管理流程，确保合规要求融入业务领域；（3）及时制止并纠正不合规的经营行为。	

四、企业员工的合规职责

企业员工是企业存在的主体力量，是企业最宝贵的人力资源，是企业不断发展的原动力。在大合规时代，企业员工不仅应当实现企业和个人的经济利益，而且应当承担其应有的合规职责。我国《合规管理体系指南》第4.3.6条规定："包括管理者在内的所有员工宜：a）坚持履行与其职位和职务有关的组织合规义务；b）按照合规管理体系要求参与培训；c）使用作为合规管理体系一部分的、可获得的合规资源；d）报告合规疑虑、问题和缺陷。"

企业员工在整个企业中的层级和作用决定了其合规职责为认真执行各项合规工作规定并完成本职范围内的合规任务。具体来讲：一是按照合规制度要求，认真履行岗位职责内的合规义务；二是按照合规总体规划，认真参与企业组织的各项合规活动，比如按时参加企业合规培训；三是按照合规文化要求，不断强化自身的合规思维，提升自身的合规意识。

第六节 企业合规部门与企业全体员工之间的关系

企业合规有效实施的重点在于企业全体员工。企业全体员工既应是企业合规实践的积极参与者，也是企业合规成果的直接受益者。只有全体员工真正理解并有效践行企业合规制度和企业合规文化，才会最终达成良好的企业合规效果。因此，企业合规部门尤其是专职合规部门应当首先通过各种合规措施的科学合理适用，真正实现与全体员工的良好沟通与交流，共同坚守企业合规核心价值观，正确处理好企业合规部门与全体员工之间的关系，继而形成推动企业合规实践共同发展的强大合力。具体而言，企业合规部门在与企业全体员工交流与沟通时应当发挥好"宣传者""联络者""监督者"的三项重要角色作用，正确处理好双方之间"近与远"的关系、"亲与清"的关系。

一、积极单向传输：发挥好"宣传者"的角色

企业合规部门应当发挥好"宣传者"的角色，通过合规宣传、合规培训等合规措施的有效运用，持续不断地向全体员工传达涉及企业合规制度与文化的最新动态资讯。尤其是通过内部管理制度向全体企业员工明示各项合规要求，哪些可以做，哪些不可做，明确地列出公司对员工的期望，以及不合规行为应该在何种情况下向谁反映等。

以我国银行业为例，该行业十分重视对员工的合规宣传和教育，非常注

重"四种意识":"我的人生我珍惜"的危机意识、"我的行为我约束"的风险意识、"我的岗位我负责"的责任意识、"我的制度我执行"的合规意识,积极主动地引导员工主动合规、自觉合规。[1]再比如,"企业合规月"是浙江吉利控股集团(以下简称"吉利集团")于2017年提出来的。这项活动宗旨在于促进全体员工严格践行"廉洁自律、诚实守信、勤勉尽责、团结协作、高效透明"的合规要求,培育自觉的合规文化,主要由吉利集团董事局合规办公室统筹、所属各单位协同、全体员工积极参与的系列合规宣传教育活动。比如,举办合规知识竞赛、组织合规案例研讨、开展风险地图梳理、实行网上实名考试、制发合规宣传视频、走访优秀企业进行对标、参观地方廉政教育基地、讨论热点合规话题、推送合规电脑屏保、开展合规检查调研等。2017年的企业合规月主题为"合规人人有责、合规创造价值",2018年的企业合规月主题为"强化合规意识,打造一流企业";2019年的主题则为"强化合规理念、助力企业发展";2020年的主题则为"强化合规竞争力、打造世界一流企业。"[2]企业合规部门应当通过持续不断的努力,积极营造良好的企业合规氛围和环境,形成企业合规发展的强大正能量。

二、良好双向互动:发挥好"联络者"的角色

企业合规部门应当发挥好"联络者"的角色,一方面,其应当依法适用合规审查、合规调查等合规措施,主动地向全体企业员工征询企业合规发展的建议或者意见,并积极发现企业合规风险点之所在。合规部门只有深入到企业员工基层一线,才能真正发现企业合规实践的难点、重点和关键点。比如,巴斯夫公司积极鼓励每位员工自发主动地参与到企业合规计划中来,以问答、互动等具体方式,切实把合规意识融入自己的业务工作中去。另一方面,企业合规部门在与员工的沟通中,也要及时提醒其在履职过程中可能出现的企业合规风险点,真正实现企业合规部门与企业全体员工之间的良好互动。

---

[1] 参见王志乐主编:《企业合规管理操作指南》,中国法制出版社2017年版,第145~146页。
[2] 参见郭凌晨、丁继华、王志乐主编:《合规:企业合规管理体系有效性评估》,企业管理出版社2021年版,第113页。

三、适当保持距离：发挥好"监督者"的角色

企业合规部门应当发挥好"监督者"角色，企业合规部门与全体员工应当保持适度的工作距离，始终站在客观、中立的立场角度来开展各项企业合规工作，切实做到既不缺位，又不越位，真正实现"合真规""真合规"。比如，美国通用电缆公司创立于1844年，是《财富》世界500强公司之一，总部位于美国肯塔基州的海兰黑茨。2016年12月29日，美国通用电缆公司与美国证券交易委员会和美国司法部分别达成和解协议，通用电缆公司向两家监管机构缴纳了总计5500万美元的罚款并承诺在未来三年持续报告其实施强化的反腐败合规管理情况。根据调查文件显示，在2003年至2015年，美国通用电缆公司的子公司向安哥拉、泰国、印度尼西亚、孟加拉国和埃及等国的政府官员提供了1900万美元的贿赂，获得了约5100万美元的利润。美国证券交易委员会在文书中确认，通用电缆公司在相关时间内一直有所谓的《道德准则》。但是，事实却是美国通用公司并没有向子公司和员工提供足够的合规培训和合规沟通。尽管该公司员工均签署了合规声明，但是相当一部分员工并不知晓美国《反海外腐败法》与自己相关，也没有按照要求对第三方企业进行合规尽职调查，在与第三方签署的合同中没有包括相关的合规条款，当发现交易中存在腐败贿赂嫌疑时并未向企业管理层及时汇报。当然，出现上述问题是多重因素造成的，但其中不可忽视的是，该公司企业合规部门并未正确履行自己的职责，没有与企业员工进行有效的合规交流和沟通，在合规实践中严重缺位。[1]

总之，企业合规部门应当本着积极、开放、合作的心态，以全局和系统的视角，充分发挥自己的职能作用，本着"有所为有所不为"的基本原则，正确处理好与企业全体员工之间的关系问题。既要赢得企业员工对于企业合规工作的支持和认可，凝聚企业合规发展的合力；又要注重保持自己的相对独立性，有效排除非正常因素的干扰，在沟通与监督过程中找到工作的平衡点。

---

[1] 参见黄胜忠、郭建军主编：《合规管理理论与实务》，知识产权出版社2020年版，第124~125页。

第七节　企业合规部门与业务部门之间的关系

企业作为市场经济中最重要和最活跃的主体之一,其存在的主要价值和重要意义之一就在于以盈利为导向、追求经济利益、实现经济价值。因此,企业内部的各个业务部门是企业生存和发展的"主力军"。而在大合规时代,企业合规部门的应运而生则必然要求企业应当重视调整合规部门与业务部门之间的关系问题,以"融与离""专与多"为主线,共同为企业可持续性发展凝聚强大合力和助力。

一、明确合规部门统筹和管理企业合规的主责主业

无论是何种类型或者何种架构抑或者何种规模的企业,合规部门均是其内部的重要组成部分,也是企业实现自我管理的重要保障力量。在推进现代化企业合规建设过程中,企业合规部门应当在企业最高层的领导下,始终聚焦企业合规这一主责主业,着力在企业合规制度建设、企业合规文化培育、企业合规风险防范、企业违规问题处置等方面做好全面而有效的统筹、管理和实施工作。

以我国中央企业为例,其企业合规部门的架构体系主要是由以下三个层面架构具体组成:

第一层为企业合规委员会,其处于企业合规组织架构体系中"塔尖",其主责主业为领导企业合规建设,尤其是从宏观层面来统筹企业合规工作,主要起着定方向、明目标、谋长远的主导作用。根据我国《中央企业合规管理指引(试行)》第8条之规定:"中央企业设立合规委员会,与企业法治建设领导小组或风险防控委员会等合署,承担合规管理的组织领导和统筹协调工作,定期召开会议,研究决定合规管理重大事项或提出意见建议,指导、监督和评价合规管理工作。"此外,我国《企业境外经营合规管理指引》第11条第(一)部分"合规委员会"规定:"企业可结合实际设立合规委员会,作为企业合规管理体系的最高负责机构。合规委员会一般应履行以下合规职责: 1. 确认合规管理战略,明确合规管理目标。2. 建立和完善企业合规管理体系,审批合规管理制度、程序和重大合规风险管理方案。3. 听取合规管理工作汇报,指导、监督、评价合规管理工作。"

第二层为企业合规管理负责人,其主要扮演着"上传下达"和"左右联动"的重要角色,其主责主业在于具体指挥和协调企业合规的各项工作,将决策者的压力传导转变为执行者的动力。以我国《中央企业合规管理指引(试行)》为例,其第9条规定:"中央企业相关负责人或总法律顾问担任合规管理负责人,主要职责包括:(一)组织制订合规管理战略规划;(二)参与企业重大决策并提出合规意见;(三)领导合规管理牵头部门开展工作;(四)向董事会和总经理汇报合规管理重大事项;(五)组织起草合规管理年度报告。"此外,我国《企业境外经营合规管理指引》第11条第(二)部分"合规负责人"规定:"企业可结合实际任命专职的首席合规官,也可由法律事务负责人或风险防控负责人等担任合规负责人。首席合规官或合规负责人是企业合规管理工作具体实施的负责人和日常监管者,不应分管与合规管理相冲突的部门。首席合规官或合规负责人一般应履行以下合规职责:1.贯彻执行企业决策层对合规管理工作的各项要求,全面负责企业的合规管理工作。2.协调合规管理与企业各项业务之间的关系,监督合规管理执行情况,及时解决合规管理中出现的重大问题。3.领导合规管理部门,加强合规管理队伍建设,做好人员选聘培养,监督合规管理部门认真有效地开展工作。"

第三层为企业合规牵头和实施部门,也是狭义上的企业合规管理部门,其主责主业在于微观层面来完成企业合规的具体任务,是整个企业合规组织体系架构的"神经末梢"。只有切实夯实企业合规牵头和实施部门的职责,才能真正有效地促使企业合规制度和合规文化实现"落地、生根、发芽、结果"。《中央企业合规管理指引(试行)》第10条规定:"法律事务机构或其他相关机构为合规管理牵头部门,组织、协调和监督合规管理工作,为其他部门提供合规支持,主要职责包括:(一)研究起草合规管理计划、基本制度和具体制度规定;(二)持续关注法律法规等规则变化,组织开展合规风险识别和预警,参与企业重大事项合规审查和风险应对;(三)组织开展合规检查与考核,对制度和流程进行合规性评价,督促违规整改和持续改进;(四)指导所属单位合规管理工作;(五)受理职责范围内的违规举报,组织或参与对违规事件的调查,并提出处理建议;(六)组织或协调业务部门、人事部门开展合规培训。"在具体的合规实践中,有些企业特别是大型企业往往会根据业务发展需求而将企业合规牵头和实施部门进一步细化为若干个二级部门,以实现企业合规的精细化管理。比如,中兴公司将企业合规的具体实施部门进一步细分为出口管制合规部、反商业贿赂合规部、数据合规保护部及合规组织管理部，主要从事出口管制、反商业贿赂、数据保护、人力资源管理等专项合规工作。当然，这样的组织划分结构并非绝对的，对于一些中小企业和小微企业而言，其可以采取"集中式"的模式，由一个部门或者专人负责企业合规管理的日常性工作。

二、明确业务部门支持与参与企业合规的重要职责

在现代企业合规体系建设中，"全员合规""业务发展、合规先行""合规经营与业务发展并重""合规与业务相融"已成为企业所普遍接受的重要的现代合规理念。因此，企业业务部门在整个企业合规体系建设和实践中不仅不能缺席，而且发挥着越来越重要的角色作用，被视为企业合规建设体系的"第一道防线"。因为企业合规的主体是全体员工，企业合规的主要任务是围绕着企业业务工作开展的。比如，我国《中央企业合规管理指引（试行）》就明确了各中央企业内设业务部门在企业合规建设中的重要作用，其中第11条第1款明确规定："业务部门负责本领域的日常合规管理工作，按照合规要求完善业务管理制度和流程，主动开展合规风险识别和隐患排查，发布合规预警，组织合规审查，及时向合规管理牵头部门通报风险事项，妥善应对合规风险事件，做好本领域合规培训和商业伙伴合规调查工作，组织或配合进行违规问题调查并及时整改。"再如，《企业境外经营合规管理指引》第12条第（一）部分"合规管理部门与业务部门分工协作"规定："合规管理需要合规管理部门和业务部门密切配合。境外经营相关业务部门应主动进行日常合规管理工作，识别业务范围内的合规要求，制定并落实业务管理制度和风险防范措施，组织或配合合规管理部门进行合规审查和风险评估，组织或监督违规调查及整改工作。"因此，企业业务部门应当切实树立现代化的企业合规理念，切实将企业合规风险防范放置于自身业务实践之前，将企业合规制度落实到自身业务推进中去，将企业合规文化融入到自身业务发展中去，真正筑牢企业合规建设的"首道防线"。

三、合规部门应正确处理与业务部门之间的关系

在大合规时代，企业合规部门与业务部门均是企业合规的重要组成部门，两者之间应处理好"融与离""专与多"的关系，共同促进企业合规建设和

企业可持续发展。具体而言：

第一，企业合规部门与业务部门两者在企业合规建设过程中应当是彼此融合的关系，实现理念相融、力量相融。这就要求合规部门应及时关注企业的各项业务发展，与业务部门开展制度性对话与协作，针对企业多重的业务板块开展有针对性的专项合规，综合运用不同的合规措施，及时准确地了解、发现、掌握、防范、处置企业合规风险点，避免出现"一刀切"的问题。尤其是对于企业合规负责人而言，其不仅要成为开展企业合规的"专家"，熟悉涉及企业合规的各项工作；而且要成为懂得企业业务的"杂家"，了解并关注企业业务发展的各种情况，实现所谓的"一专多能"，切实将企业合规建设渗透到企业业务发展的始终。

第二，企业合规部门与业务部门两者在企业合规建设过程中应当注意适度分离。上文所讲的两者融合关系并不是绝对的，而是相对的。在企业合规建设过程中，企业合规部门与业务部门应当注意明确自己的职责和权限，否则，极易出现"全部负责而均不负责"的尴尬局面。具体而言，一方面，企业合规部门应当注意在介入企业具体业务中时，同时扮演好"中立的参谋者"和"有效的监督者"两大角色，尤其是特别注意避免过度干涉企业业务工作和领导层关于企业合规的系列决策；并且要注意保守企业的各项商业秘密，不以企业合规为由而干扰企业业务部门的正常工作。另一方面，业务部门既不能因为企业合规要求而固步自封、因噎废食、毫无作为，导致贻误业务发展机遇；也不能只是将企业合规要求当作表面工作来对待，而是真正做到将"书面的合规"转变为"行动的合规"。

第八节　企业合规部门与内部纪检监察部门之间的关系

相较于国外企业而言，我国企业制度尤其是国有企业制度呈现出鲜明的本土特色，尤其是大型国有企业的内部往往设立有纪检监察部门，其依法依规主要履行"监督、执纪、问责"和"监督、调查、处置"的双重职能。因此，在我国现代化企业合规组织设置过程中，结合我国实际情况，应正确处理好企业合规部门（主要是专职合规部门）与企业内部纪检监察部门两者之间"同与异""统与分"的关系，既应当切实做到分工明确、履职顺畅，又应当真正形成企业合规建设的强大合力，促进我国企业合规实现高质量发展。

一、企业合规部门与内部纪检监察部门在企业合规中的共同之处

企业合规部门与内部纪检监察部门在企业合规实践中均扮演着重要角色,两者有着诸多的共同之处,其主要表现在以下三个方面,具体而言:

(一)在追求企业合规的价值目标方面具有一致性

企业合规部门与内部纪检监察部门均为我国企业合规制度和运行体系的重要组成部分。两者在企业合规实践中均追求企业合规风险的防范和处置、企业合规制度的建设和完善、企业合规文化的孕育和发展、企业合规成果的运用和共享等一系列基本目的的达成。因此,从本质上讲,两者共同开展企业合规的最终目的均是为了有效地维护企业以及员工的各项合法利益,不断提升企业的核心竞争力和长远发展力。

(二)在开展企业合规的措施方法方面具有相同性

在大合规时代,企业合规部门与内部纪检监察部门共同承担着企业合规的重任。两者在适用合规措施方面具有一定的相同性,比如,合规调查措施、合规宣传措施、合规审查措施等。而且,两者在举报流程设置、问题线索核查与处置等具体方法层面上也有着诸多相同之处。为此,在合规运行的具体实践中,两者可在一定范围内加强彼此配合与协调,尤其是对于一些专项合规项目进行更为深度的合作,进一步优化合规资源配置、节省合规成本开支、提升合规整体效果。

(三)在遵循企业合规的运行规律方面具有相同性

企业合规部门与内部纪检监察部门在开展企业合规具体实践过程中,均应遵循企业合规运行的基本规律,科学寻找、识别、处置一系列企业合规风险点,不断完善企业合规制度和合规文化体系。尤其是在企业廉洁从业等专项合规方面应加强彼此合作,共同关注重点岗位、重点人员、重点环节、重点项目,将财务管理、人员管理和运营管理作为有效的切入点,共同做好防范和处置两人领域的合规工作,共同推动企业合规的全领域覆盖、全流程实施,从而力促企业实现可持续发展的长远目标。

二、企业合规部门与内部纪检监察部门在企业合规中的不同之处

企业合规部门与内部纪检监察部门在企业合规体系的具体运行中存在着诸多不同之处,需要加以认真研究与梳理。概括而言,两者的区别之处主要

体现在履职依据、履职部门、履职范围、履职对象、履职重点以及履职程序等几个方面。

(一) 合规的履职依据不同

首先,内部纪检监察部门参与合规管理的主要依据分为两大部分:一是中国共产党的各项党内法规,比如,《中国共产党章程》《中国共产党党内监督条例》《中国共产党纪律处分条例》等;二是国家法律法规,比如《监察法》《监察法实施条例》等。然而,企业合规部门的合规管理与实践的主要依据不仅包括上述内容,而且包括"行业之规"(行业内部规范)、"内部之规"(企业内部规范)以及"道德之规"(道德伦理规范)。

(二) 合规的履职部门不同

企业合规部门是企业合规管理的专职部门,其履职具有专职性的主要特征。简而言之,在企业内部的决策层,其往往组建起所谓的"合规委员会";在企业内部尤其是大型企业内部的管理层,其往往设置所谓的"首席合规官"及"首席合规官办公室"或者"合规专员"及"合规专员办公室"作为企业合规管理的中枢神经组织;在企业内部的执行层,其往往设置若干名合规人员,负责开展具体的合规日常事务。对比而言,企业内部纪检监察部门是企业合规管理的参与部门,具体设置为"纪检监察室"或者"纪检监察部",其履职具有兼职性的主要特征。这就决定了在大合规的时代,企业内部纪检监察部门在合规管理运行体系和具体实践中是"配角",而非"主角"。但当合规问题线索进入纪检监察程序之后就成为纪检监察案件,理应由纪检监察部门依法依规处置。比如,已涉嫌企业商业贿赂犯罪的,则不属于企业合规部门的管辖范围。

(三) 合规的履职范围不同

企业合规部门负责企业全面合规工作,其开展合规工作具有全面性的特征,具体范围涵盖企业战略决策、企业商业模式、企业人力资源、企业财务管理、企业廉洁从业、企业数据安全等全领域的合规工作,这也往往被称为"大合规"。然而,企业内部纪检监察部门重点参与专项合规工作,主要聚焦涉及廉洁从业方面的合规工作,比如反舞弊专项合规等。因此,从这个角度来讲,企业内部纪检监察部门从事的合规工作具有一定的局限性。

(四) 合规的履职对象不同

企业合规部门通过依法依规适用合规措施,其效力不仅涵盖企业全体员工，而且还涉及潜在合作伙伴或正在合作的商业伙伴，包括投资人、供应商、经销商、服务商等。然而，企业内部纪检监察部门的主要工作对象是本企业全体员工，尤其是企业内部的党员领导干部。因此，从这个角度来讲，企业合规部门的工作对象范围远比企业内部纪检监察部门的工作对象范围更为广泛。

（五）合规的履职重点不同

企业合规部门所开展的各项合规工作中，其关键点和侧重点在于防范，将对企业合规风险的防范贯彻于企业领域的各个环节、企业发展的各个阶段。[1] 换言之，企业合规部门开展的合规工作主要强调在合规管理中实现自身的存在价值，甚至可以说"无防范不合规"。而企业内部纪检监察部门所参与的合规工作中，其着眼点在于问责和处置，从而形成一定的震慑效应和警示效果。

（六）合规的履职程序不同

企业合规部门开展合规管理工作，主要是采取内部逐层汇报原则，即层报企业最高层，更多地体现为企业内部的自治程序规范。但企业内部纪检监察部门不仅要接受企业最高层的领导，而且也要接受上级纪检监察机关的领导，是较为典型的"双重领导"的程序范式。因此，两者在合规的履职程序方面存在一定的不同之处。

三、企业合规部门与内部纪检监察部门在企业合规中的有机联系

企业合规部门与内部纪检监察部门在企业合规运行中存在内在的逻辑联系。两者均需要在企业最高管理层的领导下主办或者参与企业合规的各项工作。一方面，内部纪检监察部门依法依规履职，尤其对违法违纪案件的及时、有力查处，是对企业合规部门开展各项合规工作的坚强后盾和有力保障。例如，东方电气在构建起公司合规组织时就专门设立了由法务审计部为基础的合规归口管理部门与纪检监察部为基础的专项部门作为其合规组织的重要组成部分，纪检监察部对公司管理人员（包括合规管理人员）开展纪检监察工作能够确保合规工作本身的廉洁性和公正性。而合规归口管理部门作为合规

---

[1] 如《中央企业合规管理指引（试行）》就明确了合规管理的重点领域、重点环节和重点人员。重点领域包括：一是市场交易领域；二是安全环保领域；三是产品质量领域；四是劳动用工领域；五是财务税收领域；六是知识产权领域；七是商业伙伴领域。重点环节主要是制度制定环节、经营决策环节以及生产运营环节。重点人员主要是管理人员、重要风险岗位人员以及海外人员。

业务管理部门在预防、识别、评估、报告和应对合规风险的同时，又能够为纪检监察部提供相应线索与指引。

另一方面，企业合规部门依法依规靠前履职，不仅可以为纪检监察工作的开展提供一些方向性指引和参考，而且有助于减轻内部纪检监察部门的工作负荷，营造风清气正的工作氛围。两者彼此关联、协调一致，不断增强企业合规制度的约束力、教育的说服力以及处置的震慑力，从而最大限度地促进企业合规实践，充分实现良好的内部循环发展。为此，企业合规部门与内部纪检监察部门之间应当实现内部合规信息、合规资源以及合规措施的共建、共用、共享。

综上而言，企业合规部门与内部纪检监察部门之间在企业合规管理实践中应当遵循"求大同、存小异"的基本原则，坚持"相容而非相斥"的基本态度，避免出现职责不清、职责混同、职责错位等问题，共同坚守企业合规文化的底蕴精神，切实按照企业合规的各项国际标准和国内标准的规定要求，认真做好"统分结合"工作，既应按照各自职责规定和具体范围来依法依规履职，又要力促实现合规资源共用、合规责任共担、合规成果共享，真正实现职能结合、优势互补、"双剑合璧"，共同服务于我国现代化企业合规建设与发展。

第九节 企业合规部门与商业伙伴之间的关系

在大合规时代，企业合规建设不仅仅关涉企业内部治理的成效，而且涉及企业外部合作的成败。企业合规不仅仅作用于企业和企业全体员工，而且作用于企业外部主要是商业合作伙伴。[1]以西门子公司为例，其在与商业合作伙伴进行合作时，主要采取以下三点合规方法：其一，西门子公司与商业合作伙伴主要是供应商签订《西门子公司供应商行为准则》，对所有供应商在

---

[1] 商业合作伙伴（Business Partner）也称为业务合作伙伴，根据业务关系的不同，企业的商业合作伙伴有不同的类型，一般包括：（1）供应商，即向企业提供产品或者服务的个人和组织；（2）经销商，即向企业购买商品或者服务并销售给最终用户的个人和组织；（3）中介机构，即为企业与第三方进行合作提供居间或者经纪等服务的个人和组织。此外，还有品牌合作方、技术合作方、市场合作方等多种形式。每类业务伙伴又可以进一步细分为不同种类。最终用户通常不视为商业合作伙伴。参见胡国辉：《企业合规概论》，电子工业出版社2017年版，第101页。

禁止贪污腐败、尊重员工的基本权利、供应链管理等各方面作出详细的要求，并提供西门子公司的支持渠道；其二，西门子公司要求商业伙伴在履行与其合同过程中使用分包商时，必须使用和西门子公司合规规定相当的条款约束其分包商；其三，对特定第三方进行合规培训。作为企业代表之一的合规部门在与商业合作伙伴就企业合规系列事宜开展谈判与合作时，应当坚持"同与异""严与宽"的基本原则精神，以共同维持双方之间健康良好的业务合作关系，力促双方实现共赢发展的目标。

一、企业合规部门应与合作伙伴正确处理好"同与异"的关系

企业合规部门往往代表本企业参与到与商业合作伙伴的谈判和合作过程中，其主要负责关于企业合规具体事务对接问题。企业合规部门应当切实发挥自身的主观能动性，真正促使商业合作伙伴明确双方在企业合规方面本质上的三点共同之处：其一，双方在最基本的企业合规理念方面是相同的，"人人合规""合规与业务相融""合规创造价值"等现代企业合规理念贯穿于合作的全过程和全领域，这也是双方达成合作事宜的基石之一；其二，双方在最基本的企业合规目标方面是相同的，即均追求通过合规条约的签署和履行来切实保障双方合作能够依法依规顺利进行，达到预期的合作目的；其三，双方在最基本的企业合规要求方面是相同的，[1]即虽然双方有着不同的合规实际，但应当照顾实际情况，在相关合规要求方面应当保持最低限度的一致性。

此外，企业合规部门应当意识到除了与商业合作伙伴在企业合规方面的相同点之外，两者之间在企业合规方面还存在诸多不同。为此，企业合规部门在双方合作之前应当采取相关的合规措施，对商业合作伙伴开展必要的合规尽职调查，对于各种类型的商业合作伙伴，需要考虑所有可能存在的不合规风险，主要包括违反人权、环保、质量、安全以及商业贿赂等各种因素，并在此基础上收集商业合作伙伴的相关信息和关键数据，为本企业决策者和管理者提供科学、客观、详尽、有效的合规报告。

---

[1] 比如，是否有正式的商务合同；合同中是否包含了有关合规和反腐败的要求和权利；合同中是否包含审计条款；谁拥有该商业合作伙伴；该商业合作伙伴是否揭示了所有有关的第三方关系；该商业合作伙伴所有的经营地点是否均已经进行了揭示；商业合作伙伴是否正涉及诉讼或者具有独特的政府关系，可能会在现存顾客或者外部监管机构中造成负面影响，等等。

二、企业合规部门应与合作伙伴正确处理好"严与宽"的关系

从理论上讲,企业与企业之间的合作应当是平等的,不存在所谓的"地位高低"问题。但在具体实践中,企业与企业之间存在着自身规模的大小、掌握资源的多寡、综合实力的强弱等差别之处,这就往往导致了企业与企业在具体合作中对于企业合规要求存在着或宽或严的尺度标准。这也需要企业合规部门加以特别关注并智慧地予以处理和解决。因此,一方面,企业合规部门需要站稳立场、坚持原则、勇于担责,清晰地向合作伙伴传达本企业的相关合规要求,并积极争取其理解与支持;另一方面,企业合规部门需要尊重对方、善于聆听、照顾关切,认真对待合作伙伴的实际情况和其自身内部的合规要求,并积极寻找双方合作的共通之处。在此基础上,企业合规部门应正确对待本企业与合作伙伴在合规要求方面的"同与异",既不能擅自突破本企业合规要求的底线;也不能随意附和合作伙伴过于严苛的合规要求,而是本着合作共赢、积极开放的态度和精神,准确把握双方关于企业合规要求"严与宽"的平衡点,将双方均认可的合规要求明确写进商务合同之中,从而尽最大可能性地促成双方合作。以正泰集团股份有限公司为例,其专门制定了《正泰商业伙伴诚信合规行为准则》,该文件的宗旨是:同心协力确保企业合规,让企业更好、更成功、更可持续。正泰集团需要并将继续要求与像我们一样恪守商业道德、公平销售和营销惯例、保密和知识产权保护以及所有对不当行为坚持零容忍标准的商业伙伴进行合作。同时,《正泰商业伙伴诚信合规行为准则》将商业伙伴的不当行为分为五大类:腐败行为、欺诈行为、共谋行为、胁迫行为和妨碍行为。因此,企业间的合作必须在共同合规认识的基础上开展,只有合作双方在合规要求方面达成一致,双方的合作才可能取得双赢的有利成果。

此外,在双方的具体合作过程中,企业合规部门一方面可采用合规培训措施,定期或者不定期对商业合作伙伴开展合规制度和合规文化的系统培训,甚至针对不同的商业合作伙伴开展各种个性化的合规培训,不断提升商业合作伙伴的合规意识和合规实效,共同维护"合规共同体"。另一方面,企业合规部门应注意加强对合规落实情况的持续跟踪和检查力度,若发现危险信号,[1]要

---

[1] 美国司法部和英国重大欺诈案件调查署均在其网站上列出了一系列属于危险信号的情况,

及时预警,并按照程序向上进行合规汇报,及时处置合规风险甚至违规事件,确保双方合作始终在法治轨道上顺利前进。

综上而言,在大合规时代,企业合规部门应当站位高远、放眼全局,从企业根本利益和可持续发展的角度出发,正确处理与商业合作伙伴之间"同与异""严与宽"的相互关系,既要严格落实企业合规要求,确保合规风险可防可控;也要积极促成双方合作,不断为企业发展注入新活力和源动力,实现双方合作的经济效益和社会效益双丰收,有效促进企业可持续发展。

(接上页)帮助企业及时察觉合规风险,包括但不限于:(1)间接或非常规付款:通过服务提供国以外的空壳公司或离岸银行账户进行付款;商业合作伙伴要求非常规预付或者支付超额报酬。(2)不寻常的政府或者个人关系:商业合作伙伴与政府官员有亲属关系或者业务联系;商业合作伙伴是由政府官员,特别是有商业决定权的政府官员推荐的。(3)不合作态度:商业合作伙伴不愿意提供商业证明;商业伙伴不愿意在合同中作出反腐败合规承诺。(4)信息不实:商业伙伴缺乏足够的能力或者员工资质为其受聘方提供服务或者产品;使用先前协议中未提及的外部职员、公司或代理商作为其主要联系人。

第七章 企业合规措施论

企业合规措施主要是指企业为防范合规风险、建立合规制度体系、开展合规文化建设等一系列合规工作所采用的各种方法和举措的总称。现代企业合规工作的开展需要依法依规综合适用各类企业合规措施。本章主要围绕着企业合规措施的概念、种类、适用原则等开展相关研究。

从企业合规理论和合规实践来看，常见的企业合规措施主要包括以下几种：企业合规咨询、企业合规审查、企业合规培训、企业合规宣传、企业合规调查、企业合规尽职调查等。

第一节 企业合规措施适用的基本原则

企业合规措施的实施是企业合规制度、企业合规文化、企业合规成效得以落实的重要手段和基本保障。企业合规措施适用的基本原则主要是指企业在具体适用一系列合规措施时所应当遵循的基本准则和规范精神。企业合规措施适用应当遵循以下七项基本原则：合法性原则、正当性原则、科学性原则、比例性原则、有效性原则、科技性原则以及留痕性原则。

一、合法性原则

合法性原则是企业合规措施适用的首要原则，其主要是指企业在适用合规措施之时应当依法进行，杜绝采用非法方式来实施合规措施。一切非法适用合规措施的，均应被禁止。企业如果违反相关法律规定而适用合规措施，则应当依法承担相应的法律责任，甚至追究其相应的刑事责任。合法性原则要求企业应当事先设定合规措施的适用标准、程序规范和实体要求，切实做到适用过程和结果的有理有据。尤其是对于一些特殊类型的合规措施（比如合规尽职调查），更应当注意依法实施，避免出现违法违规行为。

二、正当性原则

正当性原则主要包括两个层面的内容，一是指企业适用合规措施的目的是正当合理的，不能出于非合规目的来采取合规措施或者将合规措施获得的信息挪作他用；二是指企业适用合规措施的具体程序具有正当性，必须符合公司合规制度的规定，经过必要的内部批准程序。正当性原则是保障合规措施得以正确适用的重要原则。尤其是对于掌握大量合规信息的企业管理层和合规团队部门而言，其坚守正当性原则无疑具有重要意义。一旦违背正当性原则，极易诱发企业合规风险和合规危机。

三、科学性原则

科学性原则是指企业适用合规措施应当秉持科学的态度和精神，尊重一系列事实和客观规律，包括业务实施、社会规律、人类个体意识和行为的客观规律等，注重现代合规理念在合规措施实践中的具体应用。出于主观臆断的措施，即使有强有力的执行手段作为支撑，在推行过程中也会遇到各种无法克服的障碍，最终难以达成企业合规之目的。[1]比如，在合规咨询的具体应用过程中，应当科学定位合规部门的角色，注意区分主动合规咨询和响应合规咨询之间的界限，防止因为"过度咨询"而干扰业务决策的表决。

四、比例性原则

比例性原则也可称为适度性原则，其是指企业应当根据合规风险等级等其他因素来综合考虑和实施合规措施。合规实践表明，合规措施的适用并非越多越好，也并非越急越好，而是应当注意范围、节奏、强度的把握和调整，既可避免合规措施的滥用，又可有效地提升合规资源的效率。比例性原则要求企业配置和适用合规措施应当与合规风险的严重程度相适应。任何一个企业所掌握和可支配的合规资源都是有限的，如果把主要资源用于低合规风险领域，则必然导致高、中合规风险领域资源配置不足的问题。尤其是对于一些成本较高的合规措施而言，更应当坚持比例性原则，并非适用越多就越好，

---

[1] 参见胡国辉：《企业合规概论》，电子工业出版社2017年版，第89页。

而是针对企业合规义务和风险的特征及走势,来适度地应用。比如,针对合规审查措施而言,并非"凡事必审",而是应当抓住企业制度中的重点问题或者业务模式中的敏感部门进行详尽审查,认真查找其中的合规风险,做到"牵牛牵住牛鼻子"。

五、有效性原则

有效性原则主要是指企业应注重从合规目标、合规义务和合规风险等角度来有针对性地设计和适用相关合规措施,避免实践操作中的盲目性和重复性。正如有观点指出,合规措施应当致力于防范或者化解合规风险。如果发生合规措施与合规风险脱节的情况,很难主张合规措施是有效的。比如,在企业合规培训措施的具体应用过程中,必须注意针对合规风险精心组织设计合规培训的主要内容和形式,避免空洞化地宣讲,真正提升合规培训的质效。

六、科技性原则

科技性原则是指企业适用合规措施应当积极融入现代科技的元素,突出科技对于合规措施建设的引领作用,特别重视互联网和大数据的具体应用,不断促使合规措施体系的更新升级,从而有效地提升合规措施的适用效率。尤其是随着企业规模扩大、业务增长、人员增多,越是要强调合规措施体系建设和应用的科技性原则,有助于最大限度地提升企业合规管理的精准性、有效性和效率性。比如,企业可借助互联网信息系统,建立合作伙伴的核心数据库,并要求合作伙伴在纳入数据库的信息发生变更前主动通知本企业,信息系统会自动将核心数据库中的信息在相关数据库中进行检索,并在发现重合时通知本企业,由企业进行人工干预以判断该发现的有效性。这有助于提升合规尽职调查中信息比对核实的效率,提升合规管理的效益水平。

七、留痕性原则

留痕性原则主要是指为了应对第三方调查或者公众质疑,体现企业合规管理的有效性,企业应当以书面方式对企业合规措施的应用过程和结果进行及时和必要的记录。尤其是企业在面临公权力的行政处罚或者刑事调查时,详尽的合规措施体系及其适用记录会成为企业证明其合规管理有效性的重要证据材料。需要强调的是,坚持留痕性原则,并非要求所有的合规措施适用均需要记录下来,而是应当有所侧重,重点记录企业通过合规措施的适用而消除合规风险的过程。

第二节 企业合规咨询

企业合规咨询是最为常见的企业合规措施之一,其主要是指企业合规团队及合规人员对于涉及企业合规议题和合规问题给予的一系列阐释和说明,并根据实际需要出具相应的合规咨询意见或者建议。

随着现代企业合规制度的不断建立和完善,企业合规咨询越来越受到重视,并被广泛应用。比如,2018年11月2日发布的《中央企业合规管理指引(试行)》第9条就明确指出:"中央企业相关负责人或总法律顾问担任合规管理负责人,主要职责包括:……(二)参与企业重大决策并提出合规意见……"此外,2018年12月26日发布的《企业境外经营合规管理指引》第11条第(三)部分"合规管理部门"也明确规定:"……合规管理部门一般应履行以下合规职责:1.持续关注我国及业务所涉国家(地区)法律法规、监管要求和国际规则的最新发展,及时提供合规建议……"有效的合规咨询有助于协助企业及时、准确地发现、预防和化解相关合规风险,及时、科学的合规意见或者建议,能够协助企业进一步完善企业合规制度、培育企业合规文化,促进企业合规实践,提升企业合规品质。

在具体的合规实践中,企业合规咨询和企业合规审查两项措施犹如企业合规管理的"左右手",两者往往同时适用或者交叉适用,共同为企业的可持续发展提供有效保障。相较于企业合规审查而言,企业合规咨询的形式上更为多元、内容上更具弹性、方式上更为灵活。

一、企业合规咨询的主要内容

企业合规咨询往往贯穿于企业业务发展的各领域和全过程,是一项复杂和系统的工作。从学理角度分析,按照不同的标准,可将企业合规咨询的主要内容加以分类研究,以便多角度地透视企业合规咨询的本质。

(一)按照合规咨询的形式不同进行分类

按照合规咨询的形式不同,可将其分为主动合规咨询和被动合规咨询两大类。在具体的实践中,主动合规咨询是主要性的,被动合规咨询是辅助性的，共同形成完整的合规咨询体系内容。

1. 主动合规咨询

主动合规咨询是指企业合规部门及合规人员通过参加管理层和各业务团队的各种业务主题会议，并在会上或者会后主动提出合规意见或者合规建议。其在会议中的任务主要包括：其一，报告企业合规管理体系运行的状况；其二，有针对性地提示可能涉及的各类合规风险以及合规风险的变化；其三，了解业务和业务的变化以及与合规管理的结合点；其四，就与合规相关的问题参与会议讨论并从合规角度提供专业意见。[1]主动合规咨询是企业合规咨询的主要部分，是企业合规部门及合规专业人员必须履行的合规职责。

2. 被动合规咨询

被动合规咨询，也被称为响应合规咨询，其主要是指企业中管理层、业务团队或者员工就相关合规问题向合规部门及合规专职人员征求其合规建议。被动合规咨询往往具有临时性、随机性和灵活性，需要企业合规团队及合规专业人员予以及时跟进和解答。

（二）按照合规咨询的内容不同进行分类

按照合规咨询的内容不同进行分类，可主要分为综合合规咨询和专项合规咨询。[2]

1. 综合合规咨询

综合合规咨询主要是指针对涉及的企业全部业务和工作所开展的具有全面性和体系性的合规咨询行为活动。综合合规咨询所涉及的合规议题比较宏观，往往涉及企业的战略发展层面内容，比如企业的商业模式、发展方向、业务伙伴选择等。此外，综合合规咨询往往以年度、季度、月度为时间单位开展，因而具有一定的时间性和周期性。

2. 专项合规咨询

专项合规咨询主要是针对企业部分业务或者工作所开展的具有针对性和特色性的合规咨询行为活动。专项合规咨询所针对的合规主题或者合规问题比较具体和敏感，而且要求的时效性较高。比如，针对环保领域的专项合规

---

[1] 参见黄胜忠、郭建军主编：《合规管理理论与实务》，知识产权出版社2020年版，第119页。

[2] 参见姜先良：《企业合规与律师服务》，法律出版社2021年版，第182页。

咨询；再比如，针对数据安全领域的专项合规咨询；还比如，反商业贿赂领域的专项合规咨询等。

(三) 按照合规咨询的效力不同进行分类

按照合规咨询的效力不同，可将其分为：正式的合规咨询和非正式的合规咨询。两者在实践中往往同时适用，互为补充。

1. 正式的合规咨询

正式的合规咨询主要是指企业合规团队对于企业合规问题所给予的具有一定约束力的咨询。因此，正式的合规咨询也可被称为刚性的合规咨询，其需要出具规范的书面的合规咨询意见或者建议，对咨询对象具有相应的约束力。如果咨询对象未采纳合规咨询意见或者建议，则应当说明理由；如果发生合规问题甚至合规危机，应当追究其相应的责任。

2. 非正式的合规咨询

非正式的合规咨询主要是指企业合规团队针对合规议题所给出的不具有约束力的咨询建议。非正式的合规咨询往往不具有强制性和约束力。非正式的合规咨询往往比较灵活，可以以口头方式进行，并且对咨询对象不具有内部约束力，而是一种解答问题的性质。在具体实践中，有些企业会制定《企业合规问题指南》，主要面向企业全体员工，统一解答和说明具有普遍性的合规问题，从而提升非正式合规咨询的效率。

二、企业合规咨询的主要特征

企业合规咨询可被形象地称为企业合规的"常规体检"。通过科学的企业合规咨询工作，可为企业各项合规建设提供有效支撑、坚实保障。企业合规咨询的主要特征集中体现为六个方面内容：适度性、客观性、中立性、前瞻性、留痕性、保密性。

(一) 合规咨询的适度性

合规咨询的适度性是指企业合规咨询应当根据企业合规义务和合规风险予以科学合理地适用，防止出现"过度咨询""盲目咨询"的问题。对于主动合规咨询而言，企业合规部门及合规人员应当根据合规风险评估的结果，有选择性地参加相关业务会议，而不需要参加所有会议。这一点是评判合规管理体系有效性的主要依据之一。如果要求合规专业团队无差别地参与所有会议，既不具有可行性，也往往会造成合规资源的大量浪费。反之，如果合规部门在重要的业务会议中缺席，将失去了解业务的机会，不利于向管理层和业务部门及时提供合规专业支持，更重要的是给员工造成合规专业团队缺位的印象。对于被动合规咨询而言，则应当做到围绕所提的合规问题展开详尽的咨询活动，而不应当过度地介入企业业务经营之中。

因此，企业合规咨询应当注重适度性，真正做到"有所为有所不为"。

（二）合规咨询的客观性

无论是主动合规咨询，还是被动合规咨询，均应当坚守客观性原则，即企业合规部门及合规专业人员应当本着实事求是的态度和原则来开展合规咨询活动，而不应当掺杂任何部门利益、个人感情或者道德评价。比如，企业合规部门在参加业务会议时，应当明确自己的角色定位——业务部门可以信赖的专业伙伴。如果某个与会者提出的意见与企业合规管理的原则相左，合规部门可以在讨论中从合规角度给出专业的意见和建议，但应避免从道德或者价值角度对该与会者进行指责或者评判。因为在形成最后的决议前，所有的与会者应当有机会畅所欲言，这是在决议作出后能够被所有与会者接受和执行的基础。会议纪要不必把讨论的全部记录下来，因为某些内容将来可能被断章取义用作不利于企业的证据。更主要的是，这可能导致社会赞许现象，即发言者是按照自己被期许的角色进行表演，而不是表达真实的想法，这会对业务会议中决策的科学性和效率造成不利影响。[1]

（三）合规咨询的中立性

合规咨询的中立性是指企业合规部门及合规专业人员在合规咨询过程中应当坚守中立的角色和立场，做好企业合规的"咨询者"和"辅助者"，而非企业合规的"领导者"和"决策者"。以主动合规咨询为例，企业合规部门在参与业务会议时要避免对业务决策参与表决，因为不论合规专业团队赞许、反对还是弃权，都可能对这些业务决策机构构成不必要的干扰。更重要的是，合规部门的赞同可能被视为合规审批或者认可。应当明确的是，合规部门是决策顾问，而非决策者。比如，如果合规部门参与对供应商的选择，可对不能达到本企业合规要求的供应商进行排除，但要避免对某个供应商应当中标之类的决策参与打分或者评标，以体现自身中立的特征。[2]

---

[1] 胡国辉：《企业合规概论》，电子工业出版社2017年版，第90页。
[2] 胡国辉：《企业合规概论》，电子工业出版社2017年版，第91页。

（四）合规咨询的前瞻性

企业合规的前瞻性主要是指企业合规咨询应当及时关注企业自身以及周边环境的变化，及时关注企业合规义务的变化，科学预见企业合规风险的增减，并有效地为企业合规发展提供专业咨询服务。正所谓："上医治未病，中医治欲病，下医治已病。"尤其对于快速发展的企业而言，其对于企业合规咨询的前瞻性要求就越高。为此，企业合规部门及合规专业人员应当及时掌握最新的合规动态，积极融入企业业务活动，从而提供高质量的合规咨询产品。

（五）合规咨询的留痕性

合规咨询的留痕性主要是指企业合规咨询措施的适用应当以书面的方式予以准确记录，既应当清晰地反映合规咨询的整个过程，也应当明确地记载合规咨询的办理结果。尤其是针对正式的合规咨询，更要求主动全程留痕，完整、客观地记录其整个情况。合规咨询的留痕性并不要求"凡事必录"，而是要求有针对性地科学、合理记录，体现合规咨询的重点、难点和要点。合规咨询的留痕性可有效地体现企业合规管理成果，也是应对执法检查或者调查的重要证据材料。

（六）合规咨询的保密性

合规咨询的保密性是指企业合规部门及合规专业人员在合规咨询中应当注重保守包括商业秘密在内的各项信息。尤其是对于被动合规咨询而言，更应当注重保密性的要求，一般未经允许，不得向被咨询者之外的人员透露合规咨询的相关内容。此外，对于一些事关企业发展的重大合规咨询，往往会邀请专业的第三方介入进来，此时更要注意合规咨询的保密性，可以与第三方签订合规咨询的保密协议，从而依法保障企业的正当权益。

三、企业合规咨询的适用要点

企业合规咨询作为一项常规性的柔性较强的合规措施，其在具体适用过程中应当注意以下三点：

（一）促进企业合规咨询的制度化建设

企业合规咨询并非无据可依、随意而为，而是应当注重加强其制度化建设，以充分发挥其参谋之重要作用。为此，企业应当将企业合规咨询措施纳入企业合规制度体系之中，并且列明应当适用合规咨询措施的具体情形，以及未进行合规咨询而发生合规问题后所应当承担的责任后果，从而以制度的约束力保障合规咨询的可信度和权威性。

(二) 促进企业合规咨询的规范化建设

企业合规咨询的规范化要求企业合规咨询应当按照一定的标准和流程进行操作，符合程序正义的相关要求。企业合规咨询的规范化体现在以下几个方面：其一，合规咨询人员的规范化，即参与企业合规咨询的人员应当具备相应的资质和条件，而非随意参加；其二，合规咨询流程的规范化，即企业合规咨询应当按照设定的流程开展，尤其是对于正式的合规咨询而言，从合规议题的具体选定、合规咨询的发言顺序等应当严格规范进行，不得人为擅自改变；其三，合规咨询反馈的规范化，即合规咨询的最终结果应当按照规定要求在规定期限内向咨询对象予以反馈，对于正式的合规咨询还应当签名或者盖章。

(三) 促进企业合规咨询的专业化建设

企业合规咨询的最终结果是企业开展决策的重要依据之一。尤其是随着企业发展规模的不断扩大，业务领域的不断拓展以及各级员工的不断增加，企业合规咨询所面临的情况将会越来越复杂，对于合规咨询的质量要求也会越来越高。为此，除了加强企业自身合规团队的专业化水平建设之外，还应当注重"借脑"，即加强企业合规外部专业力量的引进和使用。为此，有条件的企业可考虑建立合规专家数据库。针对一些复杂敏感的合规问题，邀请专家参与论证和研究，从而不断提升合规咨询结果的品质。比如，针对一些涉及企业重大发展的知识产权领域的合规咨询，除了本企业合规团队及其合规专业人员之外，可考虑邀请知识产权领域的法学专家、技术专家等参与合规咨询，体现合规咨询的专业化水平，切实保障合规咨询的有效性。

第三节 企业合规审查

企业合规审查是一项非常重要的常规性的企业合规措施，被广泛运用于企业的各个层面和领域之中，对于企业合规风险的有效防范和积极化解具有重要的作用。

企业合规审查是指由企业合规专业团队以及合规人员根据企业的合规义务、合规目标、合规风险等，对具体事务所涉及的合规问题进行研究、审核和证实，从而促使企业合规制度得以有效落实的方法。企业合规审查的主要特征体现在以下五方面内容：强制性、适度性、全面性、专业性以及独立性。具体而言：

第一，合规审查的强制性。其集中体现为：其一，合规审查的具体范围是由企业制定的，参与方不能自行选择是否将相关事务提交合规审查；其二，未能通过合规审查可能导致一定后果，而该后果应当由企业制度事先予以具体规定，有的企业规定未能通过合规审查的业务不能开展，也有的企业规定需要到更高的管理层级对相关业务决策进行评估。合规审查的强制性是其主要特征之一，是保障企业合规管理有效性的主要措施之一。

第二，合规审查的适度性。作为一项高强度的合规措施，合规审查应当注意使用的适度性。换言之，合规审查并非适用越多越好。有的企业倾向于在大量业务流程中置入合规审查。这种合规审查泛滥的局面实际上不会提升企业合规管理体系的有效性，反而因为不分重点地投入合规资源而降低整个企业合规的有效性。[1]此外，合规审查的适度性还要求企业合规审查的适用范围具有限定性，并不能强制要求业务伙伴等利益相关方接受本企业的合规审查。

第三，合规审查的全面性。企业合规审查应当从企业发展的战略高度和长远角度来予以具体实施，融入企业的各项具体业务以及管理工作之中，从企业制度、企业模式、企业业务等各个方面开展全方位的合规审查，不断寻找和发现新的合规风险点，并提出有针对性的合规建议或者意见，从而最大限度地防范和化解企业合规风险，护航企业发展。

第四，合规审查的专业性。企业合规审查的顺利有效开展不仅需要运用科学的合规思维，而且需要借助专业的合规力量，综合使用法学、管理学、经济学、心理学等专业学科知识，从而保障企业合规审查的相关意见的客观性、公正性和公信力，真正服务于企业的科学决策以及可持续发展。

第五，合规审查的独立性。合规审查的独立性是保障企业合规审查意见客观合理的重要前提。这要求企业合规团队以及合规人员应当独立地开展合规审查工作，不受企业其他部门及人员的随意干涉。此外，还要求企业各部门向合规部门所提供的信息资料是真实、准确和完整的，不得随意伪造、编造或者隐瞒相关信息资料。

---

[1] 黄胜忠、郭建军主编：《合规管理理论与实务》，知识产权出版社2020年版，第117页。

以下主要结合企业合规审查的三方面具体内容加以详细剖析和解读。

一、针对企业制度方面的合规审查

企业制度主要是指涉及企业设立、发展、经营、管理等各个方面的规范之和。企业制度涵盖了企业生存和发展的方方面面，既涉及企业宏观建设方面的内容，也涉及企业微观经营方面的内容。既涉及产品和服务管理方面的内容，也涉及人员管理和财务管理方面的内容。因此，对于企业制度的合规审查是整个合规审查措施的重中之重。对于企业制度的合规审查可分为两个层面内容：一是针对企业制度实体层面的合规审查；二是针对企业制度程序层面的合规审查。

（一）针对企业制度实体层面的合规审查

针对企业制度实体层面的合规审查应注意两个关键点：

第一，从企业合规义务出发，运用个体思维，对某项企业制度的主要内容进行审查，从而不断发现、排除或者修改、完善有可能导致企业违反合规义务的条款内容。以通用电气公司的礼品与招待制度为例，按照合规审查的要求，该公司规定送给业务伙伴等的每人礼品价值不得超过 25 美元。如果公司员工在送礼过程中超过了这个标准，就需要事先审批。该员工（即申请人）需要回答一系列问题，即为什么要向对方送礼（送礼的原因是什么）？拟送礼品的具体内容是什么（必要时需附照片）？所送礼品是否印制公司标识（不具有或者降低礼品的市场价值）？拟送礼品是从什么渠道采购的？是否由公司筛选合格的供应商所提供？[1]这样有助于防范和化解在送礼过程中可能涉嫌的商业贿赂风险和不正当交易风险等。

第二，从企业运行的整体视角和系统思维出发，全面审查不同制度之间是否存在不一致或者相互冲突的问题，针对其内在矛盾冲突，提出科学合理的完善建议。

第三，从企业发展的全局思维出发，重点审查整个企业制度对于所在企业合规管理体系可能造成的各种影响主要是不利影响，从而及时提出修改和完善的合规建议。

---

[1] 参见于志乐主编：《企业合规管理操作指南》，中国法制出版社 2017 年版，第 123 页。

（二）针对企业制度程序层面的合规审查

企业制度程序方面的合规审查主要是围绕着企业制度的制定、执行、反馈等各个环节是否符合企业合规的相关要求和标准。通过对企业制度的程序层面进行一系列合规审查，可以有效地确保企业制度制定与实施程序的科学性、正当性和合理性。以企业制度的"程序合规"来促进和保障企业制度的"实体合规"。

针对企业合规制度的审查应当注意以下内容：

第一，注意合规审查的全面性，既要从实体的角度对企业制度进行全面的合规审查，也要从程序的角度对企业制度开展系统性的合规审查。当然突出合规审查的全面性并不要求"凡事必查"，而是应当结合企业的合规义务和合规风险来科学确定该审查过程中的重点问题和难点问题，不断提升合规审查的针对性和有效性，防止出现"盲目审查"的问题。

第二，注意合规审查的系统性，既要注重对于一项项企业制度进行单个的程序性审查，也要对整个企业制度体系开展系统的程序性审查，确保企业制度在制定与实施的程序层面上实现良好的无缝衔接，从而有效地避免企业制度在程序层面方面的内在冲突和不协调问题，确保企业制度实现所谓的"程序正义"。

二、针对企业业务模式的合规审查

一方面，企业经营的外部环境影响往往是瞬息万变、错综复杂的，另一方面，企业自身的成长发展也存在着周期性规律。这两大主要因素的综合作用往往会导致企业的业务模式随之发生一些新的变化甚至是根本性的变化。这种变化主要体现在以下几个方面：新的主营或者兼营业务；在新的地域内开展业务，尤其是在新的司法辖区内开展业务；以新的形式开展业务，如实体店经营转为网店经营；设立新的子公司或者分公司；与其他企业进行并购活动；与其他企业开展战略合作、联合研发、联合市场活动等；采取新的销售模式，如渠道销售、直销、特许加盟销售等；其他关系到企业价值链形成模式的业务活动。[1]

针对业务模式的合规审查主要包括两个方面内容：

---

[1] 胡国辉：《企业合规概论》，电子工业出版社2017年版，第95~96页。

第一，业务模式的变化对企业合规义务和合规风险的主要影响。一方面，应当注意分析业务模式的改变是否导致企业合规义务的增减问题；另一方面，应当注意分析和考察业务模式的变化对于企业合规风险的重要影响，尤其应着重分析是否会诱发新的重大合规风险问题。

第二，注意考察企业对现有合规管理体系是否足以应对合规义务和合规风险变化所带来的各项挑战。如果现有合规体系不足以应对新形势，需要及时地对企业合规体系进行完善与改进，确保其具有一定的预见性和超前性。

三、针对敏感业务活动的合规审查

企业在具体运营过程中会出现各种各样的市场情况，需要不断地维护和开拓相关业务，而其中就包含着许多敏感的业务活动。所谓敏感业务活动主要是根据合规风险评估结论中若干高合规风险业务活动的范围确定，随着合规话题领域不同而不同。针对敏感业务活动的合规审查更具动态性和活力性。在具体实践中，其主要包括以下两方面内容：

（一）针对高风险交易的合规审查

在具体实践中，企业会定义高风险交易的构成要素，这些要素被称为"红旗信号"。常见的红旗信号主要包括：①交易对方未经过企业的合规尽职调查；②企业在对交易对方进行合规尽职调查时，发现合规疑虑而未得到合理的澄清；③交易对方位于相关的合规话题经常发生违规事件的地理区域；④交易的交货地位于相关的合规话题经常发生违规事件的地理区域；⑤交易中存在无明显价值的第三方；⑥单笔交易超过一定金额；⑦同一客户在一个财务年度内累计交易金额超过一定金额或者在企业总交易额中的一定百分比。企业可以规定当某个红旗信号出现在交易中时，即要求相关交易接受合规审查，也可以规定在某些红旗信号的组合出现时进行相应的合规审查。[1]

针对企业高风险交易业务活动的合规审查应当注意以下几点：其一，注意合规审查的适度性，即企业对于自身高风险业务活动审查的范围、内容、频率和强度应当进行科学合理的把握，而不宜擅自扩大。否则的话，既降低了合规审查的效率，也浪费了大量的合规审查的资源，还可能会对企业的发展与稳定造成不小的负面影响。其二，注意合规审查的精准性，即对于高风

---

[1] 参见胡国辉：《企业合规概论》，电子工业出版社2017年版，第97页。

险业务活动的审查不应追求"大而全",而应注重"小而精",将合规审查的主要精力聚焦于已有措施不足以防范合规风险的业务活动,不断推动企业合规体系的建立和完善。其三,注意合规审查的实效性,即针对高风险业务活动的合规审查不仅只是所谓的"书面审查",而应当结合具体的业务模式实践,将书面审查和实地审查相结合,尤其是要与业务部门进行紧密沟通和协作,真正将合规审查融入敏感业务活动中去。此外,合规审查还应当注意效率,避免因为合规审查的迟缓而错失企业发展良机。

(二) 针对外包业务的合规审查

外包业务是企业把本应由该内部团队执行的业务流程交给外部第三方执行的业务。之所以选择相关的外包业务,是因为企业以此希望规避合规义务的承担。这种做法有时可以成为企业在合规危机发生之时逃避承担责任的手段之一。但在很多情况下,此做法可能适得其反。其一,由于合规义务的客观性,外包只能暂时性地转移企业的合规义务而非从根本上消除合规义务;其二,由于主客观因素的制约,第三方发现、应对和处置合规风险的能力可能远低于企业本身;其三,由于增加了一方,发生合规风险和合规危机的风险实际上增加而非减少。[1]

针对外包业务的合规审查工作应关注以下几个方面内容:其一,外包业务的必要性,即企业的相关业务是否确有外包的必要、外包业务的价值所在、外包业务对于整个企业业务的影响等;其二,外包费用的合理性,即企业外包业务是否符合市场经济情况以及是否存在费用超出预算等问题;其三,外包方的整体情况,即外包方的设立和运营情况、市场信誉情况、法律诉讼情况等;其四,外包方合规管理的能力,即外包方是否具备合规管理的资质、条件以及是否同意本企业的合规要求等,从而有效地确保企业外包业务的合规和正当。

第四节 企业合规培训

企业合规培训主要是指企业针对管理层、业务部门及人员、新进员工、合规团队等,围绕着企业合规制度、企业合规文化、企业合规要求等所开展

---

[1] 参见胡国辉:《企业合规概论》,电子工业出版社2017年版,第107页。

的一系列教育实践活动。企业合规培训是一项重要的常规性合规措施,是帮助强化良好合规性与成功业务之间联系的战略手段,[1]其不仅能够有效地提升员工合规意识和素能,而且能够有效地发现与防范企业合规风险甚至违规事件,是现代企业合规管理体系有效性的重要体现。

一、企业合规培训的主要内容

企业合规培训面向企业所有员工。根据企业受训人员的具体范围不同,可将企业合规培训分为以下五个层面的内容:

(一)针对企业管理层的合规培训

企业管理层是企业建立和发展的领导者,亦被看作是企业的核心或者大脑,是企业管理的"关键少数",在企业合规制度建设和企业合规文化培育中均发挥着主导作用、示范效应。因此,针对企业管理层的合规培训是首要的、关键的和基础的。其合规培训的主要内容应聚焦整个企业合规方针的设计与制定、整个企业合规文化的培育与发展、整个企业合规形象的塑造和宣传等一系列宏观性、战略性和前沿性重大合规课题。当然,针对不同的企业,也可就一些专门性合规问题开展相关的专题培训,以提升企业管理层的现代企业合规意识和管理水平。

(二)针对企业全体员工的合规培训

全体员工是企业合规培训的主体部分。企业合规培训应当坚持全覆盖的原则,凡是企业的员工均应当接受合规培训,认真学习企业合规制度,逐步树立合规意识,践行合规方针,掌握合规技能,了解合规文化,开展合规实践。比如,宝马集团自合规管理体系建成以来,共有超过 32 500 名经理和员工接受了有关重要合规问题的培训。培训资料用德语和英语放在互联网平台上,培训结束还有测试,完成培训会得到一个证书,所有人员必须完成相应的培训课时。[2]

(三)针对企业业务部门的合规培训

企业各业务部门是企业生存和发展的支柱。不同的业务部门拥有不同的

---

[1] 参见黄胜忠、郭建军主编:《合规管理理论与实务》,知识产权出版社 2020 年版,第 137 页。

[2] 参见黄胜忠、郭建军主编:《合规管理理论与实务》,知识产权出版社 2020 年版,第 123 页。

职责和权限，有着各自运行的规律特点。"将合规融入业务"已成为一项十分重要的合规理念。因此，针对各业务部门的合规培训显得尤为关键。通过分块进行合规培训，突出合规培训的针对性，积极促使合规实践与业务运行实现进一步的贯通和融合，有助于将"纸面上的合规"真正转换为"行动上的合规"，促使企业合规制度得以真正落实。

（四）针对新进企业员工的合规培训

新进企业员工是企业发展的活力之源。对于新进企业员工的合规培训是整体培训的一个重要组成部分。对于新进员工的合规培训应当强调三个关键信息：一是本企业对合规建设非常重视，这种重视并非口头上的，而是落在实处的，并且最好以案例形式予以说明；二是企业合规基础知识的培训以及指导员工如何获得有关的合规知识；三是员工在日后工作中遇到合规问题后，如何请求帮助和获得解决方法。[1]

（五）针对企业合规团队的合规培训

合规团队是直接履行合规义务、开展合规日常工作的主要部门。随着信息社会和风险社会的到来，合规风险变得更为复杂、隐蔽、多样；而且随着行政监管的日益完善以及法治社会的不断健全，合规义务也变得更为丰富、严苛、多元。这就要求企业合规团队的合规知识体系和思维理念必须不断随着社会发展、环境变化以及立法完善等诸多外界因素的改变而改变，做到常学常新。通过合规培训，带动合规制度体系的完善以及合规文化的发展。

二、企业合规培训的主要模式

企业合规培训的模式应当以追求合规实效为导向和价值目标，尽量实现特色多样化。一般来讲，企业合规的模式主要包括集中培训式和自我培训式。

（一）集中培训式

集中培训式对合规专业团队提出更高的组织和内容方面要求。企业合规的集中培训对企业的成本压力比较大，包括教学本身的成本和员工脱产学习的成本，因此非常注重教学培训的效果。[2]企业一般在培训之前应当做好各项准备工作，包括教材准备、师资准备、时间准备、场地准备以及其他后勤

---

[1] 参见胡国辉：《企业合规概论》，电子工业出版社2017年版，第116页。

[2] 参见胡国辉：《企业合规概论》，电子工业出版社2017年版，第117页。

准备工作。在教学培训中，应当进行严密的组织工作，确保集中培训的质效，并且做好集中培训的书面记录等工作，做到合规培训的全程留痕。在集中培训之后，应当对培训成果进行总结并予以适当推广，以进一步延伸企业合规集中培训的质效。

（二）自我培训式

自我培训式是集中培训式的重要补充。自我培训式主要是指企业管理层及员工通过自我学习企业合规制度和合规文化来提升合规意识和素能的培训模式。相对于集中培训而言，自我培训的模式更为灵活和简便。尤其是随着互联网信息技术和大数据的兴起，网络培训变得更为流行。比如，巴斯夫集团在线合规课程于2007年在德国总部开通，并于2008年推广到其他地区的集团和子公司（北美自由贸易协议地区除外）。所有配备个人电脑的员工都必须在规定期限（通常为2个月）内登录在线合规课程，选择合适的语言，通过观看教程了解最新合规信息并完成教程最后附带的合规问题。问题的答案将由系统进行判断打分，当回答错误时，员工可以立即查询相关问题的正确答案和解释。在竞争法、反洗钱等专业问题上，巴斯夫集团还为员工设置了专业课程。在线合规课程每天24小时开通，员工可在任意时间登陆参与，每次问答将持续30分钟至45分钟。员工在问答过程中也可选择暂停，并且在下一次登录时继续回答。如果员工因为特殊原因无法在规定期限内完成这一课程，系统会提醒员工的部门主管，由主管负责督促员工尽快完成。同时，问题也会进行不断更新，保证与公司最新合规内容同步。这一课程旨在考察巴斯夫集团合规计划的实施效果，加深员工对合规计划的理解程度和重视程度。员工的成绩均由电脑系统自动保存，不会泄露给公司内任意第三方，也不影响员工的其他工作绩效评估，公司只会得到员工是否完成该课程的信息。[1]

三、企业合规培训的注意事项

作为一种常见的合规措施，企业合规培训是一项系统性很强、操作性也很强的体系工程，需要精心地设计、严密地组织、有效地实施以及科学地评

---

〔1〕 参见王志乐主编：《企业合规管理操作指南》，中国法制出版社2017年版，第167页。

估。概括起来，企业合规培训应当注意以下七个方面的主要问题：[1]

(一) 注重合规培训的匹配性

合规培训的内容应与员工角色和职责所涉及的合规风险及任务相匹配。在任何一个企业中，员工的角色任务都有多样性。合规培训的内容应结合受众群体的职能特点、风险概率进行调整。比较好的做法是在合规培训之前，应当对受训人员进行深入访谈，结合以往合规风险评估结果，寻找出一些典型的合规风险点。在这些风险点进一步得到受众部门的认可、补充和完善后，再设计培训内容。

(二) 注重合规培训的精准性

企业合规培训应基于员工认知和能力的不足而设计，突出合规培训的精准性。企业内部人员家庭背景、教育背景、工作背景不同，岗位职责、所接受企业内部培训的程度也不同，对公司合规流程以及价值取向要求存在认识高低不同是必然的。合规培训应尽量缩小员工中存在的合规认识差距，使整体员工对合规制度流程的认识以及合规价值取向往同一个水平靠近。比如，在合规培训之前，可向受训群体发放调查问卷，收集所有员工在合规方面的问题。通过认真分析这些问题，就能够基本掌握受众的合规认识水平状态。对这些问题来作一些培训内容设计，能够很好地填补员工对合规认知上的偏差，起到查缺补漏的作用。

(三) 注重合规培训的操作性

合规培训者要做的就是将合规培训的内容转变为通俗而易于被员工接受的呈现形式。如果是单纯的理论、制度和流程的宣教，那么员工就需要努力理解这些内容，并在实际工作中把这些教条理论与具体工作任务相结合。这就是一个二次消化的过程。如果员工觉得内容枯燥，很可能连一次消化也不去尝试。因此，合规培训无论是什么内容，都应当尽量规避教条理论传授方式，减少员工二次消化的可能。比较推荐的方法就是将所要讲授的各项合规制度融入具体的实际工作案例中去，通过讲授具体的案例来让员工对这些理论如何运用有一个最直观的理解。

(四) 注重合规培训的特色性

合规培训应与员工日常工作相关，并且符合工业特点、企业特点和产业

---

[1] 参见王志乐主编：《企业合规管理操作指南》，中国法制出版社 2017 年版，第 162~163 页。

特点。在设计合规培训时,不仅要融入企业所在行业的一些典型合规要求、企业自身的合规义务等,也应尽量选取与受众日常工作密切相关的、有助于受众群体接受的内容。尽管一些固定的主题可以制作成标准的合规培训教材,但除此之外应尽量使用"本土化"的案例题材,做到"以身边的事说明身边的事,以身边的人教育身边的人",不断增加合规培训的说服力。

(五)注重合规培训的多样性

合规培训的形式应足够灵活,综合运用各种培训技术,满足企业和员工的不同需求。在培训内容设计上,需要广开思路,尽最大可能调动受众者的参与兴趣。只有员工全身心地融入培训过程,其思想意识才能被触动,进而转化为外在行动。在形式上,互动式培训是比较建议的方式。比如,在培训中融入一些简单的互动游戏或者采用小组讨论的形式,通过讨论具体的案例或者问题,帮助员工开拓思路,集思广益地寻找合规思维方式。此外,网络培训是现在大多企业采用的一种高效的培训方式。合规培训完全可以借助此类培训平台设计培训内容,提升培训效率。

(六)注重合规培训的长期性

企业应当充分认识到合规培训绝不是所谓的"花拳绣腿",而是助力合规建设的"真功夫",需要久久为功,突出合规培训的长期性,将企业合规培训作为一项系统性工程来规划和建设。因此,企业应当加强对合规培训的顶层设计,从战略的高度和发展的角度来看企业合规培训,持续不断地开展企业合规培训。通过各种方式加强合规培训工作力度,不断向全体员工灌输现代企业合规价值观念,促成良好合规行为的养成,促使融洽合规氛围的形成。[1]

(七)注重合规培训的延伸性

企业不仅应重视合规培训的整个过程,而且应当关注合规培训的实施效果。尤其是当每次合规培训完毕之后,企业合规部门应当及时地对合规培训的整体情况作科学评估,认真倾听受训者的意见和建议,查找合规培训的主要问题,为下次合规培训做好充分的准备工作。此外,还应当适当地对内对外宣传合规培训的成果,进一步展示良好的企业合规形象,从而尽可能地实现合规培训效果的最大化。

---

[1] 参见黄胜忠、郭建军主编:《合规管理理论与实务》,知识产权出版社2020年版,第136页。

第五节 企业合规宣传

企业合规宣传是一种较为典型的柔性的合规措施，其在内容和形式两层面上均有较强的多元性、灵活性以及创造性。企业合规宣传亦是一种打基础、促发展、利长远的合规措施，其对于促进企业合规管理、完善企业合规制度、培育企业合规文化、展示企业合规形象及有效应对执法调查或者处罚等方面均具有非常重要的意义，有助于推动企业的可持续发展。

与企业合规培训相比较，通常意义上的合规宣传并不以传授大量的合规理论或者技能为目的，而旨在提升内外部人员的诚信合规意识以及道德水平，或者仅对某一个具体领域内某些具有代表性的情况所需掌握的合规知识或者技能进行宣传和普及。越是成熟的企业，越是注重合规宣传的具体适用。

一、企业合规宣传的主要内容

按照企业合规宣传的对象不同，可将其大致分为两大内容：对内的合规宣传和对外的合规宣传。两者之间既有着共同之处，也有各自运行特点，两者相辅相成，共同构筑起企业合规宣传的主要框架和内容体系。

（一）对内的合规宣传

对内的合规宣传主要是指企业针对企业内部全体员工所开展的一系列宣传行为活动。企业应当采取适当的方法来沟通宣传，以确保各项合规信息被所有员工们持续地接受和理解。合规宣传应当能够清晰地向员工传递企业的合规期待，并且告知其哪些不合规的情况将得到相应的调查与处置，以及在必要的情况下员工可以向谁报告和寻求解决的办法。通常而言，企业可以采取任何达到宣传效果的措施进行宣传。

一个比较成熟的合规宣传策略是成体系的，或者说一些固定的宣传渠道是存在的。比如，企业的内网可以开设合规专区，企业内部的报刊可以开设合规专栏，以及制发合规海报、卡片、合规屏保等。这些合规宣传的基本媒体形成之后，任何合规主题信息都可以通过这些媒体同时向外推广，达到强势推送的宣传效果。以西门子公司为例，其通过多种渠道宣传合规相关信息，面对领导层的《领导层资讯》和面对全体员工的《商业行为规则》《特定政策宣传单》《合规资讯》和"西门子全球宣传员企业内部沟通平台"等共同

第七章　企业合规措施论

构建起全面流畅的企业内部合规宣传平台和媒介。[1]

概括起来,在具体的实践中,对内的企业合规宣传的主要方式包括以下内容:[2]

(1) 由企业管理层利用企业网站的显著位置申明企业的合规立场和承诺;

(2) 由企业管理层利用员工大会的场合向员工强调合规;

(3) 由团队负责人利用团队会议的场合向团队成员强调合规;

(4) 由企业管理层或者团队负责人利用重要的节日、纪念日等通过电子邮件向员工和团队成员发送问候并强调合规;

(5) 由业务部门负责人在重要的节日、纪念日等向业务伙伴的负责人发送问候并申明企业的合规立场;

(6) 由合规专业团队通过电子邮件、微信公众号等方式周期性地向员工发送合规资讯;

(7) 由合规专业团队通过文具或者其他宣传品向员工和业务伙伴宣传企业的合规立场;

(8) 当发生众所周知的违规事件时,由企业管理层通过各种方式表现企业的合规立场、合规措施等;

(9) 举办多种形式的合规宣传活动,比如合规话题的研讨会、合规海报创意大赛等。

(二) 对外的合规宣传

对外的合规宣传主要是指对企业外部人员来展示企业合规成效。其主要目的在于展现企业的诚信核心价值观及企业的合规承诺,并将该价值观向企业的利益相关方进行传递,最终服务于企业战略目标。比如,为了加强对外合规宣传的规范性,中国人民财产保险股份有限公司于2019年1月正式印发《中国人民财产保险股份有限公司对外宣传合规指引》。对外的合规宣传主要分为两个层面内容:

1. 针对全体社会公众的合规宣传

此类合规宣传亦是企业整体宣传的重要组成部分,旨在提高社会公众以及利益相关方对企业的合规理念、价值观及合规制度体系的认知度,有利于

---

[1] 参见王志乐主编:《企业合规管理操作指南》,中国法制出版社2017年版,第155、165页。
[2] 胡国辉:《企业合规概论》,电子工业出版社2017年版,第114页。

展现企业的品牌形象和品牌声誉。越是现代化的企业，越是重视针对社会公众的合规宣传，越是将其视为不断提升企业竞争软实力的重要"法宝"。比如，企业可以考虑设置企业合规形象大使，通过现实人物或者虚拟人物来积极展示企业合规制度和文化的建设成果等，赢得社会公众对企业合规的认可和赞誉。

2. 针对企业利益相关方的合规宣传

对外合规宣传所指的利益相关方主要包括但不限于业务伙伴、客户、监管单位、非政府企业、相邻单位等。其中，针对企业的上下游价值链体系的合规宣传是一项典型的对外合规宣传措施，其主要着眼于向企业的利益相关方表明企业的诚信合规立场和要求，推动上下游价值链遵循同样的道德标准，从而最终促进企业的一切商务活动的诚信与合规，确保企业的上下游业务往来活动遵循公平、公开和公正的标准，推动良好的市场竞争环境的形成。例如，在与业务伙伴合作之前可以要求其签订合规承诺书，明确列示企业对业务伙伴的合规要求以及相关法律责任，也可在相关文件中介绍企业内部的合规制度与流程，告知企业的举报政策与联系方式等。除此之外，企业也可借助定期的业务伙伴沟通会议来传递企业对其合规的要求和期待等。[1]

二、企业合规宣传的注意要点

企业合规宣传作为一项比较典型的常规合规措施，具有自身的运行方式和适用标准，应当遵循一定的规律。具体而言，应当主要在合规宣传导向、宣传内容、宣传形式以及宣传效果四个主要方面加以重视。

（一）在宣传导向方面：注重宣传的正面性和思想性

企业合规宣传应当以正面宣传为主，积极宣誓企业合规的价值目标，展示企业合规的积极成效，体现企业合规的良好形象，表达企业合规的美好愿景。当然，企业发展并非一帆风顺，也会遇到或多或少的企业合规危机甚至会面临行政处罚或者刑罚。这需要向社会公众或者利益相关方予以及时地宣传澄清，并取得各方面的积极理解和认可。然而，这类的合规宣传只是整体合规宣传的极少数。此外，企业合规宣传并非摆在高处的"花瓶"，而是应当具备实实在在的合规"灵魂"，展示有血有肉的合规"体魄"，真正将企业合

---

[1] 王志乐主编：《企业合规管理操作指南》，中国法制出版社2017年版，第165页。

规的思想性融入企业合规宣传的各领域和全过程。

（二）在宣传内容方面：注重宣传的真实性和适度性

首先，企业合规宣传的主要内容是真实的，而不能是伪造的或者是主观臆断的。这是企业合规宣传的基本底线。一旦被发现合规宣传内容存在虚假的成分，极易导致新的合规风险和危机，甚至需要承担相应的法律责任。其次，企业合规宣传内容应当注意适度性，并非所有的企业合规内容均需要对外宣传。因为企业合规实践中有诸多涉及企业经营或者财务等方面的商业秘密，需要高度保密，而不适当地扩大合规宣传范围和内容则会容易诱发合规风险甚至合规危机。这就要求企业合规团队认真做好关于合规宣传的事前审查工作，按照企业合规流程的各项要求，等待严格审核后统一发布，从而确保合规宣传的适度性。

（三）在宣传形式方面：注重宣传的多元性和灵活性

无论是对内的合规宣传，还是对外的合规宣传，均应注意宣传的多元性。不仅应注重运用传统手段来开展合规宣传，还应当注重运用现代技术手段进行合规宣传。此外，企业合规宣传的形式应当更加灵活，注意认真考虑宣传对象的需求，尽量以通俗易懂的形式表达出来。尤其是在互联网和大数据技术的推动之下，企业合规宣传更应当注重宣传媒介的快捷性以及宣传视角的新颖性，从而不断提升合规宣传的创新力和吸引力。

（四）在宣传效果方面：注重宣传的实效性和长期性

企业合规宣传并非泛泛而谈、有名无实，而应当注重宣传的效果，真正为企业合规制度建设和实践工作提供强有力的支撑作用。这就要求企业合规宣传应当做好"两头"工作。一方面，企业需要做好企业合规宣传的策划，充分考虑和调研影响企业合规宣传的各项因素。比如，企业合规风险评估分布图、管理层和员工的合规认知短板、企业合规发展新形势和新要求、企业合规宣传资源、各方面的合规宣传建议、利益相关方的合规认知现状及需求、企业对利益相关方的合规要求和期待以及其他因素。[1]另一方面，企业应当意识到企业合规宣传工作虽不能创造短暂利益，但可以创造出长远利益。这就要求企业合规宣传不能一蹴而就，而应当久久为功，做好打"持久战"的准备，不断提升企业合规宣传品质。

---

[1] 参见王志乐主编：《企业合规管理操作指南》，中国法制出版社2017年版，第164页。

第六节　企业合规报告

企业合规报告，也被称为企业合规汇报，其主要是指企业合规部门及合规专业人员就企业合规的各种事项和问题，依规逐级向上汇报的路线和过程。企业合规报告措施作为一项重要的合规措施，在整个合规工作实施过程中发挥着重要而独特的作用。比如，我国《保险公司合规管理办法》第28条规定："保险公司应当明确合规风险报告的路线，规定报告路线涉及的每个人员和机构的职责，明确报告人的报告内容、方式和频率以及接受报告人直接处理或者向上报告的规范要求。"

一、企业合规报告的基本分类

对于企业合规报告进行分类研究，有助于进一步认识企业合规报告的本质属性。从学理上讲，依据不同的标准，可将企业合规报告作出如下分类：

（一）依据企业合规报告的时间不同进行分类

依据企业合规报告的时间不同进行分类，可将企业合规分为定期性报告与临时性报告。

1. 定期性报告

定期性报告也被称为常规性报告，即指企业合规部门及合规专业人员依照企业规定的时间要求，汇报企业合规的相关事项。根据企业规模的大小、企业管理的实际、合规风险的强弱、合规事务的繁简等综合因素，可将定期性报告进一步分为年度合规报告、季度合规报告以及月度合规报告。比如，我国《商业银行合规风险管理指引》第13条规定："高级管理层应有效管理商业银行的合规风险，履行以下合规管理职责：……（六）每年向董事会提交合规风险管理报告，报告应提供充分依据并有助于董事会成员判断高级管理层管理合规风险的有效性……"这条就是关于年度企业合规报告制度的原则性要求。

2. 临时性报告

临时性报告也被称为突发性报告，其主要是指企业合规部门及合规管理人员就一些突发的合规事项（主要是突发的合规风险和合规危机）主动及时地进行逐级汇报的路线和过程。例如，我国《证券公司和证券投资基金管理公司合规管理办法》就明确规定了各企业合规专业人员的报告职责，其第9条规定："证券基金经营机构的高级管理人员负责落实合规管理目标，对合规运营承担责任，履行下列合规管理职责：……（二）发现违法违规行为及时报告、整改，落实责任追究；……"此外，其第10条第3款规定："下属各单位及工作人员发现违法违规行为或者合规风险隐患时，应当主动及时向合规负责人报告。"临时性报告可以有效地协助企业及时发现、分析和排除各种合规风险。

（二）依据企业合规报告的内容不同进行分类

依据企业合规报告的内容不同，可将企业合规报告分为全面性合规报告和专项性合规报告。

1. 全面性合规报告

全面性合规报告主要指企业合规部门及企业合规专业人员等就企业合规的整体情况进行全面汇报的路线和过程。比如，在具体的实践中，企业年度合规报告是一种比较典型的全面合规报告。再比如，我国《企业境外经营合规管理指引》第17条第2款的规定就体现了全面合规报告的有关要求，即"合规管理部门应当定期向决策层和高级管理层汇报合规管理情况。汇报内容一般包括但不限于合规风险评估情况，合规培训的组织情况和效果评估，发现的违规行为以及处理情况，违规行为可能给组织带来的合规风险，已识别的合规漏洞或缺陷，建议采取的纠正措施，合规管理工作的整体评价和分析等"。

2. 专项性合规报告

专项性合规报告主要是指企业合规部门及合规专业人员就某些专项合规问题进行有针对性汇报的路线和过程。在具体的合规管理工作中，不同种类的企业所面临的企业合规风险是不同的，这就决定了在合规管理中也有着不同的重点和关键点。此外，同一企业在不同的发展阶段也会面临着不同的企业合规风险，这也要求合规管理的重心需要及时调整。为此，各个企业需要根据自身的实际情况，来制定本企业关于专项合规报告的工作流程和内容。常见的专项合规报告主要有：反舞弊专项合规报告、反商业贿赂专项合规报告、财务管理专项合规报告、人事管理专项合规报告、安全防范专项合规报告等。

（三）依据企业合规报告的层级不同进行分类

依据企业合规报告的层级不同，可将企业合规报告分为决策层的合规报告、管理层的合规报告和执行层的合规报告。

1. 决策层的合规报告

决策层的合规报告是指企业决策层从宏观战略层面依规所作的涉及整个企业的合规报告。决策层的合规报告往往具有宏观性、战略性、引导性等主要特点。决策层的合规报告往往以年度企业合规报告形式发布，在企业内部合规管理工作中具有最高的效力。

2. 管理层的合规报告

管理层的合规报告主要是企业管理层从企业合规管理的实际出发，依规向企业决策层所作的企业合规报告。管理层的合规报告往往起到上传下达的重要作用，所报告的问题往往更加聚焦，所报告的内容往往更加详细。

3. 执行层的合规报告

执行层的合规报告主要是指企业执行层在具体的合规实践中，依规向管理层所作的相关合规报告。其可进一步分为合规部门的合规报告和业务部门的合规报告。合规部门的合规报告主要着眼于整个企业的合规情况汇报；业务部门的合规报告主要着眼于各个业务部门自身的合规情况报告。两者的侧重点不同。

（四）依据企业合规报告的对象不同进行分类

依据企业合规报告的对象不同，可将企业合规报告分为对内的合规报告和对外的合规报告。

1. 对内的合规报告

对内的合规报告是指针对企业内部所公布的企业合规报告内容。绝大多数的合规报告均属于对内的合规报告。对内的合规报告是企业自我管理的一种，其往往具有涉密性的特征，需要企业全体员工予以严格保密。

2. 对外的合规报告

对外的合规报告是指针对企业外部人员或者部门所发布的企业合规报告内容。对外的合规报告是企业自觉接受监管机关和社会公众有效监督的重要方式之一。与对内的合规报告相比，对外的合规报告具有公开性的特征。因此，对于一些涉及企业商业秘密等内容不宜对外公开。企业通过对外的合规报告，可以有效地、充分地展示企业合规的良好形象，进而有助于增强企业的综合竞争力。

二、企业合规报告的基本原则

企业合规报告的基本原则是指企业合规报告所应当遵循的若干规律性要求和制定性规范。企业合规报告的基本原则主要包括五方面内容：客观性原则、系统性原则、主动性原则、层级性原则和留痕性原则。

（一）客观性原则

客观性原则是指企业合规报告应当坚持实事求是的立场，真实反映企业合规的有关情况，既不能夸大企业合规的问题，也不能漠视企业合规的成绩，更不能掺杂企业合规部门及合规人员的主观感情色彩。客观性原则是企业合规报告的最基本要求，被视为企业合规报告的"底线"。客观性原则主要包括两个方面内容：一是企业合规报告的实体层面应当是客观的，即合规部门及合规专业人员应当将企业合规情况客观反映出来；二是企业合规报告的程序层面应当是客观的，即合规部门及合规专业人员应当保障合规报告的过程是客观的，避免受到外界不良因素的干扰。

（二）系统性原则

系统性原则是指企业合规报告应当做到逻辑清晰、内容全面、结构完整。一项完整的企业合规报告，不仅应当鲜明地提出合规问题与分析合规问题，而且更重要的是应当科学地给出合规问题的解决思路和参考建议，以辅助企业领导层进行科学决策。不论是全面合规报告，还是专项合规报告，均需要遵守系统性原则，方能有效地保障企业合规报告的完整性和有效性。

（三）主动性原则

主动性原则是指企业合规部门及合规专业人员应当充分发挥主观能动性，在平时合规工作实践中积极、认真地收集、整理和研判企业合规数据信息，一旦发现问题就应当及时依规进行合规报告，甚至在特殊时期依据授权，果断地采取有关合规措施。比如，我国《企业境外经营合规管理指引》第17条第3款规定："如发生性质严重或可能给企业带来重大合规风险的违规行为，合规负责人或合规管理部门应当及时向决策层和高级管理层汇报，提出风险警示，并采取纠正措施。"

（四）层级性原则

层级性原则主要是指企业合规报告应当依规逐级向上反映合规事项，避免出现越级报告的问题。之所以要坚持层级性原则，是因为企业合规是整个企业管理的重要组成部分，企业管理本身就要求按照企业职责划分进行科学的层报管理。当然，企业合规报告坚持层级性原则并不是绝对的，遇到特殊情形尤其是紧急情形，可以打破层级要求的限制，及时越级报告。

（五）留痕性原则

留痕性原则是指企业合规报告应当以书面形式开展，从而准确记录合规报告的各项内容。尤其是在信息化时代，企业应当注重信息化建设，将企业合规报告进行数据化存储和处理。一方面，有助于保障合规报告内容的客观与真实；另一方面，有助于证实企业合规的有效性。

三、企业合规报告的基本路线

企业合规报告应当遵循基本规则，按照一定的路线反映合规工作情况、合规风险问题以及合规发展建议等。企业合规报告的基本路线可分为两大类：垂直式报告路线和矩阵式汇报路线。

（一）垂直式报告路线

所谓的垂直式报告路线主要是指企业合规部门或者团队等直接向企业最高领导层进行合规报告；企业合规部门或者团队下属各层级合规部门或者团队等直接垂直向上级合规部门或者团队进行合规报告，其并不向同级企业最高领导层进行合规报告。这种合规报告路线往往可以最大限度地保障企业合规管理的独立性和有效性，有助于企业合规部门或者团队专心致志地开展各项合规工作。

美国企业的专职合规部门采取垂直报告路线的居多。这些企业偏好对包括合规部门在内的专业职能部门采取集中化组织模式。在报告路线方面，除垂直报告路线外，甚至在部门职责、人员招聘、岗位和薪资待遇、费用预算和使用、费用报销、外部专业合规管理服务的采购、合规管理评估、合规考核与评价、违规调查及其处置方面均实行独立的垂直管理。

（二）矩阵式汇报路线

所谓的矩阵式汇报路线主要是指企业合规部门或者团队在垂直向上进行合规报告的同时，也需要向同级企业最高管理层进行合规报告。换言之，其所开展的合规报告受到上级和本级双重力量的领导和监督。比如，《保险公司合规管理办法》第13条规定："保险公司合规负责人对董事会负责，接受董事会和总经理的领导……"其第14条第2款规定："保险公司分支机构的合规管理部门、合规岗位对上级合规管理部门或者合规岗位负责,同时对其所在分支机构的负责人负责。"

第七节　企业合规调查

相较于一般常规性的企业合规措施而言,企业合规调查措施应用的频率并不高,但却是企业合规实践中必不可少的合规措施,对于企业合规制度的建构以及企业合规文化的培育具有非常重要的保障功效。尤其是对于规模较大的企业而言,企业合规调查措施的科学合理适用显得尤为关键。对内而言,可以有效地防范和化解合规风险,进而促进企业的可持续发展;对外而言,可以有效地对接执法检查和刑事调查,进而减轻或者免除企业责任。

一、企业合规调查的基本概念

企业合规调查主要是指企业针对企业内部可能存在的合规风险或者已出现的合规危机而开展的一系列查证与核实的行为活动。企业合规调查并非一种常见的合规措施,其往往带有显著的内部强制性。此外,从本质上讲,企业合规调查实质上是企业的一种"私权"运用,是企业应对自身合规问题的"私力救济",这从根本上区别于公权力的调查程序和手段。因而,企业合规调查的运用必须遵循一定的运行规律。如果适用不当,可能会给企业造成较大的负面影响,也会给企业员工贴上所谓的"犯罪标签",甚至导致企业发展的严重危机。企业合规调查的对象为本企业内部员工,即其管辖效力在本企业范围之内。企业合规调查主要涉及两大方面内容:

(一)调查潜在的或者可能发生的合规风险

调查团队及调查人员通过企业合规调查及时发现和了解企业合规风险以及由此可能造成的负面影响,以保障企业发展的安全以及可持续。这种合规调查属于一般常规性质的调查,往往难度和复杂程度并不高。此类调查的主要目的就是为企业治"未病"。

(二)调查已经出现的合规问题和合规危机

此类合规调查主要是指通过一系列调查行为,来及时地查明案件事实,并配合执法检查或者刑事调查,以及给社会公众一个负责任的答案。应当注意区分企业合规调查和企业合规尽职调查的不同之处。两者虽然均含有"调查"两字，但两者是不同的合规调查措施，是并列关系，而非包含与被包含关系。[1]这主要是因为两者在调查对象、调查目的、调查程序、调查方式、调查结果等方面均存在显著差异。下表是对其不同之处所作的简要分析。（如表7-1）

表7-1 企业合规调查与企业合规尽职调查的区别表

不同点	企业合规调查	企业合规尽职调查
调查对象	企业内部员工	业务合作伙伴等利益相关方
调查目的	防范和化解企业内部合规风险	防范和化解企业外部合规风险
调查程序	二次性调查（初次调查、二次调查）	一次性调查
调查方式	强制性方式与非强制性方式并用	非强制性方式
调查结果	公司内部处分或移交公安司法机关等	选择与其合作或者不合作

二、企业合规调查的基本原则

企业合规调查是一项技术性、专业性和敏感性均很强的合规措施。在具体的实施过程中，企业合规调查应当坚持以下基本原则：专属性原则、独立性原则、中立性原则、适度性原则、专业性原则以及保密性原则。

（一）专属性原则

专属性原则主要是指企业合规调查主体是独特的和唯一的，即只能由企业依规组成的调查团队的调查人员开展合规调查工作，其他企业任何人均不得擅自实施合规调查，以确保合规调查的严肃性和严谨性。

（二）独立性原则

独立性原则是指企业调查团队及调查人员应当依法依规独立地开展合规调查行为活动，查明案件事实真相，获取相关证据材料。企业内部其他人员不得随意干涉调查活动，以确保合规调查的顺利开展。企业合规调查活动的开展情况由调查团队依规逐级汇报。

（三）中立性原则

中立性原则要求企业合规团队及调查人员应当秉持中立的态度，对调查

---

[1] 有观点指出，企业合规调查分为两大类：一类是反舞弊调查；另一类是合规尽职调查。笔者对此持反对观点，企业合规调查有着独特的内涵表达，其与合规尽职调查是不同的概念，不能予以混淆。参见姜先良：《企业合规与律师服务》，法律出版社2021年版，第185页。

对象进行无过错推定，不带有任何歧视或者偏见的态度来开展一系列调查工作。此外，企业调查团队以查明案件事实真相为主要目的，也不需要考虑一旦违规事实被查证属实后对企业或者个人可能的影响。

（四）适度性原则

适度性原则要求企业在运用合规调查措施应当秉持审慎的立场和严肃的态度，根据企业合规实践的具体实践以及受理举报案件线索的实际情况，慎重启动调查程序、开展调查工作。实践的经验证明并非越多适用合规调查就越有利于企业合规建设，而是应当适当采用此项合规措施。

（五）专业性原则

专业性原则主要体现在两个方面：一是调查团队及调查人员的专业性，即对不同的案件线索开展合规调查时，要确保配置调查人员的素质和能力必须具备一定的专业性；二是调查方法的专业性，即调查人员在开展合规调查的过程中应当依法科学地适用各类调查方法，确保调查过程和结论的客观与准确；三是调查工具的专业性，即调查人员在开展合规调查的过程中应当选用专业的调查工具，确保信息资料获取得真实、客观和准确。尤其是当前正处于大数据迅速发展时代，对于调查工具的选择应当更加专业，尤其是对于电子数据的发现、获取和固定更应当体现科学性和规范性。

（六）保密性原则

保密性原则主要是指企业合规团队及调查人员在具体的合规调查过程中发现、知悉的调查对象及其利益相关者的商业秘密或者个人隐私等，应当依法予以保密，严禁随意泄露或者挪作他用。

三、企业合规调查的基本程序

企业合规调查的基本程序主要分为两部分：初步调查和二次调查。初步调查是二次调查的前提与基础，二次调查是初步调查的必要延伸。

（一）初步调查

初步调查是指调查团队及其人员通过相应的手段和方法对涉及合规问题的案件线索所进行的初步的审查核实。初步调查类似公安机关对经济犯罪案件线索的初查，类似纪检监察机关对违纪违法案件线索的初核。

在具体的实践中，企业合规初步调查以书面审查为主，此外，初步调查比较注重过程的秘密性，以免对二次调查造成不必要的干扰或者对调查对象造成不当的伤害。

调查团队及调查人员对于案件线索的初步调查主要依据包括：是否属于本企业合规调查的管辖范围；是否有明确的调查对象；是否有明确的合规风险或者违规事件；调查对象与合规风险或者违规事件是否有因果关系；现有的证据材料情况等。

经过初步调查之后，调查团队及调查人员应当结合审查的具体情况，给予明确的初步结论，概括起来，主要有以下四种：[1]

（1）A类，有调查价值，启动二次调查；

（2）B类，属于合规调查范围，但无调查价值，则终结该案件线索；

（3）C类，不属于合规调查范围，转交相关部门处理；

（4）D类，存疑待查，进一步收集信息后再作出决定。

对于A类的初步调查结论，就需要组织开展后续的二次调查。

（二）二次调查

二次调查是在初次调查的基础上进一步开展的。二次调查，也被称为深度调查，其主要是指企业调查团队在初步调查的基础上，对于已立案的案件线索，继续通过一定的手段和方法进行深入的审查和核实。相较于初步调查，二次调查主要以实地调查为主，以书面调查为辅；而且二次调查的方式方法更为多元化、更具强制性和更有策略性。

尤其是对于一些比较重大、敏感的案件，调查人员应当决定是否采取"即行保护措施"（以下简称IAP）。IAP措施就具有明显的强制性，其主要包括以下方法：[2]①立即采取措施保存有形证据，如保存相关电子设备的硬盘、存储卡，保存相关文件；②安排成为调查对象的员工（即当事员工）立即停职；[3]③要求调查对象暂时禁止进入工作场所；④要求调查对象暂时禁止接触公司的文件或者资金等；⑤暂停向第三方付款，如供应商或者其他业务伙伴；⑥暂停发货；⑦暂停人事决定，如晋升、解除合同或者内部转岗；⑧适当地

---

[1] 参见胡国辉：《企业合规概论》，电子工业出版社2017年版，第178页。

[2] 参见胡国辉：《企业合规概论》，电子工业出版社2017年版，第165页。

[3] 这仅仅是保护措施，并非对调查对象的实质性处罚，所以应当由调查对象的经理和人力资源部门负责人与当事员工说明情况并进行必要的安抚。停职期间薪酬待遇正常发放。出于保护当事员工的目的，可以进行适当的安排以免起其他员工的猜疑。例如，安排当事员工临时从事不会影响案件调查的工作。参见胡国辉：《企业合规概论》，电子工业出版社2017年版，第179页。

向企业内部各部门和管理层沟通情况；⑨立即弥补已经发现的企业管理漏洞等。

四、企业合规调查的主要步骤

在具体的实践中，企业合规调查主要分为三个阶段：一是合规调查前的准备阶段；二是合规调查中的实施阶段；三是合规调查后的报告阶段。

（一）合规调查前的准备阶段

合规调查前的准备阶段主要任务是为合规调查准备好各项调查资源，具体而言：其一，合规调查人员的准备。根据初步调查的情况，综合案件各项因素，科学组织调查人员。对于常规性的案件，一般由两名调查人员办理。而对于疑难、复杂、重大、敏感的案件，应当组成独立的调查团队，以保证调查工作顺利开展和调查结果的质量。其二，合规调查方案的准备。调查人员须提前拟定相关的调查方案，其包括：调查任务、调查范围、调查重点、调查方法、调查分工、调查时间以及安全预案和紧急预案等。

（二）合规调查中的实施阶段

在经过前期合规调查的各项准备之后，就进入合规调查中的实施阶段。在具体实践中，合规调查的主要方法包括以下几种：

1. 当面访谈法

当面访谈法是指企业合规调查人员直接与调查对象及相关人员进行面对面的问话和交流，以获得相关证据材料和信息的调查方法。当面访谈是企业合规调查中最为关键的环节，是收集和固定证据材料的直接方法之一。

在具体的访谈过程中，需要注意把握以下要点：①应当至少由两名调查人员参与访谈，以确保访谈过程和结果的客观、准确和安全；②调查人员应当在访谈前明确告知调查对象的各项权利以及注意事项等；③调查人员应当尽可能地围绕制度规定和客观性证据材料，要表现出坦诚客观的态度，使访谈更具说服力；④调查人员应当秉持中立、客观的立场开展访谈，避免先入为主；⑤禁止采用缺乏根据的诱导性、逼迫性的谈话方式，避免引发其他问题，使得调查陷入更为复杂的境地；⑥谈话中遇到调查对象的对抗情绪时，要注意缓和，避免矛盾激化；⑦禁止采用限制调查对象人身自由的方式，不

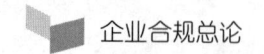

得违反法律规定的内容。[1]

2. 查阅资料法

查阅资料法主要是指合规调查团队及调查人员通过审阅和核实涉案的各项信息资料，以查明事实真相、获取证据材料的调查方法。通过仔细地查阅各项涉案资料，可以及时有效地发现案件中的难点、重点、关键点以及矛盾点，并且可以有效地获取重要的书证。

在具体的实施过程中，需要注意以下几点：①应当由两名以上的调查人员参与其中，以确保查阅资料过程的客观、严谨和公正；②需要注意配置与调查工作相关的专业人员，比如专业的财务人员对企业账目的查阅；③在查阅资料过程中，应当注意保守商业秘密，防止泄密现象的发生。

3. 实地调查法

实地调查法主要是指调查团队及其调查人员通过实地察看涉案的具体情况，以了解案件事实、获取相关证据材料的调查方式方法。

在具体实地调查过程中，需要注意以下几点：①应当由两名以上的调查人员参与，以确保实地调查的客观、准确和安全；②在具体的实施过程中，应当注意同步录音录像或者拍摄照片，以便客观性证据资料的保存和固定；③严禁随意破坏现场及其相关实物的原来状况；④在对本企业之外的利益相关方进行实地调查之前，应当征求对方的同意，严禁采用秘密手段获取相关证据材料；⑤对实地调查中掌握的商业秘密等应当注意保密，严禁泄露。

4. 委托调查法

委托调查法主要是指企业将部分或者全部的合规调查任务直接委托给外包方，由其开展相应的调查工作。由于合规调查工作的特殊性和敏感性，企业在选择外包方应当慎之又慎，综合考量外包方的综合实力、市场信誉、处置经营等。

当然，合规调查的具体方法不仅仅局限于上述四种，在合法合规的前提下，合规调查团结及调查人员可采取灵活多样的调查方法，以达到调查之目的。

(三) 合规调查后的报告阶段

在合规调查实施之后，调查团队应当及时制作并形成书面的调查报告。

---

[1] 参见姜先良：《企业合规与律师服务》，法律出版社2021年版，第195页。

调查报告的内容应当集中于调查中发现的事实情况，不需要给予处理建议，这是保证调查团队中立性和客观性的关键所在。此外，一份好的调查报告应当是简明扼要并突出重点的，使得独立的第三方在阅读之后理解究竟出现了什么问题，跟随调查的主要脉络进一步厘清案件事实，并认可调查过程公正、透明、适度。[1]

一般而言，一份合格的合规调查报告主要包括以下内容：案件线索信息、合规调查过程、合规调查的主要发现、合规调查结论以及相关证据等。（如表7-2）

表7-2　企业合规调查报告的主要结构内容表

案件线索信息	案件线索背景、案件线索来源、调查对象基本情况等
合规调查过程	按时间顺序或者事件重要程度顺序简要描述调查的主要经过以及措施
合规调查的主要发现	一是案件线索中提及的合规问题或者合规危机； 二是在调查过程中新发现的合规风险、合规问题或者合规危机等
合规调查结论	A类结论：查明属实；B类结论：查明部分属实； C类结论：查明不属实；D类结论：无法查明是否属实
相关证据	支持上述各类调查结论的各类证据材料（主观性证据材料和客观性证据材料）以及相互之间的逻辑关系等

此处需要强调的是，对于C类结论，即调查后并不属实的，应当及时建议管理层在一定的范围内予以说明和澄清，以免给受调查的企业员工带来巨大心理压力和工作困扰。

第八节　企业合规尽职调查

企业合规尽职调查主要指企业为加强对业务合作伙伴的合规管理、防范和化解自身合规风险，而依法依规采取一定的调查方法、手段和措施等，对业务伙伴自身的合规实际情况所开展的相关检查、分析和验证。企业合规尽职调查已成为一种较为常见的合规措施，被越来越多的企业尤其是大中型企

---

[1] 参见胡国辉：《企业合规概论》，电子工业出版社2017年版，第184页。

业所重视和采用。科学、合理地适用企业合规尽职调查措施,能够协助企业更好地防范和化解外部合规风险,并有效地增强企业合规决策的客观性和精准性,为促进企业可持续性发展提供相关保障。

一、企业合规尽职调查的基本概念

尽职调查(Due Diligence),又被称为谨慎性调查,其内容包括公司的背景与历史、公司所处的行业、公司的营销、制造方式、财务资料与财务制度、研究与发展计划等各种相关的问题。按照通说,尽职调查主要分为三大类:业务尽职调查、财务尽职调查和法律尽职调查。

(一)业务尽职调查

业务尽职调查是整个尽职调查工作的核心,目的是有效地了解过去及现在企业创造价值的机制,以及这种机制未来的变化趋势。业务尽职调查主要内容:企业的基本情况、管理团队、发展战略、融资运用、风险分析等。

(二)财务尽职调查

财务尽职调查主要是指投资方对目标方一切与投资相关的事项进行现场调查、资料分析等一系列活动,包括对目标企业与投资相关的财务状况的审阅、分析、核查等专业性调查。[1]财务尽职调查的主要内容包括两个方面:企业基本情况和企业财务报表。其中,企业基本情况包括会计主体的基本情况和财务组织构建以及会计、薪酬、税费等政策情况;企业财务报表包括资产负债表、利润表、现金流量表、所有者权益变动(股东权益变动表)以及报表附注。[2]

其主要工作围绕着人们关心或者利益关联的商业活动和相关财务数据而展开,使投资方了解所要投资或者收购的企业的财务状况、现金流量、经营成果等方面的财务相关信息,判断目标企业的投资价值,最终目的是协助投资方消除财务上的信息不对称,对目标企业有更深入的理解。财务尽职调查不同于审计之处主要在于,财务尽职调查强调发现企业的投资价值和潜在风险,注重对企业未来价值和成长性的预测。

(三)法律尽职调查

法律尽职调查是指专业的法务及律师团队对目标公司的企业资质、资产

---

〔1〕 王璐:"有效开展财务尽职调查的几点体会",载《中国注册会计师》2014年第1期,第94页。
〔2〕 周娜:"财务尽职调查的内容与方式探讨",载《江苏科技信息》2017年第27期,第77页。

和负债、对外担保、重大合同、关联关系、纳税、环保、劳动关系等一系列法律问题的调查。广义上的法律尽职调查,可以分为两种,即并购类法律尽职调查和证券发行类法律尽职调查。针对私募股权投资目标公司的法律尽职调查属于公司并购类。

法律尽职调查主要与目标公司的法务情况有关,基于目标公司的法律文件及历史数据展开,根本目的是规避因信息不对称带来的重大法律风险。在法律尽职调查中发现风险,需要尽量在签订有约束力的法律文件前予以排除;如果无法排除,也需要目标公司在有约束力的法律文件中,要求目标公司在交割前完成特定事项,或要求目标公司或其股东对相关事项作出承诺与保证。

(四)合规尽职调查

随着市场经济的不断发展和企业合规建设的深入推进,对于企业业务伙伴的考察和审核,不单单局限于其上述方面的尽职调查,而是出现了"合规尽职调查"这一新的方式。企业合规尽职调查主要是指企业对业务伙伴(或称作合作伙伴)与合规相关的基本情况进行深入了解的一种合规措施。合规尽职调查与上述的业务尽职调查、财务尽职调查和法律尽职调查的范围和内容存在着重叠部分,但合规尽职调查有着自身定位和价值目标,其主要围绕着业务伙伴的合规资质、合规能力、合规组织、合规形象等方面开展全方位、系统性地考察和核实,从而为企业作出正确而精准的决策提供重要参考依据。

二、企业合规尽职调查的主要内容

按照调查强度不同,可将企业合规尽职调查分为三个层面内容:基础合规尽职调查(Basic Compliance Due Diligence Check,B-CDDC)、增强合规尽职调查(Enhanced Compliance Due Diligence Check,E-CDDC)和高强度合规尽职调查(High Intensity Compliance Due Diligence Check,H-CDDC)。企业应当根据合规尽职调查的强度来确定相应的方法,具体而言:

(一)基础合规尽职调查

基础合规尽职调查是企业合规尽职调查措施中最基础层面的方法,主要是对企业合作伙伴所开展的常规性合规尽职调查,其标准和要求相对较低。基础合规尽职调查方法主要有三个方面:

1. 问卷调查法

问卷调查法主要是指企业为了有效了解和掌握业务合作伙伴的合规实际

情况，预先设置一定的合规议题，并在此基础上列出一系列相关问题，由业务伙伴来回答，以收集其合规情况信息的调查方法。需要注意的是，企业采用问卷调查法一定要科学设置合规议题，不能企图使用千篇一律的问卷来收集不同业务伙伴的合规信息，这样往往造成低效或者无效的调查结果。

2. 信息核实法

信息核实法主要是指企业为了有效了解和掌握业务合作伙伴的合规实际情况，将合规伙伴所提供的合规信息与通过第三方途径收集的合规信息进行对比分析，以辨别原始合规信息的真伪。企业如果发现两项信息存在不一致的情形，应当要求合作伙伴予以解释和澄清。

3. 外部检索法

所谓的外部检索法主要指企业为了了解和掌握业务合作伙伴的合规实际情况，依法依规使用一定的技术手段在特定数据库中对合作伙伴与相关合规话题的关联度进行搜索和分析。比如，基本的检索方法包括将合作伙伴的商号与合规话题的关键词结合利用互联网搜索引擎进行检索。此外，企业根据需要，可以利用第三方机构提供的收费数据库来开展相关合规信息检索，或者通过合作伙伴自己的官方网站、上市公司的公开信息等开展检索工作。企业通过外部检索法，发现一些敏感的合规信息或者合规疑虑的，应当要求合作伙伴予以及时解释和澄清。[1]

(二) 增强合规尽职调查

增强合规尽职调查比基础合规尽职调查更高一层次，其相关要求和标准也相对严格。增强合规尽职调查除了基础合规尽职调查的方法外，还可以适用合规评估法，即指企业为了进一步了解和掌握业务合作伙伴的合规实际情况，依法依规对其相关的合规情况进行审核和评价。具体而言：一是企业对业务合作伙伴的相关人员（主要是企业管理层）的任职资格和任职能力进行评估；二是企业对业务合作伙伴的合规材料（主要是合规管理材料）开展评估。

此外，企业可以要求业务伙伴提供更大范围内的合规情况信息，如业务伙伴若干层级以上股东方的信息、董事人员信息、重要管理人员信息等。并且企业还可以在更多的专业数据库中来检索业务伙伴的合规信息。

---

〔1〕 参见胡国辉：《企业合规概论》，电子工业出版社2017年版，第108页。

(三) 高强度合规尽职调查

高强度合规尽职调查是最高级别的合规尽职调查措施，主要适用于可能存在高合规风险的业务合作伙伴或者与本企业合作十分密切的业务合作伙伴。除了增强合规尽职调查之外，高强度合规尽职调查还应注意以下方法的运用：

1. 现场访谈法

所谓的现场访谈法主要是指企业为了深入了解和掌握业务合作伙伴的合规实际情况，而对其重要管理层人员和关注岗位的员工进行面对面的谈话和交流，以获取对方真实合规信息情况的一种调查方法。企业在适用现场访谈法之前应当做好一系列的谈话提纲准备和应急预案处理，以切实保障现场访谈的良好效果。

2. 实地调查法

实地调查法主要是指企业为了深入了解和掌握业务合作伙伴的合规实际情况，而对其场所（生产场地、销售场地、办公场地等）进行实地的观察、调研和分析。需要注意的是，企业实施实地调查法应当事先征求合作伙伴的同意，并依法开展调查工作，防止违法问题发生。

三、企业合规尽职调查适用的基本原则

企业合规尽职调查措施的适用涉及企业与业务合作伙伴的关系，往往具有较高的敏感性，需要遵守以下五项基本原则的要求。具体而言：

(一) 合法性原则

合法性原则是企业合规尽职调查适用的首要原则。企业在适用合规尽职调查措施过程中应当切实遵守国家法律法规的相关规定，采用合法手段和方法来获取业务合作伙伴的合规信息并进行科学分析，避免采用非法手段和方法。比如，企业不能采用非法手段获取业务合作伙伴的网络信息；再比如，企业不能未经允许或者合同约定就随意进入业务合作伙伴的场地进行现场考察等。因此，企业必须坚持合法性原则，坚守合规尽职调查适用的底线。

(二) 比例性原则

比例性原则也被称为适度性原则，其主要是指企业应当根据具体实际来适度、合理地适用合规尽职调查措施，并非"凡事必查"。坚持比例性原则，有助于企业合规资源实现科学、有效地配置，也有助于企业与合作伙伴关系的良性互动和发展。比如，对于银行等金融机构，如果确认其身份属性，企

业一般不需要进行合规尽职调查，因为这些机构本身就受到严格的合规监管。再比如，如果是权威机构指定的业务合作伙伴，企业大多数情况下无须进行合规尽职调查，因为这些权威机构已经利用自己的信用来为这些业务合作伙伴进行背书。还比如，企业一般不对可以一次性结清的社会化服务的提供者进行合规尽职调查，但是，如果企业在与这些服务者之间存在中介机构，则企业一般要对中介机构进行合规尽职调查。[1]

（三）独立性原则

独立性原则主要是指企业开展合规尽职调查应秉持客观、公正的态度，避免受到各种不正常因素的干扰，以保证尽职调查结果的客观性、真实性和准确性。独立性原则的核心要求就是开展合规尽职调查的团队组成人员应当是中立的，其履职不受外来因素的干扰。此外，为了有效保障企业合规尽职调查的独立性，一些企业开始探索委托社会第三方来开展合规尽职调查的相关工作。

（四）时效性原则

时效性原则主要是指企业开展合规尽职调查应当在一定的时间内完成，避免错过最佳时机而影响到企业与合作伙伴的关系或者企业业务工作的正常开展。时效性原则主要包括两个层面内容：其一，合规尽职调查应当在企业与合作伙伴确定合作意向之后，签署有约束力的合作协议之前进行。如果有其他类型的合规尽职调查同时进行或者在此前短时间内已经完成，则可以借用这些尽职调查中所获得的合规信息。其二，合规尽职调查应当在持续的基础上进行，这种持续性体现为按照一定的时间周期更新合规尽职调查的结论。一般来说，高强度合规尽职调查更新周期短；基础合规尽职调查更新周期长。在更新的过程中，可以对合规尽职调查的流程进行简化，这种简化并不以实质性降低结论的有效性为原则。

（五）留痕性原则

留痕性原则主要是企业在适用合规尽职调查措施的过程中应当如实、客观、准确、全程记录相关信息。一般应当以书面的形式将企业合规尽职调查过程进行有效固定。

---

[1] 参见胡国辉：《企业合规概论》，电子工业出版社2017年版，第106页。

四、企业合规尽职调查适用的基本程序

企业在合规尽职调查措施的具体适用过程中,应当按照特定的程序进行,其主要包括以下三个阶段:启动程序、实施程序与终结程序。具体而言:

(一)企业合规尽职调查的启动程序

企业合规尽职调查应当由企业内部业务部门或者专职合规部门根据合作事由和合规风险情况等提出启动申请,经层报经企业合规负责人、企业主要领导批准后,才可实施。非经特定程序,不得随意启动企业合规尽职调查程序。

(二)企业合规尽职调查的实施程序

企业合规尽职调查的实施应当由专人或者团队负责实施,并按照合规风险的高低程度以及企业与业务合作伙伴的紧密程度,来确定企业合规尽职调查的强度以及具体工作举措和方法。并且在企业合规尽职调查过程中,相关人员应注意保守秘密。

(三)企业合规尽职调查的终结程序

根据企业合规尽职调查的具体情况,确定业务合作伙伴是否存在所谓的"红旗信号",[1]从而及时作出以下结论:

1. 业务合作伙伴通过合规尽职调查

企业在开展合规尽职调查中未发现红旗信号或者红旗信号可以被合理澄清,则合作伙伴通过合规尽职调查,建议企业与业务合作伙伴开展相关业务交流与合作。

2. 业务合作伙伴未通过合规尽职调查

企业在开展合规尽职调查中发现存在红旗信号但合作伙伴不能予以合理解释和澄清,则表示其未通过合规尽职调查,建议企业与合作伙伴不予开展合作或者暂停合作。

---

[1] 企业合规尽职调查中发现的以下情况一般被认为是红旗信号:①媒体中关于业务合作伙伴或者其管理层和治理机构成员违规行为的可靠报道;②合作伙伴拒绝提供信息;③合作伙伴提供虚假信息;④合作伙伴是空壳公司,并无实际经营行为;⑤合作伙伴的实际经营地址与登记注册地址不一致;⑥合作伙伴的公司注册地为英属维尔京群岛、开曼群岛、百慕大等"避税天堂";⑦合作伙伴的人员组织规模等不能支撑其开展相应的业务;⑧合作伙伴过度依赖单一顾客或者少数顾客实现销售收入;⑨合作伙伴的员工缺少从事相应业务的基础知识或者能力;⑩合作伙伴的管理层人员明显缺乏相应任职资质;⑪同行业领域对其合作伙伴的信誉认可度不高等。

3. 业务合作伙伴附条件通过合规尽职调查

企业在开展合规尽职调查中发现红旗信号后，业务合作伙伴及时予以合理解释和澄清或者消除，但导致红旗信号产生的原因仍然存在，企业可以要求合作伙伴在一定期限内加以彻底整改并消除红旗信号产生的根源，必要时可要求合作伙伴提供保证承诺；如果合作伙伴同意，则可以通过合规尽职调查，双方的意见应当以书面形式记载在合同中；如果合作伙伴未能在约定的时间内完成整改，则企业可以按照合同约定解除与其之间的合作关系。

附 录

商业银行合规风险管理指引[*]

第一章 总则

第一条 为加强商业银行合规风险管理，维护商业银行安全稳健运行，根据《中华人民共和国银行业监督管理法》和《中华人民共和国商业银行法》，制定本指引。

第二条 在中华人民共和国境内设立的中资商业银行、外资独资银行、中外合资银行和外国银行分行适用本指引。

在中华人民共和国境内设立的政策性银行、金融资产管理公司、城市信用合作社、农村信用合作社、信托投资公司、企业集团财务公司、金融租赁公司、汽车金融公司、货币经纪公司、邮政储蓄机构以及经银监会批准设立的其他金融机构参照本指引执行。

第三条 本指引所称法律、规则和准则，是指适用于银行业经营活动的法律、行政法规、部门规章及其他规范性文件、经营规则、自律性组织的行业准则、行为守则和职业操守。

本指引所称合规，是指使商业银行的经营活动与法律、规则和准则相一致。

本指引所称合规风险，是指商业银行因没有遵守法律、规则和准则可能遭受法律制裁、监管处罚、重大财务损失和声誉损失的风险。

本指引所称合规管理部门，是指商业银行内部设立的专门负责合规管理

---

[*] 即银监会［2006］76号，原中国银行业监督管理委员会于2006年10月20日发布实施。

职能的部门、团队或岗位。

第四条 合规管理是商业银行一项核心的风险管理活动。商业银行应综合考虑合规风险与信用风险、市场风险、操作风险和其他风险的关联性，确保各项风险管理政策和程序的一致性。

第五条 商业银行合规风险管理的目的是通过建立健全合规风险管理框架，实现对合规风险的有效识别和管理，促进全面风险管理体系建设，确保依法合规经营。

第六条 商业银行应加强合规文化建设，并将合规文化建设融入企业文化建设全过程。

合规是商业银行所有员工的共同责任，并应从商业银行高层做起。

董事会和高级管理层应确定合规的基调，确立全员主动合规、合规创造价值等合规理念，在全行推行诚信与正直的职业操守和价值观念，提高全体员工的合规意识，促进商业银行自身合规与外部监管的有效互动。

第七条 银监会依法对商业银行合规风险管理实施监管，检查和评价商业银行合规风险管理的有效性。

第二章 董事会、监事会和高级管理层的合规管理职责

第八条 商业银行应建立与其经营范围、组织结构和业务规模相适应的合规风险管理体系。

合规风险管理体系应包括以下基本要素：

（一）合规政策；

（二）合规管理部门的组织结构和资源；

（三）合规风险管理计划；

（四）合规风险识别和管理流程；

（五）合规培训与教育制度。

第九条 商业银行的合规政策应明确所有员工和业务条线需要遵守的基本原则，以及识别和管理合规风险的主要程序，并对合规管理职能的有关事项做出规定，至少应包括：

（一）合规管理部门的功能和职责；

（二）合规管理部门的权限，包括享有与银行任何员工进行沟通并获取履行职责所需的任何记录或档案材料的权利等；

（三）合规负责人的合规管理职责；

（四）保证合规负责人和合规管理部门独立性的各项措施，包括确保合规负责人和合规管理人员的合规管理职责与其承担的任何其他职责之间不产生利益冲突等；

（五）合规管理部门与风险管理部门、内部审计部门等其他部门之间的协作关系；

（六）设立业务条线和分支机构合规管理部门的原则。

第十条 董事会应对商业银行经营活动的合规性负最终责任，履行以下合规管理职责：

（一）审议批准商业银行的合规政策，并监督合规政策的实施；

（二）审议批准高级管理层提交的合规风险管理报告，并对商业银行管理合规风险的有效性作出评价，以使合规缺陷得到及时有效的解决；

（三）授权董事会下设的风险管理委员会、审计委员会或专门设立的合规管理委员会对商业银行合规风险管理进行日常监督；

（四）商业银行章程规定的其他合规管理职责。

第十一条 负责日常监督商业银行合规风险管理的董事会下设委员会应通过与合规负责人单独面谈和其他有效途径，了解合规政策的实施情况和存在的问题，及时向董事会或高级管理层提出相应的意见和建议，监督合规政策的有效实施。

第十二条 监事会应监督董事会和高级管理层合规管理职责的履行情况。

第十三条 高级管理层应有效管理商业银行的合规风险，履行以下合规管理职责：

（一）制定书面的合规政策，并根据合规风险管理状况以及法律、规则和准则的变化情况适时修订合规政策，报经董事会审议批准后传达给全体员工；

（二）贯彻执行合规政策，确保发生违规事件时及时采取适当的纠正措施，并追究违规责任人的相应责任；

（三）任命合规负责人，并确保合规负责人的独立性；

（四）明确合规管理部门及其组织结构，为其履行职责配备充分和适当的合规管理人员，并确保合规管理部门的独立性；

（五）识别商业银行所面临的主要合规风险，审核批准合规风险管理计划，确保合规管理部门与风险管理部门、内部审计部门以及其他相关部门之间的工作协调；

（六）每年向董事会提交合规风险管理报告，报告应提供充分依据并有助于董事会成员判断高级管理层管理合规风险的有效性；

（七）及时向董事会或其下设委员会、监事会报告任何重大违规事件；

（八）合规政策规定的其他职责。

第十四条 合规负责人应全面协调商业银行合规风险的识别和管理，监督合规管理部门根据合规风险管理计划履行职责，定期向高级管理层提交合规风险评估报告。合规负责人不得分管业务条线。

合规风险评估报告包括但不限于以下内容：报告期合规风险状况的变化情况、已识别的违规事件和合规缺陷、已采取的或建议采取的纠正措施等。

第十五条 商业银行应建立对管理人员合规绩效的考核制度。商业银行的绩效考核体现倡导合规和惩处违规的价值观念。

第十六条 商业银行应建立有效的合规问责制度，严格对违规行为的责任认定与追究，并采取有效的纠正措施，及时改进经营管理流程，适时修订相关政策、程序和操作指南。

第十七条 商业银行应建立诚信举报制度，鼓励员工举报违法、违反职业操守或可疑行为，并充分保护举报人。

第三章 合规管理部门职责

第十八条 合规管理部门应在合规负责人的管理下协助高级管理层有效识别和管理商业银行所面临的合规风险，履行以下基本职责：

（一）持续关注法律、规则和准则的最新发展，正确理解法律、规则和准则的规定及其精神，准确把握法律、规则和准则对商业银行经营的影响，及时为高级管理层提供合规建议；

（二）制定并执行风险为本的合规管理计划，包括特定政策和程序的实施与评价、合规风险评估、合规性测试、合规培训与教育等；

（三）审核评价商业银行各项政策、程序和操作指南的合规性，组织、协调和督促各业务条线和内部控制部门对各项政策、程序和操作指南进行梳理和修订，确保各项政策、程序和操作指南符合法律、规则和准则的要求；

（四）协助相关培训和教育部门对员工进行合规培训，包括新员工的合规培训，以及所有员工的定期合规培训，并成为员工咨询有关合规问题的内部联络部门；

（五）组织制定合规管理程序以及合规手册、员工行为准则等合规指南，并评估合规管理程序和合规指南的适当性，为员工恰当执行法律、规则和准则提供指导；

（六）积极主动地识别和评估与商业银行经营活动相关的合规风险，包括为新产品和新业务的开发提供必要的合规性审核和测试，识别和评估新业务方式的拓展、新客户关系的建立以及客户关系的性质发生重大变化等所产生的合规风险；

（七）收集、筛选可能预示潜在合规问题的数据，如消费者投诉的增长数、异常交易等，建立合规风险监测指标，按照风险矩阵衡量合规风险发生的可能性和影响，确定合规风险的优先考虑序列；

（八）实施充分且有代表性的合规风险评估和测试，包括通过现场审核对各项政策和程序的合规性进行测试，询问政策和程序存在的缺陷，并进行相应的调查，合规性测试结果应按照商业银行的内部风险管理程序，通过合规风险报告路线向上报告，以确保各项政策和程序符合法律、规则和准则的要求；

（九）保持与监管机构日常的工作联系，跟踪和评估监管意见和监管要求的落实情况。

第十九条 商业银行应为合规管理部门配备有效履行合规管理职能的资源。合规管理人员应具备与履行职责相匹配的资质、经验、专业技能和个人素质。

商业银行应定期为合规管理人员提供系统的专业技能培训，尤其是在正确把握法律、规则和准则的最新发展及其对商业银行经营的影响等方面的技能培训。

第二十条 商业银行各业务条线和分支机构的负责人应对本条线和本机构经营活动的合规性负首要责任。

商业银行应根据业务条线和分支机构的经营范围、业务规模设立相应的合规管理部门。

各业务条线和分支机构合规管理部门应根据合规管理程序主动识别和管理合规风险，按照合规风险的报告路线和报告要求及时报告。

第二十一条 商业银行应建立合规管理部门与风险管理部门在合规管理

方面的协作机制。

第二十二条 商业银行合规管理部门应与内部审计职能分离，合规管理职能的履行情况应受到内部审计部门定期的独立评价。

内部审计部门应负责商业银行各项经营活动的合规性审计。内部审计方案应包括合规管理职能适当性和有效性的审计评价，内部审计的风险评估方法应包括对合规风险的评估。

商业银行应明确合规管理部门与内部审计部门在合规风险评估和合规性测试方面的职责。内部审计部门应随时将合规性审计结果告知合规负责人。

第二十三条 商业银行应明确合规风险报告路线以及合规风险报告的要素、格式和频率。

第二十四条 商业银行境外分支机构或附属机构应加强合规管理职能，合规管理职能的组织结构应符合当地的法律和监管要求。

第二十五条 董事会和高级管理层应对合规管理部门工作的外包遵循法律、规则和准则负责。

商业银行应确保任何合规管理部门工作的外包安排都受到合规负责人的适当监督，不妨碍银监会的有效监管。

第四章 合规风险监管

第二十六条 商业银行应及时将合规政策、合规管理程序和合规指南等内部制度向银监会备案。

商业银行应及时向银监会报送合规风险管理计划和合规风险评估报告。

商业银行发现重大违规事件应按照重大事项报告制度的规定向银监会报告。

第二十七条 商业银行任命合规负责人，应按有关规定报告银监会。商业银行在合规负责人离任后的十个工作日内，应向银监会报告离任原因等有关情况。

第二十八条 银监会应定期对商业银行合规风险管理的有效性进行评价，评价报告作为分类监管的重要依据。

第二十九条 银监会应根据商业银行的合规记录及合规风险管理评价报告，确定合规风险现场检查的频率、范围和深度，检查的主要内容包括：

（一）商业银行合规风险管理体系的适当性和有效性；

（二）商业银行董事会和高级管理层在合规风险管理中的作用；

（三）商业银行绩效考核制度、问责制度和诚信举报制度的适当性和有效性；

（四）商业银行合规管理职能的适当性和有效性。

第五章 附则

第三十条 本指引由银监会负责解释。

第三十一条 本指引自发布之日起实施。

证券公司合规管理有效性评估指引[*]

第一章 总则

第一条 为指导证券公司开展合规管理有效性评估，有效防范和控制合规风险，制定本指引。

第二条 证券公司应当按照本指引的要求，对合规管理的有效性进行评估，及时发现和解决合规管理中存在的问题。

证券公司将合规管理有效性评估纳入内部控制评价的，其合规管理有效性评估工作应当符合本指引的要求，并单独出具合规管理有效性评估报告。

第三条 证券公司开展合规管理有效性评估，应当以合规风险为导向，覆盖合规管理各环节，重点关注可能存在合规管理缺失、遗漏或薄弱的环节，全面、客观反映合规管理存在的问题，充分揭示合规风险。

第四条 证券公司应当将各类子公司的合规管理统一纳入公司合规管理有效性评估。

第五条 证券公司合规管理有效性评估分为全面评估和专项评估。

除特别指明外，本指引所称合规管理有效性评估均指全面评估。

第六条 证券公司开展合规管理有效性评估，应当由董事会、监事会或董事会授权管理层组织评估小组或委托外部专业机构进行。

---

[*] 即中证协发〔2021〕126号，中国证券业协会于2021年5月28日修订。

证券公司自行开展合规管理有效性评估的，应当组织跨部门评估小组开展评估，不得将评估工作交由单一部门负责。

第七条 证券公司每年应当至少开展一次合规管理有效性全面评估。委托外部专业机构进行的全面评估，每三年至少进行一次。

证券公司可以自主决定开展合规管理有效性专项评估。但在下列情况下，证券公司应当开展合规管理有效性专项评估：

（一）被证券监管机构实施采取限制业务等重大行政监管措施、行政处罚或刑事处罚的（分类评价单项措施扣分2.5分（含）以上），或者发生重大风险事件造成严重影响的；

（二）证券监管机构或自律组织提出要求的；

（三）其他需要开展合规管理有效性专项评估的情形。

第八条 证券公司应当按照本指引的要求，结合自身实际情况，制定本公司合规管理有效性评估工作的实施办法，对评估组织形式、评估范围、评估内容、评估程序和方法、评估报告、评估问责等作出明确规定。

第二章 评估内容

第九条 证券公司开展合规管理有效性评估，应当涵盖合规管理环境、合规管理职责履行情况、合规管理保障、经营管理制度与机制的建设及运行状况等方面。

第十条 证券公司对合规管理环境的评估应当重点关注合规文化建设是否到位、合规管理制度是否健全、合规经营基本要求是否能被遵循等。

第十一条 证券公司对合规管理职责履行情况的评估应当重点关注各层级合规管理职责履行情况，合规审查、合规检查、合规咨询、合规培训、合规监测、合规考核、合规问责、合规报告、监管沟通与配合、信息隔离墙管理、反洗钱等合规管理职能是否有效履行。

第十二条 证券公司对合规管理保障的评估应当重点关注合规总监任免及缺位代行、合规部门设立和职责、合规人员配备、子公司合规管理、合规人员履职保障等机制是否健全并实际得到执行。

第十三条 证券公司对经营管理制度与机制建设情况的评估应当重点关注各项经营管理制度和操作流程是否健全，是否与外部法律、法规和准则相一致，是否能够根据外部法律、法规和准则的变化及时修订、完善。如外部法律、法规和准则实施超过半年仍未修订完善的，证券公司应当详细说明理由和修订的进展程度。

第十四条　证券公司对经营管理制度与机制运行状况的评估应当重点关注是否能够严格执行经营管理制度和操作流程，是否能够及时发现并纠正有章不循、违规操作等问题。

第十五条　证券公司可以根据合规管理有效性专项评估的目的和需要，确定专项评估的内容。证券监管机构或自律组织另有要求的，从其要求。

第三章　评估程序和方法

第十六条　证券公司合规管理有效性评估的程序一般包括评估准备、评估实施、评估报告和后续整改四个阶段。

第十七条　证券公司自行组织开展合规管理有效性评估的，应当按照本指引第六条的要求成立评估小组，确保评估小组具备独立开展合规管理有效性评估的权力、评估小组成员具备相应的胜任能力，并对参与评估的人员开展必要的培训。

评估小组应当制定评估实施方案，明确评估目的、范围、内容、分工、进程和要求，制作评估底稿等评估工作文件。

第十八条　评估小组应当组织各部门开展合规管理有效性自评，各部门应当如实填写评估底稿，提交评估相关材料。合规管理环境评估底稿、合规管理职责履行情况评估底稿、合规管理保障评估底稿应当由公司董事长或经营管理主要负责人签署确认，经营管理制度与机制的建设及运行状况评估底稿应当由自评部门负责人和分管自评部门的高级管理人员签署确认。

第十九条　评估小组应当收集评估期内外部监管和自律检查意见、审计报告、合规报告、投诉、举报、媒体报道等资料，根据业务重要性、风险发生频率、媒体关注度、新业务、新产品开展情况等确定评估重点。

第二十条　评估小组应当对自评底稿进行复核，并针对评估期内发生的合规风险事项开展重点评估，查找合规管理缺陷，分析问题产生原因，提出整改建议。

评估小组成员对其所在部门或者分管部门的评估底稿的复核应当实行回避制度。

第二十一条　证券公司合规管理有效性评估应当采取多种评估方法，包括但不限于访谈、文本审阅、问卷调查、知识测试、抽样分析、穿行测试、系统及数据测试等。

第二十二条　评估小组可以根据关注重点，对业务与管理事项进行抽样分析，按照业务发生频率、重要性及合规风险的高低，从确定的抽样总体中抽取一定比例的样本，并对样本的符合性做出判断。

第二十三条　评估小组可以对具体业务处理流程开展穿行测试，检查与其相关的原始文件，并根据文件上的业务处理踪迹，追踪流程，对相关管理制度与操作流程的实际运行情况进行验证。

第二十四条　评估小组可以对涉及证券交易的业务进行系统及数据测试，重点检查相关业务系统中权限、参数设置的合规性，并调取相关交易数据，将其与相应的业务凭证或其他工作记录相比对，以验证相关业务是否按规则运行。

第二十五条　评估小组应当在评估工作结束前，与被评估部门就合规管理有效性评估的结果进行必要沟通，就评估发现的问题进行核实。被评估部门应当及时反馈意见。

第二十六条　评估小组应当根据评估实施情况及评估反馈意见撰写合规管理有效性评估报告。合规管理有效性评估报告至少应包括：评估依据、评估范围和对象、评估程序和方法、评估内容、发现的问题及改进建议、前次评估中发现问题的整改情况等。

证券公司可以参照附件所列合规管理有效性评估报告基本格式编制评估报告。

第二十七条　证券公司合规管理有效性评估报告应当按照公司内部规定履行内部报批程序。证券公司应当将合规管理有效性评估报告提交董事会审阅，董事会应当督促解决合规管理中存在的问题。证券监管机构或自律组织要求报送的，从其要求。

第二十八条　证券公司应当针对合规管理有效性评估发现的问题，制定整改方案，明确整改责任部门和时间表。整改责任部门应当及时向公司管理层报告整改进展情况。

第二十九条　证券公司管理层应当对评估发现问题的整改情况进行持续关注和跟踪，指导并监督相关部门全面、及时完成整改。

第三十条　证券公司合规管理有效性专项评估的程序和方法可以参照本

指引相关规定执行。

第三十一条 证券公司聘请符合条件的外部专业机构开展合规管理有效性评估的，应当指定一名高级管理人员配合开展相关工作，评估程序和方法参照本指引相关规定执行。

证券公司应当要求外部专业机构提供相关材料，证明其具备开展评估所需的专业能力，相关材料应当作为有效性评估报告的附件，存档备查。

证券公司应当要求外部专业机构遵守本指引的相关规定，勤勉尽责，认真开展评估工作，出具包含明确评估意见的评估报告，评估意见应当形式规范、内容完整、结论明确。

第四章 评估问责

第三十二条 证券公司应当将合规管理有效性评估结果和整改情况纳入公司管理层、下属各单位及其工作人员的合规考核与问责范围。

对合规管理有效性评估中新发现的违法、违规行为，证券公司应当及时对责任人采取问责措施。

第三十三条 证券公司董事会、监事会、管理层、下属各单位应当积极支持和配合合规管理有效性评估工作。

对在合规管理有效性评估过程中出现拒绝、阻碍和隐瞒的，证券公司应当采取相应的问责措施。

第三十四条 对于通过合规管理有效性评估发现的问题，负有整改责任下属各单位未制定整改方案或者未能按照整改方案及时完成整改的，证券公司应当采取相应的问责措施。

第三十五条 通过自评估发现合规管理有效性缺陷，责任人能够主动报告并及时整改，情节轻微且未造成损失或重大不良后果的，证券公司可以对责任人减轻或免予问责。

第五章 自律管理

第三十六条 证券公司应当保留合规管理有效性评估过程中的相关资料并存档备查。相关资料包括但不限于以下内容：

（一）评估实施方案；

（二）评估底稿及备考文件；

（三）评估报告及相关附件；

（四）证券公司认为有必要保留的其他文件。

第三十七条 证券公司应当按照中国证券业协会（以下简称协会）的要求，报送有效性评估报告等相关资料。

第三十八条 协会可以采取现场、非现场等方式对证券公司合规管理有效性评估情况进行定期或不定期检查，证券公司应当予以配合。

第三十九条 证券公司及相关工作人员发生违反本指引行为的，协会视情节严重采取相应自律措施，并记入诚信信息管理系统。被采取纪律处分的，将按规定记入证监会证券期货市场诚信档案数据库。

第六章　附则

第四十条 证券公司在收集合规风险事项、评估合规管理环境、合规管理职责履行情况、合规管理保障、重要业务制度与机制的建设及运行状况时，可以参考附件所列合规管理有效性评估参考表编制工作底稿。评估参考表未涵盖证券公司合规管理有效性评估的全部评估内容，证券公司可以根据公司实际需要对表格内容加以适当调整和补充；外部法律、法规和准则发生变化的，证券公司应当对表格内容加以调整和补充。

第四十一条 本指引所用名词术语和概念与《证券公司和证券投资基金管理公司合规管理办法》、《证券公司合规管理实施指引》相同。

第四十二条 本指引由协会负责解释。

第四十三条 本指引自发布之日起施行。

保险公司合规管理办法 *

第一章　总则

第一条 为了加强保险公司合规管理，发挥公司治理机制作用，根据

---

* 即保监发〔2016〕116号，原中国保险监督管理委员会于2016年12月30日发布，2017年7月1日实施。

《中华人民共和国公司法》《中华人民共和国保险法》和《保险公司管理规定》等法律、行政法规和规章，制定本办法。

第二条　本办法所称的合规是指保险公司及其保险从业人员的保险经营管理行为应当符合法律法规、监管规定、公司内部管理制度以及诚实守信的道德准则。

本办法所称的合规风险是指保险公司及其保险从业人员因不合规的保险经营管理行为引发法律责任、财务损失或者声誉损失的风险。

第三条　合规管理是保险公司通过建立合规管理机制，制定和执行合规政策，开展合规审核、合规检查、合规风险监测、合规考核以及合规培训等，预防、识别、评估、报告和应对合规风险的行为。合规管理是保险公司全面风险管理的一项重要内容，也是实施有效内部控制的一项基础性工作。

保险公司应当按照本办法的规定，建立健全合规管理制度，完善合规管理组织架构，明确合规管理责任，构建合规管理体系，推动合规文化建设，有效识别并积极主动防范、化解合规风险，确保公司稳健运营。

第四条　保险公司应当倡导和培育良好的合规文化，努力培育公司全体保险从业人员的合规意识，并将合规文化建设作为公司文化建设的一个重要组成部分。

保险公司董事会和高级管理人员应当在公司倡导诚实守信的道德准则和价值观念，推行主动合规、合规创造价值等合规理念，促进保险公司内部合规管理与外部监管的有效互动。

第五条　保险集团（控股）公司应当建立集团整体的合规管理体系，加强对全集团合规管理的规划、领导和监督，提高集团整体合规管理水平。各成员公司应当贯彻落实集团整体合规管理要求，对自身合规管理负责。

第六条　中国保监会及其派出机构依法对保险公司合规管理实施监督检查。

第二章　董事会、监事会和总经理的合规职责

第七条　保险公司董事会对公司的合规管理承担最终责任，履行以下合规职责：

（一）审议批准合规政策，监督合规政策的实施，并对实施情况进行年度评估；

（二）审议批准并向中国保监会提交公司年度合规报告，对年度合规报告中反映出的问题，提出解决方案；

（三）决定合规负责人的聘任、解聘及报酬事项；

（四）决定公司合规管理部门的设置及其职能；

（五）保证合规负责人独立与董事会、董事会专业委员会沟通；

（六）公司章程规定的其他合规职责。

第八条　保险公司董事会可以授权专业委员会履行以下合规职责：

（一）审核公司年度合规报告；

（二）听取合规负责人和合规管理部门有关合规事项的报告；

（三）监督公司合规管理，了解合规政策的实施情况和存在的问题，并向董事会提出意见和建议；

（四）公司章程规定或者董事会确定的其他合规职责。

第九条　保险公司监事或者监事会履行以下合规职责：

（一）监督董事和高级管理人员履行合规职责的情况；

（二）监督董事会的决策及决策流程是否合规；

（三）对引发重大合规风险的董事、高级管理人员提出罢免的建议；

（四）向董事会提出撤换公司合规负责人的建议；

（五）依法调查公司经营中引发合规风险的相关情况，并可要求公司相关高级管理人员和部门协助；

（六）公司章程规定的其他合规职责。

第十条　保险公司总经理履行以下合规职责：

（一）根据董事会的决定建立健全公司合规管理组织架构，设立合规管理部门，并为合规负责人和合规管理部门履行职责提供充分条件；

（二）审核公司合规政策，报经董事会审议后执行；

（三）每年至少组织一次对公司合规风险的识别和评估，并审核公司年度合规管理计划；

（四）审核并向董事会或者其授权的专业委员会提交公司年度合规报告；

（五）发现公司有不合规的经营管理行为的，应当及时制止并纠正，追究违规责任人的相应责任，并按规定进行报告；

（六）公司章程规定、董事会确定的其他合规职责。

保险公司分公司和中心支公司总经理应当履行前款第三项和第五项规定

的合规职责，以及保险公司确定的其他合规职责。

第三章 合规负责人和合规管理部门

第十一条 保险公司应当设立合规负责人。合规负责人是保险公司的高级管理人员。合规负责人不得兼管公司的业务、财务、资金运用和内部审计部门等可能与合规管理存在职责冲突的部门，保险公司总经理兼任合规负责人的除外。

本条所称的业务部门指保险公司设立的负责销售、承保和理赔等保险业务的部门。

第十二条 保险公司任命合规负责人，应当依据《保险公司董事、监事和高级管理人员任职资格管理规定》及中国保监会的有关规定申请核准其任职资格。

保险公司解聘合规负责人的，应当在解聘后10个工作日内向中国保监会报告并说明正当理由。

第十三条 保险公司合规负责人对董事会负责，接受董事会和总经理的领导，并履行以下职责：

（一）全面负责公司的合规管理工作，领导合规管理部门；

（二）制定和修订公司合规政策，制定公司年度合规管理计划，并报总经理审核；

（三）将董事会审议批准后的合规政策传达给保险从业人员，并组织执行；

（四）向总经理、董事会或者其授权的专业委员会定期提出合规改进建议，及时报告公司和高级管理人员的重大违规行为；

（五）审核合规管理部门出具的合规报告等合规文件；

（六）公司章程规定或者董事会确定的其他合规职责。

第十四条 保险公司总公司及省级分公司应当设置合规管理部门。保险公司应当根据业务规模、组织架构和风险管理工作的需要，在其他分支机构设置合规管理部门或者合规岗位。

保险公司分支机构的合规管理部门、合规岗位对上级合规管理部门或者合规岗位负责，同时对其所在分支机构的负责人负责。

保险公司应当以合规政策或者其他正式文件的形式，确立合规管理部门和合规岗位的组织结构、职责和权利,并规定确保其独立性的措施。

第十五条 保险公司应当确保合规管理部门和合规岗位的独立性,并对其实行独立预算和考评。合规管理部门和合规岗位应当独立于业务、财务、资金运用和内部审计部门等可能与合规管理存在职责冲突的部门。

第十六条 合规管理部门履行以下职责:

(一)协助合规负责人制订、修订公司的合规政策和年度合规管理计划,并推动其贯彻落实,协助高级管理人员培育公司的合规文化;

(二)组织协调公司各部门和分支机构制订、修订公司合规管理规章制度;

(三)组织实施合规审核、合规检查;

(四)组织实施合规风险监测、识别、评估和报告合规风险;

(五)撰写年度合规报告;

(六)为公司新产品和新业务的开发提供合规支持,识别、评估合规风险;

(七)组织公司反洗钱等制度的制订和实施;

(八)开展合规培训,推动保险从业人员遵守行为准则,并向保险从业人员提供合规咨询;

(九)审查公司重要的内部规章制度和业务规程,并依据法律法规、监管规定和行业自律规则的变动和发展,提出制订或者修订公司内部规章制度和业务规程的建议;

(十)保持与监管机构的日常工作联系,反馈相关意见和建议;

(十一)组织或者参与实施合规考核和问责;

(十二)董事会确定的其他合规管理职责。

合规岗位的具体职责,由公司参照前款规定确定。

第十七条 保险公司应当保障合规负责人、合规管理部门和合规岗位享有以下权利:

(一)为了履行合规管理职责,通过参加会议、查阅文件、调取数据、与有关人员交谈、接受合规情况反映等方式获取信息;

(二)对违规或者可能违规的人员和事件进行独立调查,可外聘专业人员或者机构协助工作;

(三)享有通畅的报告渠道,根据董事会确定的报告路线向总经理、董事会授权的专业委员会、董事会报告；

（四）董事会确定的其他权利。

董事会和高级管理人员应当支持合规管理部门、合规岗位和合规人员履行工作职责，并采取措施切实保障合规管理部门、合规岗位和合规人员不因履行职责遭受不公正的对待。

第十八条 保险公司应当根据业务规模、人员数量、风险水平等因素为合规管理部门或者合规岗位配备足够的专职合规人员。

保险公司总公司和省级分公司应当为合规管理部门以外的其他各部门配备兼职合规人员。有条件的保险公司应当为省级分公司以外的其他分支机构配备兼职合规人员。保险公司应当建立兼职合规人员激励机制，促进兼职合规人员履职尽责。

第十九条 合规人员应当具有与其履行职责相适应的资质和经验，具有法律、保险、财会、金融等方面的专业知识，并熟练掌握法律法规、监管规定、行业自律规则和公司内部管理制度。

保险公司应当定期开展系统的教育培训，提高合规人员的专业技能。

第四章 合规管理

第二十条 保险公司应当建立三道防线的合规管理框架，确保三道防线各司其职、协调配合、有效参与合规管理，形成合规管理的合力。

第二十一条 保险公司各部门和分支机构履行合规管理的第一道防线职责，对其职责范围内的合规管理负有直接和第一位的责任。

保险公司各部门和分支机构应当主动进行日常的合规管控，定期进行合规自查，并向合规管理部门或者合规岗位提供合规风险信息或者风险点，支持并配合合规管理部门或者合规岗位的合规风险监测和评估。

第二十二条 保险公司合规管理部门和合规岗位履行合规管理的第二道防线职责。合规管理部门和合规岗位应当按照本办法第十六条规定的职责，向公司各部门和分支机构的业务活动提供合规支持，组织、协调、监督各部门和分支机构开展合规管理各项工作。

第二十三条 保险公司内部审计部门履行合规管理的第三道防线职责，定期对公司的合规管理情况进行独立审计。

第二十四条 保险公司应当在合规管理部门与内部审计部门之间建立明

确的合作和信息交流机制。内部审计部门在审计结束后，应当将审计情况和结论通报合规管理部门；合规管理部门也可以根据合规风险的监测情况主动向内部审计部门提出开展审计工作的建议。

第二十五条 保险公司应当制订合规政策，经董事会审议通过后报中国保监会备案。

合规政策是保险公司进行合规管理的纲领性文件，应当包括以下内容：

（一）公司进行合规管理的目标和基本原则；

（二）公司倡导的合规文化；

（三）董事会、高级管理人员的合规责任；

（四）公司合规管理框架和报告路线；

（五）合规管理部门的地位和职责；

（六）公司识别和管理合规风险的主要程序。

保险公司应当定期对合规政策进行评估，并视合规工作需要进行修订。

第二十六条 保险公司应当通过制定相关规章制度，明确保险从业人员行为规范，落实公司的合规政策，并为保险从业人员执行合规政策提供指引。

保险公司应当制定工作岗位的业务操作程序和规范。

第二十七条 保险公司应当定期组织识别、评估和监测以下事项的合规风险：

（一）业务行为；

（二）财务行为；

（三）资金运用行为；

（四）机构管理行为；

（五）其他可能引发合规风险的行为。

第二十八条 保险公司应当明确合规风险报告的路线，规定报告路线涉及的每个人员和机构的职责，明确报告人的报告内容、方式和频率以及接受报告人直接处理或者向上报告的规范要求。

第二十九条 保险公司合规管理部门应当对下列事项进行合规审核：

（一）重要的内部规章制度和业务规程；

（二）重要的业务行为、财务行为、资金运用行为和机构管理行为。

第三十条 保险公司合规管理部门应当按照合规负责人、总经理、董事会或者其授权的专业委员会的要求，在公司内进行合规调查。

合规调查结束后，合规管理部门应当就调查情况和结论制作报告，并报送提出调查要求的机构。

第三十一条　保险公司应当建立有效的合规考核和问责制度，将合规管理作为公司年度考核的重要指标，对各部门、分支机构及其人员的合规职责履行情况进行考核和评价，并追究违法违规事件责任人员的责任。

第三十二条　保险公司合规管理部门应当与公司相关培训部门建立协作机制，制订合规培训计划，定期组织开展合规培训工作。

保险公司董事、监事和高级管理人员应当参加与其职责相关的合规培训。保险从业人员应当定期接受合规培训。

第三十三条　保险公司应当建立有效的信息系统，确保在合规管理工作中能够及时、准确获取有关公司业务、财务、资金运用、机构管理等合规管理工作所需的信息。

第三十四条　保险公司各分支机构主要负责人应当根据本办法和公司合规管理制度，落实上级机构的要求，加强合规管理。

第五章　合规的外部监督

第三十五条　中国保监会根据保险公司发展实际，采取分类指导的原则，加强督导，推动保险公司建立和完善合规管理体系。

第三十六条　中国保监会通过合规报告或者现场检查等方式对保险公司合规管理工作进行监督和评价，评价结果将作为实施风险综合评级的重要依据。

第三十七条　保险公司应当于每年 4 月 30 日前向中国保监会提交公司上一年度的年度合规报告。保险公司董事会对合规报告的真实性、准确性、完整性负责。

公司年度合规报告应当包括以下内容：

（一）合规管理状况概述；

（二）合规政策的制订、评估和修订；

（三）合规负责人和合规管理部门的情况；

（四）重要业务活动的合规情况；

（五）合规评估和监测机制的运行；

（六）存在的主要合规风险及应对措施；

（七）重大违规事件及其处理；

（八）合规培训情况；

（九）合规管理存在的问题和改进措施；

（十）其他。

中国保监会可以根据监管需要，要求保险公司报送综合或者专项的合规报告。

中国保监会派出机构可以根据辖区内监管需要，要求保险公司省级分公司书面报告合规工作情况。

第三十八条 保险公司及其相关责任人违反本办法规定的，中国保监会可以根据具体情况采取以下监管措施：

（一）责令限期改正；

（二）调整风险综合评级；

（三）调整公司治理评级；

（四）监管谈话；

（五）行业通报；

（六）其他监管措施。

对拒不改正的，依法予以处罚。

第六章　附则

第三十九条 本办法适用于在中华人民共和国境内成立的保险公司、保险集团（控股）公司。外国保险公司分公司、保险资产管理公司以及经中国保监会批准成立的其他保险组织参照适用。

保险公司计划单列市分公司参照适用本办法有关保险公司省级分公司的规定。

第四十条 本办法所称保险公司分支机构，是指经中国保监会及其派出机构批准，保险公司依法在境内设立的分公司、中心支公司、支公司、营业部、营销服务部以及各类专属机构。

本办法所称保险从业人员，是指保险公司工作人员以及其他为保险公司销售保险产品的保险销售从业人员。

第四十一条 本办法由中国保监会负责解释。

第四十二条 本办法自 2017 年 7 月 1 日起施行。中国保监会 2007 年 9

月 7 日发布的《保险公司合规管理指引》（保监发〔2007〕91 号）同时废止。

证券公司和证券投资基金管理公司
合规管理办法*

第一章 总则

第一条 为了促进证券公司和证券投资基金管理公司加强内部合规管理，实现持续规范发展，根据《中华人民共和国公司法》《中华人民共和国证券法》《中华人民共和国证券投资基金法》和《证券公司监督管理条例》，制定本办法。

第二条 在中华人民共和国境内设立的证券公司和证券投资基金管理公司（以下统称证券基金经营机构）应当按照本办法实施合规管理。

本办法所称合规，是指证券基金经营管理机构及其工作人员的经营管理和执业行为符合法律、法规、规章及规范性文件、行业规范和自律规则、公司内部规章制度，以及行业普遍遵守的职业道德和行为准则（以下统称法律法规和准则）。

本办法所称合规管理，是指证券基金经营机构制定和执行合规管理制度，建立合规管理机制，防范合规风险的行为。

本办法所称合规风险，是指因证券基金经营机构或其工作人员的经营管理或执业行为违反法律法规和准则而使证券基金经营机构被依法追究法律责任、采取监管措施、给予纪律处分、出现财产损失或商业信誉损失的风险。

第三条 证券基金经营机构的合规管理应当覆盖所有业务，各部门、各分支机构、各层级子公司和全体工作人员，贯穿决策、执行、监督、反馈等各个环节。

第四条 证券基金经营机构应当树立全员合规、合规从管理层做起、合规创造价值、合规是公司生存基础的理念，倡导和推进合规文化建设，培育

---

* 即中国证券监督管理委员会令第 133 号，中国证券监督管理委员会于 2017 年 6 月 6 日发布，2017 年 10 月 1 日实施，2020 年 3 月 20 日修正。

全体工作人员合规意识，提升合规管理人员职业荣誉感和专业化、职业化水平。

第五条 中国证券监督管理委员会（以下简称中国证监会）依法对证券基金经营机构合规管理工作实施监督管理。中国证监会派出机构按照授权履行监督管理职责。

中国证券业协会、中国证券投资基金业协会等自律组织（以下简称协会）依照本办法制定实施细则，对证券基金经营机构合规管理工作实施自律管理。

第二章 合规管理职责

第六条 证券基金经营机构开展各项业务，应当合规经营、勤勉尽责，坚持客户利益至上原则，并遵守下列基本要求：

（一）充分了解客户的基本信息、财务状况、投资经验、投资目标、风险偏好、诚信记录等信息并及时更新。

（二）合理划分客户类别和产品、服务风险等级，确保将适当的产品、服务提供给适合的客户，不得欺诈客户。

（三）持续督促客户规范证券发行行为，动态监控客户交易活动，及时报告、依法处置重大异常行为，不得为客户违规从事证券发行、交易活动提供便利。

（四）严格规范工作人员执业行为，督促工作人员勤勉尽责，防范其利用职务便利从事违法违规、超越权限或者其他损害客户合法权益的行为。

（五）有效管理内幕信息和未公开信息，防范公司及其工作人员利用该信息买卖证券、建议他人买卖证券，或者泄露该信息。

（六）及时识别、妥善处理公司与客户之间、不同客户之间、公司不同业务之间的利益冲突，切实维护客户利益，公平对待客户。

（七）依法履行关联交易审议程序和信息披露义务，保证关联交易的公允性，防止不正当关联交易和利益输送。

（八）审慎评估公司经营管理行为对证券市场的影响，采取有效措施，防止扰乱市场秩序。

第七条 证券基金经营机构董事会决定本公司的合规管理目标，对合规管理的有效性承担责任，履行下列合规管理职责：

（一）审议批准合规管理的基本制度；

（二）审议批准年度合规报告；

（三）决定解聘对发生重大合规风险负有主要责任或者领导责任的高级管理人员；

（四）决定聘任、解聘、考核合规负责人，决定其薪酬待遇；

（五）建立与合规负责人的直接沟通机制；

（六）评估合规管理的有效性督促解决合规管理中存在的问题；

（七）公司章程规定的其他合规管理职责。

第八条 证券基金经营机构的监事会或者监事履行下列合规管理职责：

（一）对董事、高级管理人员履行合规管理职责的情况进行监督；

（二）对发生重大合规风险负有主要责任或者领导责任的董事、高级管理人员提出罢免的建议；

（三）公司章程规定的其他合规管理职责。

第九条 证券基金经营机构的高级管理人员负责落实合规管理目标，对合规运营承担责任，履行下列合规管理职责：

（一）建立健全合规管理组织架构，遵守合规管理程序，配备充足、适当的合规管理人员，并为其履行职责提供充分的人力、物力、财力、技术支持和保障；

（二）发现违法违规行为及时报告、整改，落实责任追究；

（三）公司章程规定或者董事会确定的其他合规管理职责。

第十条 证券基金经营机构各部门、各分支机构和各层级子公司（以下统称下属各单位）负责人负责落实本单位的合规管理目标，对本单位合规运营承担责任。

证券基金经营机构全体工作人员应当遵守与其执业行为有关的法律、法规和准则，主动识别、控制其执业行为的合规风险，并对其执业行为的合规性承担责任。

下属各单位及工作人员发现违法违规行为或者合规风险隐患时，应当主动及时向合规负责人报告。

第十一条 证券基金经营机构设合规负责人。合规负责人是高级管理人员，直接向董事会负责，对本公司及其工作人员的经营管理和执业行为的合规性进行审查、监督和检查。

合规负责人不得兼任与合规管理职责相冲突的职务，不得负责管理与合规管理职责相冲突的部门。

证券基金经营机构的章程应当对合规负责人的职责、任免条件和程序等作出规定。

第十二条 证券基金经营机构合规负责人应当组织拟定合规管理的基本制度和其他合规管理制度，督导下属各单位实施。

合规管理的基本制度应当明确合规管理的目标、基本原则、机构设置及其职责、违法违规行为及合规风险隐患的报告、处理和责任追究等内容。

法律法规和准则发生变动的，合规负责人应当及时建议董事会或高级管理人员并督导有关部门，评估其对合规管理的影响，修改、完善有关制度和业务流程。

第十三条 合规负责人应当对证券基金经营机构内部规章制度、重大决策、新产品和新业务方案等进行合规审查，并出具书面合规审查意见。

中国证监会及其派出机构、自律组织要求对证券基金经营机构报送的申请材料或报告进行合规审查的，合规负责人应当审查，并在该申请材料或报告上签署合规审查意见。其他相关高级管理人员等人员应当对申请材料或报告中基本事实和业务数据的真实性、准确性及完整性负责。

证券基金经营机构不采纳合规负责人的合规审查意见的，应当将有关事项提交董事会决定。

第十四条 合规负责人应当按照中国证监会及其派出机构的要求和公司规定，对证券基金经营机构及其工作人员经营管理和执业行为的合规性进行监督检查。

合规负责人应当协助董事会和高级管理人员建立和执行信息隔离墙、利益冲突管理和反洗钱制度，按照公司规定为高级管理人员、下属各单位提供合规咨询、组织合规培训，指导和督促公司有关部门处理涉及公司和工作人员违法违规行为的投诉和举报。

第十五条 合规负责人应当按照公司规定，向董事会、经营管理主要负责人报告证券基金经营机构经营管理合法合规情况和合规管理工作开展情况。

合规负责人发现证券基金经营机构存在违法违规行为或合规风险隐患的，应当依照公司章程规定及时向董事会、经营管理主要负责人报告，提出处理意见，并督促整改。合规负责人应当同时督促公司及时向中国证监会相关派出机构报告；公司未及时报告的，应当直接向中国证监会相关派出机构报告；

有关行为违反行业规范和自律规则的，还应当向有关自律组织报告。

第十六条　合规负责人应当及时处理中国证监会及其派出机构和自律组织要求调查的事项，配合中国证监会及其派出机构和自律组织对证券基金经营机构的检查和调查，跟踪和评估监管意见和监管要求的落实情况。

第十七条　合规负责人应当将出具的合规审查意见、提供的合规咨询意见、签署的公司文件、合规检查工作底稿等与履行职责有关的文件、资料存档备查，并对履行职责的情况作出记录。

第三章　合规管理保障

第十八条　合规负责人应当通晓相关法律法规和准则，诚实守信，熟悉证券、基金业务，具有胜任合规管理工作需要的专业知识和技能，并具备下列任职条件：

（一）从事证券、基金工作10年以上，并且通过中国证券业协会或中国证券投资基金业协会组织的合规管理人员胜任能力考试；或者从事证券、基金工作5年以上，并且通过法律职业资格考试；或者在证券监管机构、证券基金业自律组织任职5年以上。

（二）最近3年未被金融监管机构实施行政处罚或采取重大行政监管措施。

（三）中国证监会规定的其他条件。

第十九条　证券基金经营机构聘任合规负责人，应当向中国证监会相关派出机构报送人员简历及有关证明材料。证券公司合规负责人应当经中国证监会相关派出机构认可后方可任职。

合规负责人任期届满前，证券基金经营机构解聘的，应当有正当理由，并在有关董事会会议召开10个工作日前将解聘理由书面报告中国证监会相关派出机构。

前款所称正当理由，包括合规负责人本人申请，或被中国证监会及其派出机构责令更换，或确有证据证明其无法正常履职、未能勤勉尽责等情形。

第二十条　合规负责人不能履行职务或缺位时，应当由证券基金经营机构董事长或经营管理主要负责人代行其职务，并自决定之日起3个工作日内向中国证监会相关派出机构书面报告，代行职务的时间不得超过6个月。

合规负责人提出辞职的，应当提前1个月向公司董事会提出申请，并向中国证监会相关派出机构报告。在辞职申请获得批准之前，合规负责人不得自行停止履行职责。

合规负责人缺位的，公司应当在 6 个月内聘请符合本办法第十八条规定的人员担任合规负责人。

第二十一条　证券基金经营机构应当设立合规部门。合规部门对合规负责人负责，按照公司规定和合规负责人的安排履行合规管理职责。合规部门不得承担与合规管理相冲突的其他职责。

证券基金经营机构应当明确合规部门与其他内部控制部门之间的职责分工，建立内部控制部门协调互动的工作机制。

第二十二条　证券基金经营机构应当为合规部门配备足够的、具备与履行合规管理职责相适应的专业知识和技能的合规管理人员。合规部门中具备 3 年以上证券、金融、法律、会计、信息技术等有关领域工作经历的合规管理人员数量不得低于公司总部人数的一定比例，具体比例由协会规定。

第二十三条　证券基金经营机构各业务部门、各分支机构应当配备符合本办法第二十二条规定的合规管理人员。

合规管理人员可以兼任与合规管理职责不相冲突的职务。合规风险管控难度较大的部门和分支机构应当配备专职合规管理人员。

第二十四条　证券基金经营机构应当将各层级子公司的合规管理纳入统一体系，明确子公司向母公司报告的合规管理事项，对子公司的合规管理制度进行审查，对子公司经营管理行为的合规性进行监督和检查，确保子公司合规管理工作符合母公司的要求。

从事另类投资、私募基金管理、基金销售等活动的子公司，应当由证券基金经营机构选派人员作为子公司高级管理人员负责合规管理工作，并由合规负责人考核和管理。

第二十五条　证券基金经营机构应当保障合规负责人和合规管理人员充分履行职责所需的知情权和调查权。

证券基金经营机构召开董事会会议、经营决策会议等重要会议以及合规负责人要求参加或者列席的会议的，应当提前通知合规负责人。合规负责人有权根据履职需要参加或列席有关会议，查阅、复制有关文件、资料。

合规负责人根据履行职责需要，有权要求证券基金经营机构有关人员对相关事项作出说明，向为公司提供审计、法律等中介服务的机构了解情况。

合规负责人认为必要时，可以证券基金经营机构名义直接聘请外部专业机构或人员协助其工作，费用由公司承担。

第二十六条 证券基金经营机构应当保障合规负责人和合规管理人员的独立性。

证券基金经营机构的股东、董事和高级管理人员不得违反规定的职责和程序，直接向合规负责人下达指令或者干涉其工作。

证券基金经营机构的董事、监事、高级管理人员和下属各单位应当支持和配合合规负责人、合规部门及本单位合规管理人员的工作，不得以任何理由限制、阻挠合规负责人、合规部门和合规管理人员履行职责。

第二十七条 合规部门及专职合规管理人员由合规负责人考核。对兼职合规管理人员进行考核时，合规负责人所占权重应当超过50%。证券基金经营机构应当制定合规负责人、合规部门及专职合规管理人员的考核管理制度，不得采取其他部门评价、以业务部门的经营业绩为依据等不利于合规独立性的考核方式。

证券基金经营机构董事会对合规负责人进行年度考核时，应当就其履行职责情况及考核意见书面征求中国证监会相关派出机构的意见，中国证监会相关派出机构可以根据掌握的情况建议董事会调整考核结果。

证券基金经营机构对高级管理人员和下属各单位的考核应当包括合规负责人对其合规管理有效性、经营管理和执业行为合规性的专项考核内容。合规性专项考核占总考核结果的比例不得低于协会的规定。

第二十八条 证券基金经营机构应当制定合规负责人与合规管理人员的薪酬管理制度。合规负责人工作称职的，其年度薪酬收入总额在公司高级管理人员年度薪酬收入总额中的排名不得低于中位数；合规管理人员工作称职的，其年度薪酬收入总额不得低于公司同级别人员的平均水平。

第二十九条 中国证监会及其派出机构和自律组织支持证券基金经营机构合规负责人依法开展工作，组织行业合规培训和交流，并督促证券基金经营机构为合规负责人提供充足的履职保障。

第四章 监督管理与法律责任

第三十条 证券基金经营机构应当在报送年度报告的同时向中国证监会相关派出机构报送年度合规报告。年度合规报告包括下列内容：

（一）证券基金经营机构和各层级子公司合规管理的基本情况；

（二）合规负责人履行职责情况；

（三）违法违规行为、合规风险隐患的发现及整改情况；

（四）合规管理有效性的评估及整改情况；

（五）中国证监会及其派出机构要求或证券基金经营机构认为需要报告的其他内容。

证券基金经营机构的董事、高级管理人员应当对年度合规报告签署确认意见，保证报告的内容真实、准确、完整；对报告内容有异议的，应当注明意见和理由。

第三十一条 证券基金经营机构应当组织内部有关机构和部门或者委托具有专业资质的外部专业机构对公司合规管理的有效性进行评估，及时解决合规管理中存在的问题。对合规管理有效性的全面评估，每年不得少于1次。委托具有专业资质的外部专业机构进行的全面评估，每3年至少进行1次。

中国证监会及其派出机构发现证券基金经营机构存在违法违规行为或重大合规风险隐患的，可以要求证券基金经营机构委托指定的具有专业资质的外部专业机构对公司合规管理的有效性进行评估，并督促其整改。

第三十二条 证券基金经营机构违反本办法规定的，中国证监会可以采取出具警示函、责令定期报告、责令改正、监管谈话等行政监管措施；对直接负责的董事、监事、高级管理人员和其他责任人员，可以采取出具警示函、责令参加培训、责令改正、监管谈话、认定为不适当人选等行政监管措施。

证券基金经营机构违反本办法规定导致公司出现治理结构不健全、内部控制不完善等情形的，对证券基金经营机构及其直接负责的董事、监事、高级管理人员和其他直接责任人员，依照《中华人民共和国证券投资基金法》第二十四条、《证券公司监督管理条例》第七十条采取行政监管措施。

第三十三条 合规负责人违反本办法规定的，中国证监会可以采取出具警示函、责令参加培训、责令改正、监管谈话、认定为不适当人选等行政监管措施。

第三十四条 证券基金经营机构的董事、监事、高级管理人员未能勤勉尽责，致使公司存在重大违法违规行为或者重大合规风险的，依照《中华人民共和国证券法》第一百五十二条、《中华人民共和国证券投资基金法》第二十五条采取行政监管措施。

第三十五条 证券基金经营机构违反本办法第十八条、第十九条、第二十条、第二十一条、第二十二条、第二十三条、第二十四条、第二十五条、第二十六条、第二十七条、第二十八条规定，情节严重的，对证券基金经营机构及其直接负责的董事、监事、高级管理人员和其他直接责任人员，处以警告、3万元以下罚款。

合规负责人未按照本办法第十五条第二款的规定及时向中国证监会相关派出机构报告重大违法违规行为的，处以警告、3万元以下罚款。

第三十六条 证券基金经营机构通过有效的合规管理，主动发现违法违规行为或合规风险隐患，积极妥善处理，落实责任追究，完善内部控制制度和业务流程并及时向中国证监会或其派出机构报告的，依法从轻、减轻处理；情节轻微并及时纠正违法违规行为或避免合规风险，没有造成危害后果的，不予追究责任。

对于证券基金经营机构的违法违规行为，合规负责人已经按照本办法的规定尽职履行审查、监督、检查和报告职责的，不予追究责任。

第五章 附 则

第三十七条 本办法下列用语的含义：

（一）合规负责人，包括证券公司的合规总监和证券投资基金管理公司的督察长。

（二）中国证监会相关派出机构，包括证券公司住所地的中国证监会派出机构，和证券投资基金管理公司住所地或者经营所在地的中国证监会派出机构。

第三十八条 中国证监会根据审慎监管的原则，可以提高对行业重要性证券基金经营机构的合规管理要求，并可以采取增加现场检查频率、强化合规负责人任职监管、委托外部专业机构协助开展工作等方式加强合规监管。

前款所称行业重要性证券基金经营机构，是指中国证监会认定的，公司内部经营活动可能导致证券基金行业、证券市场产生重大风险的证券基金经营机构。

第三十九条 开展公开募集证券投资基金管理业务的保险资产管理机构、私募资产管理机构等，参照本办法执行。

第四十条 本办法自2017年10月1日起施行。《证券投资基金管理公司督察长管理规定》（证监基金字〔2006〕85号）、《证券公司合规管理试行规定》（证监会公告〔2008〕30号）同时废止。

合规管理体系指南*

引 言

合规是组织可持续发展的基石。近年来，国际社会和各国政府都致力于建立和维护开放、透明、公平的社会秩序，与此同时我国全面推进依法治国，在这样的背景下，组织越来越多地关注其面临的合规风险以及如何实现合规。合规意味着组织遵守了适用的法律法规及监管规定，也遵守了相关标准、合同、有效治理原则或道德准则。若不合规，组织可能遭受法律制裁、监管处罚、重大财产损失和声誉损失，由此造成的风险，即为合规风险。

组织通过建立有效的合规管理体系，来防范合规风险。组织在对其所面临的合规风险进行识别、分析和评价的基础之上，建立并改进合规管理流程，从而达到对风险进行有效的应对和管控。建立有效的合规管理体系并不能杜绝不合规的发生，但是能够降低不合规发生的风险。在很多国家和地区，当发生不合规时，组织和组织的管理者以组织已经建立并实施了有效的合规管理体系作为减轻、甚至豁免行政、刑事或者民事责任的抗辩，这种抗辩有可能被行政执法机关或司法机关所接受。这对于中国企业无论是在国内还是在境外发展都尤为重要。

本标准以良好治理、比例原则、透明和可持续性原则为基础，可指导未进行合规管理的组织建立、实施、评价和改进合规管理体系，也可对已建立合规管理体系的组织改进合规管理提供指导。本标准的合规管理体系流程图与其他管理体系一致，以持续改进原则为基础制定，见图1。

1 范围

本标准提供了组织内建立一套有效和及时响应的合规管理体系，并予以

---

* 即GB/T3570-2017，中华人民共和国国家质量监督检验检疫总局、中国国家标准化管理委员会于2017年12月29日发布，2018年7月1日实施。

制定、实施、评价、维护和改进的指导。

本标准适用于所有类型的组织。本标准的应用程度取决于组织的规模、结构、性质和复杂性。

2 术语和定义

下列术语和定义适用于本文件。

2.1 组织 organization

为实现目标（2.9），由职责、权限和相关关系构成自身功能的一个人或一组人。

注：组织的概念包括，但不限于个体经营者、公司、集团、商行、企事业单位、权力机构、合伙企业、慈善机构或研究机构，或上述组织的部分或组合，无论是否为法人组织，公有的或私有的。

2.2 相关方 interested party

利益相关方 stakeholder

能影响、被影响或认为自己受到某个决定或活动影响的个人或组织（2.1）。

2.3 最高管理者 top management

在最高层指挥和控制组织（2.1）的一个人或一组人。

注1：最高管理者在组织中拥有授权和提供资源的权力。

注2：若管理体系（2.7）的范围仅覆盖组织的一部分，则最高管理者是指那些指挥和控制组织该部分的人员。

2.4 治理机构 governing body

对组织（2.1）进行治理、设定方向并对最高管理者（2.3）问责的一人或一组人。

2.5 员工 employee

国家法律或实践认可的雇佣关系中受雇的个人。

2.6 合规团队 compliance function

负责合规（2.17）管理的一个人（或多个人）。
注：最好指定一个人全面负责合规（2.17）管理。

2.7 管理体系 management syetem

组织（2.1）建立方针（2.8）和目标（2.9）以及实现这些目标（2.9）的过程（2.10）的相互关系或相互作用的一组要素。
注1：一个管理体系能涉及一个方面或多个方面。
注2：体系要素包括组织的结构、角色和职责、策划、运行等。
注3：管理体系的范围可包括整个组织、该组织具体和确定的职能、该组织具体和确定的部门，或跨组织的一个或多个职能。

2.8 方针 policy

由最高管理者（2.3）正式发布的组织（2.1）的宗旨和方向。

2.9 目标 objective

要实现的结果。
注1：目标可以是战略的、战术的和/或操作层面的。
注2：目标能与不同方面（如财务、健康与安全及环境的目标）相关，且能应用于不同层面［如：战略层、整个组织、项目、产品和过程（2.10）］。
注3：目标能用其他方式表达，如：预期成果、目的、操作准则，作为合规目标或使用具有相似含义的其他词汇（如：目的、终点或标的）。
注4：在合规管理体系中，合规目标由组织确定，与合规方针保持一致，以实现特定的结果。

2.10 过程 process

将输入转化为输出的相互关联或相互作用的一组活动。

2.11 风险 risk

不确定性对目标（2.9）的影响。

注1：影响是指偏离预期，可以是正面的或负面的。

注2：不确定性是指对某事件及其后果或可能性的信息缺失或了解片面的状态。

注3：风险通常以潜在"事件"（GB/T23694-2013 的4513）和"后果"（GB/T23694-2013 的4613）或二者组合的特征来分析。

注4：风险通常以事件的后果（包括情形的变化）和事件发生的"可能性"（GB/T23694-2013 的4611）的组合来表示。

2.12 合规风险 compliance risk

不确定性对于合规目标（2.9）的影响。

注：合规风险以组织合规义务（2.16）的不合规（2.18）发生的可能性和后果表述。

2.13 要求 requirement

明示的、通常隐含的或有义务履行的需求或期望。

注1："通常隐含"是指组织（2.1）和相关方（2.2）的惯例或一般做法，所考虑的需求或期望是不言而喻的。

注2：规定的要求是指在诸如文件化信息中明示的要求。

2.14 合规要求 compliance requirement

组织（2.1）有义务遵守的要求（2.13）。

2.15 合规承诺 compliance commitment

组织（2.1）选择遵守的要求（2.13）。

2.16 合规义务 compliance obligation

合规要求（2.14）或合规承诺（2.15）。

2.17 合规 compliance

履行组织的全部合规义务（2.16）。

注：通过将合规融入组织（2.1）文化及其工作人员的行为和态度中，使

合规具有可持续性。

2.18 不合规 noncompliance

不履行某项合规义务（2.16）。

注：不合规能为单一或多项事件，且可为或可不为不合格（2.33）的结果。

2.19 合规文化 compliance culture

贯穿整个组织（2.1）的价值观、道德规范和信念，与组织的结构和控制系统相互作用，产生有利于合规（2.17）成果的行为准则。

2.20 准则 code

组织（2.1）内部制定或由国际、国家、行业机构或其他组织制定的表述惯例的文件。

注：准则可以是强制性或自愿性。

2.21 组织的和产业的标准 organizational and industry standards

组织（2.1）认为相关的成文的准则（2.20）、良好惯例、章程、技术的和产业的标准。

2.22 监管机构 regulatory authority

负责管制或强制执行法制合规（2.17）和其他要求（2.13）的组织（2.1）。

2.23 能力 competence

应用知识和技能实现预期结果的本领。

2.24 文件化信息 documented information

组织（2.1）需要控制和维护的信息及其载体。

注1：文件化信息能以任何格式和载体存在，且来源不限。

注2：文件化信息指：

——管理体系（2.7），包括的相关过程（2.10）；
——组织运行产生的信息（文件）；
——已实现结果的证据（记录）。

2.25 程序 procedure

对进行某项活动或过程（2.10）所规定的途径。

2.26 绩效 performance

可测量的结果。
注1：绩效可能与定量的结果相关或与定性的结果相关。
注2：绩效可能与活动、过程（2.10）、产品（包括服务）、体系或组织（2.1）的管理相关。

2.27 持续改进 continual improvement

提高绩效（2.26）的循环活动或过程（2.10）。

2.28 外包 outsource

安排外部组织（2.1）承担组织部分职能或过程（2.10）。
注：尽管外包的职能或过程在管理体系范围内，但外部组织在管理体系（2.7）范围之外。

2.29 监视 monitoring

确定体系、过程（2.10）或活动的状态。
注1：确定状态可能需要检查、监督或密切观察。
注2：监视并非一次性活动，而是对某种情况定期或连续地观察的过程。

2.30 测量 measurement

确定数值的过程（2.10）。

2.31 审核 audit

为获取"审核证据"并对其进行客观的评价，以确定满足"审核准则"

的程度所进行的系统的、独立的并形成文件的过程（2.10）。

注1：审核能为内部审核（第一方）或外部审核（第二方或第三方），还能为多体系审核（合并两个或多个领域）。

注2："审核证据"和"审核准则"的定义见GB/T19011。

注3：独立性指与正在被审核的活动无责任关系、对其无偏见和利益冲突。

2.32 合格 conformity

满足管理体系要求（2.13）。

2.33 不合格 nonconformity

不满足管理体系要求（2.13）。

注：不合格不一定是不合规（2.18）。

2.34 纠正 correction

为消除已发现的不合格（2.33）或不合规（2.18）所采取的措施。

2.35 纠正措施 corrective action

为消除不合格（2.33）或不合规（2.18）的原因并防止其再发生所采取的措施。

3 组织环境

3.1 理解组织及其环境

组织宜确定内部和外部问题，如那些与合规风险相关、与组织目标相关和影响组织实现合规管理体系预期成果能力的问题。这种情况下，组织宜考虑更大范围的内部和外部因素，如监管、社会和文化环境、经济形势、内部方针、程序、过程和资源。

3.2 理解相关方的需求和期望

组织宜确定：

——合规管理体系的相关方；

——这些相关方的要求。

3.3 确定合规管理体系的范围

组织宜确定合规管理体系的边界和适用性,以确定其范围。

注:合规管理体系的范围旨在阐明应用合规管理体系的地域和/或组织边界,尤其该组织是某大规模组织在给定地点的分支机构时。

确定该范围时,组织宜考虑:

——3.1 提及的内部和外部问题;

——3.2 和 3.5.1 提及的要求。

范围宜作为文件化信息随时可用。

3.4 合规管理体系和良好治理原则

组织宜根据本标准建立、制定、实施、评价、维护和持续改进合规管理体系,包括必需的过程和过程的相互作用,并考虑如下治理原则:

——合规团队与治理机构建立直接联系;

——合规团队的独立性;

——分配给合规团队适当的权限和充足的资源。

合规管理体系宜反映组织的价值观、目标、战略和合规风险。

3.5 合规义务

3.5.1 合规义务的识别

组织宜系统识别其合规义务及这些合规义务对组织活动、产品和服务的影响。组织在建立、制定、实施、评价、维护和改进合规管理体系时,宜考虑这些合规义务。

组织宜以适合其规模、复杂性、结构和运行的方式记录其合规义务。

合规义务的来源宜包括合规要求,并能包含合规承诺。

示例 1:合规要求的例子包括:

——法律和法规;

——许可、执照或其他形式的授权;

——监管机构发布的命令、条例或指南;

——法院判决或行政决定;

——条约、惯例和协议。

示例2：合规承诺的例子包括：

——与社会团体或非政府组织签订的协议；

——与公共权力机构和客户签订的协议；

——组织要求，如方针和程序；

——自愿原则或规程；

——自愿性标志或环境承诺；

——与组织签署合同产生的义务；

——相关组织的和产业的标准。

3.5.2 合规义务的维护

组织宜有适当的过程识别新的和变更的法律、法规、准则和其他合规义务，以确保持续合规。组织宜有过程评价已识别的变更和任何变更的实施对合规义务管理的影响。

示例：获取关于法律和其他合规义务变更信息的过程包括：

——列入相关监管部门收件人名单；

——成为专业团体的会员；

——订阅相关信息服务；

——参加行业论坛和研讨会；

——监视监管部门网站；

——与监管部门会晤；

——与法律顾问洽商；

——监视合规义务来源（如：监管声明和法院判决）。

3.6 合规风险的识别、分析和评价

组织宜识别并评价其合规风险。该评价能建立在合规风险评估或其他替换方法的基础之上。合规风险评估构成了合规管理体系实施的基础，是有计划地分配适当和充足的资源对已识别合规风险进行管理的基础。

组织识别合规风险，宜把合规义务和它的活动、产品、服务和运行的相关方面联系起来，以识别可能发生不合规的场景。组织宜识别不合规的原因及后果。

组织宜通过考虑不合规的原因、来源、后果的严重程度、不合规及其后

果能发生的可能性进行合规风险分析。后果能包括，例如：个人和环境伤害、经济损失、声誉损失和行政责任。风险评价涉及组织合规风险分析过程中发现的合规风险等级与组织能够并愿意接受的合规风险水平的比较。基于这个比较，能设定优先级，作为确定需要实施的控制及其程度的基础（见5.1）。

发生以下情形，宜对合规风险进行周期性再评估：

——新的或改变的活动、产品或服务；
——组织结构或战略改变；
——重大的外部变化，例如金融经济环境、市场条件、债务和客户关系；
——合规义务改变（见3.5）；
——不合规。

注1：合规风险评估细节的程度和水平取决于组织的风险情况、环境、规模和目标，并能随着具体细分领域（如：环境、财务和社会）变化。

注2：基于风险的合规管理方法并不意味着在低合规风险情况下组织接受不合规。它有助于组织集中主要注意力和资源优先处理更高级别风险，最终涵盖所有合规风险。所有已识别的合规风险/情况受制于监视、纠正和纠正措施。

注3：GB/T24353提供了风险评估的详细指导。

4 领导作用

4.1 领导作用和承诺

治理机构和最高管理者宜通过下列方式证明其对合规管理体系的领导作用和承诺：

a) 确立和坚持组织的核心价值观；
b) 确保建立组织的合规方针和合规目标，并与该组织的价值观、目标和战略方向保持一致（见5.2）；
c) 确保制定并实施方针、程序和过程，以实现合规目标；
d) 确保合规管理体系所需资源可用、予以分配和指派；
e) 确保合规管理体系要求融入组织的业务过程；
f) 传达合规管理体系的重要性和符合合规管理体系要求的重要性；
g) 指挥和支持人员提升合规管理体系的有效性；

h）支持其他相关管理者，使他们在自己担责的领域中展现出合规领导力；

i）确保运行指标和合规义务保持一致；

j）确立并维护问责机制，包括对合规事件和不合规及时报告；

k）确保合规管理体系实现它的预期成果；

l）推进持续改进。

示例：有效合规要求治理机构和最高管理者的积极承诺，并贯彻于整个组织。承诺水平标示为下列事项的实现程度：

——治理机构和所有管理层通过措施和决定，积极证明他们承诺建立、制定、实施、评价、维护和改进的是一个有效和及时响应的合规管理体系；

——合规方针经治理机构正式批准；

——最高管理者承担责任，确保组织关于合规的承诺充分实现；

——所有管理层一致向员工传达一个清晰的信息（通过文字和措施）：组织将履行它的合规义务；

——以清晰并令人信服的声明广泛传达关于合规的承诺，并有措施支持；

——合规团队被赋予一定级别的权限，这反映有效合规的重要性且合规团队可直接向治理机构报告；

——通过意识提升活动和培训，分配资源以建立、制定、实施、评价、维护和改进强劲的合规文化；

——方针、程序和过程不仅反映法律要求，还反映自愿性准则和组织的核心价值观；

——组织向其所有管理层级分配合规责任并要求他们负责；

——要求对合规管理体系进行定期评审；

——持续改进组织的合规绩效；

——采取纠正措施。

4.2 合规方针

4.2.1 总则

治理机构和最高管理者（最好与员工协商）宜建立合规方针：

——适合于组织目的；

——为设定合规目标提供框架；

——包括满足适用要求的承诺；
——包括持续改进合规管理体系的承诺。
合规方针宜明确：
——合规管理体系的范围；
——与组织规模、性质、复杂性和运行环境有关的体系运用与体系环境；
——合规与其他职能，如治理、风险、审计和法务的结合程度；
——合规融入运行方针、程序、过程的程度；
——合规团队的独立和自治程度；
——管理和报告合规事项的责任；
——管理内部和外部利益相关方关系的原则；
——所要求的行为和问责的标准；
——不合规的后果。
合规方针宜：
——作为文件化信息可供使用；
——以通俗易懂的语言书写，便于所有员工均能容易地理解原则和目的；
——必要时，翻译为其他语言；
——在组织内明确传达，且所有员工随即可用；
——适宜时，便于相关方获取；
——按要求更新，以保持相关。

建立合规方针宜与组织的价值观、目标和战略保持一致，且宜通过治理机构批准。

合规方针建立组织实现合规的总原则和措施承诺。它设定所要求的责任和绩效水平以及评估措施的期望。方针宜适合于组织活动产生的合规义务。

合规方针不宜是孤立的文件，宜由其他文件支持，包括运行方针、程序和过程。

4.2.2 制定

制定合规方针，宜考虑：

a) 国际、区域或本地的特定义务；
b) 组织的战略、目标和价值观；
c) 组织的结构和治理框架；
d) 与不合规有关的风险性质和等级；

e）其他内部方针、标准和准则。

4.3 组织的角色、职责和权限

4.3.1 总则

最高管理者宜确保在组织内分配并传达相关角色的职责和权限。

治理机构和最高管理者宜为合规团队分配职责和权限，以：

a）确保合规管理体系与本标准一致；

b）向治理机构和最高管理者报告合规管理体系的绩效。

注：合规团队的特定责任并不减轻其他员工对可能存在的合规予以报告的职责。

4.3.2 组织内合规职责的分配

治理机构和最高管理者的积极参与和监督是有效合规管理体系不可分割的一部分。这有助于确保员工充分理解组织的方针和运行程序，以及如何将其运用在他们的工作中，并确保他们有效地履行合规义务。

要使合规管理体系有效运行，治理机构和最高管理者需要通过坚持积极地支持合规和合规管理体系来以身作则。

许多组织由专人（如：合规官）负责日常的合规管理，有些组织由跨职能的合规委员会协调整个组织的合规工作。

一些组织——取决于其规模——也有人员全面负责合规管理，尽管这可能是其他角色或职能之外的职责，包括现有委员会、组织的内设部门或把部分工作外包给合规专家。这不宜被视为免除了其他管理层的合规职责，因为所有管理者对合规管理体系都发挥一定的作用。因此，在他们的职务描述中清晰地设定他们各自的职责十分重要。

管理者的合规职责必然地会随着权限、影响力和其他因素的水平而变化，如组织的性质和规模。但是，有些职责有可能是各类组织共有的。

注：本标准并未区分职责和问责的概念。使用"职责"这一术语暗含了问责的含义。

4.3.3 治理机构和最高管理者的角色和职责

治理机构和最高管理者宜：

a）根据4.2建立合规方针。

b）确保维护对合规的承诺，并确保恰当处理不合规和不合规行为。

c）将合规职责列入最高管理者职位描述。

d）任命或提名一个合规团队：

1）具有设计合规管理体系并保持其一致性和完整性的权限和职责。

2）有权直接接触治理机构和最高管理者并获得来自他们的清晰和明确的支持。

3）使其有权接触：

——高级决策制定者并有机会在决策制定过程初期提出意见和建议；

——组织的各个层面；

——执行合规任务所需的所有文件化信息和数据；

——关于相关法律、法规、准则和组织标准的专家建议。

4）通过指出在相关决策过程中所有合规方面的后果，具有实施制衡权力的权限和能力。

e）确保合规团队具备独立采取措施的权限，且该团队不会向与其冲突的优先权妥协，特别是当合规已融入该组织业务的情况下。

最高管理者宜：

——分配充足和适当的资源以建立、制定、实施、评价、维护和改进合规管理体系及绩效成果；

——确保组织分配和传达相关角色的职责和权限；

——确保建立高效及时的报告系统；

——对照合规关键绩效措施或结果被考核；

——分配向治理机构和最高管理者报告合规管理体系绩效的职责。

4.3.4 合规团队

不是所有的组织都会创建独立的合规团队，某些组织可将此职能分配给现有职位。

合规团队宜与管理层合作，负责以下事宜：

a）在相关资源的支持下识别合规义务，并将那些合规义务转化为可执行的方针、程序和过程；

b）将合规义务融入现有的方针、程序和过程；

c）为员工提供或组织持续培训，以确保所有相关员工得到定期培训；

d）促进合规职责列入职务描述和员工绩效管理过程；

e）设定适当的合规报告和文件化体系；

f）制定和实施信息管理过程，如通过热线、举报系统和其他机制进行的投诉和/或反馈；

g）建立合规绩效指标，监视和测量合规绩效；

h）分析绩效以识别需要采取的纠正措施；

i）识别合规风险，并管理与第三方有关的合规风险，如供应商、代理商、分销商、咨询顾问和承包商；

j）确保按计划定期对合规管理体系进行评审；

k）确保合规管理体系的建立、实施和维护能得到适当的专业建议；

l）使员工可以得到与合规相关的程序和参考资料的资源；

m）对合规相关事宜向组织提供客观建议。

注：GB/T19012提供了投诉处理的指南。

分配合规管理职责，宜考虑以下内容以确保与合规团队无利益冲突，并已表明：

——诚信和信守合规；

——有效的沟通和影响技能；

——推动其建议和指导被接受的能力和坚定立场；

——相关能力。

4.3.5 管理层职责

管理层宜负责其职责范围内的合规。这包括：

a）与合规团队合作并支持合规团队，鼓励员工也这样做；

b）个人遵守并被看到遵守方针、程序、过程并参加和支持合规培训活动；

c）在运行中识别和沟通合规风险；

d）积极承担并鼓励指导、辅导和监督员工以促进合规行为；

e）鼓励员工提出其所关注的合规问题；

f）积极参与合规相关事件和问题的管理和解决；

g）提高员工履行合规义务的意识，并指导员工满足培训和能力要求；

h）确保合规列入职务描述；

i）将合规绩效纳入员工绩效考核（如：关键绩效指标、目标和晋升准则）；

j）将合规义务纳入他们职责范围内的现有业务实践和程序；

k) 与合规团队协力,确保一旦确定需要纠正措施,则予以实施;
l) 对外包业务进行监督,确保它们考虑合规义务。

4.3.6 员工职责

包括管理者在内的所有员工宜:
a) 坚持履行与其职位和职务有关的组织合规义务;
b) 按照合规管理体系要求参与培训;
c) 使用作为合规管理体系一部分的、可获得的合规资源;
d) 报告合规疑虑、问题和缺陷。

5 策划

5.1 合规风险的应对措施

组织进行合规管理体系策划,宜考虑3.1提及的问题,3.2提及的要求,3.4提及的良好治理原则,3.5识别的合规义务,3.6提及的合规风险评估的结果,以确定需解决的合规风险,以:
——确保合规管理体系能实现预期效果;
——防范、察觉并减少不希望的影响;
——实现持续改进。

组织宜策划:
a) 应对合规风险的措施以及
b) 如何:
——将措施纳入合规管理体系过程并实施;
——评价这些措施的有效性。

组织宜保留与合规风险和应对合规风险所策划的措施相关的文件化信息。

5.2 合规目标和实施策划

组织宜在相关部门和各层级建立合规目标。
合规目标宜:
a) 与合规方针一致;
b) 可测量(如可行);
c) 考虑适用的要求;

d）予以监视；

e）充分沟通；

f）适当时，更新和/或修订。

组织策划如何实现合规目标时，宜确定：

——做什么；

——需要什么资源；

——谁负责；

——何时完成；

——结果如何评价，如：根据已识别的合规关键绩效措施和结果。

组织宜保留关于合规目标和实现合规目标所策划的措施的文件化信息。

6 支持

6.1 资源

组织宜确定并提供建立、制定、实施、评价、维护和持续改进合规管理体系的资源，合规管理体系宜适合于组织的规模、复杂性、结构和运行。

最高管理者和各管理层宜确保有效部署必要的资源，以确保满足合规目标，并实现合规。

资源包括财务的和人力的资源，外部建议和专业技能，组织基础设施，关于合规管理和法律义务、专业发展和技术的现时参考资料。

6.2 能力和培训

6.2.1 能力

组织宜：

a）确定员工具有在其控制下影响合规管理体系绩效必备的工作能力；

b）确保这些员工在接受适当的教育、培训和/或工作经验的基础上能胜任工作；

c）适用时，采取措施获得必要的能力，并评价所采取措施的有效性；

d）保存适当的文件化信息，包括能力证明。

注：例如，适用的措施能包括：对员工的培训、指导或调岗；或雇佣或聘用称职人员。

6.2.2 培训

治理机构、管理层和具有合规义务的所有员工都宜具备有效履行合规义务的能力。能通过多种方式获得能力,包括通过教育、培训或工作经历获取必需的技能和知识。

培训项目的目标是确保所有员工有能力以与组织合规文化和对合规的承诺一致的方式履行角色职责。

设计合理并有效执行的培训能为员工提供有效的方式交流之前未识别的合规风险。

对员工的教育和培训宜:

a) 针对与员工角色和职责相关的义务和合规风险量身定制;
b) 适宜时,以对员工知识和能力缺口的评估为基础;
c) 在组织成立时就提供并持续提供;
d) 与组织的培训计划一致,并纳入年度培训计划;
e) 实用并易于员工理解;
f) 与员工的日常工作相关,并且以相关行业、组织或部门的情况作为案例;
g) 足够灵活,涉及各种技能,以满足组织和员工的不同需求;
h) 评估有效性;
i) 按要求更新;
j) 记录并保存。

宜考虑合规再培训,每当:

——角色或职责改变;
——内部方针、程序和过程改变;
——组织结构改变;
——合规义务尤其是法律或相关方要求改变;
——活动、产品或服务改变;
——从监视、审核、评审、投诉和不合规,包括利益相关方反馈产生的问题。

6.3 意识

6.3.1 总则

在组织控制下工作的人员宜清楚:

a) 合规方针;

b) 他们的角色和对合规管理体系有效性的贡献,包括改善合规管理体系绩效的效益;

c) 不符合合规管理体系要求的后果。

6.3.2 行为

6.3.2.1 总则

宜鼓励创建和支持合规的行为,不宜容忍危害合规的行为。

6.3.2.2 最高管理者在鼓励合规中的角色

最高管理者的关键职责:

a) 调整组织对合规的承诺,以与组织的价值观、目标和战略一致,以便恰当地定位合规;

b) 宣传组织对合规的承诺并建立合规意识,以便激励员工接受合规管理体系;

c) 鼓励所有员工接受、实现他们所负责或应负责的合规目标的重要性;

d) 创造一个鼓励报告不合规并且报告的员工不会受到报复的环境;

e) 鼓励员工提有利于合规绩效持续改进的建议;

f) 确保合规已融入更广泛的组织文化以及文化改变的计划中;

g) 迅速识别并采取措施纠正或解决不合规;

h) 确保组织方针、程序和过程支持和鼓励合规;

i) 确保运行目标和指标不会危害合规行为。

6.3.2.3 合规文化

发展合规文化要求治理机构、最高管理者和管理层,对组织的各个领域所要求的共同的、已发布的行为标准作出积极的、可见的、一致的和持久的承诺。

例如,支持合规文化发展的因素包括:

——一系列已发布的清晰的价值观;

——管理层积极实施和遵守价值观;

——不论职位，处理相似措施时保持一致；
——在监视、辅导和指导过程中以身作则；
——对潜在员工进行适当的就业前评估；
——在入职培训或新员工训练中强调合规和组织价值观；
——持续进行合规培训，包括更新培训内容；
——持续就合规问题进行沟通；
——建立绩效考核体系，考虑对合规行为的评估，并将合规表现与工资挂钩，以实现合规关键绩效措施和结果；
——对合规管理业绩和结果予以明确认可；
——对故意或因疏忽而违反合规义务的情况给予即时和适当的惩罚；
——在组织战略和个人角色之间建立清晰的联系，反映出合规是实现组织结果所必不可少的；
——就合规进行公开和适当的沟通。

合规文化的形成体现于下列方面的实现程度：
——所有上述事项均得到充分实施；
——利益相关方（尤其是员工）相信上述事项已得到充分实施；
——员工充分了解与其自身活动和所在业务部门活动相关的合规义务相应的合规义务；
——组织各层按要求针对不合规进行"自主"补救，并采取相应措施；
——合规团队所扮演的角色及其目标得到重视；
——员工有能力且受到鼓励向相应的管理层提出其合规疑虑。

6.4 沟通

6.4.1 总则

组织宜确定与合规管理体系相关的内部和外部的沟通需要，包括：

a) 沟通内容；
b) 沟通时间；
c) 沟通对象；
d) 沟通方式。

注：8.1.7 和 8.1.8 给出了关于内部和外部合规报告的指南。

6.4.2 内部沟通

组织宜采用适当的沟通方式,以确保全体员工持续获知并理解合规信息。沟通宜明确给出组织对员工的期望,以及不合规将在何种情形下逐级上报给谁。

6.4.3 外部沟通

宜根据组织方针采用实用的方法与所有相关方进行外部沟通。

相关方能包括但不限于:监管机构、客户、承包商、供应商、投资方、紧急服务提供方、非政府组织和邻居。

沟通方式可包括网站和电子邮件、新闻稿、广告和定期简报、年度(或其他定期)报告、非正式讨论、开放日、分组座谈会、社区对话、参与社区活动和热线电话。这些方式能鼓励理解和接受组织对合规的承诺。

6.5 文件化信息

6.5.1 总则

组织的合规管理体系宜包括本标准推荐的和组织确定合规管理体系有效所必需的文件化信息。例如,文件化信息包括:

——组织的合规方针;

——合规管理体系的目标、指标、结构和内容;

——合规职责和角色分配;

——相关合规义务登记;

——根据合规风险评估过程进行合规风险登记并确定优先处理顺序;

——登记不合规和近乎不合规;

——年度合规计划;

——人事记录,包括但不限于培训记录。

注1:文件化信息能包括与监管报告要求相关的事项。

注2:不同组织合规管理体系文件化信息的程度不同,因为:

——组织规模和它的活动、过程、产品和服务的类型;

——过程和过程间相互作用的复杂性;

——员工的能力;

——合规管理体系的成熟度。

6.5.2 创建和更新

创建和更新文件化信息时，组织宜确保适当的：

——标示和描述（例如：标题、日期、作者或参考资料或版本号）；

——格式（例如：语言、软件版本和图形）和载体（例如：纸张、电子）；

——适用性和充分性的评审和批准。

6.5.3 文件化信息的控制

宜对合规管理体系和本标准推荐的文件化信息进行控制，以确保：

a) 何时何处需要时，它便于、易于和适于取用；

b) 它得到充分地保护（例如：避免泄露机密、不当使用或失去完整性）。

对于文件化信息的控制，如适用，组织宜进行以下活动：

——分发、获取、检索和使用；

——保存和保持，包括字迹的保持；

——对变更的控制（例如：版本控制）；

——保留、处置和处理；

——文件化信息的新建和控制中第三方的角色。

组织确定的对于策划和运行合规管理体系所必需的外部来源的文件化信息，适宜时，宜予以识别和控制。

可本着获取法律建议进而取得法律特权主体的目的来对文件化信息进行编制。

注：获取指关于只允许查看文件化信息的决定或允许并授权查看和更改文件化信息等的决定。

7 运行

7.1 运行的策划和控制

组织宜策划、实施和控制满足合规义务必需的过程，并实施 5.1 确定的措施，通过：

——确定过程的目标；

——确立过程的准则；

——根据准则实施过程控制；

——记录必要的文件化信息，确信过程已按计划实施。

组织宜控制计划变更，并重新评审计划外变更的后果，必要时采取措施缓解任何不利影响。

7.2 建立控制和程序

宜落实控制措施，管理合规义务和对应的合规风险，实现预期的行为。

采取有效的控制措施确保满足合规义务，能够预防或发现不合规事件并纠正。充分而严格的设计各类、各层次的控制措施，以促进组织的活动和运行环境实现合规义务。在合理的情况下，这些控制措施宜植入常规的组织过程。

示例：控制包括：

——清晰、实用并易于遵循的文件化运行方针、程序、过程和操作指示；

——系统和异常报告；

——审批；

——划分有冲突的角色和职责；

——自动化过程；

——年度合规计划；

——员工绩效计划；

——合规评估和审核；

——管理层的承诺和以身作则和促进合规行为的其他措施；

——对预期的员工行为（标准、价值观和行为准则）进行主动、公开并经常的沟通。

宜维护、定期评价并试验这些控制措施，以确保控制措施的持续有效。

宜确立程序，文件化，执行并维护，以支持合规方针，实践合规义务。

制定这些程序宜考虑：

a）将合规义务整合到程序中，包括计算机系统、表格、报告系统、合同和其他有法律约束力的文件；

b）与组织的其他评审和控制职能保持一致；

c）持续监视和测量；

d）评估和报告（包括管理监督）以确保员工遵守程序；

e）专门安排识别、报告和上报不合规事例和不合规风险。

7.3 外包过程

组织宜确保外包过程受到控制和监视。

组织的运营外包通常不减轻组织的法律职责或合规义务。如果外包，组织需要执行有效的尽职调查，以确保不会降低组织标准和对合规的承诺。宜对承包商进行适当控制，以确保有效遵守合同（例如：第三方绩效考核）。

组织宜考虑与其他第三方相关的过程的合规风险，如产品和服务供应、产品分销，和在必要的情况下的适当控制（例如：合同条款中的合规义务）。

8 绩效评价

8.1 监视、测量、分析和评价

8.1.1 总则

组织宜确定：

a) 需要被监视和测量的内容和原因；

b) 监视、测量、分析、评价的方法（如适用），以确保有效的结果；

c) 何时宜进行监视和测量；

d) 何时宜分析、评价和报告监视和测量的结果。组织宜适当保留文件化信息，作为结果证据。

组织宜评价合规管理体系的绩效和合规管理体系的有效性。

8.1.2 监视

宜监视合规管理体系以确保实现合规绩效。宜制定持续监视计划，设定监视过程、时间表、资源和要收集的信息。

合规监视是为了评估合规管理体系的有效性和组织的合规绩效而收集信息的过程。典型的合规管理体系监视包括：

——培训的有效性；

——控制的有效性，如：抽样检查测试输出；

——有效分配满足合规义务的职责；

——合规义务的时效性；

——确认原先处理合规缺陷的有效性；

——未如期执行内部合规检查的案例。

典型的合规绩效监视包括：
——不合规和"近乎不合规"（即未造成负面影响的事件）；
——未履行合规义务的事例；
——未实现目标的事例；
——合规文化的情况；
——确立的领先和滞后指标（见8.1.6）。

8.1.3 合规绩效反馈来源

组织宜建立、实施、评价和维护用以寻求和接收合规绩效反馈信息的程序。合规绩效反馈来源包括：
——员工，如通过举报工具、热线电话、反馈、意见箱；
——客户，如通过投诉处理系统；
——供应商；
——监管部门；
——过程控制日志和活动记录（包括电子版和纸质版）。

示例：合规绩效反馈内容包括：
——合规问题；
——不合规和合规疑虑；
——新出现的合规问题；
——持续的监管和/或组织的变更；
——对合规有效性和合规绩效的评论。

反馈宜作为持续改进合规管理体系的重要依据。

8.1.4 信息收集方法

收集信息的方式有很多。不同情况下，下列每种方法是相关的，宜谨慎选择适用于组织大小、规模、性质和复杂性的工具。

例如，信息收集方法包括：
——出现或确认不合规时的特别报告；
——通过热线电话、投诉和其他反馈（包括举报）所收集的信息；
——非正式讨论、研讨会和分组座谈会；
——抽样和诚信试验，例如神秘购物；
——感知调查的结果；
——直接观察、正式访谈、工厂巡视和检查；

——审核和评审；

——利益相关方质询、培训需要和培训过程中的反馈（尤其是员工的反馈）。

8.1.5 信息分析和分类

对信息的有效分类和管理至关重要。

宜建立信息的分类、存储和检索系统。

示例：信息分类类目包括：

——来源；

——部门；

——不合规描述；

——义务类别；

——指标；

——严重性；

——实际或潜在影响。

信息管理系统宜同时收集问题和投诉，并对合规相关的信息进行分类和分析。

一旦收集了信息，需要对它进行分类、分析和精准评估以识别根本原因和需要采取的适当措施。分析宜考虑系统性和反复发生的问题，并进行改正或改进，因为这些可能给组织带来重大并更加难以识别的合规风险。

8.1.6 指标制定

组织制定一系列可测量指标具有十分重要的意义，此类指标会帮助组织对合规目标（见5.2）的实现进行测量，并量化合规绩效。该过程宜考虑合规风险的评估结果（见3.6），以确保各指标与该组织的合规风险特征具有相关性。

示例1：活动类指标包括：

——经过有效培训的员工比例；

——监管部门联系的频率；

——反馈机制的使用（包括用户对那些机制价值的评论）；

——对于每项不合规，采取何种类型的纠正措施。

示例2：反应类指标包括：

——根据类型、区域和频率报告已识别的问题和不合规；

——不合规的后果,包括对经济补偿、罚款和其他处罚、补救成本、声誉或员工时间成本影响的估价;

——报告和采取纠正措施所花费的时间。

示例3:预测类指标包括:

——一定时期的不合规的风险[以目标的潜在损失/收益(收入、健康和安全、声誉等)测量];

——不合规趋势(基于过去趋势预测合规率)。

8.1.7 合规的报告

治理机构、管理层和合规团队宜确保他们能够及时有效并持续充分地了解合规管理体系绩效,包括所有相关的不合规,并及时和积极地推动这一原则;组织鼓励和支持充分和坦诚报告的文化。内部报告制度的安排宜确保:

a)设定适当的报告准则和义务;

b)确立定期报告时间表;

c)建立便于对新出现的不合规进行特别报告的异常报告系统;

d)建立合适的系统和过程确保信息的准确性和完整性;

e)向组织的恰当职能部门或区域提供准确和完整的信息,以采取预防、纠正和补救的措施;

f)要对向治理机构提交报告的准确性签字确认,包括合规团队的签字。

除非法律另有规定,组织宜选择适合自己情况的内部合规报告的版式、内容和时间。

对合规的报告宜融入组织的常规报告中。

只宜为重大不合规和新出现的问题单独编写报告。

需要对所有不合规做适当报告。尽管系统性和反复出现的问题特别重要,如果一次性不合规非常重大或故意为之,需要予以同等重视。即使一个小缺陷,可表明当前过程和合规管理体系存在严重不足。如果不及时报告,可能导致人们认为缺陷不重要并导致这样的缺陷成为系统性问题。

宜鼓励员工反映并报告不符合法律和其他不合规事件,并将报告视为积极的、不构成威胁的措施,而无须担心遭到报复。

宜在组织的合规方针和程序中清晰地设定报告义务,并通过其他方法加以强化,例如由管理者在日常工作中对员工的非正式强化。

8.1.8 合规报告的内容

合规报告能包括：

a) 组织按要求向任何监管机构通报的任何事项；

b) 合规义务变化及其对组织的影响，以及为了履行新义务，拟采用的措施方案；

c) 对合规绩效的测量，包括不合规和持续改进；

d) 可能的不合规数量和详细内容和随后对他们的分析；

e) 采取的纠正措施；

f) 合规管理体系有效性、业绩和趋势的信息；

g) 与监管部门的接触和关系进展；

h) 审核和监视活动的结果。

合规方针宜促进常规报告时间表范围之外的实质性重大事件的立即报告。

8.1.9 记录

宜维护对组织合规活动的准确、及时的记录，这有助于监视和评审过程，并证明与合规管理体系的一致性。

记录宜包括对投诉、争议、宣称的不合规以及解决它们的步骤的记录和分类。

宜以确保清晰、容易辨认和可检索的方式保存记录。

宜保护这些记录，使其免予被增强、删除、修改、未经授权使用或隐藏。

组织的合规管理体系记录能包括：

a) 合规绩效消息，包括合规报告；

b) 来自相关方的投诉、解决方案和沟通；

c) 不合规及纠正和预防的措施的详细内容；

d) 对合规管理体系和采取措施的评审和审核的结果。

8.2 审核

组织宜至少在计划的时间间隔内安排审核，以提供信息，确定合规管理体系是否：

a) 符合：

1) 组织自身的准则；

2) 本标准的建议。

b) 有效实施和维护。

需要时，也能进行额外审核。

组织宜：

——策划、建立、实施和维护审核方案，包括频率、方法、职责、策划要求和报告。审核方案宜考虑相关过程的重要性和前期审核的结果；

——界定审核准则和每次审核的范围；

——选择审核员，并进行审核，以确保审核过程的客观和公正；

——确保审核结果报告给相关管理层；

——保留文件化信息，作为实施审核方案和审核结果的证据。

8.3 管理评审

最高管理者宜按计划定期评审组织的合规管理体系，以确保其持续的适用性、充分性和有效性。此类评审的实际深度和频率将随组织的性质和方针变化。

管理评审宜考虑：

a）以前管理评审措施的状态。

b）合规方针的充分性。

c）合规目标实现的程度。

d）资源的充分性。

e）与合规管理体系相关的内外部问题的变化。

f）合规绩效信息，包括以下各项体现的趋势：

——不合格、纠正措施和解决的时间表；

——监视和测量的结果；

——与相关方的沟通，包括投诉；

——审核的结果。

g）持续改进的机会。

管理评审的输出宜包括与持续改进机会相关的决定和合规管理体系所需的任何改动。还宜包括以下方面的建议：

a）合规方针以及与它相关的目标、体系、结构和人员所需的改变；

b）合规过程的改变以确保与运行实践和体系有效整合；

c）需监视的未来潜在不合规的区域；

d）与不合规相关的纠正措施；

e) 当前合规体系和长期持续改进的目标之间的差距和不足；

f) 认可组织内的示范性合规行为。

组织宜保留文件化信息作为管理评审结果的证据，并宜向治理机构提交副本。

9 改进

9.1 不合格、不合规和纠正措施

9.1.1 总则

发生不合格和/或不合规时组织宜：

a) 对不合规和/或不合规做出反应，在适用情况下：

——采取措施控制和纠正它，和/或；

——管理这些后果。

b) 评价是否需要采取措施，消除不合格和/或不合规的根本原因，以避免再次发生或在其他地方发生，通过：

——评审不合格和/或不合规；

——确定不合格和/或不合规的原因；

——确定是否存在或发生潜在的类似不合格和/或不合规。

c) 实施任何必要的措施。

d) 评审所采取的任何纠正措施的有效性。

e) 如必要，修改合规管理体系。

未能避免或发现一次性不合规并不一定意味着合规管理体系预防和发现不合规总体无效。

纠正措施宜适合于发生的不合规和/或不合规造成的影响。组织宜保留文件化信息，作为以下方面的证据：

——不合规和/或不合规的性质和随后采取的任何措施；

——任何纠正措施的结果。

分析不合格和/或不合规所得的信息能用于考虑：

——评估产品和服务绩效；

——改进和/或重新设计产品和服务；

——改变组织惯例和程序；

——对员工进行再培训；

——对通知相关方的必要性进行再评估；

——对潜在不合规提供早期预警；

——对控制进行重新设计或评审；

——强化通知和上报步骤（内部和外部）。

9.1.2 上报

宜采用并宣传清晰、及时的上报过程，以确保所有不合规都能被提出、报告并最终上报给相关管理层，并确保合规团队得到通知并能够为上报提供支持。在适当的情况下，宜向最高管理者和治理机构上报，其中包括相关委员会。该过程宜详细说明报告的对象、方式和时间以及内部和外部报告的时间表。

当组织需按法律要求报告不合规时，需根据适用法规或其他商定方式，通知监管机构。

即使法律未要求组织报告不合规，组织也可考虑自愿向监管机构自我披露不合规，以减轻不合规的后果。

有效的合规管理体系宜包括一种机制，使组织的员工和/或其他人以保密的方式报告可疑的或实际的不当行为或违反组织合规义务的行为，而无须担心遭到报复。

9.2 持续改进

组织宜设法改进合规管理体系的适用性、充分性和有效性。

宜将合规报告中对已收集信息进行的分析和相应评价作为识别该组织合规绩效改进机会的依据。

参考文献

［1］GB/T19001 质量管理体系要求（ISO9001）

［2］GB/T19011 管理体系审核指南（ISO19011）

［3］GB/T19012 质量管理顾客满意组织处理投诉指南（ISO10002）

［4］GB/T22000 食品安全管理体系食品链中各类组织的要求（ISO22000）

［5］GB/T23694—2013 风险管理术语（ISOGuide73：2009，IDT）

［6］GB/T24001 环境管理体系要求及使用指南（ISO14001）

［7］GB/T24353 风险管理原则与实施指南

［8］GB/T36000 社会责任指南（ISO26000）

中央企业合规管理指引（试行）*

第一章　总则

第一条　为推动中央企业全面加强合规管理，加快提升依法合规经营管理水平，着力打造法治央企，保障企业持续健康发展，根据《中华人民共和国公司法》、《中华人民共和国企业国有资产法》等有关法律法规规定，制定本指引。

第二条　本指引所称中央企业，是指国务院国有资产监督管理委员会（以下简称国资委）履行出资人职责的国家出资企业。

本指引所称合规，是指中央企业及其员工的经营管理行为符合法律法规、监管规定、行业准则和企业章程、规章制度以及国际条约、规则等要求。

本指引所称合规风险，是指中央企业及其员工因不合规行为，引发法律责任、受到相关处罚、造成经济或声誉损失以及其他负面影响的可能性。

本指引所称合规管理，是指以有效防控合规风险为目的，以企业和员工经营管理行为为对象，开展包括制度制定、风险识别、合规审查、风险应对、责任追究、考核评价、合规培训等有组织、有计划的管理活动。

第三条　国资委负责指导监督中央企业合规管理工作。

第四条　中央企业应当按照以下原则加快建立健全合规管理体系：

（一）全面覆盖。坚持将合规要求覆盖各业务领域、各部门、各级子企业和分支机构、全体员工，贯穿决策、执行、监督全流程。

（二）强化责任。把加强合规管理作为企业主要负责人履行推进法治建设第一责任人职责的重要内容。建立全员合规责任制，明确管理人员和各岗位员工的合规责任并督促有效落实。

（三）协同联动。推动合规管理与法律风险防范、监察、审计、内控、风险管理等工作相统筹、相衔接，确保合规管理体系有效运行。

（四）客观独立。严格依照法律法规等规定对企业和员工行为进行客观评

---

* 即国资发法规〔2018〕106号，国务院国有资产监督管理委员会于2018年11月2日发布实施。

价和处理。合规管理牵头部门独立履行职责，不受其他部门和人员的干涉。

第二章 合规管理职责

第五条 董事会的合规管理职责主要包括：

（一）批准企业合规管理战略规划、基本制度和年度报告；

（二）推动完善合规管理体系；

（三）决定合规管理负责人的任免；

（四）决定合规管理牵头部门的设置和职能；

（五）研究决定合规管理有关重大事项；

（六）按照权限决定有关违规人员的处理事项。

第六条 监事会的合规管理职责主要包括：

（一）监督董事会的决策与流程是否合规；

（二）监督董事和高级管理人员合规管理职责履行情况；

（三）对引发重大合规风险负有主要责任的董事、高级管理人员提出罢免建议；

（四）向董事会提出撤换公司合规管理负责人的建议。

第七条 经理层的合规管理职责主要包括：

（一）根据董事会决定，建立健全合规管理组织架构；

（二）批准合规管理具体制度规定；

（三）批准合规管理计划，采取措施确保合规制度得到有效执行；

（四）明确合规管理流程，确保合规要求融入业务领域；

（五）及时制止并纠正不合规的经营行为，按照权限对违规人员进行责任追究或提出处理建议；

（六）经董事会授权的其他事项。

第八条 中央企业设立合规委员会，与企业法治建设领导小组或风险控制委员会等合署，承担合规管理的组织领导和统筹协调工作，定期召开会议，研究决定合规管理重大事项或提出意见建议，指导、监督和评价合规管理工作。

第九条 中央企业相关负责人或总法律顾问担任合规管理负责人，主要职责包括：

（一）组织制订合规管理战略规划；

（二）参与企业重大决策并提出合规意见；

（三）领导合规管理牵头部门开展工作；

（四）向董事会和总经理汇报合规管理重大事项；

（五）组织起草合规管理年度报告。

第十条 法律事务机构或其他相关机构为合规管理牵头部门，组织、协调和监督合规管理工作，为其他部门提供合规支持，主要职责包括：

（一）研究起草合规管理计划、基本制度和具体制度规定；

（二）持续关注法律法规等规则变化，组织开展合规风险识别和预警，参与企业重大事项合规审查和风险应对；

（三）组织开展合规检查与考核，对制度和流程进行合规性评价，督促违规整改和持续改进；

（四）指导所属单位合规管理工作；

（五）受理职责范围内的违规举报，组织或参与对违规事件的调查，并提出处理建议；

（六）组织或协助业务部门、人事部门开展合规培训。

第十一条 业务部门负责本领域的日常合规管理工作，按照合规要求完善业务管理制度和流程，主动开展合规风险识别和隐患排查，发布合规预警，组织合规审查，及时向合规管理牵头部门通报风险事项，妥善应对合规风险事件，做好本领域合规培训和商业伙伴合规调查等工作，组织或配合进行违规问题调查并及时整改。

监察、审计、法律、内控、风险管理、安全生产、质量环保等相关部门，在职权范围内履行合规管理职责。

第三章 合规管理重点

第十二条 中央企业应当根据外部环境变化，结合自身实际，在全面推进合规管理的基础上，突出重点领域、重点环节和重点人员，切实防范合规风险。

第十三条 加强对以下重点领域的合规管理：

（一）市场交易。完善交易管理制度，严格履行决策批准程序，建立健全自律诚信体系，突出反商业贿赂、反垄断、反不正当竞争，规范资产交易、招投标等活动；

（二）安全环保。严格执行国家安全生产、环境保护法律法规，完善企业生产规范和安全环保制度，加强监督检查，及时发现并整改违规问题；

（三）产品质量。完善质量体系，加强过程控制，严把各环节质量关，提供优质产品和服务；

（四）劳动用工。严格遵守劳动法律法规，健全完善劳动合同管理制度，规范劳动合同签订、履行、变更和解除，切实维护劳动者合法权益；

（五）财务税收。健全完善财务内部控制体系，严格执行财务事项操作和审批流程，严守财经纪律，强化依法纳税意识，严格遵守税收法律政策；

（六）知识产权。及时申请注册知识产权成果，规范实施许可和转让，加强对商业秘密和商标的保护，依法规范使用他人知识产权，防止侵权行为；

（七）商业伙伴。对重要商业伙伴开展合规调查，通过签订合规协议、要求作出合规承诺等方式促进商业伙伴行为合规；

（八）其他需要重点关注的领域。

第十四条　加强对以下重点环节的合规管理：

（一）制度制定环节。强化对规章制度、改革方案等重要文件的合规审查，确保符合法律法规、监管规定等要求；

（二）经营决策环节。严格落实"三重一大"决策制度，细化各层级决策事项和权限，加强对决策事项的合规论证把关，保障决策依法合规；

（三）生产运营环节。严格执行合规制度，加强对重点流程的监督检查，确保生产经营过程中照章办事、按章操作；

（四）其他需要重点关注的环节。

第十五条　加强对以下重点人员的合规管理：

（一）管理人员。促进管理人员切实提高合规意识，带头依法依规开展经营管理活动，认真履行承担的合规管理职责，强化考核与监督问责；

（二）重要风险岗位人员。根据合规风险评估情况明确界定重要风险岗位，有针对性加大培训力度，使重要风险岗位人员熟悉并严格遵守业务涉及的各项规定，加强监督检查和违规行为追责；

（三）海外人员。将合规培训作为海外人员任职、上岗的必备条件，确保遵守我国和所在国法律法规等相关规定；

（四）其他需要重点关注的人员。

第十六条　强化海外投资经营行为的合规管理：

（一）深入研究投资所在国法律法规及相关国际规则，全面掌握禁止性规定，明确海外投资经营行为的红线、底线；

（二）健全海外合规经营的制度、体系、流程，重视开展项目的合规论证和尽职调查，依法加强对境外机构的管控，规范经营管理行为。

（三）定期排查梳理海外投资经营业务的风险状况，重点关注重大决策、重大合同、大额资金管控和境外子企业公司治理等方面存在的合规风险，妥善处理、及时报告，防止扩大蔓延。

第四章 合规管理运行

第十七条 建立健全合规管理制度，制定全员普遍遵守的合规行为规范，针对重点领域制定专项合规管理制度，并根据法律法规变化和监管动态，及时将外部有关合规要求转化为内部规章制度。

第十八条 建立合规风险识别预警机制，全面系统梳理经营管理活动中存在的合规风险，对风险发生的可能性、影响程度、潜在后果等进行系统分析，对于典型性、普遍性和可能产生较严重后果的风险及时发布预警。

第十九条 加强合规风险应对，针对发现的风险制定预案，采取有效措施，及时应对处置。对于重大合规风险事件，合规委员会统筹领导，合规管理负责人牵头，相关部门协同配合，最大限度化解风险、降低损失。

第二十条 建立健全合规审查机制，将合规审查作为规章制度制定、重大事项决策、重要合同签订、重大项目运营等经营管理行为的必经程序，及时对不合规的内容提出修改建议，未经合规审查不得实施。

第二十一条 强化违规问责，完善违规行为处罚机制，明晰违规责任范围，细化惩处标准。畅通举报渠道，针对反映的问题和线索，及时开展调查，严肃追究违规人员责任。

第二十二条 开展合规管理评估，定期对合规管理体系的有效性进行分析，对重大或反复出现的合规风险和违规问题，深入查找根源，完善相关制度，堵塞管理漏洞，强化过程管控，持续改进提升。

第五章 合规管理保障

第二十三条 加强合规考核评价，把合规经营管理情况纳入对各部门和所属企业负责人的年度综合考核，细化评价指标。对所属单位和员工合规职责履行情况进行评价，并将结果作为员工考核、干部任用、评先选优等工作的重要依据。

第二十四条　强化合规管理信息化建设，通过信息化手段优化管理流程，记录和保存相关信息。运用大数据等工具，加强对经营管理行为依法合规情况的实时在线监控和风险分析，实现信息集成与共享。

第二十五条　建立专业化、高素质的合规管理队伍，根据业务规模、合规风险水平等因素配备合规管理人员，持续加强业务培训，提升队伍能力水平。

海外经营重要地区、重点项目应当明确合规管理机构或配备专职人员，切实防范合规风险。

第二十六条　重视合规培训，结合法治宣传教育，建立制度化、常态化培训机制，确保员工理解、遵循企业合规目标和要求。

第二十七条　积极培育合规文化，通过制定发放合规手册、签订合规承诺书等方式，强化全员安全、质量、诚信和廉洁等意识，树立依法合规、守法诚信的价值观，筑牢合规经营的思想基础。

第二十八条　建立合规报告制度，发生较大合规风险事件，合规管理牵头部门和相关部门应当及时向合规管理负责人、分管领导报告。重大合规风险事件应当向国资委和有关部门报告。

合规管理牵头部门于每年年底全面总结合规管理工作情况，起草年度报告，经董事会审议通过后及时报送国资委。

第六章　附则

第二十九条　中央企业根据本指引，结合实际制定合规管理实施细则。

地方国有资产监督管理机构可以参照本指引，积极推进所出资企业合规管理工作。

第三十条　本指引由国资委负责解释。

第三十一条　本指引自公布之日起施行。

企业境外经营合规管理指引[*]

第一章 总 则

第一条 （目的及依据）为更好服务企业开展境外经营业务，推动企业持续加强合规管理，根据国家有关法律法规和政策规定，参考 GB/T 35770-2017《合规管理体系指南》及有关国际合规规则，制定本指引。

第二条 （适用范围）本指引适用于开展对外贸易、境外投资、对外承包工程等"走出去"相关业务的中国境内企业及其境外子公司、分公司、代表机构等境外分支机构（以下简称"企业"）。

法律法规对企业合规管理另有专门规定的，从其规定。行政监管部门对企业境外经营合规管理另有专门规定的，有关行业企业应当遵守其规定。

第三条 （基本概念）本指引所称合规，是指企业及其员工的经营管理行为符合有关法律法规、国际条约、监管规定、行业准则、商业惯例、道德规范和企业依法制定的章程及规章制度等要求。

第四条 （合规管理框架）企业应以倡导合规经营价值观为导向，明确合规管理工作内容，健全合规管理架构，制定合规管理制度，完善合规运行机制，加强合规风险识别、评估与处置，开展合规评审与改进，培育合规文化，形成重视合规经营的企业氛围。

第五条 （合规管理原则）（一）独立性原则。企业合规管理应从制度设计、机构设置、岗位安排以及汇报路径等方面保证独立性。合规管理机构及人员承担的其他职责不应与合规职责产生利益冲突。

（二）适用性原则。企业合规管理应从经营范围、组织结构和业务规模等实际出发，兼顾成本与效率，强化合规管理制度的可操作性，提高合规管理的有效性。同时，企业随着内外部环境的变化持续调整和改进合规管理体系。

（三）全面性原则。企业合规管理应覆盖所有境外业务领域、部门和员

---

[*] 即发改外资〔2018〕1916号，国家发展和改革委员会、外交部、商务部等于2018年12月26日发布实施。

工，贯穿决策、执行、监督、反馈等各个环节，体现于决策机制、内部控制、业务流程等各个方面。

第二章 合规管理要求

第六条 （对外贸易中的合规要求）企业开展对外货物和服务贸易，应确保经营活动全流程、全方位合规，全面掌握关于贸易管制、质量安全与技术标准、知识产权保护等方面的具体要求，关注业务所涉国家（地区）开展的贸易救济调查，包括反倾销、反补贴、保障措施调查等。

第七条 （境外投资中的合规要求）企业开展境外投资，应确保经营活动全流程、全方位合规，全面掌握关于市场准入、贸易管制、国家安全审查、行业监管、外汇管理、反垄断、反洗钱、反恐怖融资等方面的具体要求。

第八条 （对外承包工程中的合规要求）企业开展对外承包工程，应确保经营活动全流程、全方位合规，全面掌握关于投标管理、合同管理、项目履约、劳工权利保护、环境保护、连带风险管理、债务管理、捐赠与赞助、反腐败、反贿赂等方面的具体要求。

第九条 （境外日常经营中的合规要求）企业开展境外日常经营，应确保经营活动全流程、全方位合规，全面掌握关于劳工权利保护、环境保护、数据和隐私保护、知识产权保护、反腐败、反贿赂、反垄断、反洗钱、反恐怖融资、贸易管制、财务税收等方面的具体要求。

第三章 合规管理架构

第十条 （合规治理结构）企业可结合发展需要建立权责清晰的合规治理结构，在决策、管理、执行三个层级上划分相应的合规管理责任。

（一）企业的决策层应以保证企业合规经营为目的，通过原则性顶层设计，解决合规管理工作中的权力配置问题。

（二）企业的高级管理层应分配充足的资源建立、制定、实施、评价、维护和改进合规管理体系。

（三）企业的各执行部门及境外分支机构应及时识别归口管理领域的合规要求，改进合规管理措施，执行合规管理制度和程序，收集合规风险信息，落实相关工作要求。

第十一条 （合规管理机构）企业可根据业务性质、地域范围、监管要求等设置相应的合规管理机构。合规管理机构一般由合规委员会、合规负责人和合规管理部门组成。尚不具备条件设立专门合规管理机构的企业，可由相关部门（如法律事务部门、风险防控部门等）履行合规管理职责，同时明确合规负责人。

（一）合规委员会

企业可结合实际成立合规委员会，作为企业合规管理体系的最高负责机构。合规委员会一般应履行以下合规职责：

1. 确认合规管理战略，明确合规管理目标。

2. 建立和完善企业合规管理体系，审批合规管理制度、程序和重大合规风险管理方案。

3. 听取合规管理工作汇报，指导、监督、评价合规管理工作。

（二）合规负责人

企业可结合实际任命专职的首席合规官，也可由法律事务负责人或风险防控负责人等担任合规负责人。首席合规官或合规负责人是企业合规管理工作具体实施的负责人和日常监督者，不应分管与合规管理相冲突的部门。首席合规官或合规负责人一般应履行以下合规职责：

1. 贯彻执行企业决策层对合规管理工作的各项要求，全面负责企业的合规管理工作。

2. 协调合规管理与企业各项业务之间的关系，监督合规管理执行情况，及时解决合规管理中出现的重大问题。

3. 领导合规管理部门，加强合规管理队伍建设，做好人员选聘培养，监督合规管理部门认真有效地开展工作。

（三）合规管理部门

企业可结合实际设置专职的合规管理部门，或者由具有合规管理职能的相关部门承担合规管理职责。合规管理部门一般应履行以下合规职责：

1. 持续关注我国及业务所涉国家（地区）法律法规、监管要求和国际规则的最新发展，及时提供合规建议。

2. 制定企业的合规管理制度和年度合规管理计划，并推动其贯彻落实。

3. 审查评价企业规章制度和业务流程的合规性，组织、协调和监督各业务部门对规章制度和业务流程进行梳理和修订。

4. 组织或协调业务部门、人事部门开展合规培训，并向员工提供合规咨询。

5. 积极主动识别和评估与企业境外经营相关的合规风险，并监管与供应商、代理商、分销商、咨询顾问和承包商等第三方（以下简称"第三方"）相关的合规风险。为新产品和新业务的开发提供必要的合规性审查和测试，识别和评估新业务的拓展、新客户关系的建立以及客户关系发生重大变化等所产生的合规风险，并制定应对措施。

6. 实施充分且具有代表性的合规风险评估和测试，查找规章制度和业务流程存在的缺陷，并进行相应的调查。对已发生的合规风险或合规测试发现的合规缺陷，应提出整改意见并监督有关部门进行整改。

7. 针对合规举报信息制定调查方案并开展调查。

8. 推动将合规责任纳入岗位职责和员工绩效管理流程。建立合规绩效指标，监控和衡量合规绩效，识别改进需求。

9. 建立合规报告和记录的台账，制定合规资料管理流程。

10. 建立并保护与境内外监管机构日常的工作联系，跟踪和评估监管意见和监管要求的落实情况。

第十二条 （合规管理协调）（一）合规管理部门与业务部门分工协作

合规管理需要合规管理部门和业务部门密切配合。境外经营相关业务部门应主动进行日常合规管理工作，识别业务范围内的合规要求，制定并落实业务管理制度和风险防范措施，组织或配合合规管理部门进行合规审查和风险评估，组织或监督违规调查及整改工作。

（二）合规管理部门与其他监督部门分工协作

合规管理部门与其他具有合规管理职能的监督部门（如审计部门、监察部门等）应建立明确的合作和信息交流机制，加强协调配合，形成管理合力。企业应根据风险防控需要以及各监督部门的职责分工划分合规管理职责，确保各业务系统合规运营。

（三）企业与外部监管机构沟通协调

企业应积极与境内外监管机构建立沟通渠道，了解监管机构期望的合规流程，制定符合监管机构要求的合规制度，降低在报告义务和行政处罚等方面的风险。

（四）企业与第三方沟通协调

企业与第三方合作时，应做好相关的国别风险研究和项目尽职调查，深入了解第三方合规管理情况。企业应该向重要的第三方传达自身的合规要求和对对方的合规要求，并在商务合同中明确约定。

第四章 合规管理制度

第十三条 （合规行为准则）合规行为准则是最重要、最基本的合规制度，是其他合规制度的基础和依据，适用于所有境外经营相关部门和员工，以及代表企业从事境外经营活动的第三方。合规行为准则应规定境外经营活动中必须遵守的基本原则和标准，包括但不限于企业核心价值观、合规目标、合规的内涵、行为准则的适用范围和地位、企业及员工适用的合规行事标准、违规的应对方式和后果等。

第十四条 （合规管理办法）企业应在合规行为准则的基础上，针对特定主题或特定风险领域制定具体的合规管理办法，包括但不限于礼品及招待、赞助及捐赠、利益冲突管理、举报管理和内部调查、人力资源管理、税务管理、商业伙伴合规管理等内容。

企业还应针对特定行业或地区的合规要求，结合企业自身的特点和发展需求，制定相应合规风险管理办法。例如金融业及有关行业的反洗钱及反恐怖融资政策，银行、通信、医疗等行业的数据和隐私保护政策等。

第十五条 （合规操作流程）企业可结合境外经营实际，就合规行为准则和管理办法制定相应的合规操作流程，进一步细化标准和要求。也可将具体的标准和要求融入到现有的业务流程中，便于员工理解和落实，确保各项经营行为合规。

第五章 合规管理运行机制

第十六条 （合规培训）企业应将合规培训纳入员工培训计划，培训内容需随企业内外部环境变化进行动态调整。境外经营相关部门和境外分支机构的所有员工，均应接受合规培训，了解并掌握企业的合规管理制度和风险防控要求。决策层和高级管理层应带头接受合规培训，高风险领域、关键岗位员工应接受有针对性的专题合规培训。合规培训应做好记录留存。

第十七条 （合规汇报）合规负责人和合规管理部门应享有通畅的合规汇报渠道。

合规管理部门应当定期向决策层和高级管理层汇报合规管理情况。汇报内容一般包括但不限于合规风险评估情况，合规培训的组织情况和效果评估，发现的违规行为以及处理情况，违规行为可能给组织带来的合规风险，已识别的合规漏洞或缺陷，建议采取的纠正措施，合规管理工作的整体评价和分析等。

如发生性质严重或可能给企业带来重大合规风险的违规行为，合规负责人或合规管理部门应当及时向决策层和高级管理层汇报，提出风险警示，并采取纠正措施。

第十八条 （合规考核）合规考核应全面覆盖企业的各项管理工作。合规考核结果应作为企业绩效考核的重要依据，与评优评先、职务任免、职务晋升以及薪酬待遇等挂钩。

境外经营相关部门和境外分支机构可以制定单独的合规绩效考核机制，也可将合规考核标准融入到总体的绩效管理体系中。考核内容包括但不限于按时参加合规培训，严格执行合规管理制度，积极支持和配合合规管理机构工作，及时汇报合规风险等。

第十九条 （合规咨询与审核）境外经营相关部门和境外分支机构及其员工在履职过程中遇到合规风险事项，应及时主动寻求合规咨询或审核支持。

企业应针对高合规风险领域制定强制合规咨询范围。在涉及重点领域或重要业务环节时，业务部门应主动咨询合规管理部门意见。合规管理部门应在合理时间内答复或启动合规审核流程。

对于复杂或专业性强且存在重大合规风险的事项，合规管理部门应按照制度规定听取法律顾问、公司律师意见，或委托专业机构召开论证会后再形成审核意见。

第二十条 （合规信息举报与调查）企业应根据自身特点和实际情况建立和完善合规信息举报体系。员工、客户和第三方均有权进行举报和投诉，企业应充分保护举报人。

合规管理部门或其他受理举报的监督部门应针对举报信息制定调查方案并开展调查。形成调查结论以后，企业应按照相关管理制度对违规行为进行处理。

第二十一条 （合规问责）企业应建立全面有效的合规问责制度，明细合规责任范围，细化违规惩处标准，严格认定和追究违规行为责任。

第六章　合规风险识别、评估与处置

第二十二条　（合规风险）合规风险，是指企业或其员工因违规行为遭受法律制裁、监管处罚、重大财产损失或声誉损失以及其他负面影响的可能性。

第二十三条　（合规风险识别）企业应当建立必要的制度和流程，识别新的和变更的合规要求。企业可围绕关键岗位或者核心业务流程，通过合规咨询、审核、考核和违规查处等内部途径识别合规风险，也可通过外部法律顾问咨询、持续跟踪监管机构有关信息、参加行业组织研讨等方式获悉外部监管要求的变化，识别合规风险。

企业境外分支机构可通过聘请法律顾问、梳理行业合规案例等方式动态了解掌握业务所涉国家（地区）政治经济和法律环境的变化，及时采取应对措施，有效识别各类合规风险。

第二十四条　（合规风险评估）企业可通过分析违规或可能造成违规的原因、来源、发生的可能性、后果的严重性等进行合规风险评估。

企业可根据企业的规模、目标、市场环境及风险状况确定合规风险评估的标准和合规风险管理的优先级。

企业进行合规风险评估后应形成评估报告，供决策层、高级管理层和业务部门等使用。评估报告内容包括风险评估实施概况、合规风险基本评价、原因机制、可能的损失、处置建议、应对措施等。

第二十五条　（合规风险处置）企业应建立健全合规风险应对机制，对识别评估的各类合规风险采取恰当的控制和处置措施。发生重大合规风险时，企业合规管理机构和其他相关部门应协调配合，依法及时采取补救措施，最大限度降低损失。必要时，应及时报告有关监管机构。

第七章　合规评审与改进

第二十六条　（合规审计）企业合规管理职能应与内部审计职能分离。企业审计部门应对企业合规管理的执行情况、合规管理体系的适当性和有效性等进行独立审计。审计部门应将合规审计结果告知合规管理部门，合规管理部门也可根据合规风险的识别和评估情况向审计部门提出开展审计工作的建议。

第二十七条 （合规管理体系评价）企业应定期对合规管理体系进行系统全面的评价，发现和纠正合规管理贯彻执行中存在的问题，促进合规体系的不断完善。合规管理体系评价可由企业合规管理相关部门组织开展或委托外部专业机构开展。

企业在开展效果评价时，应考虑企业面临的合规要求变化情况，不断调整合规管理目标，更新合规风险管理措施，以满足内外部合规管理要求。

第二十八条 （持续改进）企业应根据合规审计和体系评价情况，进入合规风险再识别和合规制度再制定的持续改进阶段，保障合规管理体系全环节的稳健运行。

企业应积极配合监管机构的监督检查，并根据监管要求及时改进合规管理体系，提高合规管理水平。

第八章 合规文化建设

第二十九条 （合规文化培育）企业应将合规文化作为企业文化建设的重要内容。企业决策层和高级管理层应确立企业合规理念，注重身体力行。企业应践行依法合规、诚信经营的价值观，不断增强员工的合规意识和行为自觉，营造依规办事、按章操作的文化氛围。

第三十条 （合规文化推广）企业应将合规作为企业经营理念和社会责任的重要内容，并将合规文化传递至利益相关方。企业应树立积极正面的合规形象，促进行业合规文化发展，营造和谐健康的境外经营环境。

上海市国资委监管企业合规管理指引（试行）[*]

第一章 总则

第一条 为推动市国资委监管企业全面加强合规管理，有效防控合规风险，促进企业依法合规经营管理，保障企业持续稳定健康发展，根据《中华

---

[*] 即沪国资委法规［2018］464号，上海市国有资产监督管理委员会于2018年12月28日发布，2019年2月1日实施。

人民共和国公司法》、《中华人民共和国企业国有资产法》等有关法律法规规定，制定本指引。

第二条 本指引所称合规，是指企业及其员工的经营管理行为符合法律法规、监管规定、行业准则和企业章程、规章制度以及国际条约、规则等要求。

本指引所称合规风险，是指企业及其员工因不合规行为，引发法律责任、遭受相关处罚、造成经济或声誉损失以及其他负面影响的可能性。

本指引所称合规管理，是指以有效防控合规风险为目的，以企业和员工经营管理行为为对象，开展包括制度制定、风险识别、合规审查、风险应对、考核评价、合规培训等有组织、有计划的管理活动。

第三条 企业应当健全合规管理制度，完善合规管理组织架构，明确合规管理责任，加强合规文化建设，全面构建合规管理体系，有效防控合规风险，确保企业依法合规经营。

企业应当树立合规经营意识，培育合规文化，将其作为企业文化建设的重要内容，树立依法合规、守法诚信的价值观，不断提升广大员工的合规意识和行为自觉，营造依规办事、按章操作的良好文化氛围。

第四条 企业应当按照以下原则加快建立健全合规管理体系：

（一）全面覆盖。合规要求应当覆盖各业务领域、各部门、各级子企业和分支机构、全体员工，贯穿决策、执行、监督全流程。

（二）强化责任。把加强合规管理作为企业主要负责人履行推进法治建设第一责任人职责的重要内容。建立全员合规责任制，明确管理人员和各岗位员工的合规责任并督促有效落实。

（三）协同联动。推动合规管理与法律风险防范、监察、审计、内控、风险管理等工作相统筹、相衔接，确保合规管理体系有效运行。

（四）客观独立。严格依照法律法规等规定对企业和员工进行客观评价和处理。合规管理牵头部门独立履行职责，不受其他部门和人员的干涉。

第五条 市国资委负责指导监督市国资委监管企业合规管理工作。

第二章 组织机构和职责

第六条 董事会的合规管理职责主要包括：

（一）统筹协调企业合规管理、违规追责和容错免责工作；

（二）批准企业合规管理战略规划、基本制度及年度报告；

（三）决定合规管理负责人的任免；

（四）决定合规管理牵头部门的设置和职能；

（五）研究决定合规管理有关重大事项；

（六）章程规定的其他合规管理职责。

董事会可以设立合规委员会，也可以授权负责风险管理的专门委员会，承担合规管理的组织领导和统筹协调工作，定期召开会议，研究决定合规管理重大事项或提出意见建议，指导、监督和评价合规管理工作。

第七条 监事会的合规管理职责主要包括：

（一）监督董事会的决策与流程是否合规；

（二）监督董事和高级管理人员合规管理职责履行情况；

（三）对引发重大合规风险负有主要责任的董事、高级管理人员提出罢免的建议；

（四）向董事会提出撤换企业合规管理负责人的建议；

（五）章程规定的其他合规职责。

第八条 经理层的合规管理职责主要包括：

（一）根据董事会决定，建立健全合规管理组织架构；

（二）批准合规管理具体制度规定；

（三）批准合规管理计划，采取措施确保合规制度得到有效执行；

（四）明确合规管理流程，确保合规要求融入业务领域；

（五）及时制止并采取措施纠正不合规的经营行为；

（六）章程或者经董事会授权的其他合规管理职责。

第九条 企业应当明确合规管理负责人。合规管理负责人可以由企业相关负责人或总法律顾问担任。主要职责包括：

（一）组织制订合规管理战略规划；

（二）参与企业重大决策并提出合规建议和意见；

（三）领导合规管理牵头部门开展工作；

（四）向董事会和总经理汇报合规管理重大事项；

（五）组织起草企业合规管理年度报告；

（六）章程或董事会确定的其他合规管理职责。

第十条 企业可以单独设立合规管理牵头部门，也可以明确由法律事务机构或其他相关机构为合规管理牵头部门，组织、协调和监督合规管理工作，为其他部门提供合规支持。主要职责包括：

（一）研究起草合规管理计划、基本制度和具体制度规定；

（二）持续关注法律法规等规则变化，组织开展合规风险识别与预警，参与企业重大事项合规审查和风险应对；

（三）组织开展合规检查与考核，对制度和流程进行合规性评价，督促整改和持续改进；

（四）指导所属单位的合规管理工作；

（五）受理合规管理职责范围内的举报，组织或参与对举报事件的调查，并提出处理建议；

（六）组织或协助业务部门、人力资源部门开展合规培训；

（七）章程或董事会确定的其他合规职责。

规模较小或合规风险较低的企业，可以设立合规团队或合规专员，或者将合规管理归入法律事务机构并由法律事务机构代行合规管理职责，或者委托外部律师提供合规管理服务。

第十一条　合规管理负责人、合规人员应当具有与其履行职责相适应的资质、经验和专业知识，熟练掌握法律法规、监管规定、行业自律准则和企业内部管理制度。

第十二条　业务部门负责本领域的日常合规管理工作，按照合规要求完善业务管理制度和流程，主动开展合规风险识别和隐患排查，发布合规预警，组织合规审查，及时向合规管理牵头部门通报风险事项，妥善应对合规风险事件，做好本领域合规培训和商业伙伴合规调查等工作，组织或配合进行相关问题调查并及时整改。

第十三条　企业监察、审计、法律、内控、风险管理、安全生产、质量环保等其他相关部门按照职责分工，在职权范围内履行合规管理职责。企业应当建立健全合规管理牵头部门与其他相关部门之间的协商协作机制。

第三章　合规管理重点

第十四条　企业应当根据外部环境变化，在全面推进合规管理的基础上，结合自身实际，明确应当特别关注的重点领域、重点环节和重点人员，切实防范合规风险。

第十五条 加强对以下重点领域的合规管理：

（一）市场交易。完善交易管理制度，严格履行决策批准程序，建立健全自律诚信体系，突出反商业贿赂、反垄断、反不正当竞争，规范资产交易、招投标等活动；

（二）安全环保。严格执行国家安全生产、环境保护法律法规，完善企业生产规范和安全环保制度，加强监督检查，及时发现并整改违规问题；

（三）产品质量。完善质量体系，加强过程控制，严把各环节质量关，提供优质产品和服务；

（四）劳动用工。严格遵守劳动法律法规，健全完善劳动合同管理制度，规范劳动合同签订、履行、变更和解除，切实维护劳动者合法权益；

（五）财务税收。健全完善财务内部控制体系，严格执行财务事项操作和审批流程，严守财经纪律，强化依法纳税意识，严格遵守税收法律政策；

（六）知识产权。及时申请注册知识产权成果，规范实施许可和转让，加强对商业秘密和商标的保护，依法规范使用他人知识产权，防止侵犯他人权益；

（七）商业伙伴。对重要商业伙伴开展合规调查，通过签订合规协议、要求作出合规承诺等方式促进商业伙伴行为合规；

（八）其他需要重点关注的领域。

第十六条 加强以下重点环节的合规管理：

（一）制度制定环节。强化对规章制度、改革方案等重要文件的合规审查，确保符合法律法规、监管规定等要求；

（二）经营决策环节。严格落实"三重一大"决策制度，细化各层级决策事项和权限，加强对决策事项合规论证把关机制，保障决策依法合规；

（三）运营管理环节。严格执行合规制度，加强对重点流程的监督检查，确保经营过程中照章办事、按章操作；

（四）其他需要重点关注的环节。

第十七条 加强对以下重点人员的合规管理：

（一）管理人员。促进管理人员切实提高合规意识，带头依法依规开展经营管理活动，认真履行承担的合规管理职责，强化考核与监督问责；

（二）重要风险岗位人员。聚焦重点领域和关键环节，明确界定高风险岗位，有针对性加大培训力度、强化上级监督管理责任、细化违规处罚等，使高风险岗位员工掌握业务涉及的法规制度规定和违规责任，并严格遵守；

（三）海外人员。将合规培训作为海外人员任职、上岗的必备条件，确保遵守我国和所在国法律法规等相关规定；

（四）其他需要重点关注的人员。

第十八条　加强对海外投资经营行为的合规管理：

（一）加强对企业对外贸易、境外投资、海外运营以及海外工程建设等行为的合规管理，深入研究并严格遵守所在国法律法规、缔结或者加入的有关国际条约及相关国际规则、全面掌握禁止性规定，明确海外投资经营行为的红线、底线；

（二）健全海外合规经营的制度、体系、流程，重视开展项目的合规论证和尽职调查，依法加强对境外机构的管控，规范经营管理行为；

（三）定期排查梳理海外投资经营业务的风险状况，重点关注投资保护、市场准入、外汇与贸易管制、环境保护、税收劳工等高风险领域以及重大决策、重大合同、大额资金管控和境外子企业公司治理等方面存在的合规风险，认真制定防控措施，妥善处理、及时报告，防止扩大蔓延。

第四章　合规管理运行

第十九条　建立健全合规管理制度，制定全员普遍遵守的合规行为规范，针对重点领域合规风险制定专项合规管理制度。

根据法律法规变化和监管动态，及时将外部有关合规要求转化为内部规章制度。

第二十条　建立合规风险识别预警机制，全面系统梳理经营管理活动中存在的合规风险，对风险发生的可能性、影响程度、潜在后果等进行系统分析，对于典型性、普遍性和可能产生较严重后果的风险及时发布预警。

第二十一条　加强合规风险应对，针对发现的风险制定预案，采取有效措施，及时应对处置。对于重大合规风险事件，合规委员会统筹领导，合规管理负责人牵头，相关部门协同配合，最大限度化解风险、降低损失。

第二十二条　建立健全合规审查机制，将合规审查作为规章制度制定、重大事项决策、重要合同签订、重大项目运营等经营管理行为的必经程序，及时对不合规的内容提出修改建议，未经合规审查不得实施。

第二十三条　建立举报机制，畅通举报渠道，保障企业员工有权利和途径举报违法违规行为。

第二十四条 建立容错免责制度,把是否依法合规作为免责认定的重要依据。

第二十五条 开展合规管理评估,定期对合规管理体系的有效性进行分析,对重大或反复出现的合规风险和问题,深入查找根源,完善相关制度,堵塞管理漏洞,强化过程管控,持续改进提升。

第五章 合规管理保障

第二十六条 建立合规考核评价制度,把合规经营管理情况纳入对各部门和所属企业负责人的年度综合考核,细化评价指标。对员工和所属单位合规职责履行情况进行评价,并将评价结果作为员工考核、干部任用、评先选优等工作的重要依据。

第二十七条 强化合规管理信息化建设,通过信息化手段管理流程,记录和保存相关信息。运用大数据等工具,加强对经营管理行为依法合规情况的在线监控和风险分析,实现信息集成和共享。

第二十八条 建立专业化、高素质的合规管理队伍,根据业务规模、合规风险水平等因素加强合规管理人员配备,通过持续加强业务培训,提升队伍能力水平。

海外经营重要地区、重点项目应当明确合规管理机构或配备专职人员,切实防范合规风险。

第二十九条 重视合规培训,结合法治宣传教育,建立制度化、常态化培训机制,加强全员合规知识和能力的教育培训,确保员工理解、遵循企业合规目标和要求。

第三十条 积极培育合规文化,通过制定发放合规手册、签订合规承诺书等方式,强化全员安全、质量、诚信和廉洁等意识,树立依法合规、守法诚信的价值观,筑牢合规经营的思想基础。

第三十一条 建立合规报告制度,明确合规风险报告路径。发生较大合规风险事件,合规管理牵头部门和相关部门应当及时向合规管理负责人或分管领导报告。重大合规风险事件应当及时向市国资委和有关部门报告。

合规管理牵头部门汇总分析企业合规风险和合规管理工作情况,起草年度报告,经董事会审议后作为董事会报告相关内容或附件报送市国资委。

第六章 附则

第三十二条 市国资委监管企业合规管理适用本指引。金融企业另有规定的，从其规定。

第三十三条 企业根据本指引，结合实际制定合规管理实施细则。

第三十四条 本指引由市国资委负责解释。

第三十五条 本指引自 2019 年 2 月 1 日起施行。

关于加强中央企业内部控制体系建设与监督工作的实施意见[*]

为深入贯彻习近平新时代中国特色社会主义思想和党的十九大精神，认真落实党中央、国务院关于防范化解重大风险和推动高质量发展的决策部署，充分发挥内部控制（以下简称内控）体系对中央企业强基固本作用，进一步提升中央企业防范化解重大风险能力，加快培育具有全球竞争力的世界一流企业，根据《中共中央 国务院关于深化国有企业改革的指导意见》、《国务院关于印发改革国有资本授权经营体制方案的通知》、《国务院办公厅关于加强和改进企业国有资产监督防止国有资产流失的意见》，制定本实施意见。

一、建立健全内控体系，进一步提升管控效能

（一）优化内控体系。建立健全以风险管理为导向、合规管理监督为重点，严格、规范、全面、有效的内控体系。进一步树立和强化管理制度化、制度流程化、流程信息化的内控理念，通过"强监管、严问责"和加强信息化管理，严格落实各项规章制度，将风险管理和合规管理要求嵌入业务流程，促使企业依法合规开展各项经营活动，实现"强内控、防风险、促合规"的管控目标，形成全面、全员、全过程、全体系的风险防控机制，切实全面提升内控体系有效性，加快实现高质量发展。

---

[*] 即国资发监督规〔2019〕101号，国务院国有资产监督管理委员会于2019年10月19日发布实施。

（二）强化集团管控。进一步完善企业内部管控体制机制，中央企业主要领导人员是内控体系监管工作第一责任人，负责组织领导建立健全覆盖各业务领域、部门、岗位，涵盖各级子企业全面有效的内控体系。中央企业应明确专门职能部门或机构统筹内控体系工作职责；落实各业务部门内控体系有效运行责任；企业审计部门要加强内控体系监督检查工作，准确揭示风险隐患和内控缺陷，进一步发挥查错纠弊作用，促进企业不断优化内控体系。

（三）完善管理制度。全面梳理内控、风险和合规管理相关制度，及时将法律法规等外部监管要求转化为企业内部规章制度，持续完善企业内部管理制度体系。在具体业务制度的制定、审核和修订中嵌入统一的内控体系管控要求，明确重要业务领域和关键环节的控制要求和风险应对措施。将违规经营投资责任追究内容纳入企业内部管理制度中，强化制度执行刚性约束。

（四）健全监督评价体系。统筹推进内控、风险和合规管理的监督评价工作，将风险、合规管理、制度建设及实施情况纳入内控体系监督评价范畴，制定定性与定量相结合的内控缺陷认定标准、风险评估标准和合规评价标准，不断规范监督评价工作程序、标准和方式方法。

二、强化内控体系执行，提高重大风险防控能力

（五）加强重点领域日常管控。聚焦关键业务、改革重点领域、国有资本运营重要环节以及境外国有资产监管，定期梳理分析相关内控体系执行情况，认真查找制度缺失或流程缺陷，及时研究制定改进措施，确保体系完整、全面控制、执行有效。要在投资并购、改革改制重组等重大经营事项决策前开展专项风险评估，并将风险评估报告（含风险应对措施和处置预案）作为重大经营事项决策的必备支撑材料，对超出企业风险承受能力或风险应对措施不到位的决策事项不得组织实施。

（六）加强重要岗位授权管理和权力制衡。不断深化内控体系管控与各项业务工作的有机结合，以保障各项经营业务规范有序开展。按照不相容职务分离控制、授权审批控制等内控体系管控要求，严格规范重要岗位和关键人员在授权、审批、执行、报告等方面的权责，实现可行性研究与决策审批、决策审批与执行、执行与监督检查等岗位职责的分离。不断优化完善管理要求，重点强化采购、销售、投资管理、资金管理和工程项目、产权（资产）交易流转等业务领域各岗位的职责权限和审批程序，形成相互衔接、相互制

衡、相互监督的内控体系工作机制。

（七）健全重大风险防控机制。积极采取措施强化企业防范化解重大风险全过程管控，加强经济运行动态、大宗商品价格以及资本市场指标变化监测，提高对经营环境变化、发展趋势的预判能力，同时结合内控体系监督评价工作中发现的经营管理缺陷和问题，综合评估企业内外部风险水平，有针对性地制定风险应对方案，并根据原有风险的变化情况及应对方案的执行效果，有效做好企业间风险隔离，防止风险由"点"扩"面"，避免发生系统性、颠覆性重大经营风险。

三、加强信息化管控，强化内控体系刚性约束

（八）提升内控体系信息化水平。各中央企业要结合国资监管信息化建设要求，加强内控信息化建设力度，进一步提升集团管控能力。内控体系建设部门要与业务部门、审计部门、信息化建设部门协同配合，推动企业"三重一大"、投资和项目管理、财务和资产、物资采购、全面风险管理、人力资源等集团管控信息系统的集成应用，逐步实现内控体系与业务信息系统互联互通、有机融合。要进一步梳理和规范业务系统的审批流程及各层级管理人员权限设置，将内控体系管控措施嵌入各类业务信息系统，确保自动识别并终止超越权限、逾越程序和审核材料不健全等行为，促使各项经营管理决策和执行活动可控制、可追溯、可检查，有效减少人为违规操纵因素。集团管控能力和信息化基础较好的企业要逐步探索利用大数据、云计算、人工智能等技术，实现内控体系实时监测、自动预警、监督评价等在线监管功能，进一步提升信息化和智能化水平。

四、加大企业监督评价力度，促进内控体系持续优化

（九）全面实施企业自评。督促所属企业每年以规范流程、消除盲区、有效运行为重点，对内控体系的有效性进行全面自评，客观、真实、准确揭示经营管理中存在的内控缺陷、风险和合规问题，形成自评报告，并经董事会或类似决策机构批准后按规定报送上级单位。

（十）加强集团监督评价。要在子企业全面自评的基础上，制定年度监督评价方案，围绕重点业务、关键环节和重要岗位，组织对所属企业内控体系有效性进行监督评价，确保每3年覆盖全部子企业。要将海外资产纳入监督

评价范围，重点对海外项目的重大决策、重大项目安排、大额资金运作以及境外子企业公司治理等进行监督评价。

（十一）强化外部审计监督。要根据监督评价工作结果，结合自身实际情况，充分发挥外部审计的专业性和独立性，委托外部审计机构对部分子企业内控体系有效性开展专项审计，并出具内控体系审计报告。内控体系监管不到位、风险事件和合规问题频发的中央企业，必须聘请具有相应资质的社会中介机构进行审计评价，切实提升内控体系管控水平。

（十二）充分运用监督评价结果。要加大督促整改工作力度，指导所属企业明确整改责任部门、责任人和完成时限，对整改效果进行检查评价，按照内控体系一体化工作要求编制内控体系年度工作报告并及时报国资委，同时抄送企业纪委（纪检监察组）、组织人事部门等。指导所属企业建立健全与内控体系监督评价结果挂钩的考核机制，对内控制度不健全、内控体系执行不力、瞒报漏报谎报自评结果、整改落实不到位的单位或个人，应给予考核扣分、薪酬扣减或岗位调整等处理。

五、加强出资人监督，全面提升内控体系有效性

（十三）建立出资人监督检查工作机制。加强对中央企业国有资产监管政策制度执行情况的综合检查工作，建立内控体系定期抽查评价工作制度，每年组织专门力量对中央企业经营管理重要领域和关键环节开展内控体系有效性抽查评价，发现和堵塞管理漏洞，完善相关政策制度，并加大监督检查工作结果在各项国有资产监管及干部管理工作中的运用力度。

（十四）充分发挥企业内部监督力量。通过完善公司治理，健全相关制度，整合企业内部监督力量，发挥企业董事会或委派董事决策、审核和监督职责，有效利用企业监事会、内部审计、企业内部巡视巡察等监督检查工作成果，以及出资人监管和外部审计、纪检监察、巡视反馈问题情况，不断完善企业内控体系建设。

（十五）强化整改落实工作。进一步强化对企业重大风险隐患和内控缺陷整改工作跟踪检查力度，将企业整改落实情况纳入每年内控体系抽查评价范围，完善对中央企业提示函和通报工作制度，对整改不力的印发提示函和通报，进一步落实整改责任，避免出现重复整改、形式整改等问题。

（十六）加大责任追究力度。严格按照《中央企业违规经营投资责任追究实施办法（试行）》（国资委令第37号）等有关规定，及时发现并移交违规违纪违法经营投资问题线索，强化监督警示震慑作用。对中央企业存在重大风险隐患、内控缺陷和合规管理等问题失察，或虽发现但没有及时报告、处理，造成重大资产损失或其他严重不良后果的，要严肃追究企业集团的管控责任；对各级子企业未按规定履行内控体系建设职责、未执行或执行不力，以及瞒报、漏报、谎报或迟报重大风险及内控缺陷事件的，坚决追责问责，层层落实内控体系监督责任，有效防止国有资产流失。

关于建立涉案企业合规第三方监督评估机制的指导意见（试行）[*]

为贯彻落实习近平总书记重要讲话精神和党中央重大决策部署，在依法推进企业合规改革试点工作中建立健全涉案企业合规第三方监督评估机制，有效惩治预防企业违法犯罪，服务保障经济社会高质量发展，助力推进国家治理体系和治理能力现代化，根据刑法、刑事诉讼法等法律法规及相关政策精神，制定本指导意见。

第一章 总则

第一条 涉案企业合规第三方监督评估机制（以下简称第三方机制），是指人民检察院在办理涉企犯罪案件时，对符合企业合规改革试点适用条件的，交由第三方监督评估机制管理委员会（以下简称第三方机制管委会）选任组成的第三方监督评估组织（以下简称第三方组织），对涉案企业的合规承诺进行调查、评估、监督和考察。考察结果作为人民检察院依法处理案件的重要参考。

第二条 第三方机制的建立和运行，应当遵循依法有序、公开公正、平等保护、标本兼治的原则。

第三条 第三方机制适用于公司、企业等市场主体在生产经营活动中涉及的经济犯罪、职务犯罪等案件，既包括公司、企业等实施的单位犯罪案件，

---

[*] 即最高人民检察院、司法部、财政部等于2021年6月3日发布实施。

也包括公司、企业实际控制人、经营管理人员、关键技术人员等实施的与生产经营活动密切相关的犯罪案件。

第四条 对于同时符合下列条件的涉企犯罪案件，试点地区人民检察院可以根据案件情况适用本指导意见：

（一）涉案企业、个人认罪认罚；

（二）涉案企业能够正常生产经营，承诺建立或者完善企业合规制度，具备启动第三方机制的基本条件；

（三）涉案企业自愿适用第三方机制。

第五条 对于具有下列情形之一的涉企犯罪案件，不适用企业合规试点以及第三方机制：

（一）个人为进行违法犯罪活动而设立公司、企业的；

（二）公司、企业设立后以实施犯罪为主要活动的；

（三）公司、企业人员盗用单位名义实施犯罪的；

（四）涉嫌危害国家安全犯罪、恐怖活动犯罪的；

（五）其他不宜适用的情形。

第二章 第三方机制管委会的组成和职责

第六条 最高人民检察院、国务院国有资产监督管理委员会、财政部、全国工商联会同司法部、生态环境部、国家税务总局、国家市场监督管理总局、中国国际贸易促进委员会等部门组建第三方机制管委会，全国工商联负责承担管委会的日常工作，国务院国有资产监督管理委员会、财政部负责承担管委会中涉及国有企业的日常工作。

第三方机制管委会履行下列职责：

（一）研究制定涉及第三方机制的规范性文件；

（二）研究论证第三方机制涉及的重大法律政策问题；

（三）研究制定第三方机制专业人员名录库的入库条件和管理办法；

（四）研究制定第三方组织及其人员的工作保障和激励制度；

（五）对试点地方第三方机制管委会和第三方组织开展日常监督和巡回检查；

（六）协调相关成员单位对所属或者主管的中华全国律师协会、中国注册会计师协会、中国企业联合会、中国注册税务师协会、中国贸促会全国企业合规委员会（中国贸促会商事法律服务中心）以及其他行业协会、商会、机构等在企业合规领域的业务指导，研究制定涉企犯罪的合规考察标准；

（七）统筹协调全国范围内第三方机制的其他工作。

第七条 第三方机制管委会各成员单位建立联席会议机制，由最高人民检察院、国务院国有资产监督管理委员会、财政部、全国工商联负责同志担任召集人，根据工作需要定期或者不定期召开会议，研究有关重大事项和规范性文件，确定阶段性工作重点和措施。

各成员单位应当按照职责分工，认真落实联席会议确定的工作任务和议定事项，建立健全日常联系、联合调研、信息共享、宣传培训等机制，推动企业合规改革试点和第三方机制相关工作的顺利进行。

第八条 试点地方的人民检察院和国资委、财政部门、工商联应当结合本地实际，参照本指导意见第六条、第七条规定组建本地区的第三方机制管委会并建立联席会议机制。

试点地方第三方机制管委会履行下列职责：

（一）建立本地区第三方机制专业人员名录库，并根据各方意见建议和工作实际进行动态管理；

（二）负责本地区第三方组织及其成员的日常选任、培训、考核工作，确保其依法依规履行职责；

（三）对选任组成的第三方组织及其成员开展日常监督和巡回检查；

（四）对第三方组织的成员违反本指导意见的规定，或者实施其他违反社会公德、职业伦理的行为，严重损害第三方组织形象或公信力的，及时向有关主管机关、协会等提出惩戒建议，涉嫌违法犯罪的，及时向公安司法机关报案或者举报，并将其列入第三方机制专业人员名录库黑名单；

（五）统筹协调本地区第三方机制的其他工作。

第九条 第三方机制管委会应当组建巡回检查小组，按照本指导意见第六条第五项、第八条第三项的规定，对相关组织和人员在第三方机制相关工作中的履职情况开展不预先告知的现场抽查和跟踪监督。

巡回检查小组成员可以由人大代表、政协委员、人民监督员、退休法官、检察官以及会计审计等相关领域的专家学者担任。

第三章 第三方机制的启动和运行

第十条 人民检察院在办理涉企犯罪案件时，应当注意审查是否符合企业合规试点以及第三方机制的适用条件，并及时征询涉案企业、个人的意见。涉案企业、个人及其辩护人、诉讼代理人或者其他相关单位、人员提出适用企业合规试点以及第三方机制申请的，人民检察院应当依法受理并进行审查。

人民检察院经审查认为涉企犯罪案件符合第三方机制适用条件的，可以商请本地区第三方机制管委会启动第三方机制。第三方机制管委会应当根据案件具体情况以及涉案企业类型，从专业人员名录库中分类随机抽取人员组成第三方组织，并向社会公示。

第三方组织组成人员名单应当报送负责办理案件的人民检察院备案。人民检察院或者涉案企业、个人、其他相关单位、人员对选任的第三方组织组成人员提出异议的，第三方机制管委会应当调查核实并视情况做出调整。

第十一条 第三方组织应当要求涉案企业提交专项或者多项合规计划，并明确合规计划的承诺完成时限。

涉案企业提交的合规计划，主要围绕与企业涉嫌犯罪有密切联系的企业内部治理结构、规章制度、人员管理等方面存在的问题，制定可行的合规管理规范，构建有效的合规组织体系，健全合规风险防范报告机制，弥补企业制度建设和监督管理漏洞，防止再次发生相同或者类似的违法犯罪。

第十二条 第三方组织应当对涉案企业合规计划的可行性、有效性与全面性进行审查，提出修改完善的意见建议，并根据案件具体情况和涉案企业承诺履行的期限，确定合规考察期限。

在合规考察期内，第三方组织可以定期或者不定期对涉案企业合规计划履行情况进行检查和评估，可以要求涉案企业定期书面报告合规计划的执行情况，同时抄送负责办理案件的人民检察院。第三方组织发现涉案企业或其人员尚未被办案机关掌握的犯罪事实或者新实施的犯罪行为，应当中止第三方监督评估程序，并向负责办理案件的人民检察院报告。

第十三条 第三方组织在合规考察期届满后，应当对涉案企业的合规计划完成情况进行全面检查、评估和考核，并制作合规考察书面报告，报送负责选任第三方组织的第三方机制管委会和负责办理案件的人民检察院。

第十四条 人民检察院在办理涉企犯罪案件过程中，应当将第三方组织合规考察书面报告、涉案企业合规计划、定期书面报告等合规材料，作为依法作出批准或者不批准逮捕、起诉或者不起诉以及是否变更强制措施等决定、提出量刑建议或者检察建议、检察意见的重要参考。

人民检察院发现涉案企业在预防违法犯罪方面制度不健全、不落实，管理不完善，存在违法犯罪隐患，需要及时消除的，可以结合合规材料，向涉案企业提出检察建议。

人民检察院对涉案企业作出不起诉决定，认为需要给予行政处罚、处分或者没收其违法所得的，应当结合合规材料，依法向有关主管机关提出检察意见。

人民检察院通过第三方机制，发现涉案企业或其人员存在其他违法违规情形的，应当依法将案件线索移送有关主管机关、公安机关或者纪检监察机关处理。

第十五条 人民检察院对于拟作不批准逮捕、不起诉、变更强制措施等决定的涉企犯罪案件，可以根据《人民检察院审查案件听证工作规定》召开听证会，并邀请第三方组织组成人员到会发表意见。

第十六条 负责办理案件的人民检察院应当履行下列职责：

（一）对第三方组织组成人员名单进行备案审查，发现组成人员存在明显不适当情形的，及时向第三方机制管委会提出意见建议；

（二）对涉案企业合规计划、定期书面报告进行审查，向第三方组织提出意见建议；

（三）对第三方组织合规考察书面报告进行审查，向第三方机制管委会提出意见建议，必要时开展调查核实工作；

（四）依法办理涉案企业、个人及其辩护人、诉讼代理人或者其他相关单位、人员在第三方机制运行期间提出的申诉、控告或者有关申请、要求；

（五）刑事诉讼法、人民检察院刑事诉讼规则等法律、司法解释规定的其他法定职责。

第十七条 第三方组织及其组成人员在合规考察期内，可以针对涉案企业合规计划、定期书面报告开展必要的检查、评估，涉案企业应当予以配合。

第三方组织及其组成人员应当履行下列义务：

（一）遵纪守法，勤勉尽责，客观中立；

（二）不得泄露履职过程中知悉的国家秘密、商业秘密和个人隐私；

（三）不得利用履职便利，索取、收受贿赂或者非法侵占涉案企业、个人的财物；

（四）不得利用履职便利，干扰涉案企业正常生产经营活动。

第三方组织组成人员系律师、注册会计师、税务师（注册税务师）等中介组织人员的，在履行第三方监督评估职责期间不得违反规定接受可能有利益关系的业务；在履行第三方监督评估职责结束后一年以内，上述人员及其所在中介组织不得接受涉案企业、个人或者其他有利益关系的单位、人员的业务。

第十八条 涉案企业或其人员在第三方机制运行期间，认为第三方组织或其组成人员存在行为不当或者涉嫌违法犯罪的，可以向负责选任第三方组织的第三方机制管委会反映或者提出异议，或者向负责办理案件的人民检察院提出申诉、控告。

涉案企业及其人员应当按照时限要求认真履行合规计划，不得拒绝履行或者变相不履行合规计划、拒不配合第三方组织合规考察或者实施其他严重违反合规计划的行为。

第四章 附则

第十九条 纪检监察机关认为涉嫌行贿的企业符合企业合规试点以及第三方机制适用条件，向人民检察院提出建议的，人民检察院可以参照适用本指导意见。

第二十条 试点地方人民检察院、国资委、财政部门、工商联可以结合本地实际，参照本指导意见会同有关部门制定具体实施办法，并按照试点工作要求报送备案。

本指导意见由最高人民检察院、国务院国有资产监督管理委员会、财政部、全国工商联会同司法部、生态环境部、国家税务总局、国家市场监督管理总局、中国国际贸易促进委员会负责解释，自印发之日起施行。

附　录

涉案企业合规建设、评估和审查办法（试行）[*]

为深入学习贯彻习近平新时代中国特色社会主义思想，全面贯彻习近平法治思想，完整、准确、全面贯彻新发展理念，认真落实最高人民检察院、司法部、财政部、生态环境部、国务院国资委、税务总局、市场监管总局、全国工商联、中国贸促会《关于建立涉案企业合规第三方监督评估机制的指导意见（试行）》（以下简称《指导意见》）及其实施细则，依法推进企业合规改革试点工作，规范第三方监督评估机制（以下简称第三方机制）相关工作有序开展，结合工作实际，制定本办法。

第一章　总　则

第一条　涉案企业合规建设，是指涉案企业针对与涉嫌犯罪有密切联系的合规风险，制定专项合规整改计划，完善企业治理结构，健全内部规章制度，形成有效合规管理体系的活动。

涉案企业合规评估，是指第三方监督评估组织（以下简称第三方组织）对涉案企业专项合规整改计划和相关合规管理体系有效性进行了解、评价、监督和考察的活动。

涉案企业合规审查，是指负责办理案件的人民检察院对第三方组织的评估过程和结论进行审核。

针对未启动第三方机制的小微企业合规，可以由人民检察院对其提交的合规计划和整改报告进行审查。

第二条　对于涉案企业合规建设经评估符合有效性标准的，人民检察院可以参考评估结论依法作出不批准逮捕、变更强制措施、不起诉的决定，提出从宽处罚的量刑建议，或者向有关主管机关提出从宽处罚、处分的检察意见。

对于涉案企业合规建设经评估未达到有效性标准或者采用弄虚作假手段骗取评估结论的，人民检察院可以依法作出批准逮捕、起诉的决定，提出从

---

[*] 即全联厅发〔2022〕13号，中华全国工商业联合会办公厅、最高人民检察院办公厅、财政部办公厅、国务院国有资产监督管理委员会办公厅、国家税务总局办公厅、国家市场监督管理总局办公厅、中国国际贸易促进委员会办公室2022年4月19日联合发布。

严处罚的量刑建议,或者向有关主管机关提出从严处罚、处分的检察意见。

第二章 涉案企业合规建设

第三条 涉案企业应当全面停止涉罪违规违法行为,退缴违规违法所得,补缴税款和滞纳金并缴纳相关罚款,全力配合有关主管机关、公安机关、检察机关及第三方组织的相关工作。

第四条 涉案企业一般应当成立合规建设领导小组,由其实际控制人、主要负责人和直接负责的主管人员等组成,必要时可以聘请外部专业机构或者专业人员参与或者协助。合规建设领导小组应当在全面分析研判企业合规风险的基础上,结合本行业合规建设指引,研究制定专项合规计划和内部规章制度。

第五条 涉案企业制定的专项合规计划,应当能够有效防止再次发生相同或者类似的违法犯罪行为。

第六条 涉案企业实际控制人、主要负责人应当在专项合规计划中作出合规承诺并明确宣示,合规是企业的优先价值,对违规违法行为采取零容忍的态度,确保合规融入企业的发展目标、发展战略和管理体系。

第七条 涉案企业应当设置与企业类型、规模、业务范围、行业特点等相适应的合规管理机构或者管理人员。

合规管理机构或者管理人员可以专设或者兼理,合规管理的职责必须明确、具体、可考核。

第八条 涉案企业应当针对合规风险防控和合规管理机构履职的需要,通过制定合规管理规范、弥补监督管理漏洞等方式,建立健全合规管理的制度机制。

涉案企业的合规管理机构和各层级管理经营组织均应当根据其职能特点设立合规目标,细化合规措施。

合规管理制度机制应当确保合规管理机构或者管理人员独立履行职责,对于涉及重大合规风险的决策具有充分发表意见并参与决策的权利。

第九条 涉案企业应当为合规管理制度机制的有效运行提供必要的人员、培训、宣传、场所、设备和经费等人力物力保障。

第十条 涉案企业应当建立监测、举报、调查、处理机制,保证及时发现和监控合规风险,纠正和处理违规行为。

第十一条 涉案企业应当建立合规绩效评价机制，引入合规指标对企业主要负责人、经营管理人员、关键技术人员等进行考核。

第十二条 涉案企业应当建立持续整改、定期报告等机制，保证合规管理制度机制根据企业经营发展实际不断调整和完善。

第三章 涉案企业合规评估

第十三条 第三方组织可以根据涉案企业情况和工作需要，制定具体细化、可操作的合规评估工作方案。

第十四条 第三方组织对涉案企业专项合规整改计划和相关合规管理体系有效性的评估，重点包括以下内容：

（一）对涉案合规风险的有效识别、控制；

（二）对违规违法行为的及时处置；

（三）合规管理机构或者管理人员的合理配置；

（四）合规管理制度机制建立以及人力物力的充分保障；

（五）监测、举报、调查、处理机制及合规绩效评价机制的正常运行；

（六）持续整改机制和合规文化已经基本形成。

第十五条 第三方组织应当以涉案合规风险整改防控为重点，结合特定行业合规评估指标，制定符合涉案企业实际的评估指标体系。

评估指标的权重可以根据涉案企业类型、规模、业务范围、行业特点以及涉罪行为等因素设置，并适当提高合规管理的重点领域、薄弱环节和重要岗位等方面指标的权重。

第四章 涉案企业合规审查

第十六条 第三方机制管委会和人民检察院收到第三方组织报送的合规考察书面报告后，应当及时进行审查，重点审查以下内容：

（一）第三方组织制定和执行的评估方案是否适当；

（二）评估材料是否全面、客观、专业，足以支持考察报告的结论；

（三）第三方组织或其组成人员是否存在可能影响公正履职的不当行为或者涉嫌违法犯罪行为。

经第三方机制管委会和人民检察院审查，认为第三方组织已经完成监督评估工作的，由第三方机制管委会宣告第三方组织解散。对于审查中发现的疑点和重点问题，人民检察院可以要求第三方组织或其组成人员说明情况，也可以直接进行调查核实。

第十七条　人民检察院对小微企业提交合规计划和整改报告的审查，重点包括合规承诺的履行、合规计划的执行、合规整改的实效等内容。

第十八条　第三方机制管委会收到关于第三方组织或其组成人员存在行为不当或者涉嫌违法犯罪的反映、异议，或者人民检察院收到上述内容的申诉、控告的，双方应当及时互相通报情况并会商提出处理建议。

第十九条　第三方机制管委会或者人民检察院经审查合规考察书面报告等材料发现，或者经对收到的反映、异议或者申诉、控告调查核实确认，第三方组织或其组成人员存在违反《指导意见》及其实施细则规定的禁止性行为，足以影响评估结论真实性、有效性的，第三方机制管委会应当重新组建第三方组织进行评估。

第五章　附　则

第二十条　本办法所称涉案企业，是指涉嫌单位犯罪的企业，或者实际控制人、经营管理人员、关键技术人员等涉嫌实施与生产经营活动密切相关犯罪的企业。

对与涉案企业存在关联合规风险或者由类案暴露出合规风险的企业，负责办理案件的人民检察院可以对其提出合规整改的检察建议。

第二十一条　涉案企业应当以全面合规为目标、专项合规为重点，并根据规模、业务范围、行业特点等因素变化，逐步增设必要的专项合规计划，推动实现全面合规。

第二十二条　大中小微企业的划分，根据国家相关标准执行。

第二十三条　本办法由国家层面第三方机制管委会负责解释。自印发之日起施行。

联合国全球契约十项原则

人权（原则1-2）

人权通常被理解为"人类的固有权利"（比如受教育权和言论自由权）。

人权的概念确认，人人有资格享受其人权，不分种族、肤色、性别、语言、宗教、政治或其他见解、国籍或社会出身、财产、出生或其他身份等任何区别。

原则1：企业应该尊重和维护国际公认的各项人权。

人权不仅仅是政府或民族国家的责任。人权问题对个人和个人创办的企业而言都非常重要。作为对全球契约所做承诺的一部分，企业有责任在工作场所及其更广泛的"影响范围"内支持人权。"企业应采取负责的行为方式"这一道德使命呼声越来越高，这与良好的人权记录有助于企业提高业绩这一公认的观点有关。

原则2：决不参与任何漠视与践踏人权的行为。

"共谋"有几种类型。"直接共谋"指的是某一企业积极协助他人侵犯人权。"受益共谋"指的是某一企业直接从他人践踏人权中受益。"默认共谋"指的是这样一种情况，即某一企业可能未协助或怂恿侵犯人权，也未从践踏人权行动中受益，但被视作是在面对人权践踏现象时保持沉默。

几项建议举措：

·制作企业在人权方面商业案例（"人权缘何与你的企业有关？"）；

·在企业中制订并鼓励采取一种透明的、具有权利意识的方法；利用现有人权资源和指导材料；

·查明你的企业就人权问题已经在做的工作，例如在健康与安全、劳工关系、人力资源等方面的问题；

·规定识别和管理与人权相关的风险与机会的程序，处理对人权的影响；

·在全公司推行用于人权政策执行、监测与报告的管理制度；

·从整个行业有关人权的商业倡议中汲取经验，并酌情考虑与同行企业联手，采取集体行动；

·提供机制，为报告公司内部或商业伙伴的潜在人权担忧的雇员提供保护。

劳工标准（原则3-6）

全球契约的劳工标准原则源于《国际劳工组织（劳工组织）关于工作中的基本原则和权利宣言》。

原则3：企业应该维护结社自由，并承认劳资集体谈判的权利。

结社自由意味着尊重雇主和员工自由而自愿地建立和参加根据其自己意愿所建的组织。这进一步意指，这些组织有权在完全自由和不受干涉的情况下开展活动。

集体谈判指的是以达成集体协定为目的的过程或活动。集体谈判是一个自愿过程，用于确定工作条款和条件以及规范雇主、工人和企业之间的关系。

几项建议举措：

·确保公司政策和程序不因个人对工会的意见或参与工会活动而对个人构成歧视；

·为有意义的谈判提供必要信息；

·在政府不准许尊重人权（包括工作中的权利）或不对行业关系和集体谈判提供适当的法律和体制框架的国家里，为工会和工会领导保密。

原则4：彻底消除各种形式的强迫性劳动。

强迫劳动是对人权的基本侵犯。大多数强迫劳动的受害者收入微薄或者为零收入，却要在极其恶劣的健康和安全条件下工作较长的时间。强迫或强制劳动指的是任何以惩罚相威胁，迫使任何人从事其本人非自愿从事的工作或劳务（不论是否发放工资或补贴）。就劳动权而言，劳动应是自由给予而非强迫进行的，雇员应可自由离开。虽然合法经营的公司通常不会采用此类做法，但是通过承包商和供应商，公司会涉及强迫劳动的问题。

几项建议举措：

·制定明确的不使用、不共谋、不从强迫劳动中获益的政策；

·确保所有公司领导完全理解何为强迫劳动；

·如需依赖劳工提供机构进行招聘工作，则需确保所提供的劳工不属于强迫劳动；

·以工人可以轻松看懂的语言编写雇佣合同，并写明工作范围和离职程序。

原则5：有效废除童工制。

童工指的是由于工作年龄过早而有损儿童身体、社会、智力、心理、精神发育的工作。童工剥夺了儿童的童年和尊严。他们被剥夺了受教育的机会，甚至还可能与家人分离。未完成基本教育的儿童很可能会继续成为文盲，永远无法获得求职所需技能，因而也无法为现代经济的发展做出贡献。因此，童工可能导致缺乏技能的不合格工作，并对劳动力技能的进一步提高构成潜在风险。劳工组织的《最低年龄公约》呼吁最低工作年龄（通常为 15 岁左右）的确定与完成义务教育相一致。对于在培训环境下完成工作，或在不影响学业的前提下从事负荷较小的劳动，《公约》赋予了一定的灵活性（如在发展中国家）。

几项建议举措：
· 留意那些使用童工的可能性较高的国家、区域、行业和经济活动；
· 遵守国家法律规章所规定的最低劳动年龄；
· 制订并执行童工检测机制；
· 支持并协助设定针对童工的社区教育和职业培训以及咨询项目；
· 在社区里，鼓励并协助为脱离危险工作的儿童启动辅助健康与营养方案，以及提供医疗服务。

原则 6：杜绝任何在用工与行业方面的歧视行为。

就业歧视意指，出于种种与求职人员优点或工作内在要求无关的特征（如种族、年龄、残疾、性别）对人进行区别对待或不公正对待。歧视可产生大量与工作相关的活动中，包括获得就业、特定职业，以及培训和职业指导等的机会。

几项建议举措：
· 执行政策和程序，使资格、技能和经验成为员工招聘、职位安排、培训和晋升的基础；
· 制定可以增加员工获得技能发展培训机会的方案；
· 为工作人员提供关于提高残疾意识的训练，并合理调整自然环境。

环境（原则 7-9）

原则 7：企业应对环境挑战未雨绸缪。

未雨绸缪即采取预防性方法，其定义如下："当存在造成严重或不可逆转的损害的威胁时，不应当以科学上没有完全的确定性为理由推迟采取具有成本效益、旨在避免环境恶化的措施。"预防性措施涉及风险评估（危害识别、危害描述、危害接触评估和风险描述）、风险管理和风险沟通的系统性应用。当对损害存在合理怀疑，决策者需采取预防性措施时，他们必须考虑科学评估中所得出的不确定性程度。

原则8：主动增加对环保所承担的责任。

公司有责任确保其活动不会对周边环境造成损害。社会亦期望企业能够"以邻为友"。企业通过满足社会需求来获得自身的正当性，而社会也在清楚地表达一种需求，即社会对更加具有环境可持续性做法的需求不断增长。

原则9：鼓励无害环境技术的发展与推广。

"环境友好型技术"指的是更加环保、相对污染较小、以一种更具持续性地方式使用资源、可循环利用更多废物和产品、以一种更被接受的方式处理残余废物的技术。环境友好型包括各种清洁生产工艺和预防污染的技术，以及最后处理环节技术和监测技术，此外，环境友好型技术也指包括专门技能、程序、商品、服务和设备以及组织和管理程序在内的整个体系。

几项建议举措：

·为消费者和利益相关方提供关于产品和服务的潜在环境风险的相关信息；

·参加全行业的行动，共享知识和处理问题，应特别关注不确定性程度和敏感度较高的生产工艺和产品；

·制定可持续的生产和消费方案，清楚阐明业绩目标，带领企业在未来超越这一目标；

·就何如使用环境友好型技术制订企业政策；

·改变生产工艺，技术和（或）投入材料，并改变与现场材料再利用相关的产品和程序；

·就将可持续发展原则纳入企业实践所取得的进展进行衡量、跟踪和交流；

·就展示使用清洁技术的种种惠益的信息进行分享与宣传；

·在新技术和产品开发过程中使用"生命周期评价（LCA）"。

反腐败（原则10）

贪污腐败被定为以为"滥用公共权力以谋取私人的利益"，其表现形式多样，程度则从轻微动用影响力到体制性腐败不等。

腐败可对公司声誉构成危险，并可增加接触法律、财务和其他风险的机会。

经合组织对"敲诈"下的定义是："要求或诱导他人行贿为索取贿赂，而当这一要求伴随着威胁相关个体行为者的人格完整或生命时，则构成了敲诈。"

贿赂被定义为"向任何人提供或从任何人处收受任何礼品、贷款、费用、酬金或其他好处，以诱导他人在企业经营中从事不诚实、违法或背信之事。"

几项建议举措：
· 推出并执行有效的零容忍政策和方案，以及采用公司道德准则；
· 对雇员进行培训，确保道德文化已在公司内部形成并已融入管理体系；
· 采用内部报告程序；
· 对公司的所有交易实施问责并保持透明；
· 与有关当局合作调查和起诉腐败案件；
· 与同行企业联手展开集体商业行动，创造一个平等的竞争环境。

与企业人力资源部或其他相关部门核实，看看是否有以下内容：
· 关于如何识别贿赂和腐败的员工培训方案；
· 商业行为道德准则，其中包括要求雇员定期审查并在准则上签字；
· 报告可疑违规情况（以及关联数理统计）的道德"热线"；
· 旨在解决违规案例并提供调查结果的调查程序。

合规与银行内部合规部门[*]

引言

1. 巴塞尔银行监管委员会（以下简称"委员会"）一直关注银行监管问题和促进银行业机构的稳健经营的做法。作为其持续努力的一部分，委员会就合规风险与银行内部合规部门发布本文件。为满足监管机构的监管要求，银行必须遵循有效的合规政策和程序，在发现违规情况时，银行管理层能够采取适当措施予以纠正。

2. 合规应从高层做起。当企业文化强调诚信与正直的准则并由董事会和高级管理层作出表率时，合规才最为有效。合规与银行内部的每一位员工都

---

[*] 即巴塞尔银行监管委员会于 2005 年 4 月 29 日发布。

相关,应被视为银行经营活动的组成部分。银行在开展业务时应坚持高标准,并始终力求遵循法律的规定与精神。如果银行疏于考虑经营行为对股东、客户、雇员和市场的影响,即使没有违反任何法律,也可能会导致严重的负面影响和声誉损失。

3. 本文件所称"合规风险"是指,银行因未能遵循法律、监管规定、规则、自律性组织制定的有关准则,以及适用于银行自身业务活动的行为准则(以下统称"合规法律、规则和准则")而可能遭受法律制裁或监管处罚、重大财务损失或声誉损失的风险。

4. 合规法律、规则和准则通常涉及如下内容:遵守适当的市场行为准则,管理利益冲突,公平对待消费者,确保客户咨询的适宜性等。同时,还特别包括一些特定领域,如反洗钱和反恐怖融资,也可能扩展至与银行产品结构或客户咨询相关的税收方面的法律。如果一家银行故意参与客户用以规避监管或财务报告要求、逃避纳税义务等的交易或者为其违法行为提供便利,该银行将面临严重的合规风险。

5. 合规法律、规则和准则有多种渊源,包括立法机构和监管机构发布的基本的法律、规则和准则;市场惯例;行业协会制定的行业规则以及适用于银行职员的内部行为准则等。基于上述理由,合规法律、规则和准则不仅包括那些具有法律约束力的文件,还包括更广义的诚实守信和道德行为的准则。

6. 合规应成为银行文化的一部分。合规并不只是专业合规人员的责任。尽管如此,如果一家银行设有符合下述"合规部门原则"的合规部门,该银行将能更有效地管理合规风险。本文件所称"合规部门"是指履行合规职责的职员,并不特指某一特定的组织架构。

7. 关于银行合规部门的组织方式,各银行之间存在着重大差异。在规模较大的银行,合规人员可能位于各营运业务线,有些国际活跃银行可能还设有集团合规官和当地合规官。在规模较小的银行,合规部门的职员可能被放在一个部门。有些银行还为数据保护、反洗钱及反恐怖融资等专业领域设立了单独的部门。

8. 一家银行应该以与自身风险管理战略和组织结构相吻合的方式组织合规部门,并为合规风险管理设定优先考虑的事项。例如,考虑到合规风险与操作风险的某些方面有着密切的关系,一些银行希望在操作风险部门内组建合规部门,其他银行则更愿意分设合规部门和操作风险部门,但银行要建立两个部门之间在合规事务方面密切合作的机制。

9. 不论一家银行如何组织其合规部门，该合规部门都应该是独立的，并有足够的资源支持。合规部门的职责应予以明确规定，合规部门的工作应受到内部审计部门定期和独立的复查。以下的原则 5 至原则 8 进一步阐明了这些高级原则，并在各原则之下阐释了与这些原则有关的稳健做法。各家银行可自行决定实施这些原则的最佳方式，但这些原则应适用于所有银行。银行也可采用有别于本文件的做法，只要这些做法是稳健的，并能从总体上表明该银行的合规部门的有效性。以何种方式实施这些原则将取决于多种因素，如银行的规模、业务的性质、经营的复杂程度和业务的区域分布，以及银行营业所在地的法律框架和监管框架。例如，一些规模较小的银行要完全实施本文件所建议的一些特定措施，也许并不可行，但该银行可能会采取能达到同样效果的其他措施。

10. 在提出有关原则时，本文件假定公司治理结构是由董事会和高级管理层组成。至于董事会和高级管理层的职能，不同的国家、不同类型的经济实体有不同的法律框架与监管框架。因此，银行在适用本文件所阐述的原则时，应依据其所在的国家和具体经济实体的公司治理结构。

11. 本文件所称"银行"通常是指银行、银行集团和附属机构主要是银行的控股公司等。

12. 在理解本文件时，应参阅委员会制订的其他相关文件。这些文件包括：

——《银行机构的内部控制体系框架》（1998 年 9 月）；

——《健全银行的公司治理》（1999 年 9 月）；

——《银行内部审计和监管当局与审计人员的关系》（2001 年 8 月）；

——《银行客户尽职调查》（2001 年 10 月）；

——《操作风险管理与监管的稳健做法》（2003 年 2 月）；

——《统一资本计量与资本标准的国际协议——修订框架》（2004 年 6 月）；

——《KYC 风险统一管理》（2004 年 10 月）。

13. 本文件在阐述支撑银行合规部门的原则之前，首先阐明了银行董事会和高级管理层在合规方面的特定职责。

董事会在合规方面的职责

原则1：银行董事会负责监督银行的合规风险管理。董事会应该审批银行的合规政策，包括一份组建常设的、有效的合规部门的正式文件。董事会或董事会下设的委员会应该每年至少一次评估银行有效管理合规风险的程度。

14. 如引言所述，银行董事会应在全行推行诚信与正直的价值观念，只有这样，银行的合规政策才能得以有效实施。遵循适用法律、规则和准则应视为实现上述目标的一条基本途径。与其他类别的风险一样，董事会有责任确保银行制定适当政策以有效管理银行的合规风险。董事会还应监督合规政策的实施，包括确保合规问题都由高级管理层在合规部门的协助下得到迅速有效的解决。当然，董事会也可能将这些任务委托给适当的董事会下设的委员会（如审计委员会）。

高级管理层在合规方面的职责

原则2：银行高级管理层负责银行合规风险的有效管理。

15. 以下两项原则阐明了该一般性原则里最为重要的各项因素。

原则3：银行高级管理层负责制定和传达合规政策，确保该合规政策得以遵守，并就银行合规风险管理向董事会报告。

16. 银行高级管理层负责制定一份书面的合规政策。该合规政策应包含管理层和员工应遵守的基本原则，并要说明全行上下用以识别和管理合规风险的主要程序。区分全体员工都要遵守的一般性准则与只适用于特定员工群体的规则，将有助于增加政策的清晰度和透明度。

17. 高级管理层有职责确保合规政策得以遵守，包括发现违规问题时采取适当的补救方法或惩戒措施。

18. 在合规部门的协助下，高级管理层应该：

——每年至少一次识别和评估银行所面临的主要合规风险问题以及管理这些合规风险问题的计划。这些计划应对涉及以下方面的任何缺陷（政策上的、程序上的、实施或执行中的）进行处理，包括现存合规风险管理的有效程度，以及针对年度合规风险评估新发现的合规风险，对政策或程序进行补充的必要性。

——每年至少一次就银行的合规风险管理向董事会或董事会下设的委员会

报告，此报告应能够有助于董事会成员就银行是否有效管理合规风险问题作出有充分依据的判断。

——及时向董事会或董事会下设的委员会报告重大违规情况（例如，可能会导致法律制裁或监管处罚、重大财务损失或声誉损失等重大风险的违规情况）。

原则4：作为银行合规政策的组成部分，高级管理层负责组建一个常设和有效的银行内部合规部门。

19. 高级管理层应采取必要的措施，确保银行可以依赖一个常设的、有效的并符合以下原则的合规部门。

合规部门原则

原则5：独立性
银行的合规部门应该是独立的。

20. 独立性的概念包含四个相关要素。第一，合规部门应在银行内部享有正式地位。第二，应由一名集团合规官或合规负责人全面负责协调银行的合规风险管理。第三，在合规部门职员特别是合规负责人的职位安排上，应避免他们的合规职责与其所承担的任何其他职责之间产生可能的利益冲突。第四，合规部门职员为履行职责，应能够获取必需的信息并能接触到相关人员。

21. 独立性并不意味着合规部门不能与其他事业部（businessunits）的管理层和职员共同工作。实际上，合规部门与其他事业部之间相互合作的工作关系将有助于早期识别和管理合规风险。然而，不论合规部门与其他事业部门之间的工作关系如何紧密，下述各要素都应被视为有助于确保合规部门有效性的保障措施。实施这些保障措施的方式在一定程度上取决于各个合规部门职员的具体职责。

地位

22. 合规部门应该在银行内部享有正式的地位，以使其具有适当的定位、授权及独立性。这可能在银行的合规政策或其他正式文件中予以规定。该文件应传达给银行所有职员。

23. 以下与合规部门有关的事项应在该文件中予以规定：
——合规部门的功能和职责；

——确保合规部门独立性的各项措施；

——合规部门与银行其他风险管理部门和内部审计部门的关系；

——在合规职责由不同部门职员履行的情况下，这些职责如何在部门间进行分配；

——合规部门为履行其职责而获取必要信息的权利，以及在提供这些信息方面银行职员有给予合作的相应责任；

——合规部门对可能违反合规政策的事件进行调查，以及在适当情况下委托外部专家进行调查的权利；

——合规部门向高级管理层，必要时，向董事会或董事会下设的委员会自由陈述和披露其调查结果的权利；

——合规部门向高级管理层正式报告的义务；

——合规部门直接与董事会或董事会下设的委员会沟通的权利。

合规负责人

24. 每家银行应该有一位执行官或高级职员全面负责协调银行合规风险的识别和管理，以及监督其他合规部门职员的工作。本文件使用"合规负责人"这一称谓来描述该职位。

25. 履行合规职责的职员与合规负责人之间报告路线的性质或其他职能关系，将取决于该银行合规部门的组织方式。各营运事业部或各地附属机构的合规部门职员可能有一条向营运事业部管理层或当地管理层报告的路线，只要该职员还有一条就其合规职责向合规负责人报告的路线，这种做法就不应被排斥。如果合规部门职员位于各个独立的支持部门（如法律部、财务控制部和风险管理部等），则没有必要为其另设一条向合规负责人报告的路线。但是，这些部门应该与合规负责人密切合作，以确保合规负责人能够有效地履行其职责。

26. 合规负责人可由高级管理层成员担任，也可由其他人员担任。如果合规负责人为高级管理层成员，他不应直接负责银行业务线。如果合规负责人不是高级管理层成员，他应有一条向不直接负责业务线的高级管理层成员直接报告的路线。

27. 合规负责人就职或离任，以及离任理由，应告知银行监管机构和董事会。对于设有当地合规官的国际性活跃银行，该合规负责人在到任或离任时，同样应告知东道国的监管机构。

利益冲突

28. 如果合规负责人和承担合规职责的其他职员的职位安排会使他们的合规职责与其他职责之间产生现实或是潜在的冲突，他们的独立性就有可能被削弱。委员会倾向于合规部门职员仅履行合规职责。但是，委员会认识到，在规模较小的银行、规模较小的事业部或当地附属机构中，这也许并不可行。因此，在此情况下，合规部门职员可能从事合规以外的工作，前提是能够避免潜在的利益冲突。

29. 如果合规部门职员的薪酬与其履行合规职责的业务条线（businessline）的盈亏状况相挂钩，他们的独立性也有可能被削弱。但是，将合规部门职员的薪酬与整个银行的盈亏状况相挂钩通常是可以接受的。

信息获取和人员接触

30. 合规部门应该享有与银行任何员工进行沟通，并获取便于其履行职责所需的任何记录或档案材料的自主权。

31. 合规部门应该能够自主地对银行内部所有可能存在合规风险的部门履行风险管理的职责。合规部门应该有权对可能违反合规政策的事件进行调查，并在适当情况下请求银行内部专业人员（如法律或内部审计人员）的协助，或外聘专业人士履行该职责。

32. 对于调查所发现的任何异常情况或可能的违规行为，合规部门应随时向高级管理层报告，而不用担心来自管理层或其他员工的报复或冷遇。虽然合规部门通常的报告路线应该是向高级管理层报告，但在必要情况下，还应有权绕开通常的报告路线，直接向董事会或董事会下设的委员会报告。此外，董事会或董事会下设的委员会每年至少一次与合规负责人进行面谈也是有益的，这将有助于董事会或董事会下设的委员会评估银行有效管理合规风险的程度。

原则6：资源
银行合规部门应该配备能有效履行职责的资源。

33. 为合规部门提供的资源应该是充分和适当的，以确保银行内部合规风险的有效管理。特别是，合规部门职员应该具备必要的资质、经验、专业水准和个人素质，以使他们能够履行特定职责。合规部门职员应该能正确理解合规法律、规则和准则及其对银行经营的实际影响。合规部门职员的专业技能，尤其是在把握合规法律、规则和准则的最新发展方面的技能，应通过定期和系统的教育和培训得到维持。

原则7：合规部门职责

银行合规部门的职责应该是协助高级管理层有效管理银行面临的合规风险。银行合规部门的具体职责如下所述。如果其中的某些职责是由不同部门的职员履行，那么每个部门的职责应该界定清楚。

34. 合规职责未必都由"合规部门"（compliance department）或"合规部"（compliance unit）承担。合规职责可能由不同部门的职员履行。例如，有些银行分设法律部门和合规部门。法律部门负责就合规法律、规则和准则向管理层提出建议，并为员工制订指引；而合规部门则负责监测合规政策和程序的遵守情况，并向管理层报告。有些银行，合规部门的部分职责可能由操作风险小组承担，或是由更为综合的风险管理小组承担。如果这些部门之间存在职责分工，那么每个部门的职责都应该界定清楚。在各部门之间以及各部门与合规负责人之间应存在一种适当的合作机制（例如，相关意见和信息的提供和交流等）。这些机制应该是充分的，以确保合规负责人能够有效地履行职责。

建议

35. 合规部门应该就合规法律、规则和准则向高级管理层提出建议，包括随时向高级管理层报告该领域的发展情况。

指导与教育

36. 合规部门应该协助高级管理层：

——就合规问题对员工进行教育，并成为银行员工咨询有关合规问题的内部联络部门；

——就合规法律、规则和准则的恰当执行，通过政策、程序以及诸如合规手册、内部行为准则和各项操作指引等其他文件，为员工制定书面指引。

合规风险的识别、量化和评估

37. 合规部门应该积极主动地识别、书面说明和评估与银行经营活动相关的合规风险，包括新产品和新业务的开发，新业务方式的拓展，新客户关系的建立，或者这种客户关系的性质发生重大变化所产生的合规风险等。如果该银行设有新产品委员会，该委员会内应有合规部门职员代表。

38. 合规部门还应考虑各种量化合规风险的方法［例如，应用运行指标（performance indicators）等］，并运用这些计量方法加强合规风险的评估。运行指标可借助技术工具，通过收集或筛选可能预示潜在合规问题的数据（例如，消费者投诉的增长数、异常的交易或支付活动等）的方式来设计。

39. 合规部门应该评估银行各项合规程序和指引的适当性，立即深入调查任何已识别的缺陷，如有必要，系统地提出修改建议。

监测、测试和报告

40. 合规部门应该通过实施充分和有代表性的合规测试对合规进行监测和测试。合规测试的结果应依照银行内部风险管理程序，通过合规部门报告路线向上级报告。

41. 合规负责人应就定期就合规事项向高级管理层报告。这些报告应涉及：报告期内所进行的合规风险评估，包括基于运用诸如运行指标的相关计量方法所反映的合规风险状况的任何变化；概述所有已识别的违规问题和（或）缺陷，以及所建议的纠正措施；已经采取的各项纠正措施。该报告的格式应与银行的合规风险状况和各项合规活动相匹配。

法定责任和联络

42. 合规部门可能承担特定的法定职责（例如，承担反洗钱人员的职责等）。合规部门也可能与银行外部相关人员保持联络，包括监管者、准则制定者以及外部专家等。

合规方案

43. 合规部门应根据合规方案履行其职责，该方案确定了合规部门的行动计划，如具体政策和程序的实施与评审，合规风险评估，合规测试，以及就合规事项对银行职员进行教育等。合规方案应以风险为本，并受到合规负责人的监督，以确保对不同事业部的适当覆盖以及各风险管理部门之间的协调。

原则8：与内部审计的关系

合规部门的工作范围和广度应受到内部审计部门的定期复查。

44. 内部审计部门的风险评估方法应包括对合规风险的评估，并应制定一份包含合规部门适当性和有效性的审计方案，包括与认定的风险水平相匹配的控制测试。

45. 本原则表明，合规部门应与审计部门分离，以确保合规部门的各项工作受到独立的复查。因此，重要的是，在银行内部对于两个部门之间如何划分风险评估和测试活动应有清晰的认识，并用文件形式（如银行的合规政策或诸如备忘录等相关文件）予以规定。当然，审计部门应该将与合规有关的任何审计调查结果随时告知合规负责人。

其他事项：

原则9：跨境问题

银行应该遵守所有开展业务所在国家或地区的适用法律和监管规定，合规部门的组织方式和结构以及合规部门的职责应符合当地的法律和监管要求。

46. 银行可能通过当地的附属机构、分行或在银行没有实体机构的国家或地区开展国际业务。法律和监管要求在不同国家或地区可能有所不同，也可能因银行开展的业务种类或所在地实体机构的形式不同而有所差异。

47. 选择在特定国家和地区开展业务的银行应该遵守当地的法律和监管规定。例如，以附属机构形式营业的银行必须符合东道国的法律和监管要求。有些国家或地区可能对外国银行的分行有特定要求。当地事业部有责任确保每一国家或地区所要求的特定合规职责，由具有适当的当地知识和专门技能的人员来履行，并由合规负责人与银行的其他风险管理部门共同监督。

48. 委员会认识到，一家银行可能出于各种合理的理由在不同的国家或地区开展业务。尽管如此，如果该银行在特定国家或地区提供的产品或从事的活动，在该银行的母国没有得到许可，那么识别和评估该银行可能增加的声誉风险的程序就应该到位。

原则10：外包

合规应被视为银行内部的一项核心风险管理活动。合规部门的具体工作可能被外包，但外包仍必须受到合规负责人的适当监督。

49. 联合论坛（即巴塞尔银行监管委员会、国际证券委员会组织和国际保险监督官协会）最近提出了被监管机构业务外包的高级原则，委员会鼓励各银行参照实施。

银行应该确保任何外包安排都不会妨碍监管机构的有效监管。无论合规部门具体工作的外包程度如何，董事会和高级管理层仍然要对银行遵循所有适用法律、规则和准则负责。

I. 关于董事会和高级管理层的职能，委员会认识到不同国家的法律框架和监管框架间存在着重大差别。在某些国家，董事会主要（如果不是全部）具有监督执行机构（高级管理层、一般管理层）的职能，以确保后者完成任务。鉴此，在某些情况下，它被理解为监事会，这意味着董事会没有执行职能。在其他国家，董事会权限较大，负责为银行管理层制定总体框架。由于这些差异，本文中使用的术语"董事会"和"高级管理层"，并不是去界定它们的法律上的概念，而是把它们当作一家银行的两个决策职能机构。

II. 在有些银行，合规负责人被称为"合规员"，而其他一些银行所称的"合规员"则是指履行具体合规职责的合规工作人员。

经济合作与发展组织跨国企业准则（节选）

一、概念和原则

1.《准则》是各国政府向跨国企业提出的共同建议，提出了符合适用法律及国际公认标准的良好做法的原则和标准。企业自愿遵守《准则》，而非法律强制。然而，《准则》涉及的某些事宜可能要遵守国内法或国际承诺的规定。

2. 遵守国内法是企业的首要义务。《准则》不能替代国内法律法规，也不能凌驾于国内法律法规之上。在很多情况下，《准则》内容超出了法律范畴，这些内容不应、也无意对企业提出相互矛盾的要求。然而，假如国内法律法规与《准则》提出的各项原则和标准发生冲突，企业应在不违反国内法的限度内，最大程度地恪守相关原则和标准。

3. 由于跨国企业的业务可以延伸至世界各地，这一领域的国际合作也应扩展到所有国家。《准则》加入国政府鼓励其在领土内经营的企业，不论在何处开展业务，都应在考虑到各东道国具体国情的同时遵守《准则》。

4. 从《准则》的目的来看，无需对跨国企业做出精准的定义。这些跨国企业的业务遍及所有经济部门，通常由设在多个国家的公司或其他实体组成，并且相互关联，可以通过多种不同方式协调其业务。其中一个或多个实体可以对其他实体的活动施加显著的影响，但在不同的跨国企业内部，各实体享有的自主权往往大不相同。跨国企业可能是私有、国有或公私共同所有。《准则》适用于跨国企业内部的所有实体（母公司和/或本体实体）。根据企业内部的实际职责分配情况，不同实体之间应相互合作，相互协助，以便于遵守《准则》。

5.《准则》无意对跨国企业和国内企业给予区别待遇，而是向所有企业提出良好做法。为此，凡同时适用于跨国企业和国内企业时，《准则》对于这二者的行为寄予同样的期望。

6. 各国政府希望尽可能广泛地鼓励企业遵守《准则》。虽然认识到中小型企业或许不具备大规模企业的能力，但《准则》加入国政府仍鼓励中小型企业尽可能遵守《准则》提出的各项建议。

7.《准则》加入国政府不应将《准则》用于保护主义目的，在运用《准则》时也不应招致人们对跨国企业投资的任何国家的比较优势产生质疑。

8. 各国政府有权依据国际法，规定跨国企业在其管辖范围内开展经营必须遵守的各项条件。跨国企业设在不同国家的实体应遵守这些国家适用的法律。假如加入国或第三国对跨国企业提出相互矛盾的要求，鼓励相关国家政府诚意合作，以便解决可能出现的问题。

9.《准则》加入国政府提出各项准则，是基于这样的理解：根据国际法与合同义务，政府将履行职责，公正对待跨国企业。

10. 鼓励利用适当的国际争端解决机制，其中包括仲裁，以便于解决企业与东道国政府之间出现的法律问题。

11.《准则》加入国政府应执行《准则》，并鼓励各方应用《准则》。各国政府应建立国家联络点，负责推广《准则》，并作为一处论坛，讨论与《准则》相关的所有事宜。加入国政府还将参加相关审查和磋商程序，解决不断变化的世界中解释《准则》的相关问题。

二、一般性政策

企业应充分考虑到其开展业务所在国家的既定政策，并考虑其他利益攸关方的意见。在这方面：

A. 企业应：

1. 促进经济发展、环境保护和社会进步，以期实现可持续发展。

2. 尊重受到企业活动影响的个人的国际公认的人权。

3. 与包括商界在内的当地社区密切合作，在国内域国际市场开展符合合理商业做法的企业活动，从而鼓励当地的能力建设工作。

4. 鼓励人力资本的发展，特别是通过创造就业机会和为雇员接受培训提供便利。

5. 避免寻求或接受人权、环境、卫生、安全、劳工、税收、财政鼓励办法或其他问题有关的法律或制度框架没有规定的豁免待遇。

6. 支持和恪守良好的公司管理原则，制订和推行良好的公司管理做法，包括在企业集团整体范围内。

7. 制订和采用有效的自律做法和管理制度，在企业与其开展业务所在的社会之间培养信心和相互信任。

8. 通过培训方案等方式适当宣传公司政策，从而促进跨国企业的雇员了解和遵守这些政策。

9. 避免歧视或处分向管理部门或在适当情况下向公共主管部门如实报告违反法律、《准则》或企业政策行为的员工。

10. 开展基于风险的尽职调查，例如，将尽职调查纳入企业风险管理系统，查明、防范和减轻第 11 和第 12 所述的实际和潜在的不利影响，并说明如何消除这些影响。尽职调查的性质和范围取决于具体情况。

11. 避免因自身活动给《准则》所涉事宜造成或加剧不利影响，在出现不利影响时消除这些影响。

12. 假如不利影响并非企业所起，但由于业务关系，这种影响与企业的业务、产品或服务有直接关系，则努力防止或减轻这种影响。这样做的目的不是要将造成不利影响的实体的责任转嫁给与之有商业往来的企业。

13. 除消除与《准则》所涉事宜有关的不利影响，在可行情况下，鼓励包括供应商和分包商在内的商业伙伴执行符合《准则》的负责任的商业行为原则。

14. 与相关利益攸关方合作，创造有针对性的机会，在就可能对当地社会产生重大影响的项目或其他活动进行规划和决策时，能够考虑到企业的意见。

15. 避免不适当地介入当地政治活动。

B. 鼓励企业：

1. 根据自身情况，通过尊重网络表达自由、集会自由和结社自由，支持相关论坛的合作努力，促进因特网自由。

2. 适当参与或支持私营部门或多边利益攸关方关于负责任的供应链管理的各项举措和社会对话，同时确保这些举措适当考虑到给发展中国家造成的社会和经济影响以及现行的国际公认标准。

三、信息公开

1. 企业应确保及时公布与其活动、结构、财务状况、业绩、所有权和治理情况有关的重大事项的准确信息。信息公开应涉及企业的整体情况，在适当的情况下，应包括业务种类或地理区域分布信息。企业的信息公开制度应适合企业自身性质、规模和所在地，并且适当顾及到成本、商业秘密和其他竞争方面的考虑。

2. 企业的信息公开制度应包括但不限于如下方面的重大信息：

a）公司的财务和业务成效；

b）企业目标；

c）主要股权和投票权，包括企业集团的结构和集团内部关系以及强化控制机制；

d）董事会成员和主要执行官的薪酬制度以及董事会成员的资料，其中包括资质、遴选过程、在其他企业董事会当中的任职情况以及董事会是否认为其成员享有独立地位；

e）相关交易方；

f）可预见的风险因素；

g）涉及员工和其他利益攸关方的问题；

h）治理结构和政策，特别是公司治理守则或政策的文本及其执行过程。

3. 鼓励企业通报其他信息，包括：

a）计划向公众披露的价值观声明或商业行为声明，包括与《准则》所涉事宜有关的企业政策信息，这取决于相关信息对于企业活动的意义；

b）企业支持的政策和其他行为守则，这些文件的通过日期及其适用的国家和实体；

c）企业在落实这些声明和准则方面的表现；

d）关于内部审计、风险管理和守法制度方面的信息；

e）关于与雇员和其他利益攸关者之间关系的信息。

4. 在发布会计信息、财务信息和非财务信息方面，企业应执行高标准。非财务信息包括环境和社会报告（如适用）。企业应报告其编制和发布信息所依据的标准或政策。应由独立、合格和有资质的审计员开展年度审计，以便为董事会和股东提供客观的外部保证，确保财物报表如实反映出企业在所有重大方面的财务状况和业绩。

四、人权

各国有责任保护人权。在国际公认的人权、经营所在国的国际人权义务和有关国内法律法规的框架内，企业应：

1. 尊重人权，这意味着企业应避免侵犯他人的人权，并应解决其所涉的对人权的不利影响。

2. 在企业自身活动范围内，避免导致或促成对人权的不利影响，并在出现这些影响时予以解决。

3. 设法防止或减轻通过商业关系与其业务、产品或服务直接相关的对人权的不利影响，即使其没有促成这种影响。

4. 制定尊重人权的政策承诺。

5. 开展适合其规模、业务性质、背景以及对人权不利影响风险的严重程度的人权尽职调查。

6. 一旦发现造成或者促成对人权的不利影响，在纠正这种不利影响的过程中，提供或通过合法程序予以合作。

五、就业和劳资关系

在适用法律、法规、通行的劳资关系和雇用惯例以及适用的国际劳工标准的框架内，企业应：

1. a）尊重跨国企业雇员建立或加入自己选择的工会和代表组织的权利。

b）尊重跨国企业雇员的权利，为开展集体谈判目的承认其工会和自己选择的代表组织，单独或通过雇主协会与这些代表进行建设性磋商，以便就雇用条件达成一致。

c）为切实废除童工做出贡献，立即采取有效措施，确保作为当务之急，

· 347 ·

禁止和消除最恶劣形式的童工劳动。

d) 为消除所有形式的强迫劳动或强制劳动做出贡献，采取适当措施，确保经营活动中不存在强迫劳动或强制劳动。

e) 在经营过程中始终奉行就业机会和待遇平等原则，不因种族、肤色、性别、宗教、政见、国家出身、社会出身或其他状况，在就业和待遇方面对雇员实施歧视，除非关于雇员特点的选择性待遇推动政府旨在促进就业机会平等的既定专项政策，或是关系到某一工作岗位的特定要求。

2. a) 向雇员代表提供必要的便利，协助达成有效的集体协议。

b) 向雇员代表提供切实开展雇用条件谈判所需的信息。

c) 向雇员及其代表提供使其能够真实和恰当地了解实体或企业整体（如适用）业绩的信息。

3. 促成雇主与雇员及其代表在双方共同关注的事宜上开展磋商与合作。

4. a) 遵守不次于东道国类似雇主遵循的就业和劳资关系标准。

b) 假如跨国企业在没有类似雇主的发展中国家开展业务，应在政府政策框架内，提供尽可能好的工资、福利和工作条件。这些待遇应该与企业的经济状况挂钩，但至少应满足工人及其家人的基本需求。

c) 采取充分措施，在经营中确保职业健康与职业安全。

5. 在经营中，在实际可行范围内应尽可能多地雇用当地人员，并与雇员代表以及在适当情况下与相关政府主管部门合作开办培训，以提高技术水平。

6. 在考虑可能对就业产生重大影响的业务变化时，特别是在关闭某一实体将涉及集体解雇或遣散的情况下，应将这一变化合理地通知员工代表和员工组织，在适当情况下通知相关政府主管部门，并与雇员代表和相关政府主管部门合作，以期最大限度地缓解实际不利影响。根据每一个案的具体情况，恰当的做法是管理部门在作出最终决定之前发出通知。还可运用其他手段进行有效合作，缓解这些决定造成的影响。

7. 在与雇员代表进行有诚意的雇用条件谈判时，或是当雇员行使结社权利时，不应威胁将某一个业务部门的整体或部分从有关国家迁出，也不应威胁从其他国家的企业组成实体调入雇员，以期对谈判施加不公正的影响或是阻碍雇员行使结社权利。

8. 让得到授权的企业雇员代表能够进行集体谈判或是就劳资关系问题进行谈判，允许各方就共同关注的事宜与得到授权可就此类事宜作出决定的管理层代表进行协商。

六、环境

企业应在其业务所在国的法律、法规和行政惯例框架内,并在考虑到相关国际协定、原则、目标及标准的情况下,适当考虑保护环境、公共卫生和安全的需求,在通常情况下以能够促进更广泛的可持续发展目标的方式开展活动。特别是,企业应:

1. 建议和维持适合本企业的环境管理制度,其中包括:

a) 充分、及时地收集并分析有关其活动的环境、卫生和安全影响的信息;

b) 制定可衡量的目标,并在适当时制订改善环境状况和资源利用情况的具体目标,包括定期审议这些目标的持续相关性;在适当情况下,这些目标应符合相关国家政策和国际环境承诺;

c) 定期监督和验证环境、卫生和安全目标或具体目标的进展情况。

2. 考虑对于成本、商业机密和知识产权保护方面的关注:

a) 充分、及时地向公众和雇员提供有关企业活动的环境、卫生和安全潜在影响的可衡量性和可验证(如适用)的信息,其中可能包括关于改善环境状况的进展报告;

b) 与受到企业环境、卫生和安全政策及其实施情况直接影响的社区充分、及时地交流和协商。

3. 在决策时,评估并解决企业整个生命周期内与企业生产过程、产品和服务有关的可预见的环境、卫生和安全影响,避免这些影响或在不可避免的情况下减轻这种影响。如果这些拟议的活动可能会造成显著的环境、卫生或安全影响,而且如果这些活动须经过主管部门的决定,企业应编写适当的环境评估报告。

4. 如果存在破坏环境的严重威胁,根据对风险的科学和技术上的理解,同时考虑到人类健康和安全,不得以科学确定性不足为理由延缓采用可以防止或尽量减少此类环境破坏的有效措施。

5. 制订防止、缓解和控制企业运行引起的环境和卫生破坏、包括事故和突发事件的应急计划,并建立向主管部门迅速报告的机制。

6. 通过适当鼓励如下活动,持续努力改善企业或在适当时改善其供应链在环境保护方面的表现：

a) 在企业各部门采用复合企业环境表现最佳部门采用的涉及环境表现标准的技术与操作程序；

b) 开发和供应具有如下特点的产品或服务：不会对环境产生过度影响，其预期用途是安全的，可以减少温室气体排放，在消耗能源与自然资源方面做到高效，可安全地重复使用、再利用或处置；

c) 通过关于企业产品的准确信息（如关于温室气体排放、生物多样性、资源效率或者其他环境问题），提高消费者对于使用该企业的产品和服务造成的环境影响的认识；以及

d) 探索并评估在长期内提高企业环境表现的方式，如通过制订减排战略、有效利用资源、回收、替代或减少使用有毒物质或者制订生物多样性战略。

7. 为雇员提供环境、卫生与安全方面的适当培训，包括处理有害物质与预防环境事故，以及更普遍的环境管理知识，如环境影响评估程序、公共关系和环境技术。

8. 促进制订具有环境意义和经济效率的公共政策，如通过能够强化环境意识与环境保护的伙伴关系和倡议。

七、打击行贿、索贿和敲诈勒索

企业不应直接或间接提出、许诺、给予或索要贿赂或其他不正当利益，以便获得或保持商业或其他非正当优势。企业还应抵制索贿和敲诈勒索行为。特别是，企业应：

1. 不得向公职人员或业务合作伙伴的雇员提供、许诺或给予不正当的金钱或其他利益。同样，企业不应要求、同意或接受公职人员或业务合作伙伴的雇员提供不正当的金钱或其他利益。企业不应通过代理人和其他中介机构、顾问、代表、分销商、企业集团、承办商和供应商以及合资企业伙伴等第三方，向公职人员、业务合作伙伴的雇员、其亲属或商业协作单位提供不正当的金钱或其他利益。

2. 制定和采取适当的内部控制、道德与合规方案或措施，防止和发现贿赂情况。制定这些方案所依据的风险评估针对企业的具体情况，特别是企业面临的贿赂风险（如企业的地域部门和行业部门）。这些内部控制、道德与合

规方案或措施应包含财务和会计程序系统，其中包括合理设计的内部控制系统，确保维护公正和准确的簿册、记录和账目，确保其不被用于贿赂或藏匿贿赂的目的。在必要时应针对具体情况和贿赂风险进行定期监测和重新评估，确保企业的内部控制、道德与合规方案或措施适用或继续有效，并减轻企业成为行贿、索贿和勒索同谋的风险。

3. 公司的内部控制、道德与合规方案内禁止或阻止使用小额便利费，在支付这笔费用的国家，这种做法通常是非法的，在支付之后应将其记录在账目和财务记录当中。

4. 考虑到企业面临的特殊贿赂风险，确保妥善记录与招聘有关的尽职调查，对代理人进行适当的定期监督，确保代理人的报酬适当，并且仅用于合法服务。在适当时，应根据适用的公开披露要求，保留参与公共机构和国有企业交易的代理人名单，并交给主管部门。

5. 提高企业打击行贿、索贿和敲诈勒索活动的透明度，其中的措施包括公开打击贿赂、索贿和勒索的承诺，公布企业为遵守这些承诺而采取的管理制度和内部控制、道德与合规方案或措施。企业还应促进公开性，与公众对话，从而提高并促进公众对打击行贿、索贿和勒索的认识与合作。

6. 通过适当的宣传企业政策、方案或措施，执行培训计划或纪律程序，促进雇员了解并遵守企业在打击行贿、索贿和勒索方面的政策和内部控制、道德与合规方案或措施。

7. 不得向公职候选人、政党或其他政治组织非法捐款。政治捐款应完全符合公开披露的要求，并向上级管理部门汇报。

八、消费者的权益

在对待消费者时，企业应根据公平的商业、营销和广告做法行事，并应采取所有合理步骤，确保其提供的商品或服务优质且可靠。特别是，企业应：

1. 确保其提供的商品或服务符合所有议定或法律规定的消费者健康与安全标准，包括与健康警告和产品安全信息有关的标准。

2. 在适当时提供关于商品和服务价格、成分、安全使用、环境属性、维护、储存和处置的准确、可证实和清楚的信息，足以使消费者作出知情决定。

3. 为消费者提供公正、便捷、及时和有效的非司法争端解决和补救机制，同时避免不必要的代价或负担。

4. 不得捏造或隐瞒信息，不得从事任何其他虚假、误导、欺骗性或不公平的活动。

5. 支持在涉及业务活动的领域对消费者进行教育，目的是提高消费者在以下方面的能力：（1）做出涉及复杂商品、服务和市场的知情决定；（2）更好地了解其决定对经济、环境和社会的影响以及（3）支持可持续消费。

6. 尊重消费者的隐私，采取合理的措施确保对其收集、储存、处理或传播的个人数据予以保护。

7. 与公共当局充分合作，防止或者打击欺骗性的营销做法（包括误导性广告和商业欺诈），减少或防止因消费、使用或处置其商品和服务对公众健康与安全或环境造成的严重威胁。

8. 在适用上述原则时，考虑到（1）弱势群体和处境不利消费者的需求，以及（2）电子商务可能给消费者带来的具体挑战。

九、科学技术

企业应：

1. 努力保证各项活动符合其业务所在国家的科学技术政策和计划，并酌情为当地和东道国创新能力的发展做出贡献。

2. 如可行，在适当顾及知识产权保护的情况下，在其经营活动过程中采用允许转让和迅速扩散技术与专业技能的做法。

3. 在适当时，在东道国开展科学技术开发以满足当地需求，并在考虑商业需求的情况下，雇用东道国拥有科技资质的人员，并鼓励对这些人员进行培训。

4. 在授予知识产权使用证或在转让技术时，以有助于促进东道国长期可持续发展的合理条件和方式行事。

5. 在涉及企业商业利益的情况下，发展与当地大学和公共研究机构的关系，参与当地产业或产业协会的合作研究项目。

十、竞争

企业应：

1. 在开展活动时符合关于竞争问题的所有适用的法律法规，同时考虑到企业活动可能产生反竞争效应的所有地区的竞争法。

2. 避免与竞争对手达成或执行反竞争协定，包括如下协议：
a) 固定价格；
b) 非法操纵投标（合谋投标）；
c) 制定产量限制或配额；
d) 通过分配消费者、供应商、商业领域或贸易范围而分享或分割市场。

3. 根据适用的法律和适当的安全规定，尽可能迅速、全面地对信息要求做出反应，与当地的竞争问题主管部门合作，并考虑使用可用的工具，如在适当情况下的保密豁免，以促进调查部门之间的有效和高效的合作。

4. 定期提高雇员对于遵守所有适用的竞争法与竞争政策的重要性的认识，特别是对企业高层管理人员进行有关竞争问题的培训。

十一、税收

1. 企业应及时缴纳应纳税金，从而为东道国的公共财政做出贡献，这一点很重要。特别是，企业应遵守其活动所在国的各项税收法律法规的条文和精神。遵守税法精神需要领会和依从立法意图。不要求企业支付的税款超出依据解释确定的法定金额。税务合规的措施之一是及时向相关主管部门提供用以准确核定其业务稽征税款的相关或法定信息，按照公平交易原则遵守转让定价做法。

2. 企业应将依法治税和纳税作为内部监督和更广泛的风险管理系统的重要因素。特别是，公司董事会应制订税收风险管理战略，全面确定和评估税收方面的财务、监管和声誉风险。

世界银行集团诚信合规指南（摘要）

世界银行集团（以下简称世行）一直致力于完善其制裁体系。作为这项工作的一部分，现行附带解除条件的取消资格限制裁已经成为世行最新修订版制裁程序下的默认或"基本"制裁，该制裁程序于 2010 年 9 月生效。

建立（或完善）和执行世行认为满意的诚信合规计划未来将成为世行解除取消资格制裁（或有条件解除取消资格制裁）的主要条件；或是对部分现行制裁而言，将成为提前解除取消资格制裁的主要条件。

2010年9月，世行廉政副行长直辖部门任命诚信合规监察官。除了负责监督被制裁公司的诚信合规情况（或个人行为守则），监察官还将负责判断作为取消资格制裁的一部分，由制裁委员会或世行评估与暂停资格专员设立的合规条件和/或其它条件是否已经满足。

相关制裁程序详见世行网站www.worldbank.org/sanctions。如需深入了解世行的反腐败行动，请登录：www.worldbank.org/integrituy。

1. 禁止不当行为：在行为守则或类似文件、信息沟通中明文规定和明确禁止不当行为（如欺诈、腐败、串通和强迫行为）。

2. 职责：创建和维护一种基于信任的包容性组织文化，鼓励道德行为和守法承诺，对不当行为绝不姑息。

2.1 领导作用：公司高管、董事会或类似机构应全力、明确、公开、积极地支持并承诺推动诚信合规计划（以下简称"合规计划"）及其贯彻执行，无论从形式上还是从实质上。

2.2 个人责任：遵守合规计划是公司各级员工的强制性个人义务。

2.3 合规职责：合规计划的监督和管理应由一个或多个公司高级官员负责，该官员应享有充分的自主权、足够的资源和有效的执行权。

3. 合规计划启动、风险评估及检查：要制订一个合适的计划，应在综合考虑公司规模、业务领域、经营地点及其它特殊因素的基础上，首先对公司业务和经营过程中出现欺诈、腐败或其它不当行为的潜在可能进行初步的（或更新的）综合风险评估，然后定期并在必要之时对风险评估进行检查和更新，以适应现实情况的发展变化。高管人员应采用系统的方法监督合规计划，定期检查合规计划在预防、发现、调查和应对各种不当行为方面的适用性、充分性和有效性；同时也应考虑合规领域的相关变化，以及国际和行业标准的演变。如发现合规计划存在缺陷，公司应采取合理措施避免此类缺陷进一步发生，这些措施包括对合规计划做出必要的修改。

4. 内部政策：制订实用有效的合规计划，明确阐释相关价值、政策和程序，用以预防、发现、调查和补救在公司/个人有效控制之下的任何形式的不当行为。

4.1 雇员尽职调查：审查目前或将来拥有决策权的员工，或能够影响经营结果的员工，包括管理层和董事会成员，确定员工是否有不当行为，或有其它与诚信合规计划相抵触的行为。

4.2 限制与前政府官员的关系安排：前政府官员辞职或退休后，应限制同这些官员或与其有关联的实体和个人签订雇佣合同或其它有报酬的协议，如果此类活动或雇佣行为与这些官员在职期间的职能或监督的职能直接相关，或者这些官员曾经或仍然对该职能产生实质性影响。

4.3 馈赠、接待、娱乐、旅行和开支：针对馈赠、接待、娱乐、旅行或其它费用支出，应建立控制手段和程序，确保开支合理，而且不会对商业交易的结果造成不正当的影响或由之产生不正当的利益优势。

4.4 政治捐款：仅可根据适用法律向政党、政党官员和候选人提供捐款，而且应公开披露所有的政治捐款（除非出于合法保密的需要）。

4.5 慈善捐款和赞助：在公司的权力范围内，采取措施以确保公司的慈善捐款未被用作不当行为的遮蔽手段。除非出于合法保密的需要，否则所有的慈善捐款和费用均应公开披露。

4.6 好处费：公司不应支付任何好处费。

4.7 记录保存：应对合规计划的各个方面进行适当地记录，包括根据上述第4.3条至第4.6条所列事项或项目进行支付的任何款项。

4.8 欺诈、传统观念和强迫行为：应采取特定的保障措施、方法和程序，发现和预防腐败以及欺诈、串通和强迫行为。

5. 针对业务伙伴的政策：对于那些与公司存在重要业务联系，或公司能够施以影响的业务伙伴，应尽最大努力鼓励其做出对等承诺，以预防、发现、调查和补救不当行为（如果业务伙伴是受控的分支机构、合资企业、非公司社团或类似实体，应尽可能要求其做出对等承诺）。业务伙伴包括代理人、顾问、咨询专家、代表、经销商、承办商、分包商、供应商、合资方及其他第三方。

5.1 业务伙伴尽职调查：在与业务伙伴建立关系之前以及在后续过程中，应进行有适当记录的、基于风险的尽职调查（包括确认任何未记录在案的利益所有人或其他受益人）。应避免同从事不当行为或被怀疑从事不当行为的承包商、供应商和其他业务伙伴发生关联（除非是在特殊情况下并且需要采取适当的缓解措施）。

5.2 向业务伙伴告知诚信合规计划：将公司的合规计划告知所有的业务伙伴，同时明确声明，所有代表公司进行的业务活动都应遵守该计划。

5.3 对等承诺：要求公司业务伙伴对等承诺遵守诚信合规计划。如果业务伙伴尚无诚信合规计划，则应鼓励其根据自身业务活动和具体情况制订健全有效的计划。

5.4 适当文件：完整记录公司同业务伙伴之间的关系。

5.5 适当报酬：确保对任何业务伙伴所支付的任何款项都是对该伙伴合法提供的货物或服务的适当和正当的报酬，而且款项支付渠道是合法的。

5.6 监测/监督：所有公司作为其中一方的合同，其履行过程均应受到监督，以尽可能地杜绝履行过程中的不当行为。作为对业务伙伴关系定期检查的一部分，公司同时应对业务伙伴的合规计划和履约情况进行监督。

6. 内部控制

6.1 财务制度：建立并维护有效的内控体系，通过财务和组织结构制衡机制，对公司的财务、会计、记账以及其它业务活动进行制约。公司的内控体系，尤其是会计和记账，应定期接受独立的内部和外部审计，为内控体系的设计、执行和效果提供客观保证，并揭露任何与合规计划相抵触的行为。

6.2 合同义务：雇佣合同和业务伙伴协议中应明确约定关于不当行为的合同义务、补救和/或惩罚措施（在业务伙伴协议中，应针对业务伙伴的不当行为制订退出计划，例如终止协议的契约权利）。

6.3 决策程序：建立决策程序，使决策过程和决策人的资历与业务的重要性和各种不当行为的认知风险相对称。

7. 培训与交流：采取切实合理的步骤，定期宣传合规计划，同时根据不同的需求、情况、职位和职责，为公司各级职员（尤其是从事高风险活动的职员）提供有效培训并予以记录，适当时也可为业务伙伴提供培训。公司管理层须在年度报告中对合规计划进行说明，或公开披露/宣传合规计划的相关知识。

8. 激励机制

8.1 奖励措施：对于公司各级遵守合规计划的行为，应通过适当的激励机制予以鼓励和积极扶持，使合规计划在公司内得以全面推广。

8.2 惩戒措施：对于有不当行为或有其它违反合规计划行为的个人，包括高级官员和董事等各级人员，应给予适当惩戒（包括终止劳务合同）。

9. 报告制度

9.1 上报义务：应告知全体员工，如遇任何与合规计划相关的问题，无论是本人行为还是他人行为，均有义务立即上报。

9.2 指导建议：采取有效的措施和机制，为管理层、职员以及（在适当其情况下包括）业务伙伴提供关于遵守公司合规计划的指导建议，包括当其在外国管辖区遇到困难时，为其提供紧急建议。

9.3 检举/热线：对于受到上级指示或者压力却不愿违反合规计划的个人，或有意检举公司内部违规行为的个人，应为其提供沟通渠道（包括秘密渠道）及保护。公司须根据检举内容采取适当的补救措施。

9.4 定期验证：对于拥有决策权或能够影响业务结果的所有相关人员，应要求其定期（至少每年一次）提供书面证明，说明其已经参阅公司行为准则并严格遵守合规计划，而且已就公司其他职员或业务伙伴可能的违规行为，向公司内部负责诚信事宜的专职官员报告。

10. 不当行为的补救措施：

10.1 调查程序：公司应执行相关程序，对所报告或发现的不当行为和其它违反合规计划的行为进行调查。

10.2 应对措施：一旦不当行为得以确定，公司应按照合理步骤，采取适当的纠正措施，防止出现类似甚至更为严重的不当行为或者其它违反合规计划的行为。

11. 集体行动：在适当情况下，积极与商业组织、工业团体、专业协会及民间社会组织合作，鼓励并协助其它实体制订预防不当行为的相关计划，特别是那些尚未制订完善合规计划的中小企业和其他实体，已经制订合规计划的大型企业，以及自愿合作的贸易协会和类似机构。

《世界银行集团诚信合规指南（摘要）》中规定的标准、原则和内容是众多机构、实体普遍认可的良好治理和反欺诈、反腐败实践措施。指南的适用对象主要为受制裁方，但也欢迎其他各方参考采纳。该指南并非包罗万象的唯一规范性文件，各方应根据自身情况决定是否予以采纳或做出相应调整。

亚太经合组织企业自愿和有效的合规项目之基本要素

序言

有效的合规项目表现在其合理的设计和有效的执行，并有助于实现最终的目标：发现、制止和教育。设计合理和执行有效的项目有助于确保企业维护自己的价值、资产、诚信和声誉。不过，需要注意的是，任何一项项目都不可能适合所有的企业。一家企业的合规项目取决于它的规模、法律结构、业务经营的地域和行业领域以及它所面临的风险的性质，最后一项尤为重要。合规项目应当遵守企业经营所在地的与打击贿赂和腐败有关的各项法规。企业的责任需要延伸到其所控制的国内外分支机构的行为，合规项目也应当如此。最后，无论书面设计多么合理，若是在实践中没有得到各级管理人员的有力支持，一个项目就不会是高效率的。

在上面提到的亚太经合组织《反腐败商业行为准则》和《私营部门商业诚信与透明度准则》基础之上，下列要素又做了进一步延伸，对这些准则的合规项目要素进行了务实讨论。

1. 开展风险评估

旨在发现和制止腐败行为的有效的合规项目应当以风险评估作为基础，需要考虑企业的具体情况，其中包括贿赂及其他腐败风险。

● 企业应当持续监控自身风险，评估是否需要修改合规项目，以确保项目的有效和高效。应当考虑的风险因素包括：

· 生产经营的产所；

· 行业领域；

· 商业机会；

· 潜在业务合作伙伴；

· 政府监管程度，包括开展国际商业活动时与海关和移民当局的接触以及与政府官员的其他互动点。

● 企业需要分配资源妥善应对风险最高的领域，最终应当向业务风险程度最高的领域分配更多的资源。

· 例如，经验表明，在进行风险分析时，企业应当重点关注大额政府采购以及对第三方代理人的可疑支付或折扣。

· 然而，各个第三方产生的风险不尽相同，对所有第三方给予同等程度的尽职调查并不合理。

· 同理，尽职调查虽然很重要，但是，对于相对常规和低水平的招待和礼物花费来说，风险相对较低，只需分配较少的资源。

2. 管理团队的全力支持和参与

合规项目的各个要素需要的得到高级管理人员和公司内部各个层面的管理人员的全力支持和参与。管理层对项目的完全信守和支持表明企业上下对合规文化的承诺。

- 合规项目必须在公司内部的各个层面得到贯彻和执行，企业需要持续采取措施确保全体员工的认知；
- 高级管理人员必须以身作则，认真打击腐败行为。如果一家企业的高级管理人员不遵守合规项目的要求，

员工们也不会遵守。

3. 制定和遵守书面的公司行为准则

公司董事、管理人员、雇员和代理人不遵守国内外反腐败和贿赂法规的，可能会给自身和企业招致刑事、民事或行政责任。

- 公司行为准则通常包括一套明确的便于全体员工以及代表企业开展业务的人员理解和查阅的法律和道德准则；
- 全面而明确的行为准则、明确的反腐败政策，以及寻求指导和信息披露的政策和程序，能够降低员工和第三方发生可诉不当行为的可能性；
- 行为准则应该关注的事项之一就是与外国政府之间交易的性质和程度，包括向外国官员和相关第三方付款或者协助向外国官员和相关第三方付款；使用第三方代理人；礼物、旅游和招待费用；慈善和政治捐款；
- 需要牢记的是，由于企业可能需要为员工的行为承担责任，因此，企业应当将行为准则分发给每一个员工，如果需要，还应当将行为准则翻译成海外经营所在地的当地语言；
- 企业还可以考虑是否应当将行为准则分发给业务伙伴和代理人，其中包括中介机构、咨询师、代表、分销商、承包商、供货商、财团和合资伙伴。企业可能还可以在行为准则中加入针对业务伙伴和代理人的具体合规措施和期望；
- 最后，制订行为准则只是合规过程的起点，而不是终点。行为准则必须始终得到高效持续的实施和执行。企业应当明确合规是强制性的，员工拒绝提供贿赂，即便导致企业失去业务，也不会因此受到降职、处罚或其他不

利后果。

4. 建立合规管理组织架构

根据企业的规模大小，执行合规项目的可以是单个人或者一个由合规/道德官组成的团队。

- 为了明确责任，应当由企业的高级管理人员执行合规项目并对项目负责。企业（根据自身规模的大小）应当选取一位或多位高级管理人员负责监督合规项目，并给予必须的自主权、资源和权限；
- 监督合规项目必须包括有权直接向公司董事会下设的内部审计委员会或者监事会（或者等同的机构，根据企业自身规模的大小）等独立的监督部门报告事项；
- 重要的是，企业应当按照自身规模大小、结构和风险状况为合规项目配备适当的人员和资源；
- 公司合规人员和委员会在起草行为准则以及向员工或者其他业务伙伴提供合规程序培训和教育方面能够发挥关键性的作用。合规委员会的成员可以包括分管营销和销售、审计、经营、人力资源等关键职位的高级副总裁；
- 历史经验证明，授权合规人员接触高级管理人员，使其有能力影响公司关于诚信经营的总体政策，这一点可谓至关重要。

5. 提供反腐败培训、教育讲座和持续指导

合规项目的全面成功取决于在公司内部各个层面以及针对业务伙伴推动法律和道德培训和认证。

- 定期向包括董事会成员、高级管理人员和代理人在内的全体员工提供道德和合规培训项目。向高风险领域工作的员工提供专门的法律和道德培训。在适当的情况下，企业还应当考虑向承包商和供应商提供这类培训；
- 合规项目应当向公司各个层面的员工介绍相关的国内外反腐败和贿赂法规；
- 应当根据受众情况提供培训和相关资料，包括使用当地语言。企业应当考虑将培训项目的重点放在企业面临的各类风险上，并结合员工在各自的工作岗位上可能遇到的情形；
- 具有互动性、方便查阅和成本效率特点的培训资料有助于推动员工支持合规项目，其中包括网络培训和现场培训；

● 必须定期评估培训活动的有效性，根据员工可能遇到的新的风险作出必要的修改；

● 最为重要的是，对合规问题的讨论和关注不应当只限于培训课堂和合规团队；合规应当作为企业文化和经营方式的一个组成部分。

6. 开展基于风险和详细记录的尽职调查

为了确保合规项目的高效率和有效性，企业需要基于风险开展迅速全面的尽职调查并予以详细记录。尽职调查还能够防止企业声誉的潜在损害。

● 自行监控、定期内审以及向董事会（或等同机构，根据企业规模大小）报告等措施都能够很好地确保合规项目得到遵守；

● 合规项目的尽职调查还应当延伸到代理人和其他业务伙伴等第三方，其中包括中介结构、咨询师、代表、分销商、承包商、供货商、财团和合资伙伴，并考虑他们的具体风险因素。上面说过，代理人和业务伙伴的风险状况各不相同，并不需要施行同等水平的审查。从新员工、代理人或业务伙伴的审查到国际商业交易（如并购或合资，包括并购之前或之后的尽职调查）的风险评估和定期监控和审查，尽职调查都可以帮助发现有问题的行为，将责任控制在一定范围之内；

● 企业应当考虑第三方的资质以及与第三方之间的关系，特别是与政府官员的业务和私人关系。

·企业应当考虑第三方的需要和作用，通过合同约定由第三方提供的服务。这类评估不仅有助于降低合规风险，还能够确保聘用第三方是出于真实的业务需要。

·企业应当确保第三方开展的工作有详细记录，并且按照所在行业和地域通行的薪酬标准向第三方支付服务报酬。

·企业还应当持续监控与第三方之间的关系，包括更新尽职调查、行使审计权利、提供培训、要求第三方提供证明等。

·企业应该当确保第三方业务伙伴收到与其合规项目有关的信息，并争取获得第三方通过证明等方式做出的互惠承诺。

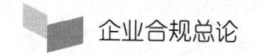

7. 审计和内部会计控制

内部会计控制体系的审计和监控有助于提早发现错误和不当行为（如贿赂、欺诈或其他违法行为），推动建立高效的合规项目。

- 企业应当设立财务和会计程序，其中包括内控机制，确保账册和记录的公允和准确，确保这些文件没有用于贿赂或者掩盖贿赂或其他腐败行为；
- 企业应当制定一份简单明了的会计政策，禁止账外项目或没有充分确认的交易；
- 企业应当监控账目是否存在错误或者用于掩盖企业自己或由他人代为支付的非法贿赂或其他腐败款项的模糊或欺骗性项目。

8. 合规机制和报告要求

企业行为准则的执行是很关键的。合规人员应当平易近人，这样员工就能够自如地与其讨论合规问题或关注。

- 设立安全方便的报告机制，制定适当的保密和禁止报复政策以及与报告有关的其他保障机制，这一点极为重要。举报保护机制，包括报告项目的独立管理以及确保可以匿名举报、提供意见箱或"热线电话"等措施，都有助于发现和报告有问题的行为；
- 企业应当认真对待举报人的举报，根据内部或外部举报人提供的情况采取措施，在适当的情况下应当向有关部门报告；
- 企业还应当确保提供开放的建议和沟通渠道，以便改进和跟进合规项目。企业应当考虑公布自己的合规项目，让所有的利益相关者都能够有所了解；
- 企业还应当确保建立适当的机制，及时指导并向员工和代理人反馈如何处理和解决各种困难以及有时会发生的紧急情况。这类辅导对员工或代理人以及企业本身来说都是一种保护。

9. 激励

企业应当确保在公司的各个层面提供合规激励，鼓励和积极支持员工遵守和维护反腐败（包括贿赂）项目。

- 可以通过不同方式在多个层面提供激励：聘用认同企业价值的员工，

为维护项目的员工升职和加薪，承诺满足培训要求和认证，包括绩效评估，以及向为合规工作作出贡献的人员提供其他形式的承认和奖励。

10. 惩罚

企业应当确保各级员工都明白，违反合规政策、程序和反腐败法规会受到轻重不等的纪律处罚。如按照相关法律的规定，可能会内部通报纪律处分，甚至可能被解除劳动合同。

11. 定期审查和测试

随着企业的业务发展和变化，合规项目必须随之发展和变化。企业必须不断地审查、更新和改进自己的合规项目，确保项目的高效率，确保项目的高效率，能够应对企业不断变化的风险状况。

• 企业高级管理人员应当监督项目，定期审查项目的适当性、充分性和有效性，并根据需要进行适当的改进。企业应当审查和测试内控机制，识别最优方法和新的风险领域。审查结果应当定期报告给审计委员会或董事会（或等同机构，根据企业规模大小）；

• 审计委员会或董事会（或等同机构，根据企业规模大小）应当独立地评估项目的持续充分性，并在年报中向股东披露评估结果。

西门子公司的合规管理要素

1. 公平竞争与反托拉斯法

公平竞争有助于市场自由发展，从而带来更大的社会效益。相应地，公平原则也适用于市场份额的竞争。

所有员工都有义务遵守公平竞争的原则。

判定某种行为是否触犯反托拉斯法是很困难的，特别是各国的反托拉斯法存在差异，而且不同案例的具体情况也不尽相同。例如，许多国家的反托拉斯法对于大公司有特别的要求。

以下是一些会导致违反反托拉斯法行为的例子。员工不得：

为达到诱导竞争对手采取相同的行为的目的，与竞争对手谈论产品价格、产量、产能、销售、投标、利润、利润率、成本、分销方式或其他任何决定或影响公司竞争行为的参数；

与竞争对手签订协议，以停止竞争、限制于供应商的交易、在招投标中提交虚假报价或划分客户、市场、区域或生产计划的；

干涉西门子产品购买者的转售价格，或试图通过他们限制出口或进口西门子所提供的产品。

此外，员工不得利用工业间谍活动、贿赂、盗窃或窃听等手段获取竞争情报，或恶意传播有关竞争对手或其产品或服务的虚假信息。

2. 反腐败：提供和给予好处

西门子依靠创新产品、服务质量和价格来公平竞争赢取订单，而非通过向他人提供不正当利益的方式。因此，任何员工不得直接或者间接向政府官员提供、承诺、给予或授权提供金钱或其他任何有价物品，以影响官方行为或获取不当利益。如果是为获取不当利益，上述要求同样适用于在商业交易中的私营商业对方。任何提供、承诺、给予或礼品都必须遵守适用法律及西门子政策，同时不能让人感到存在恶意或不合适。这意味着，如果可能被合理地理解为为使西门子获得商业优势而企图不正当地影响政府官员或向商业对方行贿，则不得进行此类提供、承诺或给予行为或赠送礼品。

"政府官员"一词的定义范围非常广泛，包括任何政府或其他公共机关、部门或法律实体所有级别的官员或雇员，其中包括国有企业和国际组织的官员或雇员。"政府官员"还包括政治候选人、政党官员和雇员以及政党。

此外，员工也不得间接给予金钱或任何有价物品（如提供给顾问、代理人、中间人、商业伙伴或其他第三方），如果情况表明其全部或部门有可能直接或间接落入政府官员手中，从而影响官方行为或获取不当利益，或直接或间接落入私人商业对方的手中，从而在商业交易中获取不当利益。

鉴于上述原因，负责聘用顾问、代理人以及合资企业或类似实体的合作伙伴的员工必须采取适当措施，以：确保上述第三方理解并遵守西门子的反腐败政策或类似规定；

评估这些第三方的资质与声誉；

以及在协议和合同中加入适当的条款，以保护西门子的利益。

上述规定尤其适用于（但不限于）这些第三方代表西门子与政府官员接触的情况。

最后，公司作出的每一项投资决定（无论是购买某家公司的控股权益，还是少数权益，还是合资安排）都必须基于事先的合规审核。

3. 反腐败：要求和接受好处

员工不得利用工作之便诱请、要求、接受、获得不正当利益或接受不正当利益的承诺。本规定不妨碍员工偶尔接受一些符合当地风俗习惯以及西门子政策的纯粹仅具有象征价值的礼品，或价值合理的餐饮或娱乐邀请。对其他任何礼品、餐饮或娱乐邀请必须予以拒绝。

4. 政治捐款、慈善捐款和赞助

西门子不进行政治捐款（针对政治家、政党或政治组织的捐助）。

作为负责任的社会一员，西门子为教育、科学、文化艺术、社会福利事业和人道主义项目捐赠款物。西门子为了广告目的而进行的赞助不视为捐赠，为了商业目的而向行业协会提供的款项或者向组织机构缴纳的会员费也不视为捐赠。

一些捐赠行为是绝对禁止的，包括：

（1）提供给个人以及营利性组织的捐赠；

（2）向私人账户的汇款；

（3）向其目标与西门子公司原则相冲突的组织提供的捐赠；

（4）有损西门子声誉的捐赠。

捐赠必须透明。这意味着，除符合其他要求外，接受捐赠方的身份和捐赠使用的计划必须明确，捐赠的原因和目的必须合理并且记录在案。准捐赠指表面上是服务报酬，但实际金额远远大于服务价值的捐赠。因为违反透明原则，所以禁止实施准捐赠。

赞助指为获得宣传西门子品牌的机会，如展示西门子标识、开幕或者闭幕词中提及西门子、作为讨论小组的演讲嘉宾发言或者获得获得的门票，而向第三方组织的活动提供的任何金钱或者其他实物。

所有赞助必须透明，依照书面协议执行，具有合法的商业目的并与活动主办方作为对价而提供的宣传机会相称。

不得为了确保西门子获得不当竞争优势或者其他不当目的而承诺、提供或者作出赞助,也不得为目标与西门子公司原则相冲突或者有损西门子声誉的个人或者组织主办的活动提供赞助。

5. 政府采购

西门子在全世界范围内通过竞争赢得来自政府机构以及政府企业的订单。西门子在所有与政府之间的业务往来与互动中,始终秉持透明、诚实与准确的原则。

我们遵守与政府采购有关的所有适用的法律和法规,包括禁止不正当地影响政府官员的法律。

6. 反洗钱

洗钱指通过将赃钱纳入商业流通使其看起来合法或无法识别其真正来源或者所有者身份从而伪装与犯罪活动——如恐怖主义、贩毒或者贿赂——有关的金钱的性质和来源的过程。

与从事合法商业活动且资金来源合法的、声誉良好的客户、顾问以及商业伙伴进行来往是西门子的目标。我们不为洗钱活动提供便利。西门子所有员工必须遵守适用的反洗钱法律以及西门子流程,如旨在侦查并阻止可能涉及洗钱的可疑形式的付款、客户或者其他交易系统。为避免此类问题的出现,员工必须时刻警惕并及时报告客户、顾问和商业伙伴的可疑行为。员工还必须遵守适用于有关其他交易和合同的现金与付款的所有会计、簿记与财务报告制度。

7. 贸易管制

西门子遵守经营所在国适用的出口管制与海关法律法规。出口管制普遍适用于跨越某些国家边境的货物、服务、硬件、软件或者技术的转移,包括以电子邮件的形式。直接或者间接向受制裁的国家或者当事方出口或者从其进口可能触发出口管制法律,受制裁国家或者当事人可能是基于国家安全考虑或者因其参与犯罪活动而被确定。违反上述法律法规可能会导致严重处罚,包括罚金和政府取消进出口简化流程(无缝供应链将发生中断)。

涉及上述货物、服务、硬件、软件或者技术出口业务的员工必须遵守适用的经济制裁，出口管制以及进口法律法规以及其所服务的业务部门制定的任何相关的政策与流程。

8. 与供应商合作

西门子期望其供应商能认同西门子的价值观并遵守所有适用法律。此外，西门子希望其供应商在对利益相关方和环境承担责任方面采纳与西门子类似的以下原则：

（1）遵守所有适用法律；
（2）严禁腐败；
（3）尊重员工的基本人权；
（4）遵守禁止使用童工的法律；
（5）对员工的健康与安全承担责任；
（6）遵守与环保有关的法定标准和国际标准；
（7）使用《西门子供应商行为准则》向其供应商宣传合规。

巴斯夫集团的员工行为准则（摘要）

1. 人权、劳工和社会标准

巴斯夫致力于确保全体员工的行为与国际普遍接受的

人权标准以及核心的劳工和社会标准保持一致。这些标准包括：《世界人权宣言》《经济合作与发展组织跨国企业准则》和国际劳工组织《关于跨国公司和社会政策的第三方原则声明》。

巴斯夫不遗余力地废除各种形式的童工与强制劳动，高度重视无歧视原则，认可自由结社、集体谈判和社会伙伴关系，承诺按当地市场条件提供公平薪酬与福利、足额工时和带薪休假，并保持适度的纪律处罚与安保措施。

巴斯夫坚决支持公平就业机会，并严格遵守所有适用法律，特别是禁止年龄、种族、肤色、性别、性取向、出生国籍、宗教或残疾方面的就业歧视。本政策适用于所有雇佣决策，包括招聘、雇用、培训、轮岗、晋升、薪酬、福利、纪律处罚和终止合同等。巴斯夫还严禁性骚扰和其他工作场所骚扰。

巴斯夫推动多元化、包容性的工作场所。

2. 环境、健康与安全保护

巴斯夫致力于引领可持续发展解决方案并积极承担经济、生态与社会责任。巴斯夫在安全问题上从不妥协。经济方面的考量不会凌驾于安全、健康与环境保护之上。

遵守所有法律法规以保护人类与环境是公司的基本宗旨之一。这一点同样体现在巴斯夫的产品和工艺上。

每位员工在其工作范围内都应承担起保护自然资源和环境的责任。同样，人类的健康与安全也是巴斯夫关注的重中之重。基于"责任关怀"原则，巴斯夫以负责任的态度保护员工、邻居及业务伙伴的健康。每位员工均应时时刻刻对 安全工作负责，并遵守所有适用的环境、职业健康与安全方面的法律法规以及公司内部政策与规定。所有主管都有责任指导、监督和支持其团队履行这一职责。在没有相关环境保护和职业健康与安全的法规或公司政策及规定的领域，员工必须依照常识做出决定，并在必要时征求主管的意见。

空气、水和土地只有经相关机构事先批准并在批准范围内方可用于工业目的。对于建设、运营、整修和扩大生产装置而言，这一规定同样适用。同样，必须防止任何未经授权的物质排放，必须根据法律的要求处理 废物。如果使用第三方服务处理废物，还应确保第三方亦遵守环保规定和公司标准。

巴斯夫常常达到并超过目前法律的最低要求，同时不断改进生产流程和工艺，务求进一步降低对环境的影响和减少对健康的危害。如果一旦发生事故和故障，必须及时而全面地通知公司内相关部门。巴斯夫的目标是尽可能快速和准确地作出应急响应并采取措施控制损失。此外，这些部门必须立即与政府部门沟通，并提供法律要求的相关信息。必要时，负责环境保护的部门必须履行其警告及通报周边邻居的责仟。

善意报告此类事故的员工无需担心此类报告会对自己造成不利。相反，删略、延迟或不完整的报告是不符合公司利益和规章制度的。

3. 反托拉斯法

巴斯夫的政策是促进公平竞争。因此，公司要求全体员工严格遵守所有适用的竞争法和反托拉斯法。违法行为将受到严厉制裁和罚款，并且可能导致相关协议失效。

竞争者间的协议

竞争者之间以避免或限制竞争为目的或具有此等效果的协议和协同行为（横向协议）应予以禁止。这其中包括诸如在价格、串通竞标、客户分配、销售或采购条款、生产或销售配额、或划分区域市场方面的协议。

除了此类明确契约协调的协议，通过一系列单方面声明（例如，意图引发竞争对手相同反应的涨价声明）造成的协同行为，同样受到禁止。

竞争者（包括非独家经销商）之间进行任何直接或间接的信息交流，如客户、定价、成本、薪酬、销售条款、经销方式、市场份额、产量、竞标或战略（如商业和研究战略）方面的信息同样也受到禁止。

在与竞争对手接触的过程中，必须确保不得接受也不得提供任何可以使人了解信息提供者现在或者未来市场活动的信息。

在横向协议中，无论当地是否存在反托拉斯法或当地法律是否更加宽松，巴斯夫在全球范围内都必须严格遵守欧洲反托拉斯法的规定。

纵向协议

许多类型的纵向协议（即供应商和客户或专利持有人和专利被许可人之间的约定和协议）在欧盟、美国和其他国家同样受到禁止，并可能导致罚款或个别协议失效。

这其中包括：对客户自主设定价格进行限制，在供应条件上对客户选择或业务合作伙伴进行限制（区域、客户或应用限制），某些最优惠客户待遇条款，独占性安排诸如独家采购或独家供应及不竞争。

在很多情况下，此类限制性安排的合规性和有效性取决于其持续时间的长短、强度的高度，以及所涉及各方的市场地位。

此外，此类纵向限制条款的合法性在不同地区存在差异。因此，与横向协议限制不同，此时应以当地法律为准，必须进行核实。

滥用市场支配地位

巴斯夫在很多产品领域中占有市场支配地位，所以在许多情况下需遵循特定规则。原则上，尽管地区之间存在稍许差异，但滥用市场支配地位在欧盟、美国、中国和其他国家均受到禁止，可能导致罚款或个别协议失效。滥用的表现形式如无正当理由差别对待客户（禁止歧视）、拒绝供应、选择性供应、强加不适当的购买/销售价格和条件或无正当理由搭售额外的产品或

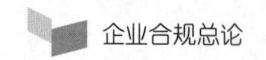

服务。

市场支配地位的定义以及特定行为合法程度的确定,需要根据个案情况而定。此外,不同地区的规定也存在差异。因此,应以当地法律为准,必须进行核实。员工如对反托拉斯法或相关法律项下某种行为的合法性存有疑问,应尽早咨询其主管或法律部。

4. 反腐败

巴斯夫公平对待所有业务伙伴,特别是供应商、客户、合资企业合作方、承包商和经销商。巴斯夫也期待得到业务伙伴同样的对待。巴斯夫与业务伙伴之间的关系应完全建立在客观标准上,特别是质量、信赖、具有竞争力的价格、符合环保、社会和公司治理标准。全球大多数国家的反贿赂法律均禁止贿赂国内外政府官员、国内外企业员工及其代表。

巴斯夫始终致力于严厉打击各种腐败行为。因此,巴斯夫禁止员工、代理商和其他第三方以巴斯夫的名义进行任何形式的贿赂行为。上述人员在与业务伙伴或政府官员打交道时,不得索取或接受任何可能被解释为企图影响或诱导业务决策的有机回报(如现金、礼品、招待或其他任何个人利益)。同样,也不得向其他公司的员工或政府官员承诺或给予任何个人利益,以获取或维持业务或为巴斯夫或个人谋取任何不当利益。

巴斯夫要求全体员工在业务伙伴或政府官员提供或索取任何个人利益时向其主管报告。

此外,也不允许所谓的"疏通费"或"通融费"(即以公司或个人名义向政府官员提供小额现金或非现金利益,以加快行政流程或官方行为,如清关)。但是,如果拒绝支付疏通费会给员工的人身安全造成危险,员工可以支付相关费用但必须事后告知其主管。

5. 礼品与招待

巴斯夫员工仅可接受或提供出于商务礼节的礼品、商务餐或招待活动,此类招待必须符合通行商业惯例,并从一开始便杜绝影响业务决策和官方判决的可能。上述规定同样适用于专业性的商务活动或会议中提供或接受礼品、餐饮或招待。

如无法礼貌拒绝不适当的礼品,应先收下,在此情况下,应通知主管,以决定进一步处理的方法（如捐赠给慈善机构）。

禁止提供、给予、索取或接受现金或现金等价物。

在大多数国家，达到一定数额的礼品和招待被视为应税收入。因此必须确保严格遵守相关税法。

员工所在的国家或部门（如采购部）可在充分考虑上述原则的基础上制定专门的礼品政策。员工如存有疑问，可咨询合规专员或法务部。

6. 利益冲突

员工的行为应符合公司的最佳利益，并通过避免利益冲突维护公司声誉。个人关系或利益不得影响商业活动。换言之，员工的个人利益不得与巴斯夫的利益构成或可能构成冲突，亦不得影响或可能影响其在履行工作职责时的判断。例如，员工应当回避使他人对其在客观地履行职责时的公正、诚信或能力产生怀疑的任何投资、利益、关系或活动。

任何员工均必须向其主管报告现有或潜在的利益冲突，并与其主管共同寻求解决方案以避免或尽量减少利益冲突。

7. 信息保护和反内幕交易法

任何关于巴斯夫的非公开信息一旦泄露，就可能给公司造成损失，或给予他人不公平的业务或个人优势，那么此类信息即为公司的保密资产。发明、专利和专业知识对于巴斯夫的长期成功至关重要。必须严格保护保密信息，并防止第三方未经授权接触该类信息。此外，严禁利用掌握的保密信息为自己或第三方谋取私利。上述规定同样适用于第三方披露的保密信息。

员工必须遵守相关的政策和指南，如信息保护指南和巴斯夫内网使用指南。如无法确定是否构成专有信息，员工应咨询其主管、信息保护专员或法务部。

员工可能会有权限访问巴斯夫及第三方非公开的重要信息。此类信息一旦发生泄露，就可能影响到公开交易的证券价值，特别是巴斯夫的股价。反内幕交易法禁止私自使用此类信息及/或将其泄露给第三方，包括朋友或家人。举例来说，此类信息包括：出售公司重要业务的计划、收购或并购业务、未公开的利润数据，尤其是有良好前景的研究成果方面的信息。违反相关的反内幕交易法可能导致个人民事或刑事责任。

8. 数据隐私保护

巴斯夫承诺尊重员工及业务伙伴的隐私和诚信。公司在处理员工个人信息及业务伙伴数据时坚持采用最严格的标准。巴斯夫采集并保存的所有个人数据均应按照当地适用的数据隐私法公平、透明、谨慎地处理。

只有获得授权的巴斯夫员工及代理商方可根据业务需要访问人事档案。除依法要求，巴斯夫严禁在未获得授权的情况下将员工保密信息披露给公司外的任何人。员工如存有疑问，可咨询数据保护专员或法务部。

9. 进出口

很多国家的法律以及一些国际贸易法限制或禁止巴斯夫部分产品或服务的进出口。此类限制不仅是出于产品性质的考虑，也包括原产国、目的地国甚至客户身份（禁运）。技术和软件出口也存在类似的限制。某些国家可能正面临贸易禁运。在实施禁运的国家或第五，任何个人或公司都不得参与或协助对被禁运国及其国民或居民的商品或服务进出口。

此外，对巴斯夫而言，《化学武器公约》及其他关于贩卖和交易麻醉品、精神类药物或成瘾性药物的法律和国际公约的规定尤为重要。因此，任何员工均不得购买、生产或销售违反上述规定的化学品或其他物品。如无相关政府部门明确许可以及巴斯夫对某些产品要求的最终目的地国自愿声明，不得出口或出售属于法律管控或巴斯夫自愿监控范围的物品或技术。此外，部分产品必须按照法律要求妥善且严密保管。

10. 公司及业务伙伴资产保护

员工必须以负责任的态度保管和处理公司资产，避免出现丢失、损坏、失窃、滥用或未经授权的使用。公司资产也包括专有知识、知识产权和版权材料等无形资产。公司电脑和其他设备仅供工作之用，不可挪作私用。同样，只可安装获得合法授权的软件。未经相关部门明确许可，不得将公司资产用于私人目的或搬离公司所在地。所有员工均应遵守公司资产保护的相关政策。

11. 禁止洗钱

洗钱是指将从犯罪活动中获取的财产（不限于现金）注入正常经济运行

中去。洗钱在欧盟成员国、美国、中国和其他很多国家都属于犯罪行为。任何员工不得独自或者伙同第三方违反有关洗钱的法律规定。如出现涉及现金或现金等价物转移的可疑财务交易，必须由财务主管事先审查并批准通过。

参考文献

一、论文类

[美]菲利普·韦勒:"有效的合规计划于企业刑事诉讼",万方译,载《财经法学》2018年第3期。

陈瑞华:"《法国萨宾第二法案》与刑事合规问题",载《中国律师》2019年第5期。

陈瑞华:"国有企业的合规管理问题",载《中国律师》2019年第7期。

陈瑞华:"合规视野下的企业刑事责任问题",载《环球法律评论》2020年第1期。

陈瑞华:"论企业合规的性质",载《浙江工商大学学报》2021年第1期。

陈瑞华:"论企业合规的中国化问题",载《法律科学》2020年第3期。

陈瑞华:"律师如何开展合规业务(一)——合规计划的打造",载《中国律师》2020年第8期。

陈瑞华:"企业合规不起诉制度研究",载《中国刑事法杂志》2021年第1期。

陈瑞华:"企业合规视野下的暂缓起诉协议制度",载《比较法研究》2020年第1期。

陈瑞华:"企业合规制度的三个维度——比较法视野下的分析",载《比较法研究》2019年第3期。

陈瑞华:"刑事诉讼的合规激励模式",载《中国刑事法杂志》2020年第6期。

陈瑞华:"有效合规计划的基本标准——美国司法部《公司合规计划评析》简介",载《中国律师》2019年第9期。

陈心哲、薛瀚:"企业刑事合规的内化路径探析——以律师业务展望为视角",载《西安石油大学学报(社会科学版)》2020年第3期。

崔瑜:"论企业合规管理的政府监管",载《行政法学研究》2021年第3期。

邓峰:"公司合规的源流及中国的制度局限",载《比较法研究》2020年第1期。

杜方正、刘艳红:"国有企业刑事合规制度的法律重塑",载《南京社会科学》2021年第3期。

韩轶:"企业刑事合规的风险防控与建构路径",载《法学杂志》2019年第9期。

何荣功："预防刑法的扩张及其限度"，载《法学研究》2017 年第 4 期。

黄胜忠、江艳："企业合规管理的成本与收益分析"，载《财会月刊》2019 年第 21 期。

黄胜忠、刘清："企业内部控制与合规管理的整合研究"，载《财会通讯》2019 年第 17 期。

黄胜忠、余凤："企业法务管理的内涵、发展历程及趋势展望"，载《商业时代》2014 年第 2 期。

黎明："合规计划与企业刑事责任"，载《法学杂志》2019 年第 9 期。

李本灿："企业犯罪预防中国家规制向国家与企业共治转型之提倡"，载《政治与法律》2016 年第 2 期。

李本灿："企业犯罪预防中合规计划制度的借鉴"，载《中国法学》2015 年第 5 期。

李本灿："刑事合规的制度边界"，载《法学论坛》2020 年第 4 期。

李本灿："刑事合规的制度史考察：以美国法为切入点"，载《上海政法学院学报》2021 年第 1 期。

李本灿："刑事合规理念的国内法表达"，载《中国刑事法杂志》2019 年第 2 期。

李本灿："刑事合规理念的国内法表达——以'中兴通讯事件'为切入点"，载《法律科学（西北政法大学学报）》2018 年第 6 期。

李奋飞："论企业合规检察建议"，载《中国刑事法杂志》2021 年第 1 期。

李奋飞："论企业合规考察的适用条件"，载《法学论坛》2021 年第 6 期。

李晓明："合规概念的泛化及新范畴的确立：组织合规"，载《法治研究》2022 年第 1 期。

李永升、杨攀："合规计划对单位犯罪理论的冲击与重构"，载《河北法学》2019 年第 10 期。

李勇："检察视角下中国刑事合规之构建"，载《中国刑事法杂志》2020 年第 4 期。

李勇："企业附条件不起诉的立法建议"，载《中国刑事法杂志》2021 年第 2 期。

李勇："涉罪企业合规计划有效性研究"，载《政法论坛》2022 年第 1 期。

林钟高、徐虹、王帅帅："内部控制缺陷及其修复、合规成本与高管变更"，载《河北经贸大学学报》2017 年第 5 期。

刘少军："企业合规不起诉制度本土化的可能及限度"，载《法学杂志》2021 年第 1 期。

卢勤忠："民营企业的刑事合规及刑事法风险防范探析"，载《法学论坛》2020 年第 4 期。

马明亮："论企业合规监管制度——以独立监管人为视角"，载《中国刑事法杂志》2021 年第 1 期。

马明亮：“作为犯罪治理方式的企业合规”，载《政法论坛》2020年第3期。

毛逸潇：“合规在中国的引入与理论调适——企业合规研究述评”，载《浙江工商大学学报》2021年第2期。

聂荣经：“企业信息安全问题的成因与防护方式分析”，载《现代信息科技》2018年第11期。

潘云、杨春雨、季吉如：“检察视角下的企业刑事合规建设”，载《中国检察官》2020年第11期。

彭文华：“酌定量刑、量化量刑与量刑双轨制——美国量刑改革的发展演变与新型量刑模式的确立”，载《华东政法大学学报》2018年第6期。

时延安：“合规计划的实施与单位的刑事归责”，载《法学杂志》2019年第9期。

宋颐阳：“企业合规计划有效性与举报人保护制度之构建——澳大利亚路径及其对中国的启示”，载《比较法研究》2019年第4期。

孙国祥：“刑事合规的理念、机能和中国的构建”，载《中国刑事法杂志》2019年第2期。

孙国祥：“刑事合规的刑法教义学思考”，载《东方法学》2020年第5期。

谭世贵、陆怡坤：“刑事激励视角下的企业合规问题研究”，载《海南大学学报（人文社会科学版）》2022年第1期。

陶郎道：“民营企业刑事合规的解构与展望”，载《浙江工商大学学报》2021年第1期。

田宏杰：“刑事合规的反思”，载《北京大学学报（哲学社会科学版）》2020年第2期。

万方：“合规计划作为预防性法律规则的规制逻辑与实践进路”，载《政法论坛》2021年第6期。

万方：“美国刑法中的合规计划及其启示”，载《人民检察》2018年第11期。

万方：“企业合规刑事化的发展及启示”，载《中国刑事法杂志》2019年第2期。

王飞：“银行监管合规成本的测度方法研究”，载《上海金融》2008年第10期。

王志远、邹玉祥：“刑事合规视域下单位犯罪刑事治理的检视与完善”，载《甘肃社会科学》2020年第5期。

魏凯琳、高启耀：“大数据供应链时代企业信息安全的公共治理”，载《云南社会科学》2018年第1期。

吴学静、梁洪力：“我国企业合规管理存在的问题及对策”，载《标准科学》2016年第10期。

肖斌卿等：“流程、合规与操作风险管理”，载《管理科学学报》2017年第12期。

肖远企：“合规管理模式的变迁路径及其启示”，载《银行家》2006年第9期。

邢娟："论企业合规管理"，载《企业经济》2010年第4期。

杨斌："新形势下国有企业合规管理体系建设研究"，载《江西师范大学学报（哲学社会科学版）》2020年第4期。

杨帆："企业合规中附条件不起诉立法研究"，载《中国刑事法杂志》2020年第3期。

杨力："中国企业合规的风险点、变化曲线与挑战应对"，载《政法论丛》2017年第2期。

杨宇冠、张沈锶："英国DPA在处理公司刑事合规案件中的适用及借鉴"，载《经贸法学》2021年第2期。

杨宇冠："企业合规案件不起诉比较研究——以腐败案件为视角"，载《法学杂志》2021年第1期。

尹云霞、李晓霞："中国企业合规的动力及实现路径"，载《中国法律评论》2020年第3期。

尹云霞、庄燕君、李晓霞："企业能动性与反腐败'辐射型执法效应'——美国FCPA合作机制的启示"，载《交大法学》2016年第2期。

于冲："网络平台刑事合规的基础、功能与路径"，载《中国刑事法杂志》2019年第6期。

喻玲："企业反垄断合规制度的建立路径"，载《社会科学》2015年第5期。

袁建刚："美国联邦量刑指南失败的原因分析"，载《中国刑事法杂志》2013年第8期。

张佳琪："检察机关防控企业刑事合规中的金融风险问题研究"，载《中国检察官》2020年第4期。

张嵩悦："论企业犯罪防控与公安机关职能优化——以企业刑事合规为视角"，载《辽宁公安司法管理干部学院学报》2020年第6期。

张兴瑞、李伟博："检察视域下刑事合规模式的构建与完善"，载《中国检察官》2021年第2期。

张远煌："企业家刑事风险分析报告（2014—2018）"，载《河南警察学院学报》2019年第4期。

赵恒："认罪答辩视域下的刑事合规计划"，载《法学论坛》2020年第4期。

赵恒："涉罪企业认罪认罚从宽制度研究"，载《法学》2020年第4期。

赵宏瑞、刘伟："刑事合规与商业贿赂治理：内涵、功能与理论基础"，载《社会科学家》2021年第3期。

赵万一："合规制度的公司法设计及其实现路径"，载《中国法学》2020年第1期。

赵炜佳："论刑事合规的发展沿革、法理基础与本土内化"，载《中国刑警学院学报》2019年第5期。

周建军：“中国民营企业犯罪治理的刑事政策研究”，载《政治与法律》2012年第7期。

周振杰、赖祎婧：“合规计划有效性的具体判断：以英国SG案为例”，载《法律适用》2018年第14期。

周振杰：“企业适法计划与企业犯罪预防”，载《法治研究》2012年第4期。

朱圆、肖佳欣："社会企业架构下企业合规制度适用研究"，载《北京科技大学学报（社会科学版）》2022年第1期。

二、著作类

［德］霍尔斯特·施泰因曼、阿尔伯特·勒尔：《企业伦理学基础》，李兆雄译，上海社会科学院出版社2001年版。

［德］乌尔里希·齐白：《全球风险社会与信息社会中的刑法——二十一世纪刑法模式的转换》，周遵友、江溯等译，中国法制出版社2012年版。

［德］乌尔斯·金德霍伊泽尔：《刑法总论教科书》，蔡桂生译，北京大学出版社2015年版。

［美］鲍勃·弗里奇：《权力的博弈：重塑组织决策力与执行力》，李志刚、李兴旺、高树军译，人民邮电出版社2014年版。

［美］加里·德勒斯：《人力资源管理》，刘昕译，中国人民大学出版社2012年版。

［美］斯蒂芬·P.罗宾斯、蒂莫西·A.贾奇：《组织行为学精要》，郑晓明译，机械工作出版社2016年版。

［美］斯蒂芬·P.罗宾斯：《管理学》，黄卫伟译，中国人民大学出版社1997年版。

［美］唐纳德·库珀、帕梅拉·欣德勒：《企业管理研究方法》，孙健敏、李原译，中国人民大学出版社2013年版。

［英］安妮·米尔斯、彼得·海恩斯：《金融合规要义：如何成为卓越的合规官》（第2版），高洋等译，中国金融出版社2019年版。

巴曙松、朱元倩等：《金融监管和合规科技》，东方出版社2021年版。

巴曙松主编：《监管与合规通识》，机械工业出版社2020年版。

程淑华：《小微企业文化建设研究》，浙江大学出版社2021年版。

高静波：《现代企业运营管理体系》（第2版），经济管理出版社2013年版。

郭凌晨、丁继华、王志乐主编：《合规：企业合规管理体系有效性评估》，企业管理出版社2021年版。

郭凌晨、王志乐主编：《合规——全球公司的可持续发展》，中国经济出版社2014年版。

郭青红：《企业合规管理体系实务指南》，人民法院出版社2020年版。

郭燕慧、徐国胜、张淼：《信息安全管理》，北京邮电大学出版社 2017 年版。
胡国辉：《企业合规概论》，电子工业出版社 2017 年版。
黄胜忠、郭建军：《合规管理理论与实务》，知识产权出版社 2020 年版。
黄胜忠、健君：《公司法务管理概论》，知识产权出版社 2016 年版。
姜先良：《企业合规与律师服务》，法律出版社 2020 年版。
李春田：《企业标准化战略三步曲》，中国标准出版社 2012 年版。
刘鹏、张燕：《大数据导论》，清华大学出版社 2018 年版。
牛国良：《企业制度与公司治理》，北京交通大学出版社 2008 年版。
任志宏、杨菊兰：《企业文化管理思维与行为》，清华大学出版社 2013 年版。
沈开涛：《合规与道德》，北京大学出版社 2015 年版。
孙旭：《深入合规管理——体系、审查与实践》，上海人民出版社 2020 年版。
王祥伍：《企业文化的逻辑》，电子工业出版社 2014 年版。
王旭东、孙科柳：《企业文化落地——路径、方法与标杆实践》，电子工业出版社 2020 年版。
王妍：《企业形态及企业法律制度创新方向研究》，法律出版社 2015 年版。
王志乐：《企业合规管理操作指南》，中国法制出版社 2017 年版。
王志乐等：《合规：建立有效的合规管理体系》，中国经济出版社 2016 年版。
王志乐主编：《合规——企业的首要责任》，中国经济出版社 2010 年版。
杨刚、陈国生、王志章：《现代企业文化理论与实践》，西安电子科技大学出版社 2009 年版。
杨瑞龙、杨其静：《企业理论：现代观点》，中国人民大学出版社 2005 年版。
张继昕：《企业法律风险管理的理论与实践》，法律出版社 2012 年版。
张勉：《企业文化概论》，清华大学出版社 2019 年版。

三、报纸类

卞传山、柳慧敏："检察履职企业刑事合规路径研究"，载《检察日报》2021 年 4 月 20 日。
刘晓光、金华捷："企业刑事合规本土化转化探索思考"，载《检察日报》2021 年 3 月 31 日。
石磊："刑事合规：最优企业犯罪预防方法"，载《检察日报》2019 年 1 月 26 日。
时延安："发挥检察职能有效保护民营企业权益"，载《检察日报》2019 年 4 月 29 日。
涂龙科："企业刑事合规评价的模式与选择"，载《检察日报》2021 年 3 月 23 日。
武卓立："宁波涉罪企业合规考察制度备受关注、专家分析'合规考察'护航民企健

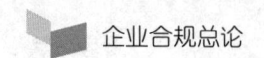

康发展",载《法治日报》2020年9月23日。

张远煌:"刑事合规国际趋势与中国实践",载《检察日报》2019年11月2日。

赵赤:"金融刑事合规:最新发展与实践探索",载《检察日报》2021年3月19日。

赵万一、李理:"完善企业刑事合规法律制度的思考",载《人民公安报》2021年2月7日。